W0047673

Matt Potter
TÖDLICHE FRACHT

Matt Potter

TÖDLICHE FRACHT

**Das heimliche Geschäft mit
Waffen und Drogen**

Aus dem Englischen von
Christoph Bausum und Barbara Kunz

*Ich kaufe meine
Bücher bei
schuettert.de*

Econ

Die Originalausgabe erschien 2011
unter dem Titel *Outlaws Inc. – Flying with the World's Most
Dangerous Smugglers*
bei Pan Macmillan, London

Econ ist ein Verlag
der Ullstein Buchverlage GmbH

ISBN: 978-3-430-20116-2

Redaktion deutsche Ausgabe: Sophie Schwaiger
Gesetzt aus der Aldus
Satz: Pinkuin Satz und Datentechnik, Berlin
Druck und Bindearbeiten: CPI – Clausen & Bosse, Leck
Printed in Germany

Für Mickey und Sergej –
Die letzten Unabhängigen

INHALT

»Es wurde um seiner Waffen und seiner Ausrüstung willen gejagt, von Hügel zu Hügel, von Schlucht zu Schlucht, ausgetrocknete Flussbetten hinauf und hinunter und um Bergflanken und Klippen herum, bis es verschwand, so wie Wasser im Sand versickert – dieses offizierslose Rebellenregiment.«

Rudyard Kipling, *Die verlorene Legion*

»Willst du nicht so gut sein, einmal darüber nachzudenken, was dein Gutes täte, wenn das Böse nicht wäre, und wie die Erde aussähe, wenn die Schatten von ihr verschwänden?«

Michail Bulgakov, *Der Meister und Margarita*

PROLOG

Der russische Pilot wirft seinen Pappbecher auf den Asphalt und geht über die zerbombte Piste. Unter der grauen Farbe des riesigen Flugzeugs sind die militärischen Hoheitszeichen der ehemaligen Sowjetunion immer noch schwach zu erkennen.

Das ist das Signal. Es gibt keine Anweisungen, keine Checks, kein Ausweiskontrolle, nur einen langen Fußmarsch in den letzten Sonnenstrahlen des Nachmittags in Richtung eines ramponierten sowjetischen Militärflugzeugs, das so groß ist, dass man es für eine optische Täuschung hält. Als sich der Lärm der Triebwerke zu einem ohrenbetäubenden Heulen steigert, erklimme ich die Rampe und bringe meinen Körper im kathedralenartigen Innenraum der Iljuschin Il-76, NATO-Codename Candid, in Position. Durch die Cockpitscheibe in helles Licht gebadet, wirft der Kapitän seine Schuhe in die Ecke, setzt sich auf seinen Platz und fängt an, Schalter umzulegen. Sekunden später erheben wir uns in die Luft und fliegen in die afghanische Nacht hinein.

Ob Afghanistan oder Tschetschenien, die riesige Il-76 war das ultimative Schlachtross der UdSSR. Sie wurde an jeder Front und in jeder Funktion genutzt, von Kommandoeinsätzen über Erkundungs-, Aufklärungsflüge, Sprengstoff- und Waffentransporte. Sogar bei der Ausbildung von Kosmonauten fand sie Verwendung.

Mit einer Länge von über 46 Metern und einer Spannweite von über 50 Metern ist sie eines der größten Flugzeuge der Welt. Dieses Superflugzeug hat ein Gewicht von bis zu 215 Tonnen und kann in arktischen Eisstürmen ebenso fliegen wie in afrikanischer Hitze. Es kommt besser als viele Flugzeuge, die nur halb so groß sind, mit Start- und Landebahnen aus, die kurz, stark von Bomben geschädigt und wenig ausgebaut sind. Es ist in der Lage, beeindruckende 60 Tonnen Waffen, Soldaten, Panzer, Bomben oder was auch immer um die halbe Welt zu transportieren. Und heutzutage kann sich jeder, der eine halbe Million Dollar übrig hat, eine solche Maschine leisten.

Doch die Il-76 birgt auch ein Geheimnis.

Unter dem Boden ihres Frachtraums, tief in ihrem Bauch, haben die sowjetischen Schöpfer dieser Maschine eine Reihe von zusätzlichen Hohlräumen geschaffen. Diese waren ursprünglich für die Unterbringung von Rettungsausrüstung gedacht, doch sie können ebenso gut leer gelassen werden. So entstehen geheime Kammern, die auf keinem Frachtbrief erscheinen und folglich auch nicht vom Zoll kontrolliert werden. Offiziell existieren sie überhaupt nicht. Aber sie sind da.

Wenn man keine Hemmungen hat, sie zu füllen – und verrückt genug ist –, dann kann dieses Flugzeug bis zu 15 zusätzliche Tonnen »Phantomfracht« befördern. Fracht, für die manche Menschen zu sterben und andere zu töten bereit sind.

Von den gesetzlosen Straßen im Wilden Osten Russlands bis zu der von Piraten kontrollierten Küste Somalias, von Schurkenstaaten und Rebellenclans Zentralasiens bis in die Schattenwelt der Drogenschmuggler und Schwarzmärkte – sie alle nutzen diese 15 zusätzlichen Tonnen.

Ich hatte alles über diese fliegenden Söldner gehört – die »mercs« (nach mercenary, Söldner), wie sie in Afrika oft genannt werden. Ich habe die CIA-Dossiers gelesen und mir die Absturzberichte angesehen. Doch nun sollte ich eine ihrer Operationen aus erster Hand miterleben. Und was Sie auf den folgenden Seiten lesen werden – auch wenn die Identitäten aller Crew-Mitglieder, ihre Vergangenheit und selbst die Details ihrer Flugzeuge verändert wurden, um sie nicht zu gefährden – ist alles wirklich geschehen.

TEIL EINS

GOOD MEN ARE HARD TO FIND
Die Crew

1

DES TEUFELS GRÖSSTER TRICK
Über Kabul

Es gibt keine Warnung, als wir unsere Flugbahn verlassen, nur einen Übelkeit erregenden Ruck nach oben. Im Cockpit geht ein rotes Licht an. Die Instrumente sagen, dass wir über Kabul sind, aber dass wir plötzlich steigen anstatt zu sinken, und dass wir es zu schnell und zu steil tun.

»Was ist los?«, frage ich auf Russisch, aber Sergej, ein Mitglied der sieben Mann starken Crew, kann mich nicht mehr hören im Brüllen der vier Triebwerke, die unseren gefährlich überladenen Riesen nach oben reißen und ihn, statt in den Landeanflug zu gehen, fast senkrecht in den Nachthimmel steigen lassen. Im fahlen Licht des Frachtraums gleicht sein Gesicht einer Maske. Die 20 Jahre alte, ölverschmierte, mit Draht und Gewebe-Klebeband zusammengehaltene, 176 Tonnen schwere Metallröhre vibriert, stöhnt und knackt unter meinen Füßen.

Dann schaut er mich an und beugt sich zu mir herüber. »Raketen«, schreit er, als wolle er mir eine Bar am Straßenrand zeigen oder ein Haus, in dem er einmal gewohnt hat. »Hier fangen sie immer an zu schießen.« Zum ersten Mal fällt mir auf, dass er stinkt, nicht nur nach dem üblichen Mix aus Schweiß und Öl, sondern nach Alkohol. Ich kenne die Nachrichtenmeldungen: vage Einzeiler über ungeklärte Abstürze von Frachtmaschinen in Afrika, in Russland, im Balkan. Vermutete Ursachen: Flugabwehrraketen am Boden, Wodka in der Luft.

»Verdammt! Wer?«

Er zuckt mit den Schultern. »Mudschaheddin. Rebellen. Soldaten. Man weiß es nie. Aber es gibt immer jemanden.« Er schließt ein Auge, ein imaginärer Heckenschütze. Dann grinst er. »Aber Michail ist ein Top-Pilot. Er kennt die Landebahn aus dem Krieg. Er hat seine eigene Methode – er landet, indem er über dem Flughafen hoch nach oben steigt und dann eine Art Korkenzieher-Sturzflug auf die Landebahn macht.«

Sergej lacht. »So wird man nicht abgeschossen. Der Trick ist zu wissen, wann man aus dem Sturzflug wieder hochziehen muss. Unglaublich! Pass auf.«

Doch plötzlich wird es still. Die Motoren sind nun fast gedämpft und trotz des großen Drucks auf unseren Ohren, Angst und Schwindelgefühl habe ich das seltsame Gefühl fast euphorischer Schwerelosigkeit.

Ich brauche einen Moment, bis ich die plötzliche Neigung nach vorn registriere und durch die Cockpitscheibe die Lichter von Kabul sehe. Genau vor uns, dort, wo vor Sekunden noch Sterne blinkten, breitet sich nun, flach wie eine Landkarte, der Boden vor uns aus.

Die Sowjets nutzten die Il-76 für das Schwerelosigkeits-Training ihrer Kosmonauten – die berüchtigten »Kotzbomber«-Flüge. Sie absolvierten dazu eine Reihe von Parabelflügen, bei denen an Bord eine kurze Phase der Schwerelosigkeit erreicht wird. Solche Sturzflugmanöver aus großer Höhe, bei denen der Pilot versucht, die Maschine im letzten Moment hochzuziehen, bevor sich die Nase in den Asphalt bohrt, sind extrem gefährlich, in einer Il-76 besteht bei einem Anflugwinkel von 20 Prozent oder mehr ein echtes Risiko für einen Strömungsabriss. Sie haben, wie man hört, zu einer Reihe von unappetitlichen Todesfällen und darüber hinaus zu zahlreichen vollgekotzten Cockpits geführt. Wir stürzen in Richtung Erde und mein Magen fühlt sich an, als würde er gleich meine Schädeldecke durchschlagen.

Gegen meinen Instinkt beuge ich mich nach vorn, um dem Piloten über die Schulter zu sehen. Michail sitzt zusammengesunken wie ein Mann, der auf der Toilette liest oder der betet. Der Boden ist nun direkt vor uns. Zieh hoch. Zieh hoch, um Gottes Willen. Aber es ist zu spät. Unwillkürlich ballen sich meine Fäuste, die Beine strecken sich nach vorn, die Augen schließen sich. Scheiße. Das war's. Wir stürzen ab.

»Manche Leute stellen für die Post Briefe zu. Ein Postbote – genau das bin ich auch, nur sind meine Pakete schwerer.«

Ich weiß nicht genau, wie ich mir das Aussehen eines gesetzlosen Piloten und internationalen Waffenschmugglers vorgestellt habe. Tatsache ist: Michail entspricht definitiv – und zwar auf beinahe komische Weise – nicht meiner Erwartung.

Er ist kräftig, grau, die Haltung gebeugt, er wirkt wie 50, vielleicht auch älter. Sein hageres, aschfahles Gesicht scheint beständig eine leichte Enttäuschung auszudrücken; es würde besser auf das Plakat einer Antiraucherkampagne im Wartezimmer eines Arztes passen als auf einen Steckbrief der UNO. Seine riesigen Hände sind schmutzig und rissig, die Nägel verhornt. Er trägt einen grauen Overall, eine abgewetzte Mütze und Stiefel aus ehemaligen Armeebeständen. Wenn er nach einem weiteren Hilfsflug in irgendein Drittweltland auf dem ausgedörrten Boden neben dem Rollfeld sitzt, die geschnorrte Zigarette schon zwischen den Lippen, sieht er aus wie ein Fließbandarbeiter aus einer Autofabrik in seiner Pause. Es ist gerade erst kurz nach sieben, aber schon jetzt hat er, wie er vor sich hin brummelt, Lust auf ein kühles Bier.

Er entspricht nicht ganz dem einsamen Wolf und Han-Solo-Typ, mit dem ich in meiner Phantasie durch den Himmel geritten bin. Doch wenn Michail – den ich bald anfange »Mickey« zu nennen, was er zunächst mit einer Mischung aus Humor und Verdruss und später resigniert hinnimmt – als Verbrecher eine merkwürdige Figur abgibt, dann gilt das erst recht für ihn als Geschäftsmann. Er war immer Il-76-Pilot, ein Produkt des sowjetischen Militärs. Die Stationen seines Lebens sind eine Kindheit im Ural, die Ausbildung auf einer Luftwaffenbasis zu Hause in Russland, danach die riesige Militärbasis im weißrussischen Wizebsk sowie das Transportflug-Regiment und schließlich Zentralasien. Dieser kettenrauchende Veteran der letzten blutigen Tage des sowjetischen Afghanistankriegs ist Arbeiter durch und durch, von den stets zusammengekniffenen Augen über die hängenden Schultern bis hin zum Alkoholgehalt seines Schweißes. Und doch ist er gleichzeitig, wie er selbst sagt, Partner in einem hochprofitablen Luftfrachtunternehmen, das die Arabischen Emirate, Asien, Afrika und Osteuropa anfliegt und dessen Operationen in den schlimmsten Krisengebieten der Welt ihm eine Position beschert, der der harte Konkurrenzdruck der globalisierten Weltmärkte nichts anhaben kann.

Mickey und seine Crew fliegen seit mehr als einem Vierteljahrhundert zusammen. Als Piloten, Navigatoren, Bordschützen, Ingenieure und Lademeister der sowjetischen Luftwaffe sind sie mehr als 300 Feindmissionen über den gleichen afghanischen Bergen, Dörfern, Ebenen und Städten geflogen, die auch heute ihre Spezialität sind – und zwar im gleichen Flugzeug.

»Als die UdSSR auseinanderzubrechen begann«, erklärt Mickey, »nun ja, da sahen einige von uns, was in der Luft lag, und wir ergriffen unsere Chance, etwas anderes zu machen.« Dieses Etwas war eine dramatisches Flucht aus dem Militärdienst und der Versuch, ein Stück vom privatwirtschaftlichen Kuchen zu erhaschen. »Es war nicht schwer. Wir kannten ein paar Leute, und als diese sich ein Militärflugzeug ›anschafften‹, flogen wir es nach Kasachstan hinunter und machten sozusagen ein Rebranding.« Er ist plötzlich verlegen wegen dieser Phrase aus dem Unternehmens-Jargon. »Natürlich haben wir nicht diesen Begriff benutzt, aber später hat sich gezeigt, dass es das war, was wir gemacht haben.«

Also hieß es, weg mit dem Stern der Roten Armee, weg mit den Farben der UdSSR und her mit einem grauen Anstrich ohne Logo. »Auf einmal«, lächelt er unbeholfen, »waren wir *Biznesmeny*.« Für russische Sprecher schwingen in diesem Wort Konnotationen von Spekulantentum und Mafiaverbindungen mit, die in jenen wilden Zeiten an der Tagesordnung waren. »Und heute sind wir das *A-Team*.«

Sie sind eine Elite-Crew, die rund um die Uhr zur Verfügung steht und die keine Fragen stellt, wenn man sie anruft. Sie fliegen das, was der Kunde hat, mit einem der größten Flugzeuge der Welt dorthin, wo er es haben will. Dabei ist Gefahr kein Problem – vorausgesetzt, der Preis stimmt.

»Wir operieren als privates Transportunternehmen für alle möglichen Dinge«, sagt Mickey. »Wir fliegen eine Menge Frachtgut. Militärische Sachen. Und viele Hilfsgüter.«

Was den Effekt hat, dass sich Mickey, seine Crew und ihre »Partner« obendrein auch noch in unfreiwillige Heilige verwandeln. (Diese Partner sind eine nebulöse Gruppe von Männern – Mickey spricht nicht gern über sie und ich werde fast zehn Jahre brauchen, um sie ausfindig zu machen.) Denn ob in Pakistan oder in Somalia, bei Hungersnöten oder Tsunamis, es sind immer Mickeys Crew und ihre ramponierte, 20 Jahre alte Il-76, die als Erste mit lebensrettenden humanitären Hilfsgütern in den Katastrophengebieten ankommen. Sie werden gechartert von NGOs und westlichen Regierungen, man schätzt sie, weil sie agil und reaktionsschnell sind – und weil sie mehr Hilfe näher an schwer zugängliche Katastrophengebiete bringen können als irgendjemand anderes. Wenn die Bezahlung stimmt.

Die unorthodoxen Methoden, der Mut und die Chuzpe dieser Crews sind legendär. Dies sind die Männer, die Sie anrufen müssen, wenn Sie – wie es beim *A-Team* heißt – mal ein Problem haben und nicht mehr weiter wissen.

John MacDonald betreibt im englischen Surrey eine Agentur für Charterflüge. Er ist einer der Mittelsmänner, die zunächst die Job-Anforderungen von Armeen, Hilfsorganisationen, Import/Exportfirmen und Privatleuten entgegennehmen und dann die Flugzeuge und Besatzungen finden, die den Auftrag ausführen können. Obwohl er aus einer Familie von Luftfahrtspezialisten stammt und nach eigenen Worten »schon alles gesehen« hat, muss er lachen, als er sich an die Aktion eines solchen unabhängig operierenden Teams mit einer Il-76 erinnert, das der amerikanischen Militärführung in Südafghanistan Bewunderung abnötigte und ihnen die beschämende Erkenntnis bescherte, dass sie von einer fünf Mann starken Crew von Russen und ihrem Schattennetzwerk vorgeführt worden waren.

»Das US-Militär plante im Süden des Landes einen Flugplatz, und sie hatten diesen riesigen Generator, den sie dorthin bringen mussten. Es war eine ziemlich abgelegene Gegend, die, abgesehen von ein paar vereinzelten Stellungen mit US-Truppen, vollkommen unter der Kontrolle von Banditen war. Es gab meilenweit im Umkreis keinen Treibstoff und niemand, den wir anfragten, wollte etwas damit zu tun haben. Sie sagten alle: ›Wir kommen da nie wieder raus, wie sollen wir ohne Treibstoff von einem nicht fertiggestellten Flugfeld starten?‹

Der Job war mit 60 bis 70 000 Dollar veranschlagt, aber eines Tages gab es einen Anruf von diesen russischen Burschen. Sie sagten: ›Wir machen es, aber es kostet Sie zwei Millionen Dollar, zahlbar im Voraus.‹ Die Amerikaner hatten zu diesem Zeitpunkt keine Wahl mehr, also bezahlten sie. Und tatsächlich flog exakt zum geforderten Termin eine Crew aus ehemaligen sowjetischen Luftwaffensoldaten mit dieser ramponierten alten Il-76 ein. Sie luden den Generator aus, dann setzten sie sich hin und rauchten in aller Ruhe.

Und gerade als die Amerikaner sich zu fragen begannen, wie in aller Welt die russischen Piloten wieder zurückfliegen wollen, wurde eine Staubwolke am Horizont sichtbar, ein alter Kleinbus kam herangeklappert, gefahren von einem Afghanen – und die Besatzung stieg einfach ein und fuhr weg. Die Yankees schrien: ›Hey, wie wollt ihr denn euer Flugzeug hier wegbekommen?‹ Und die Crew sagte einfach: ›Wollen wir gar nicht. Es ist alt. Wir haben es nur für diesen Job gekauft und wir lassen es hier stehen.‹ Eine halbe Million Dollar hat es sie gekostet und sie hatten es mit Kordel und Klebeband zusammengeflickt, gerade lange genug, um damit landen zu können, dann kassierten sie eineinhalb Millionen Dollar Gewinn und ließen es zum Verrosten dort stehen. Es ist immer noch da.

Jeder spendete ihnen Beifall – die amerikanischen Kommandeure, wir, die Charter-Unternehmen auf der ganzen Welt. Nicht nur wegen des Flugs, sondern für den unglaublichen Geschäftssinn. Es war wirklich wundervoll.«

Mickey lacht bei dieser Geschichte, aber dann sagt er, dass das Fliegen gefährlicher Missionen, unter Feuer, in feindliche Gebiete und auf teilweise zerstörte Flughäfen »mehr oder weniger das ist, wofür wir ausgebildet wurden.« Doch nicht nur die potentiellen Gewinne, auch die Opferzahlen sind hoch – zusammengenommen weisen diese »wilden« Transportflugunternehmen mit ihren Il-76- und Antonow-Maschinen die höchsten zivilen Todesopferzahlen auf, seit dem Beginn der Luftfahrtgeschichte.

Für jeden, der wie ich mit der Idee liebäugelt, diese Burschen auf ihren Missionen zu begleiten, ist die Liste der Todesfälle eine ziemlich ernüchternde Lektüre. Allein im Jahr 2009 gab es einen Zusammenstoß zweier mit Russen bemannter Il-76-Maschinen über Machatschkala in der Nähe der tschechischen Grenze. Eine weitere Il-76 explodierte während eines Fluges über Uganda, wobei die gesamte Crew ehemaliger Sowjetsoldaten und alle Passagiere getötet wurden. Und eine weitere Crew starb bei einer versuchten Notlandung im Kongo. Während ich im November 2010 an diesem Buch arbeite, gibt es im Sudan eine weitere Bruchlandung einer An-12, bei der es keine Überlebenden gibt. Das pakistanische Nachrichtenfernsehen zeigt, wie eine mysteriöse, in Georgien registrierte Il-76 bei einem Hilfsflug in den Sudan über Karatschi in einem Feuerball explodiert, wobei alle acht russischen und ukrainischen Besatzungsmitglieder ums Leben kommen. Und das ist noch vergleichsweise eine gute Quote: Weltweit ist fast jede siebte Antonow-12 – sie war das zweitpopulärste Frachtflugzeug des sowjetischen Militärs – bei Unfällen und Katastrophen zerstört worden.

Mickey unterbricht mich: »Ja, natürlich gibt es Risiken, wie in jedem anderen Job – aber das darf man nicht überdramatisieren.« Er zählt die Gefahren an seinen Fingern der Reihe nach ab, wie ein Mann, der sich an seine Ex-Freundinnen erinnert. »Müdigkeit, Feindfeuer, dumme Fehler, Überladung, mechanisches Versagen, schlechte Bedingungen, schlechte Fracht, Pech.« Anschließend fügt er hinzu, dass in diesem Geschäft »Alkohol und schlechte Lebensgewohnheiten genauso viele Männer umgebracht haben wie das Fliegen.«

Sie haben, wie er sagt, im Laufe der Jahre gelernt, was sie nicht tun dürfen. So fliegen sie zum Beispiel nie einen Flughafen in Afghanistan oder Afrika im normalen Landeanflug an, weil es nur allzu oft vorkommt, dass sie von außerhalb der Umzäunung mit Raketen beschossen werden. Deshalb steigen sie hoch, um entweder in engen Spiralen oder im Sturzflug auf die Landebahn niederzugehen. »Es gibt einfach Dinge, die vergisst man nicht mehr, wenn man sie einmal im Krieg gelernt hat.«

Ein neuerer UNO-Bericht vergleicht die Crews mit Schwalben: Geleitet von mysteriösen Befehlen und Prinzipien legen sie große Entfernungen zurück, sie landen selten und vermeiden, wo immer es geht, den Kontakt mit anderen. Ihre Missionen sind Gerüchte. Routen und Zwischenstopps werden oft erst bestätigt, wenn sie bereits wieder in der Luft sind. Bestimmung und Art der Fracht werden absichtlich vage gehalten, so dass sich alle Beteiligten jederzeit in ein Dementi flüchten können.

»In Kabul«, erklärt Sergej, »wissen wir, dass wir Post und Obst für Südamerika abholen. Wenn wir dort ankommen, wer weiß? Vielleicht laden wir Waschmaschinen für Marokko ein, und dort sagt uns dann jemand, wir sollen Hilfsgüter in den Kongo bringen, dort warten Fische für Europa oder Backsteine für den Irak.«

Das hält die Abfertigungs- und Bodenzeiten minimal und die

Profite hoch. Aber es hat eben auch den Effekt, ihre Sichtbarkeit und den Kontakt mit den Behörden zu minimieren.

Das alles klingt verrückt, und ich frage Mickey: Warum riskierst du dein Leben auf solchen Missionen in Flugzeugen, die gebaut wurden, bevor die meisten heutigen Rekruten der Roten Armee geboren wurden, für nichts weiter als einen Standard-Stundensatz von 120 Dollar (für Piloten) oder 55 Dollar (Crew), plus Tagespauschale und Verpflegung?

Mickey sagt, ihm gefällt dieses Leben. »Ich wurde Pilot, weil ich es liebe zu fliegen. Das ist mein Leben. Ich kann mir das meiste von dem, was ich tue, aussuchen. Die Leute sind nett. Es ist ein Job.« Wieder macht er diese typische Mickey-Geste, ein bescheidenes Zucken der Schultern. »*Schisn charascho.*« Das Leben ist gut.

Ich glaube Mickey. Er wirkt wie ein anständiger, zuverlässiger Mann, der versucht, im Leben sein Auskommen zu finden, so wie wir es alle tun. Aber ich weiß auch einige Dinge, die er in einer ungezwungenen Unterhaltung wie dieser stillschweigend unter den Tisch fallen lässt.

Denn diese anonymen Maschinen, die sich auf den Landebahnen, Dschungelpisten und Militärbasen überall auf der Welt neben den mit bunten Logos versehenen Maschinen von Hunderten von legitimen Fluglinien aufreihen, bergen auch eine dunkle Seite – es ist die dunkle Seite einiger ihrer Crews und einer ganzen Reihe ihrer Auftraggeber und Missionen. Sie verrichten eine Arbeit, bei der sehr viel Geld – Millionen von Dollar – den Besitzer wechselt, oftmals über ausgefeilte Netzwerke von Bankkonten in Zypern, Sierra Leone und anderen Orten. Und dieses Geld kommt nicht von Hilfsorganisationen, der US-Armee, der UNO oder irgendjemand anderem, dessen wirklicher Name auf den Quittungen auftaucht.

Nach jüngeren Berichten der UNO und von Überwachungsgruppen wie dem Stockholm International Peace Research Institute (SIPRI), Amnesty International und dem International Peace Information Service (IPIS) sind viele dieser Phantompiloten mit ihren nicht nachverfolgbaren Schwärmen von Iljuschin Il-76 Maschinen auch der wichtigste Kanal für den illegalen Transport von destabilisierenden Gütern wie Rauschgift, verbotenen Waffen, mysteriösen Diamanten, Waffen für illegale oder terroristische Armeen und geheime Versorgungslinien für Schurkenstaaten, die Sanktionen umgehen wollen. Sie und ihr noch schwerer fassbares Netzwerk von Geschäftspartnern haben im Laufe der letzten beiden Jahrzehnte das Wachstum des globalen Schwarzmarktes, das Regime von Warlords und den Aufstieg der Mafia in Osteuropa und weit darüber hinaus möglich gemacht.

Diese Berichte sind ein faszinierender Blick auf die andere Welt, in der diese Menschen leben – eine Welt, in der nichts ist, wie es scheint. Eine Welt, in der ein Frachtraum voller Wolldecken auf dem Weg in ein Unglücksgebiet sich scheinbar mitten in der Luft in 15 Tonnen Landminen für die lokale Rebellenmiliz oder in Schmuggelware für die Mafia verwandeln kann. Eine Welt, in der ein Mann Retter und Kriegstreiber zugleich ist, und in der ein und derselbe Flug, der mit Ärzten und Medikamenten voll beladen ist, gleichzeitig auf magische Weise die Kalaschnikows hervorzaubern kann, die ein paar Tage später dazu benutzt werden, die Patienten zu exekutieren. Eine Welt, in der die Worte »Söldner«, »Pilot«, »Entwicklungshelfer« und »Schmuggler« auf gefährliche Weise austauschbar geworden sind.

»Der größte Trick, den der Teufel je gebracht hat, war die Welt glauben zu lassen, es gäbe ihn gar nicht.« Der Werbeslogan und Refrain des Bryan-Singer-Films *Die üblichen Verdächtigen* von 1995 beschreibt die Methoden des fiktiven ungarischen Schmugglers, Mörders und Paten Keyser Söze – eines Meisters der Verkleidung, dessen mörderisches Tun immer wieder durch Gerüchte, Mythen, die Unfähigkeit der Behörden, seine endlose Raffiniertheit, Entschlossenheit und seinen Einfallsreichtum verschleiert wird. Bis zum heutigen Tag werden in Italien und in den USA die Geschworenen in Jury-Prozessen auf höchster Ebene von der Verteidigung mit dem Argument zu Freisprüchen genötigt, dass es eigentlich gar keine Mafia gibt – diese sei nichts weiter als eine Ausgeburt der Phantasie, die von Hollywood und von ein paar übereifrigen und fehlgeleiteten Staatsanwälten auf Verbrechen projiziert werde, die eigentlich Einzeltaten sind und keine weitere Untersuchung rechtfertigten.

Selbst die Existenz der meistdiskutierten Bewegungen des 21. Jahrhunderts ist umstritten: Viele Ermittler behaupten, dass die Vorstellung einer festen Organisation mit Namen al-Qaida in erster Linie eine amerikanische Erfindung ist. Sie argumentieren, dass der Begriff »al-Qaida« 2001 zum ersten Mal beim Prozess gegen Osama Bin Laden und vier weitere Männer ins öffentliche Bewusstsein rückte. Sie wurden beschuldigt, 1998 die Bombe in der amerikanischen Botschaft in Ostafrika gelegt zu haben – obwohl es zu dieser Zeit gar keine Organisation namens »al-Qaida« in diesem Sinne gab. Stattdessen handelte es sich um ein loses Netzwerk von militanten Islamisten, die ihre eigenen Operationen unabhängig planten und sich nur in Fragen der Finanzierung und sonstiger Unterstützung an Bin Laden wandten, ähnlich wie Mafiamitglieder an ihren »Paten«.

Viele behaupten sogar, dass die Idee einer starren Organisation mit dem Namen al-Qaida im Zuge des 11. September vom amerikanischen Justizministerium aktiv und aggressiv verbreitet wurde, weil man sich, um Bin Laden in Abwesenheit anklagen zu können, des bestehenden *Racketeer Influenced and Corrupt Organizations Act* bedienen musste, eines Gesetzes, das in erster Linie zur Bekämpfung der organisierten Kriminalität erlassen worden war. Dazu musste man beweisen, dass Bin Laden der Kopf einer Organisation war, die sich kommandieren ließ. Denn wenn er sie befehligte, konnte sie aufgedeckt, überwacht, aufgehalten und zerschlagen werden. Ein hochrangiger Vertreter des US-Außenministeriums formulierte es so: »Wenn man nichts hat als einen Hammer, dann sieht die ganze Welt aus wie ein Beutel Nägel.«

Für amerikanische Staatsanwälte und Amtsträger jeglicher Provenienz, deren ganzes Wesen und Denken auf Strukturen von Zugehörigkeit, Loyalität, Führung, Transparenz und Verantwortlichkeit basiert, ist die alternative Vorstellung, dass Menschen, Güter und historische Kräfte von einer Motivation angetrieben werden, die sie weder beeinflussen noch überwachen können, buchstäblich undenkbar. Denn ohne Kontrolle und ohne Führung wird jede Bewegung diffus, veränderlich, bedrohlich und im Prinzip unangreifbar: al-Qaida wird zu einem Geisteszustand. Die Mafia wird zu einer Reihe von unglücklichen Zufällen. Osama Bin Laden wird Keyser Söze. Und Mickey sagt: »Ich bin nur ein Postbote.«

Für die meisten Menschen – das gilt für Sie und für mich, bis hinauf zu den Hilfsorganisationen selbst, zum Pentagon, den internationalen Strafverfolgungsbehörden und der UNO – existiert diese Schattenwelt mit ihren hin und her wandernden Frachten schlicht und einfach nicht. Das ganze globale Netzwerk von entwurzelten Fliegern, die niemandem Rechenschaft schulden und keiner Gewerkschaft angehören, die überall landen und alles transportieren, jeder von ihnen mit einem ganzen Aktenkoffer voller unterschiedlicher Lebensgeschichten und den entsprechenden Dokumenten, um jede einzelne davon über jeden Zweifel erhaben zu belegen. Wir werfen eine Münze in die Sammelbüchse oder unterschreiben ein Überweisungsformular, und wir vertrauen darauf, dass unser Geld der Sache zugutekommt, für die wir gespendet haben. In unserer Welt ist es so, dass das, was wir vor Beginn eines Fluges in den Container gepackt haben, am Ende auch wieder herausgeholt wird.

Für uns ist die Vorstellung von Piloten, die nach einem Absturz für tot erklärt wurden und wieder auferstehen, um in einem andern Teil der Welt ein Flugzeug zu steuern, oder die Vorstellung eines riesigen Frachtflugzeugs, das mitten in der

Luft verschwindet, nur um im gleichen Moment Tausende von Meilen entfernt wieder aufzutauchen, in einer anderen Farbe gestrichen, mit einer anderen Historie und einem anderen Besitzer, der Stoff für gruselige Gutenachtgeschichten oder TV-Specials von David Copperfield. Wie bei den mittelalterlichen Schiffen, die zusammen mit ihrer Getreidefracht die Pest ins Land brachten, ist für die meisten Menschen jede Verbindung zwischen den Waren, die wir wissentlich senden, und dem Prosperieren von Schwarzmärkten, Terrorismus, Mafia, Rauschgifthandel, brutalen Regimes, Bürgerkriegen und globaler Instabilität so obskur, so weit hergeholt, dass wir die Zusammenhänge gar nicht wahrnehmen, bis es zu spät ist.

Zum Glück gibt es einige Männer und Frauen bei der UNO und bei internationalen Überwachungsorganisationen, die Ursache und Wirkung in Verbindung gebracht haben und nun mit der Aufgabe betraut wurden, das Verschieben von Schmuggelware zu verfolgen, zu stören und zu unterbinden. Doch selbst für die engagiertesten Schmuggel-Kontrolleure und Flugzeugbeobachter sind diese unzähligen Iljuschins, die Firmen und die Piloten, die sie fliegen, kaum mehr als Geister, die in ihr Blickfeld driften, nur um sofort wieder zu verschwinden – nicht aufzuhalten, nicht zurückzuverfolgen und nicht zu bestrafen. Für den Rest von uns existieren sie unterdessen überhaupt nicht.

Sie existieren solange nicht, bis wir sie selbst sehen. Ich erfuhr nur durch Zufall von diesen Phantom-Crews, den heimlichen Flügen und der tödlichen Fracht – genauer gesagt, durch eine Reihe von Zufällen, die mich von den letzten Tagen der kollabierenden Sowjetunion über einen Job, bei dem ich Artikel über Waffengeschäfte schrieb, bis hinein in die Mafiahochburg von Miloševićs Serbien führte.

Ich war ein junger Journalist und belieferte als freier Reporter aus den verschiedensten Ecken der Welt die BBC mit Artikeln, während ich gleichzeitig feste Jobs bei einigen Wirtschaftsmagazinen mit Schwerpunkt Osteuropa innehatte. Auf diese Weise hatte ich bereits die Implosion der alten Sowjetunion aus erster Hand miterlebt. Als ich 1992 in Moskau und St. Petersburg war, konnte ich gebannt beobachten, wie sich das Leben und der Alltag der Menschen veränderten, während das System, der Rechtsstaat, die Wirtschaft, der ganze sowjetische Traum praktisch über Nacht eine Kernschmelze erlebten.

Plötzlich wurden die weiten, klassischen Plätze von St. Petersburg zu dunklen, gefährlichen Orten. Büroangestellte und Fabrikarbeiter fingen an, Glühbirnen, Stühle, Wasserleitungen, Ornamente und Kabel von ihren Arbeitsplätzen abzumontieren und sich auf den Platz zu stellen, um sie dort zu verkaufen – neben den Privatleuten, die ihren Besitz verhökerten. Ich wurde Zeuge, wie ein Kellner das Besteck seines eigenen Restaurants stahl, während er die Gäste bediente.

Das alles sah nach Chaos aus, doch es gab auch deutliche Hinweise darauf, dass hier neue, durchaus organisierte Kräfte am Werk waren. Die Mafiagruppierungen waren bereits allmächtig. Das harte Durchgreifen gegen den Alkohol, das Präsident Gorbatschow in den Jahren zwischen 1985 und 1987 angeordnet hatte und das schließlich in einer nationalen Prohibition gipfelte, hatte nicht nur dafür gesorgt, dass der Staatssäckel empfindlich litt. Darüber hinaus entwickelte sich auch noch ein landesweiter Schwarzmarkt für geschmuggelten, gestohlenen und hausgemachten Wodka, Wein und andere Alkoholika, der Wurzeln schlug und unkontrolliert wuchs. Jetzt tauchten zwischen den Massen von zusammengeflickten Kleintransportern und fehlzündenden Ladas die ersten auffällig glänzenden Jeeps japanischer Herkunft auf, mit getönten Scheiben, bewacht von bulligen, kahlgeschorenen Ex-Soldaten.

Moskaus exklusives, nur Ausländern zugängliches 3200-Betten-Hotel Rossija, direkt neben der Basilius-Kathedrale, wurde von der tschetschenischen Mafia übernommen. Ich sah, wie sie die Gäste ausnahmen und ihre Armee von schon etwas verbrauchten, mit langen Mänteln bekleideten Prostituierten losschickten, um in den schmutzigen Aufzügen anzuschaffen, an die Gästezimmer zu klopfen und dort außer Sex auch Heroin und Amphetamine anzubieten.

Inzwischen verkauften auf Moskaus belebter *Arbat* abgemagerte Soldaten, die sich unerlaubt von ihrer Truppe entfernt hatten, geklaute Armeebestände – ihre Uniformen, Proviant, Gurte mit scharfer Munition. Westliche Verteidigungsexperten waren bereits eifrig darum bemüht, die letzten bekannten Aufbewahrungsorte von Milliarden Tonnen von Sprengstoff, Munition, nuklearem und biochemischen Material und anderer Militärtechnologie zu ermitteln – alles Dinge, die nun mehr oder weniger unbewacht und frei verkäuflich herumlagen.

Als lebenslanger Freund und Bewunderer Russlands war ich entsetzt und auf eine merkwürdige Weise gleichzeitig auch fasziniert. Dieser gefährliche und schmutzige Ort am Rande der Anarchie mit seiner abstoßenden Aura aus Verzweiflung und Gewalt war das genaue Gegenteil meines Mittelklasse-Zuhauses. Und in allererster Linie war ich neugierig. Was werden diese Menschen jetzt tun? Was wird als Nächstes passieren in diesem Land, das so mächtig und gleichzeitig so instabil ist?

Zurück in London und auf der Suche nach einer neuen Anstellung als Journalist hatte ich kurze Zeit einen perspektivlosen Job bei einem Zeitschriftenverlag, zu dessen Objekten ein Magazin über Rüstungsgüter und mehrere russische Wirtschaftstitel gehörten. In denen fand sich eine bemerkenswerte Zahl von Verkaufsanzeigen für Rüstungsgüter aus der früheren Sowjetunion. Ohne Wissen der jeweiligen Verlage wurden überall im Westen Nischen-Fachzeitschriften wie diese zu diskreten Umschlagplätzen für alle MiG-29 Kampfflugzeuge oder andere militärische Hardware, die russische, kasachische, ukrainische oder weißrussische *Biznesmeny* auf mysteriöse Weise in ihre Hände bekommen hatten und nun zu Geld machen wollten. Ich ließ mir über knisternde Telefonleitungen direkt aus einer Datscha im Kaukasus von einem Mann, der sich immer nur als »Der Kontakt«[1] bezeichnete, Texte diktieren, die etwa so klangen: »Wir sind für Sie idealer Partner in Russland für verkaufen von Top-Militärflugzeug.« Das schien mir sehr gut zu dem zu passen, was ich rund ein Jahr zuvor in Moskau mit eigenen Augen gesehen hatte. Keiner dieser *Biznesmeny* zahlte je für seine Anzeigen.

Doch diese Männer mit ihren Datschas und ihren krummen Deals hatten es eindeutig nach oben geschafft, sie waren die Gewinner der dramatischen Umwälzungen. Unwillkürlich fragte ich mich, wohin das Geld wanderte. Wer konnte auch nur ansatzweise eine Verwendung für all diese sowjetischen Flugzeuge haben? Und wer würde sie fliegen? Was ist mit all den normalen Burschen da unten passiert?

Dann, im Jahr 1998, fand ich mich im rasch auseinanderfallenden Rest des früheren Jugoslawiens wieder, wo ich an einem Artikel arbeitete, von dem ich hoffte, dass ihn der *Sunday Telegraph* abnehmen würde. Der Krieg in Bosnien war vorbei, die NATO-Intervention im Kosovo stand bevor. Ich sah, wie die Währung zusammenbrach, wie die serbische Mafia und die alten Seilschaften der Regierung in den Belgrader Hotels ungeniert ihre Geschäfte abwickelten und hielt mich für ziemlich versiert in Sachen osteuropäische Anarchie. Ich dachte, ich hätte schon alles gesehen.

Worauf ich nicht vorbereitet war, war die erste Ahnung einer Antwort auf die Fragen, die ich mir die ganze Zeit gestellt hatte.

---

1 Wir freundeten uns im Laufe der Zeit regelrecht an, und er schickte mir ein Foto, eine Innenansicht seiner Datscha, holzverkleidet, mit riesigen Tierfellen an den Wänden und Gewehren über der Tür.

2

WAS MACHE ICH EIGENTLICH HIER?

Serbien, 1998

Der eiskalte Regen kommt in Wellen, schlägt mit der Macht eines Tsunamis in der Auffahrt zum Hyatt Regency Belgrad auf. Es hat wenig Sinn, seinen Kragen hochzustellen gegen die Kälte der Nacht, dennoch bin ich erleichtert, dass ich dem Taxi des alkoholisierten, mit seiner Pistole herumfuchtelnden Fahrers entkomme. Einige Sekunden lang besteht das Universum aus Chaos. Dann bewegt sich das Glas und ich trete durch einen warmen Luftstrom in eine abgeschottete Blase voller Berieselungsmusik.

Drinnen sind überall Polizisten, die offen Pistolen tragen, Zigaretten rauchen und mit den Gangstern trinken. Im Innenhof wimmelt es von »Security«-Leuten: staatliche, private und die der Mafia. Einige sind uniformiert, andere nicht. Presseleute, Diplomaten und NGOs verstopfen die Lobbys, Restaurants und Business-Zentren, schlagen die Zeit tot, schalten zwischen CNN und BBC World hin und her. Sie tauschen Geschichten darüber aus, wie lange es noch dauern wird bis zur unvermeidlichen Reaktion der internationalen Gemeinschaft gegen Miloševićs Kampagne der ethnischen Säuberungen im Kosovo, seine zunehmend offene Verachtung für die diplomatischen Bemühungen um ein Entschärfen der Krise und seine von der Mafia finanzierte Kontrolle über Serbien.

Im Moment ist dieses Hotel das internationale Herz von Belgrad: ein relativ sicheres Umfeld, wo Diplomaten und Auslandskorrespondenten wohnen und arbeiten – und wo sich Serbiens VIPs vergnügen. Aus der vormals stolzen Habsburgerstadt und früheren Hauptstadt Jugoslawiens ist 1998 die zerlumpte Metropole der Unterwelt eines Staates geworden, der nur noch aus Serbien, seinem winzigen Bergnachbarn Montenegro und allen Ansprüchen auf den Kosovo, die es durchsetzen kann, besteht. Schon jetzt ist es jedem außer dem Regime selbst klar, dass dies seine letzten Tage sind. Genau wie jenes Moskau, das ich 1992 verließ, ist dieses ungezügelte und gebrochene Belgrad ein Honigtopf, an dem sich die Neureichen bedienen, der Schauplatz alltäglicher Mafiamorde und die Heimat einer ehrlichen und zunehmend verzweifelten Mehrheit, die noch immer voll grimmiger Entschlossenheit durchhält und auf bessere Tage hofft.

Es ist auch ein Tummelplatz der vom Milošević-Regime geförderten Armee von Günstlingen, Gangstern und Söldnern. Das Herz der verbliebenen Wirtschaft ist der Schwarzmarkt. Alle offiziellen Strukturen der Stadt werden von »roten Businessmen« regiert – Gangstern, denen die Regierung freie Hand lässt, nach Herzenslust zu morden und zu schmuggeln. Als Gegenleistung wird erwartet, dass sie loyal zu Milošević stehen, wenn Köpfe eingeschlagen werden. Allerdings fängt es jetzt an, auch die Gangster zu treffen, wenn sie für das Regime nicht mehr von Nutzen sind oder sie einfach nur die paranoiden Verdächtigungen eines sich stetig wandelnden inneren Zirkels um den Präsidenten auf sich gezogen haben. Sie werden im eigenen Auto in die Luft gejagt, von Maschinengewehrsalven maskierter Attentäter niedergemäht oder treten verzweifelt auf sabotierte Bremspedale. Selbst die Gefürchtetsten unter ihnen sind nicht sicher: Es wird nicht lange dauern bis Arkan, der vom serbischen Regime am meisten geschätzte Miliz-Kommandeur, beliebtes Fotomotiv von Magazinen, Farbbeilagen und Kriegsverbrecher, in der Lobby des InterContinental-Hotels gleich um die Ecke niedergeschossen wird.

»Einer von denen ist oben erschossen worden.« Sascha, mein junger Übersetzer und Mädchen für alles, tipptopp mit gegeltem Haar und italienischen Schuhen, nickt in Richtung eines eleganten jungen Mannes, der aussieht wie Christian Bale in *American*

Psycho. »Ein Mann namens Knele, Zimmer 331. Hat eingecheckt und strengste Anweisung hinterlassen, dass niemand zu seinem Zimmer hochgelassen werden darf, ohne dass die Rezeption den Besucher vorher telefonisch ankündigt hat. Dann geht ein Besucher schnurstracks in sein Zimmer und bläst ihm das Gehirn raus.« Saschas Hände zeigen einen imaginären Zimmergrundriss auf der Tischplatte. »Wenn du zu viel *darüber* nachdenkst, wirst du absolut paranoid. Denn wenn jemand den Killer hochgelassen hat, damit er seinen Job machen kann, dann weißt du, dass nichts verboten ist.« Nichts ist verboten. Es dauert eine Weile, bevor ich herausbekomme, warum genau diese Phrase so sehr an mir nagt.

So wie es aussieht, ist Serbien weltweit isoliert. Die Regierung rast dem letzten Stadium ihres Wahnsinns entgegen, Schlag um Schlag, Razzia um Razzia. Im Hotelfernsehen redet jemand über das jüngste Waffenembargo, das der Sicherheitsrat der UNO als Resolution 1160 gegen Belgrad verhängt hat, um das, was offiziell immer noch Jugoslawien ist, zu einem Dialog mit den Kosovo-Albanern zu zwingen. Zusätzlich zum wirtschaftlichen Zusammenbruch und der sprunghaft auftretenden Hyperinflation im Land gibt es noch die unterschiedlichsten Sanktionen, Herabstufungen, Embargos und offiziellen Verurteilungen, die in den letzten paar Jahren von EU und UNO sowie von den USA und anderen Einzelstaaten und Organisationen ausgesprochen wurden. Die Liste ist ziemlich lang.

Auf dem Papier ist Belgrad eine Stadt, in der viele Dinge verboten sind. In Wirklichkeit jedoch wühlen gewöhnliche Serben im Müll, verkaufen ihre letzten Besitztümer, sind hin- und hergerissen zwischen Armut und Verzweiflung. Doch hier, bei den Auserwählten in den Luxuspalästen von Novi Beograd, knallen die Champagnerkorken. Internationale Nachrichtenteams essen frische *Fusion Cuisine* und bekommen alles, was sie an Schutz, Transportmöglichkeiten und Ausrüstung brauchen, wenn sie nur mit dem Finger schnipsen. Das Geld wird mit vollen Händen und mit demonstrativer Großzügigkeit ausgegeben – hier gibt es keine schwachen jugoslawischen Dinare, sondern frische deutsche Mark und US-Dollars. Für die privilegierten Kreise ist Kokain überall in Belgrad frei erhältlich. Waffen, Luxusgüter und Substanzen, die rar sein sollten, sind allgegenwärtig. Woher kommt das alles?

»Wenn du sie nicht schlagen kannst, dann musst du dich ihnen anschließen«, erklärt mir grinsend ein einheimischer Geschäftsmann bei einem Drink zur Mittagszeit im Hyatt. »Es gibt Dinge, die man theoretisch auf legale Weise bekommen kann, aber das ist zu kompliziert und zu teuer. Ich kann Ihnen eins sagen: Wenn jemand in dieser Stadt Ihnen erzählt, dass sein Unternehmen, sein Ministerium, sein Geschäft, sein Restaurant oder was auch immer auch nur eine einzige Woche überleben könnte, ohne in irgendeiner Weise, sei es direkt oder indirekt, wissentlich oder unwissentlich, an der Schmuggelpipeline zu hängen, dann können Sie ihm von mir sagen, dass er Schwachsinn erzählt.«

Nahrung und Treibstoff, so vertraut er mir an, werden Nacht für Nacht über Land aus Rumänien und Ungarn über die Grenze hereingeschmuggelt. Andere, speziellere Dinge für die Geschäfte kommen in einer endlosen Reihe nicht markierter und nicht überprüfbarer Containerschiffe donauaufwärts, und Novi Beograd wird als Erstes beliefert. Einige Artikel des alltäglichen Bedarfs, die als »humanitäre Hilfe« deklariert sind, werden entweder unterwegs oder am Zielort abgezweigt und landen in den Händen der Schwarzmarkthändler. Gleichzeitig werden Waffen aus jugoslawischer oder russischer Herstellung gegen harte Währungen wie Dollar oder D-Mark ins Ausland verkauft.

»Diese Art von Waren werden mit Flugzeugen transportiert«, erzählt er mir, und er muss lachen, als ihm auffällt, wie sehr er nach Spionagethriller klingt. »Die Händler haben ihre eigenen Lieferanten.«

Schon seit einigen Jahren kommen die sowjetischen Flugzeuge mit merklicher Regelmäßigkeit, sagt der Geschäftsmann. Damit hat sich für den Schwarzmarkt eine geheime Tür geöffnet, durch die alles – Waffen, Menschen, Cash, Schwarzmarktware, Drogen – auftauchen und verschwinden kann. Das ergibt Sinn. Wenn man den ganzen Tag durch improvisierte Barrikaden fährt, dann liegt der Gedanke an diese mysteriösen Riesenmaschinen der Sowjetzeit eigentlich auf der Hand: In 10 000 Metern Höhe kann dich niemand ausrauben, erpressen oder mit Straßensperren belästigen. Aber es klingt auch teuer. Der Treibstoff für einen Flug von irgendwoher außerhalb des Balkans würde Hunderttausende von (theoretisch nicht zu bekommenden) US-Dollars kosten. Da muss jemand Geld flüssig haben.

Wie sich herausstellt, arbeitet ein Mann namens Rade Marković, der angeblich zu den Chefs der Geheimpolizei und zu Miloševićs Vertrauten gehört und der in Attentate wie den Mord an dem früheren serbischen Ministerpräsidenten Ivan Stambolić verwickelt sein soll, seit einiger Zeit sehr eng mit einem Mann namens Mihalj Kertes zusammen, seines Zeichens Zollchef am Nikola-Tesla-Flughafen in Belgrad. Dort haben in den letzten Jahren die Routen auf den Flugplänen eine interessante, um nicht zu sagen verdächtige Entwicklung genommen: Mysteriöse Maschinen aus Russland oder den Arabischen Emiraten verlassen Belgrad um Mitternacht, um über Zentralasien und Zypern in den Irak und nach Libyen zu fliegen. Gleichzeitig erreichte der Handel mit Drogen, Waffen und harter Währung auf dem ganzen Balkan, mit dem die Freischärler-Einheiten des Regimes unten im Kosovo finanziert werden, einen neuen Höhepunkt.

»Wir wissen wahrscheinlich früher als jeder andere, wenn ein Krieg bevorsteht«, wird sich Mickey Jahre später erinnern. »Die Aufträge ändern sich. Es gibt auf einmal viele Jobs an einem Ort. Oder vielleicht wird eine andere Art Job plötzlich sehr oft angefragt. Das bedeutet immer etwas. Und es bedeutet Geld.«

Der serbische Geschäftsmann und ich tranken unseren Wein aus, bezahlten den Kellner in neuen US-Dollars, verließen das Hotel und kehrten zu unseren Jobs zurück, zum nächsten Meeting.

Ich vergaß nichts von dem, was er mir erzählt hatte, was ich gesehen hatte. Von diesem Tag an hatte ich immer, wenn ich als Journalist unterwegs war, den Eindruck, dass die Rollfelder und Terminals eine Art okkulte Bedeutung ausstrahlten. Ich erfand Vorwände, um mich scheinbar zufällig von der Meute der Presseleute abzusetzen, wenn ich in Indonesien, Zentralamerika, den ehemaligen Sowjetrepubliken, auf dem Balkan oder in Afrika war. Ich saß da und beobachtete das Kommen und Gehen dieser riesigen Frachtmaschinen und der Männer, die sie flogen. Meistens geschah stundenlang nichts; oft wurden die örtlichen Sicherheitskräfte oder die Militärpolizei misstrauisch. Jedenfalls verbrachte ich viel Zeit damit, anderen zu erklären oder mich selbst zu fragen, wonach ich eigentlich suchte.

Doch manchmal erhaschte ich einen Blick auf interessante Flugzeuge, interessante Menschen. Mit der Zeit erkannte ich die Crews: die Sorgenfalten, die Orte, an denen sie die Zeit totschlugen, der merkwürdige Mix aus Overalls, Hawaiihemden und Sportbekleidung. Selbst die Art, wie sie über den Asphalt gingen, tranken und zusammen auf ihre nächsten Flüge warteten, mit der nachlässigen Wachsamkeit, die für militärische Einheiten typisch ist. Wenn man sie lange genug durch das Foyer-Fenster beobachtete, konnte man fast spüren, wie ihre Zivilkleidung sie störte.

Ich verbrachte die nächsten fünfzehn Jahre damit, diesen Männern und ihren Flügen nachzuspüren und der Frage auf den Grund zu gehen, was genau sie eigentlich transportierten, wohin und für wen. Und als ich die Chance bekam, im Gefolge der von den USA angeführten Invasion mit einer solchen Crew von »Lieferanten« nach Afghanistan zu fliegen, zögerte ich nicht, sie beim Schopf zu packen.

Wie sich zeigen sollte, waren es Mickey und seine Crew von sowjetischen Veteranen, die mir die Tür zur Schattenseite der neuen globalen Wirtschaftsordnung aufstießen – von den Tauschgeschäften Waffen gegen Kokain in Südamerika bis zum afghanischen Heroinhandel, von den Warlords im kongolesischen Dschungel bis zu den per Fallschirm abgeworfenen Geldkoffern für somalische Piraten. Doch all das lag noch in der Zukunft.

Um Mickey und sein Geschäft zu verstehen, musste ich zuerst seine Geschichte hören. Um zu begreifen, was ihn, seine Maschine und eine Flutwelle von tödlicher Fracht in die Welt hinauswarf, für die es keine Parallele in der Geschichte gibt, müssen wir zurückgehen in die UdSSR.

TEIL ZWEI

ALLES, WAS SIE GLAUBEN
ZU WISSEN, IST FALSCH

Die UdSSR

3

THE LOST BOYS

Sowjetunion, 1992

Im Dezember 1992 war für Mickey und seine Crew nicht nur der lange, desaströse sowjetisch-afghanische Krieg vorbei. Die ganze Sowjetunion hatte den Geist aufgegeben. Sie wurde in den Bankrott getrieben durch ihre eigene Überlegenheit im Rüstungswettlauf und zerrissen von den Spannungen zwischen Reformern wie Präsident Michail Gorbatschow und der alten Garde, zwischen dem Anspruch der Satellitenstaaten von Litauen bis Georgien auf ihre Unabhängigkeit und dem Drang, jedes Ausscheren gewaltsam niederzuschlagen. Von der Berliner Mauer bis zur Eröffnung einer McDonald's-Filiale auf dem Roten Platz, von der Gleichheit aller Genossen bis zu den »Neuen Russen«, die mit bewaffneten BMW-Kolonnen durch Moskau rauschten: Es war nicht zu übersehen, dass die Zeiten sich änderten. Als er Anfang der 80er Jahre nach Afghanistan zog, verließ Mickey ein Land, das er kannte. Als er zurückkam, war dieses Zuhause verschwunden.

Das russische Militär kam zunächst in kleinen Gruppen ins Land, um eine »zahme« afghanische Regierung zu stützen, so wie es die Amerikaner in Vietnam beabsichtigt hatten, doch die Spielregeln sollten sich bald ändern. Zu der Zeit, als Mickey ankam, war eine riesige Anzahl von Soldaten, die mit den modernsten Waffen, Panzern, Flugzeugen und Aufklärungstechnologien ausgestattet waren, verzweifelt darum bemüht, die Guerilla-Angriffe und Sabotageakte der Afghanen, die für ihr eigenes Land kämpften und die endlosen Gebirgspässe wie ihre Westentasche kannten, zu überleben. Zunehmend motiviert durch Angst, Verzweiflung und Rachegelüste wurde der Krieg von beiden Seiten mit eskalierender Brutalität geführt. Berichte über Folter, Plünderungen, Massaker unter der Zivilbevölkerung, Sprengfallen, vergiftete Lebensmittel und wahllose Bombardements häuften sich. Und während die afghanischen Stammesführer und Mudschaheddin heimliche Unterstützung aus Pakistan, den Golfstaaten und gleichzeitig auch von der CIA bekamen, häuften sich auch die Flüge der »Grus 200s« (das war der Codename der russischen Armee für die Il-76- und Antonow-Frachtmaschinen, die die Leichen von sowjetischen Soldaten nach Hause brachten). Ein Rückzug der Sowjetunion aus Afghanistan war nicht mehr undenkbar, er war unausweichlich.

Bei ihrer Rückkehr nach Hause sahen Mickey und die anderen Veteranen, dass alles, was sie für stabil und sicher gehalten hatten, innerhalb von Monaten zu Staub zerfiel. Der Krieg war verloren, ihr Sold (solange die Regierung überhaupt in der Lage war, ihn auszuzahlen) durch den Zusammenbruch des Rubels wertlos geworden, die Luftwaffe selbst war nur noch eine leere Hülle, die Wirtschaft ging den Bach runter und ihre Hoffnungen auf irgendeine Art von Zukunft, sei es in der Armee oder außerhalb, sahen trübe aus.

Plötzlich sagte man ihnen, dass sie nicht mehr gebraucht werden, nicht mehr bezahlt werden, und dass alles, wofür sie gekämpft hatten, ohnehin falsch war. Die gesamte Sowjetarmee lag auf dem Schrotthaufen der Geschichte, ganze Garnisonen waren zu verlassenen, geradezu postapokalyptisch anmutenden Geisterstädten heruntergekommen. Eine von ihnen war Mickeys Standort.

Es gibt nicht viele Städte, die in sintflutartigem Regen gut aussehen, aber im Falle von Wizebsk kann man sich überhaupt keine Bedingungen vorstellen, unter denen diese Stadt schön ist. Vielleicht bin ich unfair. Auch die viertgrößte Stadt der sozialistischen Republik Weißrussland hat ihre Altstadt, obwohl diese mittlerweile auf ein paar weißgetünchte Promenaden zusammengeschrumpft ist. Auch das Stadtzentrum – Straßen voller Schlaglöcher, rußspeiende Wolgas und schmutzig-gelbe Busse voller älterer Frauen mit Kopftüchern – ist nicht schlimmer als das vieler Industriezentren in den früheren Ostblockstaaten. Und doch liegt irgendetwas Besonderes in der Art, wie der schiefergraue Himmel auf die horizontalen Betonblocks niederdrückt. Etwas, das in einem Menschen das Bedürfnis wecken kann, sich in sein Auto zu setzen und sehr schnell sehr weit weg zu fahren.

Wie so viele frühere Sowjetstädte hatte es seine gehätschelten Industrien, außerdem noch den Militärflughafen und das Transportregiment. Dreizehn Kilometer nordwestlich der Stadt, unweit der von LKWs verstopften Autobahn E96, hinter der nur noch die russische Grenze kommt, liegt ein ziemlich trostloses militärisches Flugfeld, mit einem Kommandoturm, Flugzeugen, Gates und ein paar verstreuten Betongebäuden. Es ist der Geist einer einstmals mächtigen Militärbasis. Wenn sie nicht gerade in Afghanistan oder irgendwo in der Sowjetunion im Einsatz waren, war dieser Ort das Zuhause für Mickey und seine Crew, und für Hunderte von Männern und Flugzeuge der Dritten Garde militärische Transportfliegerdivision. Es hatte alles so dauerhaft gewirkt: die Männer, die Basis, die Flugzeuge, über 30 riesige Il-76-Maschinen, dazu noch weitere vom Typ An-22. Sie alle waren Teil der größten stehenden Armee, die die Welt je gesehen hatte. Doch eines Tages war diese ganze Streitmacht einfach verschwunden.

Wenn man heute im Dauerregen durch den Stacheldrahtzaun auf das verlassene Gelände blickt und das Ganze aus historischer Distanz betrachtet, kann man sich nur schwer vorstellen, wie der plötzliche Zusammenbruch dieses Riesenreiches und der alles andere als geordnete Übergang so vieler früherer Sowjetstaaten zum ungezügelten Kapitalismus irgendetwas anderes hätte hervorbringen können als ein weltumspannendes Untergrund-Netzwerk von fliegenden Schmugglern. Und wie die Welt erwarten konnte, dass etwa kein Wildwuchs von organisiertem Verbrechen, Preistreiberei, Schwarzmärkten, Terror und Instabilität die Folge hätte sein können.

Für den russischen, ukrainischen und weißrussischen Normalbürger war der plötzliche, galoppierende Zusammenbruch der Sowjetunion und ihre anschließende Zerschlagung durch Privatisierungsunternehmer eine Katastrophe. Der Versuch des russischen Staates, die Privatisierung über ein Couponsystem durchzuführen, ging vollkommen daneben, weil die hungernde und verarmte russische Bevölkerung, die wenig bis gar keine Ahnung hatte, was es bedeutet, Aktionär von irgendetwas zu sein, ihre Anteile umgehend in Essen oder Wodka eintauschte. Folglich landeten fast 100 Prozent der Anteile aller frisch privatisierten staatlichen Unternehmen und Versorgungsbetriebe rasch in den Händen der wenigen Männer, die damals schon reich genug waren, sie Aktie für Aktie aufzukaufen, mit Schnaps und mit Brot.

Gleichzeitig gaben sich viele der westlichen Unternehmen, die in dieser frühen Phase in den ehemaligen sowjetischen Ländern Geschäfte machten, alle Mühe, dem russischen Klischee vom Raubtierkapitalisten zu entsprechen. Sie tauchten mit dem dringend benötigten flüssigen Kapital auf und knebelten die russischen Unternehmen mit unüberschaubaren und undurchdringlichen Vertragswerken. Einige russische Unternehmer, die bald als »Neue Russen« oder *Biznesmeny* bezeichnet wurden, hatten den Dreh schnell heraus: Angeblich musste die ukrainische Zentrale von Coca-Cola ihre eigene Miliz anheuern, nachdem bewaffnete Männer in die Büroräume eingedrungen waren und verlangt hatten, dass die Direktoren ein »Partnerschaftsabkommen« unterzeichneten. Eine meiner russischen Freundinnen, die bei der Kreditüberwachung arbeitete, schaffte es, einen Schuldner mit einer Rechnungsanfrage aufzuspüren, woraufhin ihr eine männliche Stimme am Telefon eröffnete, dass er ihren

Akzent erkenne und ihre Familie leicht aufzuspüren sein würde, wenn sich »diese Kreditsache nicht freundschaftlich aus der Welt schaffen« ließe.

Als die Wirtschaft sich festfraß, wurde die Lage der normalen Bürger überall in der früheren Sowjetunion zunehmend verzweifelter. Der Chefökonom der Weltbank, Joseph Stiglitz, schrieb angewidert: »Der nationale ökonomische Kuchen [der früheren Sowjetstaaten] wurde nicht nur immer kleiner, er wurde auch immer ungleicher aufgeteilt, so dass der Durchschnittsrusse fast nichts abbekam.« Die Auswirkungen lagen auf der Hand. In einer Gesellschaft, in der vorher nicht mehr als zwei Prozent der Menschen unterhalb der Armutsgrenze gelebt hatten (die man nach damaliger Definition erreicht hatte, wenn man weniger als den Gegenwert von zwei Dollar pro Tag zum Leben hatte), steckte im Jahr 1998 plötzlich jeder vierte in der Armutsfalle fest, und mehr als 40 Prozent der Menschen lebten von weniger als vier Dollar pro Tag.

Doch wenn die Lage für Normalbürger eine Katastrophe war, dann war sie für jeden, der beim Militär arbeitete – und selbst 1985 wurde diese Zahl vom Zentralkomitee auf nicht weniger als 20 Prozent der gesamten Erwerbsbevölkerung von 135 Millionen Menschen angesetzt – die Apokalypse.

Denn als die Länder der Union sich abspalteten, um ihr Glück künftig als souveräne Staaten zu versuchen, wurden die dort befindlichen Armeeeinheiten, Luftwaffenstützpunkte, Atom-U-Boote, Männer, Maschinen und Sprengköpfe entweder über Nacht als Staatseigentum beansprucht oder als unfreiwillige Besatzer betrachtet. Doch selbst in ihrer Heimat war einfach kein Geld mehr da für die Streitkräfte. Sold wurde nicht ausgezahlt. Lebensmittel- und Treibstoffrationen blieben ebenso aus wie Bekleidung. Geräte und Fahrzeuge wurden nicht mehr repariert. Hohlwangige, vom Hunger gezeichnete Soldaten verloren das Vertrauen in ihre Vorgesetzten und setzten sich einfach ab. Nukleare Sprengköpfe lagen unbeaufsichtigt in Schuppen, die nur mit einem Vorhängeschloss gesichert waren, oder auf verlassenen Eisenbahnwaggons, während ihre Bewacher gezwungen waren, in den Wäldern nach Nahrung zu suchen. Elite-Rüstungswissenschaftler standen kurz vor dem Verhungern und flehten den bankrotten Staat an, ihre auseinanderfallenden Forschungseinrichtungen am Laufen zu halten und ihre Familien mit Nahrung, Obdach und Medizin zu versorgen. Hochrangige Offiziere nahmen ihren Sold in jeder Form entgegen, die sie bekommen konnten, ob es nun Staubsauger oder Frühstücksflocken waren. Dann entfernten sie sich tagelang unerlaubt von der Truppe, um diese Dinge auf dem Schwarzmarkt zu verkaufen und so ihr Abendessen zu finanzieren. Kompaniezüge und ihr Kriegsgerät verwandelten sich gegen Bezahlung in Arbeitskolonnen. Sie pflasterten mit ihren Panzern Straßen und agierten als Sicherheitsleute für jeden, der das Geld hatte, sie durchzufüttern. Luftwaffeneinheiten unterschlugen Kerosin, pflanzten auf ihren Stützpunkten Kartoffeln, machten alles Mögliche, um ihre Familien, ihre Soldaten und sich selbst über die Runden zu bringen.

Piloten und anderes Luftwaffenpersonal wurden in Scharen entlassen. Wer blieb, bekam oft monatelang, wenn nicht gar jahrelang, keinen Sold ausbezahlt. Noch 1996 traten vier MiG-31-Piloten am Luftwaffenstützpunkt Jelisowo in den Hungerstreik, um die Zahlung des seit mehreren Monaten ausstehenden Solds zu erzwingen. Die Zahl von »außerplanmäßigen« Todesfällen unter Wehrpflichtigen – durch Selbstmorde, Morde oder Unglücksfälle – stieg von praktisch null auf 3000 Fälle pro Jahr. Es passierte alles so schnell, dass die riesige Anzahl Soldaten, die von früheren sowjetischen Stützpunkten in Osteuropa, Zentralasien und anderswo heimkehrten, feststellen mussten, dass es noch nicht einmal genügend Unterkünfte für sie alle gab. Es mussten Lager eingerichtet werden, in denen Luftwaffenangehörige und ihre Familien in Zelten lebten.

Die staatlichen Stellen waren mit der Geschwindigkeit und dem Ausmaß des Zusammenbruchs überfordert. In einem panikerfüllten Bericht von 1992 protestierte der erste stellvertretende Verteidigungsminister Pawel Gratschow: »Von den drei militärischen Lufttransport-Divisionen der sowjetischen Luftwaffe sind plötzlich nur noch zwei Regimenter annähernd einsatzfähig.« Für die riesige Luftwaffenbasis in Wizebsk kam noch erschwerend hinzu, dass sie – ebenso wie die Basen von Dschankoj, Saporischja und Krywyj Rih in der Ukraine – plötzlich im Besitz neuer, unabhängiger Staaten waren. Das hieß, dass diese Luftwaffenstützpunkte sich nicht nur der direkten Kontrolle Russlands entzogen, sondern auch, dass sie noch verzweifelter in Geldnot gerieten und damit potentiell noch instabiler waren.

Unter den frischgebackenen Ex-Soldaten auf der Basis Wizebsk, die alle plötzlich aufs Abstellgleis geschoben wurden, ohne Zukunftsperspektiven und oft genug auch ohne ihren noch ausstehenden Sold, waren auch Mickey und seine Crew.

»Was sollte man machen?«, fragt Mickey. »Es war eine sehr schlechte Zeit. Es kam kein Geld herein, wir hatten keine Unterkunft, kein Essen, die Armee konnte uns nicht mehr füttern. Wir mussten alle einen anderen Weg finden, um zu überleben – und ich meine buchstäblich *überleben*.«

Aber wie sich herausstellte, mussten sie nicht lange nach einer Lösung für ihr Problem suchen. Denn eine seltsame Ironie des Schicksals wollte es, dass eben jene kapitalistischen Kräfte des freien Marktes, die herbeigeeilt waren, um den Leichnam der UdSSR zu fleddern, und die ihre früheren Piloten am Hungertuch nagen ließen, plötzlich für einen winzigen Augenblick in der Hand eines der mächtigsten Männer der früheren Sowjetunion ruhten. Und dieser Mann sollte sich sehr für das Schicksal von Männern wie Mickey und seiner Crew interessieren.

Jewgeni Iwanowitsch Schaposchnikow wurde am 3. Februar 1942 auf dem Bauernhof seiner Eltern in der südwestlichen Rostow-Region Russlands geboren, hinein in eine Zeit der angespannten Stille, die sich zwischen zwei mörderischen Besatzungen durch die SS auf das Land gelegt hatte. Rostow am Don war von den Deutschen bereits in Schutt und Asche gelegt worden. Hitler maß der Stadt wegen ihres Hafens, der Eisenbahn und der reichen Öl- und Mineralvorkommen strategische Bedeutung zu, und die Gegend war zuerst bombardiert und dann im November 1941 kurz besetzt worden. Im Juli 1942, als Jewgeni gerade fünf Monate alt war, kamen die Deutschen wieder, um Rostow erneut einzunehmen.

Während er inmitten von Trümmern, Landminen und Armut in der Nachkriegszeit aufwuchs, in einer Gesellschaft, in der es an erwachsenen Männern mangelte, suchte sich der kompakte, gut gewachsene Junge seine Vorbilder am Himmel und in den sowjetischen Wochenschauen. Seit seiner Jugend verehrte Jewgeni die tapferen Piloten der sowjetischen Kampfflugzeuge.

»Seit der Kindheit war es mein Traum, Pilot zu werden«, sagt er heute. »Nach dem Zweiten Weltkrieg waren alle Soldaten, auch Flieger, hochangesehene Menschen. Unser Haus war in der Nähe des Flughafens und ich schaute immer zu den Flugzeugen am Himmel hinauf. All meine Freunde wollten gern wie Tschkalow, Koschedub und Gromow [die legendären russischen Flieger-Asse aus den 30er Jahren und dem Zweiten Weltkrieg] sein. Also lag meine Berufswahl auf der Hand.«

Schaposchnikow und seine Klassenkameraden waren nicht die Einzigen. Wie später das Wettrennen um die Erforschung des Weltraums stand die Luftfahrt in den 50er und 60er Jahren für das silberglänzende Versprechen einer besseren Zukunft in der Sowjetunion. Auch Juri Gagarin war zuerst Pilot gewesen und dann erst Kosmonaut geworden. Die Luftwaffe suchte die besten und klügsten Männer für die Besatzungen ihrer Flugzeuge, einer neuen, sauberen Waffengattung für die neuen geopolitischen Grenzen, die der Kalte Krieg am Himmel gezogen hatte.

Nach seinem Abschluss an der Militärhochschule für Luftfahrt in Charkiw im Jahr 1963 erkannte man in ihm schnell jemanden, der aus dem rechten Holz geschnitzt war, und 1969 konnte er seinen Abschluss an der prestigeträchtigen Gagarin-Luftwaffenakademie machen. Er war der perfekte Pilot: breitschultrig, gutaussehend, talentiert, bei Vorgesetzten und Kameraden gleichermaßen beliebt – und er war loyal. Als er 1991 zum letzten Verteidigungsminister der UdSSR ernannt wurde, hatte er bereits die 16. Armee der Sowjetluftwaffe in Ostdeutschland kommandiert. 1992, als die Sowjetunion auseinanderbrach, wurde er zum Oberbefehlshaber der Streitkräfte der neu geschaffenen »Gemeinschaft unabhängiger Staaten« – eine weniger enge, freiere Allianz, die aber ein ähnlich großes Territorium wie die frühere Sowjetunion umfasste. Schaposchnikow war ein mächtiger Mann. Und seine Sympathien in dieser schwierigen und unsicheren Zeit lagen, wie nicht anders zu erwarten, klar beim Personal der Luftwaffe. So jedenfalls lautet der einzige Versuch einer Erklärung, den man heute für das bekommen kann, was Jewgeni Iwanowitsch angeblich als Nächstes tat.

Nach Dokumenten, die das russische Nachrichtenmagazin *Sowerschenno Sekretno* (»Streng geheim«) aufspürte und über die das International Relations and Security Network berichtete, gab Schaposchnikow im Winter des Jahres 1992 den Befehl, dass jeder ab dem Dienstgrad eines Bataillonskommandeurs berechtigt sei, »nicht mehr benötigten Armeebesitz« aus den Beständen der Luftwaffe zu veräußern. Diese Sachen konnten gegen Bezahlung verkauft werden – obwohl keine Belege dafür überliefert sind, dass Richtpreise vorgegeben wurden –, und zwar an geeignete Käufer, wobei nicht klar ist, wer in diesem verarmten Land gleichzeitig das Geld und das Bedürfnis nach Waffen haben sollte. Ebenso wenig war vielen Männern weiter unten in der Befehlskette klar, was genau mit »nicht mehr benötigtem Armeebesitz« gemeint war.

In dem Sekundenbruchteil zwischen dem Erteilen des Befehls und dem Beginn einer Orgie von Unterschlagungen und Schwarzmarktverkäufen von Armeeeigentum, wie die Welt sie in Friedenszeiten noch nie erlebt hatte, muss sich die Welt (darunter auch Schaposchnikows engste Kabinettskollegen) die gleiche Frage gestellt haben: *Was um Himmels Willen hatte sich der Oberbefehlshaber dabei gedacht?*

»Es mussten bestimmte offizielle Schritte in dieser Richtung unternommen werden«, erklärt Schaposchnikow heute in seinem Büro in der Stiftung für Flugsicherheit in Moskau. »Schieß- und Manövergelände wurden an örtliche landwirtschaftliche Kollektive verpachtet. Militärlastwagen wurden genutzt, um nichtmilitärische Güter zu fahren, Männer wurden geschickt, um den Kollektivbauern bei der Ernte zu helfen.« Dann fügt er hinzu: »Und ausgesonderte Armeebestände wurden an lokale Geschäftsleute gegeben.«

Ob er es nun vorhersah oder nicht, es war ein Freibrief für Plünderer. Als wäre eine Pfeife ertönt, begann in allen Nachschublagern von Wladiwostok bis Wizebsk, in allen Luftwaffenstützpunkten und Waffenkammern in Russland, Weißrussland und der Ukraine ein riesiger Winterschlussverkauf. Der Verkauf zu sehr, sehr niedrigen Preisen an die richtigen Leute – und das waren mehr oder weniger alle, die mit dem nötigen Kleingeld an die Tür klopften – füllte die Taschen der Verkäufer (wobei der Bataillonskommandant unweigerlich 80 Prozent für sich abzweigte, dafür, dass er die Augen schloss und die erforderlichen Papiere unterzeichnete). Den Käufern wiederum verschaffte es Zugang zu waffenfähigem Material, und das zu einem Bruchteil des Markt-Richtwerts. In der Regel waren das weniger als 10 Prozent. Jeder Armeeangehörige mit Zugang zu Ausrüstung, ob es nun Sprengstoffe, Waffen, Munition, Nachtsichtgeräte oder Winterunterwäsche war, schaffte auf die Seite, was er konnte. Mit den Worten des ranghohen Moskauer Militäranalytikers Oberst Oleg Belosludtsev: »Private Waffenhändler, die mit Armeeoffizieren unter einer Decke steckten, plünderten die riesigen Überschussbestände und verkauften alles, für das Käufer gefunden werden konnten.«

»Es war vielleicht kein schriftliches Memo«, sagt Dr. Mark

Galeotti, Leiter des Center for Global Affairs an der New York University und Spezialist für die Geschichte des organisierten Verbrechens in der früheren Sowjetunion. »Aber es ist klar, dass es ein Einverständnis gab. Wir können euch nicht bezahlen, also verkauft, was ihr müsst, um über die Runden zu kommen. Zu diesem Zeitpunkt gab es Felder in Russland, die von ›Traktoren‹ gepflügt wurden, die im Grunde genommen Panzer der Roten Armee waren. In diesem Kontext muss man das sehen. Sie wollen eine Il-76? Klar!«

Gleichzeitig waren die Massen von Geschützen, Munition, Flugzeugen, Fahrzeugen und sonstigen Beständen, die von früheren Sowjetbasen im Ausland zurückkamen, zu einem Problem geworden. Wenn es schon an Wohnungen für die Piloten und ihre Crews mangelte, gab es ganz sicher keine Kapazitäten, das ganze Material unterzubringen, das in einer endlosen Prozession von Lastwagen aus verlassenen Garnisonen überall im früheren Ostblock nach Hause gebracht wurde. In der Zeit zwischen der Verkündung des Rückzugs und dem Start der letzten mit Waffen beladenen Il-76 vom Berliner Flughafen Schönefeld im Jahr 1994, war es ein offenes Geheimnis, dass jeder, der sich etwas Geld verdiente, indem er etwas von dieser »Last« verschwinden ließ, allen Beteiligten einen Gefallen tat.

Diese Plünderung des größten Waffenvorrats der Welt ist in ihrer schieren Größenordnung schlichtweg atemberaubend. »Die Ukraine, wo der berüchtigte Frachtbaron und Geschäftspartner von Charles Taylor, Leonid Minin herkam, ist ein gutes Beispiel, so wie alle früheren Sowjetrepubliken«, schreibt der Enthüllungsjournalist Matthew Brunwasser. »Während der Sowjetära hatte die Zweite Sowjetische Armee ihre Basis in Kiew, als Teil der Verteidigungsstrategie der Sowjetunion gegen einen NATO-Angriff. Die Ukraine unterhielt eine stehende Armee von 800 000 Soldaten – das ist fast die dreifache Größe der heutigen ukrainischen Armee. Nach dem Zusammenbruch der Sowjetunion im Jahr 1991 erbte die Ukraine die ganzen sowjetischen Bestände von Militärgütern, die für eine viel größere Armee als die der Ukraine gedacht waren.«

In der Praxis bedeutet dies, dass allein in der Ukraine militärische Ausrüstung, Waffen und Transportmittel für rund 630 000 Soldaten nun plötzlich offiziell »Überschuss« waren – und Freiwild für jeden mit ausreichend Geld und Chuzpe. Oberst Oleg Belosludtsev schätzt, dass atemberaubende 80 Prozent aller Waffenexporte nach 1991 über verborgene, mafia-ähnliche Händlernetzwerke erfolgten, die im Umfeld der alten Militärbasen entstanden.

Der Politiker und General Alexander Lebed ging so weit zu behaupten, dass die gesamte russische Invasion Tschetscheniens im Jahr 1994 nichts weiter als eine Tarnung für die massive Korruption im militärischen Oberkommando gewesen sei. »Diese sogenannten Generäle brauchten einen Krieg«, gab er zu, »damit eine große Zahl von gepanzerten Fahrzeugen ›abgeschrieben‹ werden konnte.« Gepanzerte Kolonnen setzten sich in Richtung der tschetschenischen Hauptstadt Grosny in Marsch. Unterwegs wurde eine ungewöhnlich große Menge von Panzern, raketengetriebenen Granatenwerfern (RPGs), Munition und andere Geräte als »beschädigt« abgeschrieben und Ersatz bestellt. Diese »beschädigten« Güter wurden danach in makellosem Zustand an jeden Händler verkauft, der in der Lage war, sich an irgendeiner einsamen tschetschenischen Landstraße einzufinden, um die Ware in Empfang zu nehmen.

Es war der Ausverkauf des Jahrhunderts. Viele von denen, die Zugang zu den Vorräten hatten, verkauften einfach ihre Beute weiter. Entweder sie belieferten den »legalen« Markt, z. B. westliche Firmen, die billige Panzerwagen, Waffen und Flugzeuge kaufen wollten, oder sie lieferten an Kontakte in der schnell wachsenden lokalen Mafia. So bekamen die Gangster einen erstklassigen Zugang zu den Handwaffenbeständen der früheren Sowjetarmee, die als »Überschuss« umdeklariert wurden. Innerhalb einiger Jahre waren Rüstungs-Fachzeitschriften wie die, bei der ich arbeitete, plötzlich voll von hastig geschriebenen, mit unscharfen Fotos versehenen Bild-Anzeigen für MiG-Jets und anderes fast neues Kriegsgerät, geschaltet von Männern wie meinem Freund »Der Kontakt«.

Mit geradezu unheimlicher Geschwindigkeit infiltrierte die Mafia hochrangige Militärkreise und so bildete sich ein breitgefächertes Netzwerk von Lieferanten, Kollaborateuren und befehlshabenden Offizieren, die genug Macht hatten, um militärische Ausrüstung gleich lastzugweise auszusondern. Es war die perfekte Win-win-Situation, und wenn man vergessen konnte, wofür diese Waffen letztendlich gebraucht wurden, schien es ein Verbrechen ohne Opfer zu sein. Niedrigere Dienstgrade und einfache Soldaten, wie Mickey und sein loser Kreis von Schicksalsgenossen, machten sich selbständig – als private Sicherheitsleute, als Söldner, als Fahrer – und als freie Transportunternehmer.

Wenn diese ganzen Berichte zutreffen, muss man sich fragen: Was in aller Welt dachte sich ein ehrlicher Soldat wie Schaposchnikow dabei? Immerhin war er für viele Russen ein Held, ein Mann, dessen guter Ruf, Integrität und Vertrauenswürdigkeit so groß waren, dass Präsident Boris Jelzin die geheimen Codes für die russischen Atomwaffen in seine Hände legte.

»Diese Aktivitäten hatten das Ziel, Mannschaften und Offiziere mit Nahrungsmitteln und Bedarfsgütern von örtlichen Bauern und Geschäftsleuten zu versorgen«, räumt er heute ein. »Der erste post-sowjetische Winter war für alle schwer, auch für unsere Armee und Luftwaffe«, fügt er hinzu, »aber ich war beeindruckt, dass unsere personelle und operative Einsatzbereitschaft stimmte. Disziplin und Loyalität bedeuten unseren Männern sehr viel.« Schaposchnikow selbst muss gespürt haben, dass der gigantische militärische Ausverkauf nicht nur eine Möglichkeit war, seinen Jungs diskret unter die Arme zu greifen, sondern vielleicht auch der letzte gangbare Weg, etwas weitaus Schlimmeres zu verhindern als das wilde Geschachere um Waffen: eine offene Meuterei der Streitkräfte.

Russland hatte im vorangegangenen Jahr bereits einen Putschversuch überstanden, als im August 1991 reformfeindliche Regierungsmitglieder Präsident Michail Gorbatschow unter Arrest gesetzt und das sowjetische Weiße Haus in Moskau mit Truppen umstellt hatten. Boris Jelzin, damals Vorsitzender des Obersten Sowjets, stellte sich an die Spitze des Widerstands gegen den Putsch und kletterte auf einen Panzer, um eine Ansprache zu halten, in der er die Verschwörer verurteilte. Es wird weithin angenommen, dass letztlich vor allem die Appelle Schaposchnikows (der sagt, dass er eine »sehr gute Arbeits- und persönliche Beziehung zu Jelzin« hatte) den Ausschlag dafür gaben, dass die Soldaten wieder in ihre Kasernen zurückkehrten. Doch nun war Unruhe in die Truppen gekommen, die unbezahlt, ohne Proviant, frierend und zunehmend desillusioniert war. Das Schreckgespenst, dass Hunderttausende von gut ausgebildeten, verzweifelten und hungernden Soldaten sich gegen ihre Herren wenden könnten, erschien eine Zeit lang ausgesprochen real. Und die Vorstellung einer rebellierenden Luftwaffe, die in der Lage war, nukleare Sprengköpfe und Truppen jederzeit überall hinzubringen, war für ein Land, das sich der Implikationen einer bewaffneten Revolution nur zu gut bewusst war, ein Alptraum, den niemand erleben wollte.

Die Vorzeichen waren nicht zu übersehen. Waffen, Flugzeuge, Ausrüstung und Männer verschwanden ohnehin ständig, und angesichts der Alternative, den Männern entweder wenigstens ein bisschen von dem Kuchen zukommen zu lassen oder eine Meuterei und einen Bürgerkrieg heraufzubeschwören, können wir nur spekulieren, dass Schaposchnikow letztendlich gar keine Wahl hatte. Sein Kollege, der Minister für Privatisierung Anatoli Tschubais, sagte: »Wir hatten nicht die Wahl zwischen einem idealen Übergang in eine Marktwirtschaft und einem kriminellen Übergang. Unsere Wahl war die zwischen kriminellem Übergang und Bürgerkrieg.«

Alle Soldaten in Mickeys Team waren zwar erst Mitte 20 bis

Mitte 30, doch waren sie hochgradig traumatisiert aus Afghanistan zurückgekehrt. Schaposchnikow sollte die Männer später als Opfer der »russischen Version des Vietnam-Syndroms« bezeichnen. Für diese Männer fiel das plötzliche Verschwinden aller Zukunftsperspektiven für Armee- und Luftwaffenangehörige mit den fieberhaften Diskussionen über das große Geld, das im aufblühenden Privatsektor zu machen war, zusammen. Ihre Familien hungerten, sie selbst waren wiederholt auf ihren Erfindungsreichtum angewiesen gewesen, um durch Hamstern und das Verhökern von allem, was sie unterschlagen konnten, über die Runden zu kommen. Jetzt endlich, mit dem Ausverkauf von Militäreigentum, hatten sie eine Chance auf etwas Größeres.

Angesichts einer Armee, die im Chaos versank, und den Anreizen, die jedem winkten, der in das Geschäft mit der weltweiten Bewegung von Waren und Kapital aus den Ländern der früheren Sowjetunion investierte, war die Frage für diese Jungs nicht, *ob* sie ihre Fähigkeiten nutzen würden, um ins Geschäft einzusteigen, sondern *wie*.

4

DIE MASCHINE

Russland nach dem Ende der Sowjetunion,
Anfang der 90er Jahre

Waffen, Munition, Flugzeuge und nukleare Sprengköpfe gelangten aus den Armeelagern, Stützpunkten und Raketensilos,
ja sogar direkt von den Fließbändern der Rüstungsfabriken in
die Hände eines jeden, der einen guten Kontakt, eine Schuld zu
begleichen oder noch eine Rechnung offen hatte. Doch bevor
Mickey und seine Kameraden diese chaotische Situation in ein
profitables Geschäft verwandeln konnten, brauchten sie all ihre
Gerissenheit, ihr Fachwissen und Durchhaltevermögen, die sie
sich auf ihren endlosen Einsatzflügen über Afghanistan während
des Krieges angeeignet hatten. Und sie brauchten das richtige
Flugzeug.

Wie Michail Gorbatschow es vorhergesagt hatte, musste die
Sowjetunion, die jahrelang die Gesamtwirtschaft zugunsten
ihrer militärischen Macht vernachlässigt hatte, viele von den
Vermögenswerten so schnell wie möglich zu Geld machen.
Sprengköpfe, Panzer, Munition, Gewehre, Kampfjets, Schiffe,
Granatenwerfer, Transportflugzeuge – alles. Waffenhersteller,
die eine drastische Liberalisierung der Wirtschaft vorhersahen,
fingen an, sich den Marktbedingungen anzupassen. Doch durch
ihre Produktionsabläufe, die darauf ausgerichtet waren, Ziele
zu erreichen, die in Fünfjahresplänen organisiert worden waren, konnten sie nicht schnell genug reagieren. Dutzende von
sowjetischen Riesenflugzeugen, Iljuschins, Tupolews und Antonows, in Auftrag gegeben von einer Armee, die nun plötzlich
bankrott war, kamen oft nicht weiter als in die Hangars für
fertig montierte Maschinen und rosteten zu Dutzenden hinter

den Fabriken oder auf verlassenen Flugfeldern vor sich hin. Vor die Alternative gestellt, sie zu verkaufen und etwas Geld in die Tasche zu bekommen oder sie verrosten zu lassen, waren ihre Bewacher nur zu gern bereit, sie jedem zu überlassen, der Interesse bekundete. Wem ein neues Modell noch zu teuer war – nun, es gab jede Menge von einsatzerprobten Flugzeugen in unterschiedlichen Stadien der Flugtauglichkeit, die man bei der Armee selbst kaufen, leasen oder leihen konnte, inklusive Besatzung.

Ein Team wie Mickeys Crew, bestens ausgebildet, aber mit nur einer nennenswerten Qualifikation, empfand das Aufsteigen in den Himmel mit einer umlackierten Il-76, wie er es sagt, »wie eine Rückkehr zum Alltagsgeschäft nach all den Sorgen«. Sie hatten ein Flugzeug, eine Crew – und im aufblühenden Schwarzmarkt der früheren Sowjetstaaten eine endlose Nachfrage nach diskreten und raschen Transportdiensten.

Plötzlich waren diese Männer, die keinerlei eigenes Kapital hatten und lediglich über einige nützliche Connections zur Armee verfügten, im Geschäft – und bis zum heutigen Tag bleibt es ein Geheimnis wie. Sie flogen alles, was ihnen zwischen die Finger kam, von der ersten »organisierten« Il-76 in Kasachstan bis hin zu irgendwelchen aus geleasten Motoren und geliehenem Rumpf hastig zusammengepuzzelten Maschinen, die irgendwo ohne Crew auf einem Flugplatz herumstanden und Geld kosteten. Diese Crews flogen für andere und nahmen auf eigene Rechnung mit, was sie an nicht deklarierter Fracht zusätzlich unterbringen konnten. Sie waren Pilotfische für jene neue Art von Haien, die plötzlich in internationalen Gewässern schwammen. Und sie fanden bald heraus, dass sie drei »unsichtbare« Wettbewerbsvorteile hatten, die sich als entscheidend erweisen sollten.

Der erste war ein riesiges, loyales Netzwerk von Kontakten. Die Tatsache, dass ehemalige Sowjetsoldaten und -crews überall von Afghanistan bis Angola stationiert waren, sorgte dafür, dass die Männer die Vorteile einer der größten Seilschaften der Welt genießen konnten. Wenn es um kurzfristige und diskrete Missionen ging, war eine verlässliche Empfehlung, und zwar nicht nur für fähige, sondern für *die richtige Art von Leuten*, oft der einzige Weg, zusätzliche Flüge zu bemannen. Und zuverlässige Connections zum Bodenpersonal am Zielort waren oft die einzige Möglichkeit sicherzustellen, dass man den Zoll erfolgreich umgehen oder zumindest mit ihm reden konnte.

Der zweite subtile Vorteil der ehemaligen Sowjetpiloten, die sich in den privatisierten Himmel aufschwangen, lag darin, dass sie Einsatzgebiete, die die meisten anderen Piloten noch nie gesehen hatten, wie ihre Westentasche kannten. Zwischen 1979 und 1991 machten sowjetische Il-76-Piloten mehr als 14 700 Flüge nach Afghanistan, wobei sie 786 200 Soldaten und 315 800 Tonnen Fracht beförderten. Die sowjetische Unterstützung für Marionetten-Regimes in Afrika, Asien und Lateinamerika während des Kalten Krieges hatte zur Folge, dass eine große Zahl von Piloten mehr über Flugpisten, Wetter, Terrain und sogar die lokale Infrastruktur, Gebräuche und Connections wussten, als irgendjemandem wirklich klar war.

Der entscheidende Unterschied jedoch lag in der Beziehung dieser Do-It-Yourself Import/Export-Barone zu ihren Flugzeugen. Schließlich hatten sie ihr gesamtes Berufsleben in Il-76-Maschinen zugebracht. Sie waren in ihnen ausgebildet und geprüft worden, hatten sie gesteuert und Kriegseinsätze mit ihnen geflogen. Oft hatten sie die Triebwerke mit eigenen Händen repariert und alles Überflüssige aus dem Innenraum ausgebaut, um mehr Männer oder mehr Ausrüstung unterbringen zu können, auch unter Zeitdruck und in Extremsituationen. Sie kannten ihr Flugzeug, als sei es ein Teil von ihnen.

Brian Johnson-Thomas ist heute Unternehmensberater im Bereich Luftfahrt und sitzt in der Expertenkommission über den weltweiten Handel mit destabilisierenden Gütern der UNO. Als investigativer Journalist und früherer Flugbetriebsleiter hat er die Entschlossenheit, das Talent und den Erfindungsreichtum dieser Crews aus erster Hand erlebt. Er hat sie bewundern gelernt und, als wir uns zu einem Gespräch treffen, betont er, dass sie zu den besten Fliegern gehören, die er je gesehen hat – und »sicherlich nicht schlechter sind als andere, wenn es um moralische Entscheidungen geht«. Der stramme, weißbärtige Mittfünfziger mit sanft rollendem keltischen R und Tweedjackett gibt eine ungewöhnliche Figur ab zwischen den knochigen, glänzenden Gesichtern der ehemaligen Sowjetcrews und der Seelenverkäufer, mit denen er jahrelang für NGOs und Überwachungsgruppen flog. Diese Erfahrung hat ihm einen seltenen Einblick in die Arbeit dieser Männer gewährt.

»Leute, die nicht mit diesen Maschinen fliegen, wissen nicht, dass besonders die Il-76 über verborgene Vorteile verfügt«, sagt er. »Zum Beispiel kann man sie be- und entladen, landen und starten ohne jegliche Unterstützung vom Boden, also was immer man auch tut, kann man ohne Hilfe tun. Und niemand schaut jemals über den Frachtraum hinaus – doch unter den Crews ist es ein offenes Geheimnis, es unten im Bauch des Flugzeugs versteckte Hohlräume gibt. Du fliegst diese Dinger überallhin auf der Welt und niemand außer dir weiß, dass du noch gut 15 Tonnen mehr verstauen kannst als das, was in der Betriebsanleitung steht. Selbst Zollbeamte, die jeden Tag Fracht überprüfen, fliegen niemals mit diesen Flugzeugen. Sie sehen das, was auf der Ladeliste steht, und vergleichen es mit der maximalen Zuladung auf dem Datenblatt. Wenn sie so viel Zeit haben, rechnen sie vielleicht noch nach und stellen fest: Ja, die Ladeliste bringt das Flugzeug genau auf das maximale Startgewicht. Sie erwarten einen einzelnen Frachtraum und den bekommen sie auch zu sehen, und sie haken ab, was sich darin befindet, das ist ihr Job. Für mehr Kontrollen haben sie weder Zeit noch Ressourcen. Ein Zollbeamter in der Dritten Welt verdient vielleicht fünf Dollar am Tag, an einem guten Tag. So jemand wird schwerlich die Leute festhalten, verhaften oder schikanieren, die hereinfliegen und ihm eine Flasche Wodka oder eine Stange Zigaretten in die Hand drücken, Dinge, die auf dem Schwarzmarkt das Fünffache ihres Tagesgehalts wert sind.«

Es war perfekt. Den Piloten wurde schnell klar, dass »die Leute, die die Fracht mit den Angaben auf unseren Listen abglichen, nie die Maschine geflogen hatten – das sie ehrlich gesagt keinen blassen Dunst hatten«, spottet Sergej.

»Sie schauten aufs Datenblatt, sahen, dass das maximale Startgewicht bei 192 Tonnen lag, davon 60 Tonnen Ladung. Wenn diese 60 Tonnen geladen und deklariert waren, setzten sie ihren Stempel darauf. Dabei können wir unterm Boden des Frachtraums 15 Tonnen mehr transportieren. Vielleicht 16, wenn wir es ausreizen. Man muss ein wenig weiter hinten auf der Startbahn starten, weil man mehr Power braucht, um abzuheben, aber das kann man ja tun. Nun ja, zumindest *wir* können es.«

Wenn sie auf die Standard-Rettungsausrüstung verzichteten, die eigentlich diese Hohlräume füllen sollte, hatten sie das perfekte Schmugglerflugzeug. Die Maschine hatte nicht nur so etwas wie einen doppelten Boden – hinzu kam die Tatsache, dass wegen der sowjetischen Geheimniskrämerei in militärischen Angelegenheiten die einzigen Menschen, die überhaupt von diesen Hohlräumen in den Maschinen wussten, die Ingenieure waren – und die Piloten, die sie flogen. Und bei denen war es sehr unwahrscheinlich, dass sie sich ein gutes Geschäft verdarben, indem sie anderen davon erzählten.

Jetzt musste also Mickey – wie jeder andere, der in dieser ersten, extremen Phase des freien Marktes ein Flugzeug zu fliegen und seinen Lebensunterhalt zu verdienen hatte – nur noch herausbekommen, welche offiziellen Frachtaufträge sie annehmen könnten und welche illegalen Frachten ein Mann mit seinen Fähigkeiten für die entsprechende Bezahlung transportieren konnte, ohne erwischt zu werden.

Für Mickey selbst gab es natürlich noch eine dritte Frage: Welche verborgene Extra-Fracht in den Räumen seiner Il-76, von denen nicht einmal seine Chefs etwas wussten, würde ihm auf jeder Reise das meiste Geld einbringen?

Das musste er schnell herausfinden. Die Crews waren sehr gefragt. Es war das Jahr 1992 und die Welt war dabei, sich zu verändern. Der Kalte Krieg war zu Ende, der freie Markt hatte ideologisch die Oberhand gewonnen. Gleichzeitig, und vor allem dank der Masse von Kleinwaffen, die plötzlich den Markt überschwemmte, breiteten sich in Südeuropa und Afrika kleine, blutige Konfliktherde aus.

Im Jahr 1992 war das frühere Jugoslawien dabei, in einem hässlichen, offenen Bürgerkrieg zu versinken. Kroatien und Slowenien hatten ihre Unabhängigkeit erklärt und waren von einigen westlichen Regierungen anerkannt worden. Serbien hingegen verstärkte seine Bemühungen, weitere Abspaltungen zu verhindern – wenn nötig mit Gewalt. An den Rändern der alten Sowjetunion herrschten in Georgien, Armenien, Aserbaidschan und Tadschikistan Bürgerkriege. In Mali kämpften Tuareg-Rebellen gegen Regierungstruppen. Die Demokratische Republik Afghanistan war von der gleichen Mudschaheddin-Widerstandsbewegung zu Fall gebracht worden, die auch schon die Sowjets vertrieben hatte. Rebellenmilizen spielten in diversen Staaten Afrikas und Südamerikas verrückt. Und in den kaukasischen Grenzgebieten von Russland selbst stand ein weiterer Afghanistan-Veteran, der ehemalige Offizier der sowjetischen Luftwaffe und jetzige tschetschenische Separatist Dschochar Dudajew, kurz davor, die Unabhängigkeit Tschetscheniens vom Mutterland zu erklären und ein Gesetz zu verabschieden, das allen Tschetschenen das Recht gab, Waffen zu tragen.

Für Mickeys Crew bedeutete dies, dass sie beim Annehmen der illegalen Aufträge ein paar der schlimmsten Zeitgenossen und der haarsträubendsten Einsatzorte der Welt kennenlernen würden. Plötzlich stand ein neuer Einsatz auf ihrem Dienstplan.

Mochte die Sowjetunion auch zerfallen – und Veteranen bezeichnen das rapide um sich greifende Chaos von 1992 immer noch als »den Kataklysmus« – ihre früheren Piloten waren jedenfalls nicht aufzuhalten.

Es gibt einen Witz, den Mickey gerne erzählt.

»War der sowjetisch-afghanische Krieg eine gute Tarnung für Schmuggelgeschäfte?«

»Nein, eine ganz schlechte!«

»Warum?«

»Weil der ganze sowjetisch-afghanische Krieg ein Schmuggelgeschäft war.«

Es gibt zahlreiche Geschichten: Da war zum Beispiel Mickeys erster Besuch auf einem der lokalen afghanischen Märkte, bei dem er, wie so viele andere Soldaten, nicht nur exotische Früchte und Delikatessen erblickte, die er noch nie zuvor gesehen hatte, sondern auch Doppelkassettenrecorder und Mikrowellenherde. Und wie so viele andere kauften und tauschten er und seine Crew alles, was sie bekommen konnten und horteten ihre Beute, bis sie sie außer Landes schaffen konnten. Das lief so gut, dass sie anfingen, auf hereinkommenden Flügen Dinge zu »verlieren« oder als zerstört oder beschädigt zu melden – Stiefel, Treibstoff, sogar Waffen und Munition –, um sie auf dem gleichen Markt gegen weitere Mikrowellenherde und elektrische Rasierapparate einzutauschen, die sie beim nächsten Rückflug nach Russland mitnahmen.

Außerdem waren Mickey und andere bescheidene Frachtcrews mit ihren Iljuschins, Antonows, Tupolews und Hubschraubern diejenigen, an die sich Kameraden, Geheimagenten, Diplomaten oder deren Familien zu Hause vertrauensvoll wenden mussten, wenn sie etwas diskret ein- oder ausgeflogen haben wollten. Das wurde schließlich so allgemein bekannt, dass Mickey, Sergej und die anderen von den weniger korrupten KGB-Leuten unter besondere Beobachtung gestellt wurden, im Bemühen, diesem geheimen Nachschubwesen einen Riegel vorzuschieben. Ein ranghoher russischer Diplomat, der 1984 als junger Wehrpflichtiger der Roten Armee in Kabul Dienst tat, erinnert sich heute an die Gerüchte über Crews, die angeblich illegale Güter transportierten. »Sie mussten vorsichtig sein«, sagt er. »Die Piloten und ihre Mannschaften waren nicht zusammen mit den Soldaten untergebracht, und wenn jemand gesehen wurde, der zu oft mit ihnen sprach, fiel das auf. Die anderen Soldaten und Flieger waren nicht das Problem, es waren die KGB-Leute, die drüben stationiert waren. Wenn sie glaubten, dass etwas vor sich ging, gab es Ärger.«

Aber Mickey war ein cleverer Bursche, und er fing damals schon an, Wege zu finden, wie er seinen Überwachern immer einen Schritt voraus sein konnte. Eine beliebter Ort zur Kontaktaufnahme waren die diskreten, »russenfreundlichen« Restaurants in der Stadt, in denen man scheinbar zufällige Zusammentreffen zwischen Angehörigen verschiedener Waffengattungen oder zwischen Offizieren und einfachen Soldaten arrangieren konnte, wenn man vorsichtig war. Das waren die Bedingungen, unter denen die Piloten der riesigen sowjetischen Frachtmaschinen Schritt für Schritt das Fundament für eine Karriere bereiteten, die bis heute anhält.

Selbst unter den Flugpionieren der 20er Jahre und den Flieger-Assen des Zweiten Weltkriegs gab es nur wenige Piloten, die ihre Maschinen so gut kannten wie Mickey seine. Er und sein Flugzeug führen eine Art Ehe, eine gleichwertige Geschäfts- und Lebenspartnerschaft, die daraus resultiert, dass er ein Vierteljahrhundert lang in seiner Il-76 gegessen, geschlafen, gekämpft und gearbeitet hat. Allein ihn zu beobachten, wie er sich auf den Start zu einem ganz normalen Flug in Afrika vorbereitet, ist, als würde man einem Junggesellen allein in seiner Wohnung zuschauen. Während ich nervös im Flugzeug umherlaufe, raucht er draußen auf der Startbahn noch eine Zigarette mit zwei Litauern und einigen örtlichen Handlangern. Sie schlurfen zwischen den leeren Dosen, dem Unkraut und den Krähen im letzten Sonnenlicht umher, reden und machen Witze. Niemand schaut in Richtung des Flugzeugs.

Dann hört man Schritte und Mickey taucht im Flugzeuginneren auf, wo er seine durchgescheuerte Kapitänsuniform auszieht und sie an einen verbogenen Kleiderhaken am Eingang zum Cockpit hängt. Er zieht ein Polohemd und eine Jeans an und bereitet sich für seine Arbeitsschicht vor – er tritt ins eigentliche Cockpit, schiebt das Durcheinander von Zeitungen, Karten und Rechnungen von seinem Sitz auf den Boden, dann hebt er das Papierdurcheinander auf und stopft es in eine Plastiktüte, die er auf einen Stapel hinter seinen Sitz legt. Unten am Boden sehe ich durch die gläserne Spitze der Flugzeugnase Dmitri, den Navigator, einen stämmigen Mann mit mürrischem Gesicht, sandfarbenen Haaren und schrägen Tatarenaugen. Er schaut hoch, bemerkt meinen Blick, dann schaut er weg. Lew, der verschreckt dreinblickende, niemals blinzelnde blonde Flugingenieur, steckt sich einen weiteren Kaugummi in den Mund und checkt ein letztes Mal, ob alles so ist, wie es sein soll.

Es ertönt ein hohes, ungesundes Heulen, gefolgt vom Brüllen der Triebwerke, während wir uns langsam in Richtung Startbahn bewegen. Einige von uns halten sich in dem markerschütternden Lärm der Motoren die Ohren zu, und ich recke meinen Hals, um zu sehen, was heute im »Bordkino« gezeigt wird – dem Blick durch die riesige Panoramaverglasung der Nase. Die spektakuläre Aussicht, die man auf dieser vom Boden bis zur Decke reichenden Leinwand zu sehen bekommt, hat diesem Flugzeug den liebevollen Spitznamen »das Kino« eingebracht.

In den Il-76-Maschinen gibt es keine Passagiersitze (in den meisten gibt es auch heute noch keine), deshalb werden Stühle an Bord gebracht und in buntgewürfelter Formation aufgestellt. Diese Stühle sind natürlich nicht befestigt, deshalb rutschen sie während der Starts, Landungen und aller Ausweichmanöver, die der Pilot machen muss und von denen es einige gibt, hin und her. So müssen die Passagiere ihre Arme beim Nebenmann einhaken, wobei diejenigen, die am nächsten an der Rumpfwand sitzen, sich einfach an allem festhalten, was sie an vorstehenden Laschen, Instrumenten oder losen Gurten greifen können.

Arthur Kent, ein ehemaliger NBC-Reporter und Berichterstatter aus dem sowjetisch-afghanischen Krieg, erinnert sich, dass Flüge mit Mickey und seinen Pilotenkollegen »zu einem regelmäßigen Vergnügen wurden, jedes Mal, wenn ich mit einem sowjetischen Truppentransport auf einen Sprung nach Moskau oder nach Pakistan und wieder zurückflog, um mir eine neue Dosis Chaos abzuholen.«

Tatsächlich empfinden viele Flieger und Flight Manager das einfache, höhlenähnliche Innere einer einsatzbereiten Il-76 durchaus nicht als unattraktiv, sondern erzählen voller Zuneigung von ihrem spartanischen Komfort: keine bequemen Sitze, dafür ein Gaskocher, auf dem Spiegeleier brutzeln, eine ausgesprochen entspannte Rauchregelung, die sich durchaus nicht nur auf Tabak beschränkt, und so viel geschmuggelten Wodka und warmes Bier, wie man trinken kann. Einige Veteranen werden heute noch blass um die Nase und erinnern sich an eine dringende Verabredung am anderen Ende der Stadt, wenn man sie fragt, ob sie nicht Lust auf einen spontanen Kurztrip nach Moskau in einer Il-76 haben. Ein ehemaliger Flight Manager beschrieb mir die Maschine einmal als »200 000 Nieten, die zufälligerweise im engen Formationsflug fliegen«. Doch erst, wenn man bei einem alten Hasen wie Mickey eine Mitfluggelegenheit geschnorrt hat, kann man wirklich ermessen, was er meint.

Wenn man an Bord ist, kann man beobachten, wie sich Möbelstücke, Gepäck und Stiefel wie von selbst im Flugzeug hin und her bewegen. Es gibt zwei Kochstellen: einen Gaskocher und ein doppelte elektrische Kochplatte. (In einigen alten Antonows gibt es sogar eine Art Abzug für den Rauch.) Die Lampen sind an einer Schiene festgebunden. Töpfe und Pfannen sind in eine Kiste an der Seite gestopft, ebenso wie ein paar offene Pakete, zwei Paletten Bier, einige große Batterien, die in Zellophan eingewickelt sind, eine gut erhaltene Kaffeekanne aus Metall. Es gibt eine Menge Menschen (die meisten davon aus dem Westen), die keinen Sinn haben für die Schönheit dieses Arrangements. Solche Leute machen Witze darüber, dass die Propanflaschen für den Gaskocher unser Notfalltreibstoff seien oder dass die Il-76 mit Wodka fliegt. Dann rufen sie »5, 4, 3, 2, 1 … klar zum Smirnoff!« jedes Mal, wenn sie eine überladene Il-76 abheben sehen. Ich kann mich noch erinnern, dass ich selbst früher darüber gelacht habe, doch diese Haltung gehört der Vergangenheit an, sobald man einmal in die Dämmerung abgehoben ist, während der Geruch von gebratenem Speck und Bohnen durch die Druckkabine zog.

Die Klamotten der Crew hängen an Haken und Schienen überall im vorderen Bereich der Kabine. Ein paar Stoffbeutel, in denen man seine gebügelten Anzüge aus Hotelwäschereien und Änderungsschneidereien zurückbekommt, bilden eine Art Vorhang, der das grüne Cockpit vor den Blicken der Passagiere verbirgt. Schiebt man ihn zur Seite, dann sieht man die Instrumente. Fast alle haben Anzeigen mit Nadeln und Skalen. Es gibt einige wenige digitale Displays und natürlich den Autopiloten, aber abgesehen davon ist alles mechanisch – und deshalb auch zu reparieren, wenn man die Konsole abhebt. Man hat das Gefühl: Was immer hier abstürzen mag, es wird nicht der Bordcomputer sein.

Am 26. November 1984 kampierten die gleichen Guerillas, denen wir mit Mickeys erstaunlichem Sturzflug-Kunststück beim Landeanflug auf Kabul entkommen waren, in der so genannten »Missile Alley«. An diesem speziellen Tag hatte ein anderer Pilot Pech. Er war nicht schnell genug, stieg nicht hoch genug oder flog seine Spirale nicht eng genug. Eine Boden-Luft-Rakete knallte in den Steuerbord-Flügel seiner Il-76, die mit Zigaretten, Notizblöcken und Kugelschreibern für die dort stationierten Soldaten beladen war. Eine andere Maschine wäre wahrscheinlich immer noch ohne allzu große Probleme in der Lage gewesen zu landen. Aber diese Il-76 war eine Spirale und einen Sturzflug zu viel geflogen. Der Rumpf war überzogen von unsichtbaren Stress-Brüchen, wie die Risse an den Innennähten einer Jeans. Deswegen konnte das Flugzeug an diesem Tag das versuchte Ausweichmanöver zur Seite nicht vollenden, sondern implodierte einfach mitten in der Luft zu Metallstaub. Die Crew hatte nicht einmal Zeit, einen Notruf abzusetzen. Noch Wochen später fanden Bauern, Kinder und Soldaten in Russland hergestellte Kugelschreiber, billige Schreibblöcke und Päckchen mit Armee-Zigaretten in der Landschaft verstreut.

Die profitabelsten Flüge, erzählt Mickey, waren immer die, bei denen man sperrige, aber leichte Güter im Laderaum hatte. Zelte, Uniformen oder Rohre waren gut, denn so konnte der gesamte sichtbare Raum gefüllt sein, aber man hatte immer noch jede Menge Gewichtskapazität frei, mit denen man unter den Bodenbrettern herumspielen konnte. Doch selbst wenn man relativ wenig Ladekapazität übrig hatte, irgendetwas konnte man immer mitnehmen, denn Mickey konnte das Flugzeug sowieso mit deutlich mehr als der maximalen Startlast fliegen.

Und genau das war es, was Mickey machte – genauso wie viele seiner Kollegen. Hunderte von Fliegern aus der ehemaligen UdSSR belegten in Zentralasien den gleichen Survival-Crashcurs – physisch ebenso wie wirtschaftlich. Sie führten eine Operation innerhalb einer Operation durch, einen Job, der sowohl patriotisch legitimiert als auch illegal war. Mickey zuckt mit den Schultern. Die Zustände auf den afghanischen Luftwaffenstützpunkten waren abstoßend, und jeder, der das verdauen konnte, hatte eine Entschädigung mehr als verdient. Und während die Piloten selbst oft in Hotels untergebracht wurden (teilweise weil sie höhere Dienstgrade hatten, teilweise, damit sie genug Schlaf bekamen, um fliegen zu können, ohne an Berggipfeln zu zerschellen), war die Situation für die Lademeister und die anderen Besatzungsmitglieder auf Dauer nicht zu ertragen. In den Lagern hielt man sich warm und vertrieb sich die Zeit, indem man den reinen Alkohol trank, mit dem die elektrischen Schaltkreise gesäubert wurden. Daraus wurde eine Sucht, der viele noch heute verfallen sind. Man nannte es das »weiße Fieber« – die Geißel der sowjetischen Fracht-Crews. Andrej, ein früherer Il-76 Pilot, der inzwischen unten in Zentralasien seine eigene Frachtfirma führt, erzählt die Geschichte eines jungen Wehrpflichtigen, der seinen Motor eifrig mit reinem Methanol putzte, als plötzlich ein Flieger mit wildem Blick auf ihn zustürzte, ihn für seine Verschwendungssucht abkanzelte, die Flasche ergriff und einen tiefen Schluck nahm. »Idiot! Man braucht nur eine dünne Schicht«, fuhr er ihn an und beendete die Reinigung, indem er Methanoldunst auf das Metall hauchte und eifrig drauflospolierte.

Alkohol war der Anfang. Viele füllten die Leerlaufzeiten (und manchmal auch die Dienstzeiten) mit den örtlichen Anbauprodukten Opium und Haschisch, die es selbst auf den Luftwaffenstützpunkten im Überfluss gab. Ein Teil davon waren »Spenden« von »wohlmeinenden« Afghanen in Panzer oder über Lagerzäune geworfen. Die Absicht war, Piloten und Soldaten abhängig zu machen. Allerdings wanderte ein großer Teil dieses Stoffs direkt in die Flugzeuge, um in Russland verkauft zu werden.

Diese Erfahrungen, hastig erworbenen Fähigkeiten und niedrigen Erwartungen formten jene Männer, die nun plötzlich als freiberufliche Flugbesatzungen zur Verfügung standen. Und wie sich herausstellte, war Mickeys Ausstieg aus dem Militär perfekt getimt. Nicht nur entging er knapp einer Teilnahme am ersten Tschetschenienkrieg, er stellt auch überrascht fest, dass die Außenwelt bereits auf seine Dienste wartete. Für die Unternehmer, also alle diejenigen, die sich ein Stück des Waffenkuchens gesichert hatten, und die Flieger selbst waren es gute Zeiten – fette Jahre mit Spesenkonten, Zimmerservice, tropischen Zielorten, Luxushotels, Partys mit freundlichen Kapitalisten und Begegnungen mit exotischen Frauen, die zur Abwechslung einmal nicht darauf aus waren, einen umzubringen.

Nicht dass der Anfang leicht gewesen wäre. Mickey gibt offen zu, dass einem – gerade einmal drei Jahre, nachdem er unter Feindfeuer Kabul evakuiert hatte und von der Armee mit einer einzigen Abfindungszahlung von 150 Rubel anstelle des noch ausstehenden Solds vor die Tür gesetzt worden war – der abrupte Beginn dieses neuen Lebens voller Sonne, Sex und Egoismus ziemlich zu Kopf steigen konnte. Das ging nicht nur ihm so, sondern jedem.

Die Besatzungen fanden Wege, um damit fertig zu werden. Viele tranken, heldenhaft und oft, dann weniger heldenhaft und noch öfter. Manche, wie Mickeys Kumpel Artem, verfielen vollständig dem Heroin, das sie in Afghanistan kennengelernt hatten, und wurden zu absolut unzuverlässigen »Gespenstern«. Solche Gespenster-Piloten sah man in jenen Tagen oft, sagt er. Sie verpassten sich im Treppenhaus irgendeiner Mietskaserne eine Überdosis oder lagen irgendwann tot im schmelzenden Schnee neben einer Gleisanlage. Die Widerstandsfähigeren verschlug es oft wieder zurück nach Zentralasien, wo sie sich rund um die Uhr dem Opium widmeten und als Mädchen für alles arbeiteten.

Es gab aber auch andere Beispiele. Einige Veteranen aus seinem Regiment mit den entsprechenden Kontakten hängten sich an die neuen *Mafija*-Gangs, die überall in der früheren Sowjetunion entstanden, und arbeiteten dort als Schläger, Security, Fahrer oder was immer gebraucht wurde. Manche wurden religiös, andere landeten im Knast, wieder andere machten, dass sie aus dem Land kamen. Die Fluglinie Aeroflot, die plötzlich über jede Menge private Interessenten und Cash verfügte, nahm eine ganze Menge früherer Armeeleute auf – darunter auch den früheren Oberbefehlshaber Jewgeni Schaposchnikow, der 1995 Direktor des Unternehmens wurde. Andere entlassene Luftwaffenangehörige entdeckten ihren Unternehmergeist, machten sich selbständig, bissen die Zähne zusammen und wurden ehrbar. Oder sie setzten auf andere Fertigkeiten und begannen ein neues Leben als Klempner, Schuhverkäufer oder LKW-Fahrer.

Und einige, wie Mickey, flogen einfach weiter. Knapp 40 und auf seine schlaksige Art mit lässig abfallenden Schultern immer noch gutaussehend, genoss er es einfach, die Welt zu sehen, einige der Orte, in denen er als Soldat gewesen war, erneut zu besuchen, und ein wenig zu leben. Solange sie ein paar Mäuse übrig behielten und das machten, was sie am besten konnten, war es ein gutes Leben. Mickey erzählt es so, mit einem nüchternen Schwenken seiner Zigarette und seinem typischen Schulterzucken mit gesenkten Augen: »Es gibt keinen Plan. Nur mich, das Flugzeug, den nächsten Job. Ich mache es einfach.« Dann lacht er. »Man muss es aus der Vogelperspektive betrachten, sonst wird man verrückt.«

Es ist eine Binsenweisheit, dass der Zusammenbruch der Sowjetunion ein Machtvakuum entstehen ließ, in dem Leute wie Mickey und seine Crew gedeihen konnten. Doch ein Warenlager ist nur ein Warenlager, eine Il-76-Maschine ist nur ein Haufen Metall und selbst ein *Mafija*-Boss in Wizebsk, der sich mit all den Waffen, die er verkauft, zum Herrn über seinen Bezirk aufgeschwungen hat, ist den Launen des Schicksals ausgeliefert – solange, bis jemand Angebot und Nachfrage zusammenbringen kann. Und in den chaotischen 90er Jahren, als so viele Staaten unabhängig wurden, als sich im Gefolge des Kalten Krieges so viele neue Bewegungen herausbildeten, gab es jede Menge Nachfrage.

Es war an der Zeit, international zu werden.

5

EIN GLOBALES NETZWERK WIRD GEBOREN
Russland, 1993

Die privatisierten sowjetischen Crews, ihre Partner und Kunden waren über den ganzen Erdball verteilt, wie ein versprengtes Volk auf der Suche nach dem gelobten Land. Die meisten verdienten sich einfach ihr Geld mit dem, was sie konnten, ehrlich und transparent. Sie gründeten eine Reihe von Fluglinien, legitime Bluechip-Namen wie Volga-Dnepr und Heavy Lift, die heute weltweit operieren und dafür sorgen, dass Pentagon-Truppen, Bühnenaufbauten für Rockbands, humanitäre Hilfe und riesige Windkraftanlagen dorthin kommen, wo sie gebraucht werden. Doch mit ihnen entstand überall auf der Welt ein regelrechtes Ökosystem zwielichtiger Kontakte und Vermittler, mit einer Geschwindigkeit, die jedem Beobachter unheimlich, ja geradezu erschreckend erschienen wäre – wenn es zu jener Zeit Beobachter gegeben hätte.

Die Entscheidung, den Sitz dieser neuen Unternehmen nach Afrika oder in den Nahen Osten zu legen, hatte nicht den Grund, Mickey und seinesgleichen einen Tapetenwechsel und eine willkommene Abwechslung zum sibirischen Klima zu gönnen. Es wird niemanden überraschen zu erfahren, dass nur sehr wenige dieser Fluglinien Firmenzentralen mit Marmorfußboden und Messingschildern am Haupteingang haben.

»Der wirkliche Grund war ohne Zweifel strategisch«, sagt Hugh Griffiths. Mit gerade einmal 37 Jahren ist der junge Engländer am Stockholm International Peace Research Institute (SIPRI) Experte für die privaten Airlines, und seine Arbeit hat in den Gremien der UNO schon jetzt mehr Wellen geschlagen, als sie manch ein

Staatsoberhaupt in seinem ganzen Leben auslöst. Er ist, wenn man so will, die Geißel des Handels mit destabilisierenden Gütern.

Er erklärt, dass lukrative Aufträge für humanitäre Hilfe und Wiederaufbau, genauso wie Nachschubflüge für Sicherheitsfirmen und Blauhelm-Missionen immer in Gebiete gehen, die von der doppelten Tragödie betroffen sind, die Hungersnot, Terror, Erdbeben oder humanitäre Katastrophen mit sich bringen. Denn jeder Erschütterung, die eine Knappheit von Nahrung, sauberem Wasser, Unterkünften oder medizinischer Versorgung verursacht, folgt auch ein Nachbeben. Das ist die kritische Phase, in der die Institutionen zusammenbrechen und Korruption und Gewalt regieren.

»Die Vereinigten Arabischen Emirate beispielsweise sind Haupt-Durchgangsstation und Drehkreuz für die Luftbrücke nach Afghanistan und die Hilfe für den Nahen Osten und Südasien«, erklärt Griffiths. »Länder wie Uganda und Kenia dagegen sind die einzige Möglichkeit für Flüge nach Angola.«

Trotzdem standen internationale Beobachter jahrelang ratlos vor der Frage, wie es möglich war, dass Kleinwaffen und Schwarzmarktgüter so schnell ihren Weg in Katastrophengebiete finden und Geld, geraubte Kunstschätze oder Opium hinausgelangen. Doch genau wie jedes komplexe Ökosystem Parasiten hervorbringt, lässt es auch Raubtiere, Aasfresser und Meister der Tarnung und Ablenkung entstehen. Unter den Piloten, die sich von Job zu Job hangelten und ihre Chance auf ein neues Leben ergriffen, gab es Geschäftsleute, die so clever waren, ihre Flugzeuge in Ländern wie Georgien oder Kasachstan zu registrieren, die für ihre notorisch laxen oder korrupten Bürokratien bekannt waren, und dann ihren Firmensitz am arabischen Golf oder irgendwo in Schwarzafrika haben. Sobald sie sich dort niedergelassen hatten, bildeten sie eine ganz neue Klasse von ungebundenen Unternehmern.

* * *

Etwas mehr als eine Autostunde östlich von Mickeys alter Luftwaffenbasis in Wizebsk hängt der moosig-erdige Geruch von frischem Regen und Birkenharz in der Luft. Russische, polnische und deutsche PKWs, offene Lastwagen und Containertrucks rasen wasserspritzend über die rissige, nasse Teerdecke der E141 in Richtung der russischen Grenzstadt Smolensk.

Verlangsamen Sie Ihre Geschwindigkeit, blinken Sie rechts, fahren Sie an den Straßenrand. Steigen Sie aus Ihrem Auto, verlassen Sie den Standstreifen, entfernen Sie sich vom Brausen des Verkehrs und treten Sie zwischen die Bäume, wo die tropfende Stille einen schnell umfängt. Riesige zerrupfte Krähen flattern und picken im weichen Waldboden herum. Hier stehen die verrostenden Hüllen von deutschen Tiger-Panzern herum, verlassen inmitten dieser riesigen Birkenwälder, durch die sie eins ratternd und brüllend vorrückten.

Der Wald von Katyn ist, soviel steht fest, kein Ort, an dem man sich nach Einbruch der Dunkelheit aufhalten möchte. Zwischen 1942 und 1943 wurden hier unter Blättern und einer dünnen Schicht Erde die Leichen von bis zu 22 000 polnischen Armeeoffizieren, Schriftstellern, Juristen, Ingenieuren und Lehrern gefunden, die 20 Kilometer westlich der Stadt in mehreren Schichten übereinander in hastig ausgehobenen Gräbern lagen. Auf Geheiß von Stalins Geheimpolizei waren sie im April 1940 an einem einzigen Tag in den Wäldern massakriert worden, es muss eine grauenhafte Metzelei gewesen sein. Und hier, zwischen ebendiesen Birken, lagen sie, zusammen mit ukrainischen und weißrussischen Leidensgenossen, die zur gleichen Zeit zu Hunderten im größten Schlachthof und Hauptquartier der Geheimpolizei NKWD in Smolenks exekutiert wurden, bevor man sie ebenfalls hier verscharrte. Das Massaker von Katyn vergiftet die polnisch-russischen Beziehungen bis heute.

Wie Mickeys alte Basis jenseits der Grenze in Wizebsk ist auch Smolensk die Heimat eines großen Lufttransportregiments der Armee – der einsatzbereiten Il-76-Maschinen des 103. Militärischen Lufttransportregiments und einer berühmten Militärakademie aus der Sowjetära. Die Militärakademie für die Luftverteidigung der Landstreitkräfte der russischen Föderation ist Russlands Elite-Kaderschmiede für Raketentechnik und Luftabwehr – die erste Verteidigungslinie gegen die aus dem Westen zu erwartende Aggression aus der Luft. Heute sind die Absolventen der Akademie bei Auslandseinsätzen russischer Truppen ebenso vertreten wie bei der Verteidigung des Heimatlandes. Aber was die meisten heutigen Rekruten und Wehrpflichtigen nicht wissen, ist, dass die Akademie auch der Schauplatz für einen der bizarrsten Diebstahlsfälle der modernen russischen Geschichte war.

Irgendwann Mitte der 90er Jahre – Details sind verständlicherweise schwer zu bekommen – wurde von offiziellen Stellen beschlossen, als Tribut an die Absolventen der Akademie und ihre Verdienste um die russischen Streitkräfte eine passende Statue zu installieren. Anrufe wurden getätigt, Genehmigungen erteilt, und das Militär spendete, über die Verbindungen zu einer Organisation in Usbekistan mit dem flotten Namen Iljuschin-Taschkent Luftfahrt-Produktionsgesellschaft, das geeignete Ausstellungsstück für eine würdige Installation: eine riesige, fabrikneue Il-76, die als eine mächtige Skulptur des Industriezeitalters stolz am Eingangstor stehen sollte. Es war ein gigantisches, atemberaubendes Symbol der russischen Auslandsabenteuer, eine Erinnerung daran, was dieses Land alles erreichen konnte. Behörden und Spitzenmilitärs verkündeten überall stolz, welchen Coup sie gelandet hatten. Doch am Tag der offiziellen Enthüllung war die Installation nirgends zu sehen. Denn irgendjemand – jemand, der den Fortschritt dieses Projekts offenbar sehr genau verfolgt hatte – hatte andere Ideen. Irgendwo auf dem Weg zur Akademie war die Il-76 einfach verschwunden.

Nach und nach wurden einige, wenn auch zumeist nur vage, Details bekannt. So wie es aussah, hatte der dreiste Dieb zuerst einen Offiziellen irgendwo zwischen der Fabrik und dem geplanten Aufstellungsort dazu überredet, das Flugzeug als Altmetall umzudeklarieren und sich dann hilfreich erboten, der Regierung die 72 Tonnen »Schrott« abzunehmen. Er hatte die Maschine an einen dritten Ort umgeleitet, sie in einem Land mit wenig störender Bürokratie neu registriert und sie anschließend zu ihrem ersten Job geflogen.

»Natürlich gab es den großen Ausverkauf von Militärausrüstung – aber es gab auch noch einen anderen Weg, auf dem viele Flugzeuge in private Hände gelangten: Diebstahl«, sagt Dr. Mark Galeotti. Angesichts der Schwierigkeit, eine Il-76 in einer Kneipe zu verkaufen, geht er davon aus, dass derjenige, der das Kunststück vollbracht hat, die Installation als »zerstört« abschreiben zu lassen, auch anschließend mit ihr weggeflogen ist, um sie einer, wie er es nennt, »praktischen zivilen Verwendung« zuzuführen.

Das Geheimnis wird wahrscheinlich nie gelüftet werden. Der letzte Moskauer Journalist, der über das betrügerische »Verschrotten« großer militärischer Ausrüstungsgegenstände und deren anschließenden Verkauf auf dem Schwarzmarkt recherchierte, war Dmitri Cholodow. Er schrieb eine Reihe von Artikeln über die mögliche Verstrickung von niemand Geringerem als dem Verteidigungsminister Pawel Gratschow. Ihm wurde ein Aktenkoffer zugespielt, der angeblich belastende Dokumente enthielt. Als er den Verschluss öffnete, löste er den Zündmechanismus einer Bombe aus, die ihn in Stücke riss. Aus diesem Grund ist heute jeder, der vielleicht etwas wissen könnte, verständlicherweise vorsichtig, wenn es darum geht, im Zusammenhang mit solchen »Altmetall«-Tricksereien wie der lebensgroßen Il-76 Skulptur, die einfach wegflog, Namen zu nennen.

Einige Namen tauchen dennoch immer wieder aus dem Dunkel auf. Und wen auch immer man fragt – seien es Flieger oder Unternehmer, Polizisten oder Kriminelle, Leute innerhalb oder außerhalb der Branche – es dauert nie lange, bis der Name eines früheren Kameraden von Mickey aus seiner Zeit in Wizebsk fällt: eines Mannes, dessen Werdegang in vielerlei Hinsicht mit Mickeys Karriere übereinstimmt, gleichzeitig aber zeigt, welchen Unterschied es macht, wenn man aus dem Mittelstand kommt und exzellente Connections und einen unendlichen Ehrgeiz in die Waagschale werfen kann. Die Rede ist von einem Offizier und Armee-Übersetzer namens Wiktor A. But. Könnte er der Zauberer sein, der ein ganzes Flugzeug verschwinden ließ?

Seine sorgsam kultivierte Aura des Geheimnisvollen verstärkt solche Fragen nur noch. Er ist eine äußerst kontroverse Figur, von der so viele verschiedene Biographien im Umlauf sind wie es Menschen gibt, die behaupten, etwas mit ihm zu tun gehabt zu haben. Doch für jemanden mit einem derart hohen öffentlichen Profil, einen so häufig fotografierten Menschen, ist er immer noch merkwürdig schwer festzunageln.

Vermutet wird, dass er Veteran der Luftwaffenbasis von Wizebsk, vorbildlicher Geschäftsmann, ehemaliger Oberst, Armee-Übersetzer mit eher niedrigem Dienstgrad, eigenwilliger Flugunternehmer, Waffenschmuggler, Freund von Diktatoren, Philanthrop, unschuldiges Opfer einer Rufmordkampagne von rachsüchtigen früheren Geschäftsfreunden (darunter ehrgeizige Waffenschmuggel-Inspektoren, von der CIA betriebene konkurrierende Frachtfluglinien und die US-Regierung), abtrünniger Doppelagent des FBI, kleines Rädchen in der Kriegsmaschinerie der Bush-Cheney-Regierung, geschätzter Partner der amerikanischen Wiederaufbaubemühungen im Irak, Embargobrecher, Marionette, Lieferant, nicht greifbares Phantom ist. Zurzeit findet in den USA sein Prozess im Zusammenhang mit einer verdeckten Operation der US-Behörden statt. Die Agenten behaupten, But habe versucht, Boden-Luft-Raketen an Männer zu verkaufen, die sich als Beauftragte der kolumbianischen Rebellenorganisation FARC ausgaben. Er selbst beteuert seine Unschuld, und die russische Regierung unterstellt den amerikanischen Behörden undurchsichtige politische Motive. Einige Beobachter halten es für wahrscheinlich, dass er zu unterschiedlichen Zeiten sowohl zwielichtiger Geschäftsmann und Waffenschmuggler als auch bequemer Buhmann war. Ein Reporter des *Guardian* schrieb bei seiner Festnahme im Jahr 2008: »Wenn Wiktor But nicht existierte, wäre er von einem Thriller-Autor erfunden worden.«

Man könnte sagen, das Einzige, was man mit Sicherheit über Wiktor But weiß, ist, dass er Wiktor But heißt – doch selbst das wurde schon in Zweifel gezogen. Laut der Anklageschrift in den USA besaß er mindestens fünf verschiedene Pässe und hätte dementsprechend zu jedem gegebenen Zeitpunkt Wiktor (oft auch Victor) Buyte, Butte, Butt, Budd, Bulakin, Boutov, Bont oder Byte oder eine Variation davon sein können. Oder auch Witali Sergitow oder Wadim Markowitsch Amonow. Oder einfach »Boris«.

Obwohl er auf seiner Internetseite, in einem seiner Pässe und auch in einem Heimvideo, das er kürzlich online stellte, Duschanbe in der früheren Sowjetrepublik Tadschikistan tief im zentralasiatischen Terrain zwischen Russland und Afghanistan als seinen Geburtsort angegeben hat, behauptete er in einem Radiointerview, im turkmenischen Aschgabat am Ufer des Kaspischen Meeres geboren zu sein. Andererseits hat keine geringere Autorität als Interpol die Information (so stand es in seinem Haftbefehl), dass er in Smolensk selbst geboren sei. Ein früherer Interpol-Haftbefehl bezeichnet ihn als Ukrainer. Leonid Polyakow, der Direktor des ukrainischen Militärprogramms, nennt ihn dagegen einen in Kasachstan geborenen Russen. Selbst die russische Regierung – die seine russische Staatsbürgerschaft bestätigt und die Auslieferungsbemühungen jahrelang unterstützt hatte – drehte sich im Jahr 2006 um 180 Grad und verkündete knapp, man werde ihn nicht ausliefern, da er niemals wirklich russischer Staatsbürger gewesen sei. Nach seiner Festnahme 2008 in Thailand widersetzte sich Russland seiner Auslieferung an die USA, und nachdem diese 2010 endlich angeordnet wurde, kündigten die Russen an, alles zu tun, um ihn »in sein Vaterland zurückzubringen«.

Damit ist ironischerweise das Einzige, was man, während ich an diesem Buch arbeite, mit Sicherheit über But sagen kann, dass er noch nie wegen einer einzigen Straftat verurteilt wurde. Selbst seine schärfsten Kritiker räumen ein, dass ihnen zwar lieber wäre, er würde nicht tun, was er tut, dass aber andererseits nichts davon als illegal bewertet wird. Ob das nach dem Ende seines Prozesses immer noch zutrifft, werden andere entscheiden. Aber nur ein Narr würde bei einem Mann wie Wiktor eine Wette auf den Ausgang abschließen.

But ist so prominent, dass er, in einen Armani-Anzug gekleidet, Gegenstand eines Lifestyle-Artikels im Magazin der *New York Times* war. Gleichzeitig waren die größten Geheimdienste der Welt mehr als ein Jahrzehnt lang hinter ihm her. Trotzdem gibt es fast keine gesicherten Informationen über ihn. Entweder sind Interpol, die CIA, die UNO sowie die amerikanische und die russische Regierung auf geradezu groteske Weise unfähig (was durchaus nicht ausgeschlossen ist) oder hier hat sich jemand ziemlich gut getarnt.

Buts Unternehmenstätigkeit begann damit, dass er einige gebrauchte Antonow An-8 des sowjetischen Militärs kaufte.

»Nach dem Zusammenbruch der Sowjetunion«, so ist auf seiner Website zu lesen, »beschloss Victor [sic], den Militärdienst zu verlassen und sein eigenes Flugunternehmen zu gründen, eine Branche, die ihn schon immer fasziniert hatte. Und mit etwas Unterstützung seiner Familie und seiner Frau konnte Victor vier Antonow-8 Frachtmaschinen kaufen, die zum Kern und Ausgangspunkt seiner Luftflotte und seines Unternehmens wurden.«

Dieser plötzliche Kauf einer Flotte von Frachtfliegern in diesen wirtschaftlich schweren Zeiten hat im Lauf der Jahre viele Fragen aufgeworfen. Natürlich, es gab den großen Ausverkauf, aber selbst wenn es stimmt, dass diese Maschinen für einen Schnäppchenpreis von 300 000 Dollar zu haben waren, war das eine ziemliche Menge Geld für einen Armee-Übersetzer aus Tadschikistan, auch mit Unterstützung von »Familie und Freunden«. Andererseits hängt das natürlich auch davon ab, wer die Freunde sind.

Buts Flotte von Maschinen – ein Mix aus Antonows und Il-76s, die aus den verschiedensten Quellen gekauft, erbettelt, »auf die Seite geschafft« oder geliehen wurden, wuchs durch die ganzen chaotischen 90er Jahre hindurch, ebenso wie sein Einfluss. Bald schickte er diese riesigen, für das Militär gebauten Frachtflugzeuge von seiner Basis in Schardscha aus kreuz und quer durch Afrika, Zentralasien und die Arabische Welt. Er soll Nachschubflüge für die Taliban ebenso wie für afrikanische Warlords und das Pentagon gemacht haben. But selbst betont auf seiner Homepage, dass die Zusammenarbeit mit Politikern fragwürdigen Charakters nicht zu umgehen ist, wenn man in Afrika Geschäfte machen will. »Es herrscht allgemein Einigkeit darüber, dass der geschäftliche Kontakt mit einem bestimmten Ort oder Land den Regeln und Beschränkungen unterliegt, die tief im Wesen dieses Ortes, seiner Menschen und der dort herrschenden Situation und Umstände verankert sind.« Er weist darauf hin, dass die US-Regierung trotz ihrer Vorbehalte gegen die dortigen Menschenrechtsverletzungen mit China Handel treibt.

Es gibt einige bemerkenswerte Parallelen zwischen meinem ersten zwanglosen Gespräch mit Mickey auf jener staubigen Rollbahn und Buts Selbstbeschreibung als »das typische Idealbild der neuen Generation von russischen Geschäftsleuten«. Während sich jedoch der Pilot aus der Arbeiterklasse mit der Terminologie der neuen Russen und *Biznesmeny* noch schwertut, sind für den polyglotten, beinahe an einen Yuppie erinnernden But Ehrgeiz und Leistung nichts, wofür man sich schämen müsste. Er charakterisiert sich im Internet selbst als »dynamisch, charismatisch, spontan, gut angezogen, wortgewandt, hoch energetisch [und in der Lage] in mehreren Sprachen zu kommunizieren, darunter Russisch, Portugiesisch, Englisch, Französisch, Arabisch, unter mehreren anderen – ein geborener Verkäufer mit einer unsterblichen Liebe zum Fliegen und dem ewigen Drang zum Erfolg.« Das ist der Punkt, an dem er und Mickey sich unterscheiden. Denn während der Untergang der Sowjetunion für ein Mitglied der arbeitenden Bevölkerung wie Mickey bedeutete, dass er einen Weg finden musste zu überleben, ging es für But vor allem darum, eine glänzende Geschäftschance beim Schopf zu packen.

Insgesamt aber gibt es mehr Ähnlichkeiten als Unterschiede. Wie Mickey behauptet But, dass er nur ein einfacher Frachtflieger sei, ein Postbote und kein Waffenschmuggler oder gar einer von diesen »Diamantenkerlen«. Was immer seine Kunden mit seinem Paketdienst verschicken, fällt in ihre Verantwortung.

Im Lauf der Jahre ist Wiktor But zu einer *Cause célèbre* geworden, zum Stachel im Fleisch einer immer weiter anwachsenden Koalition aus Beobachtern des Waffenhandels, UNO-Inspektoren und Regierungen, die einfach nicht begreifen können, was so schwer daran sein soll, das Verschicken einer tödlichen Fracht von Raketen, Flugzeugen, Waffen und Munition in instabile Entwicklungsländer voll reicher Diktatoren zu stoppen. Seine Fluglinien haben so viele Verwandlungen hinter sich, dass heute niemand, nicht einmal mehr Interpol, CIA oder der britische Geheimdienst, genau zu wissen scheinen, wer (und wo) sie eigentlich sind.

But war die unbestrittene Nummer eins der Frachtbranche in diesem neuen Zeitalter, und die Geschäfte liefen gut. Man konnte ihm nicht nachsagen, dass er keine großen Pläne gehabt hätte. In den Monaten, in denen er als Betreiber der ausgemusterten sowjetischen Flugzeuge, die er erworben hatte, zu einer prominenten Figur wurde, operierte er aus Angola und Schwarzafrika heraus – eine Wahl, die ihm, wie er behauptet, durch die Bestimmungen, die in anderen Ländern für solche ehemaligen Militärmaschinen galten, mehr oder weniger aufgezwungen wurde. Er machte die Stützpunkte im Nahen Osten ausfindig, zog die Strippen bei einem abgelegenen Flughafen in Polokwane, Südafrika und anderen. Er war vielleicht nicht der Erste auf dem Markt, zweifellos aber der Beste.

6

DER WARLORD HAT IMMER RECHT
Kaukasus, 1994

Das ohrenbetäubende Heulen geht in ein hohles, kehliges Röhren der Motoren über. Im Cockpit gestikulieren die Piloten hektisch. Der Kopilot tippt gegen die Scheibe und deutet auf irgendetwas unten am Boden. Alle schauen hinunter. Wir sind zu hoch für Berge und der Himmel war bis hierher glatt und gleichförmig. Dann ein Nicken von Mickey und es ist vorbei, Stille und Schwärze schließen sich wieder um uns. Wir wissen nicht, was eben passiert ist.

Stählerne Blicke und gleichgültiges Schulterzucken fliegen im Rumpf hin und her, während Schatten aus der Badezimmerbeleuchtung der Kabine in das Halblicht des Rumpfes kriechen. Wir saßen oder lagen zusammengerollt, vornübergesunken, gekrümmt und mit hängendem Kopf wie Männer aus einem Katastrophenfilm, die in einem Banktresor oder einer Mine gefangen sind. Jetzt ist der Bann gebrochen. Ich bin alarmiert von den Geräuschen, aber es dauert eine Weile, bis ich herausfinden kann, was los ist.

»Tschetschenien«, sagt Dmitri missbilligend und windet sich aus seiner Koje, um etwas zu essen zu holen. »Die Idioten schießen auf uns.« Er verdreht die Augen. »Schon wieder.«

»Was soll das bringen? Wir sind zu hoch. Viel zu hoch«, seufzt der Flugingenieur. Alle zucken mit den Schultern. Jemand öffnet eine Dose Sprite, aber die wurde durchgeschüttelt und explodiert, was lebhaftes Fluchen rundum auslöst.

Abgesehen von dem Wort »Tschetschenien«, das in der Kabine nach hinten wandert, sagt danach niemand mehr etwas. Ich schaue in die Gesichter um mich herum. Sie sind ausdruckslos, aber angespannt, schwer zu sagen, ob die Crew einfach nur ihren Job macht, oder ob sie darüber nachdenken, dass sie beschossen werden.

Obwohl die Crew es offensichtlich kaum der Rede wert findet, dass jemand auf sie schießt, können solche Episoden übel enden. Selbst hier. In einer sternenklaren Nacht wie dieser im August 2002 wurde an der gleichen Stelle ein russischer Transporthubschrauber von einem schießwütigen Tschetschenen abgeschossen. Der riesige Hubschrauber stürzte mitten in ein Minenfeld. 119 Menschen starben. Es war auf russischer Seite der größte Verlust von Menschenleben durch ein einziges Ereignis im gesamten Tschetschenienkrieg. In der Nähe der Absturzstelle wurde das gebrauchte Startrohr einer Flugabwehrrakete gefunden.

Probleme mit dem Einsatz von Boden-Luft-Raketen gibt es in Tschetschenien seit Jahren. Bei den Schützen handelt es sich meistens um Plünderer. Aber auch gezielter Hass gegen alle russischen Flugzeuge spielt eine Rolle – die Quittung für die Bombentaktik der verbrannten Erde, die während des Krieges gegen die Zivilbevölkerung von Grosny Anwendung fand.

»Ein wirklich erfahrener Pilot kann seine Il-76 überallhin fliegen«, grinst ein Ukrainer, mit dem ich später rede. »Ob Schnee, ob Hitze – überallhin, verdammt noch mal. Aber Tschetschenien macht immer noch jeden nervös.«

»Stimmt so nicht, glaube ich«, sagt Mickey mit einem Stirnrunzeln, als wir uns das nächste Mal unterhalten. »Solange man in großer Höhe fliegt, ist es kein Problem. Und selbst wenn man einen Treffer abkriegt, vielleicht ist der Schaden nicht so groß. Ich könnte wahrscheinlich eine Bruchlandung machen.« Sein Lachen klingt wie atemloses Husten. »Vielleicht sogar in einem Minenfeld.«

Die grausame Ironie, die niemand erwähnt, liegt darin, dass die Waffen, mit denen diese Rebellen schießen, aus den gleichen

Lagern stammen wie diejenigen, die Mickeys Team transportiert. Denn zu den unbeabsichtigten Konsequenzen des globalen Drangs nach Selbstbestimmung, den die zusammenbrechende UdSSR ausgelöst hat, gehört es, dass viel mehr von diesen Irren frei herumlaufen, die an Orten wie hier in Grosny auf Hausdächern, Berghängen oder Baumwipfeln sitzen und blindlings auf eine Il-76 schießen. Wo der Markt regiert, werden diese durchgedrehten Sheriffs immer mehr als genug Raketen haben.

Damals, 1992, hätte man schon eine besondere Art von sechstem Sinn besitzen müssen, um vorauszusehen, wie gut die beiden frisch importierten Doktrinen – politische Selbstbestimmung und Entscheidungsfreiheit für den Verbraucher – sich ergänzten und zu erkennen, dass große Bevölkerungsgruppen im früheren Jugoslawien, in Tschetschenien, Armenien, Aserbaidschan und Mazedonien, fest entschlossen waren, ihren Willen durchzusetzen. Wie alle Verbraucher waren sie bereit, sich das, was dazu nötig war, auf dem freien Markt zu besorgen.

Natürlich waren bewaffnete Milizen nichts Neues: In der Vergangenheit waren Rebellengruppen regelmäßig von einer der beiden Supermächte unterstützt worden. Angolas lange Kolonial- und Bürgerkriege (1961–1975 und 1975–2002) waren Stellvertreterkriege des Kalten Krieges gewesen. Die Rebellen der UNITA, der anti-kolonialen Bewegung in Angola, bekamen militärische Unterstützung aus den USA und ihre Feinde von der MPLA wurden von der Sowjetunion unterstützt. Alles war Teil eines größeren Spiels. Es bestand kein Zweifel daran, wer am Ruder war – die Phrase »Marionettenregime« sagt alles. Und natürlich gab es immer ein politisches und militärisches *Quid pro quo*. Doch plötzlich war alles anders. Jetzt musste man niemanden mehr anbetteln, der seine eigene Agenda verfolgte. Weder den Kreml noch das Weiße Haus noch China, weder CIA noch KGB noch irgendjemand sonst. Die Waffen, die Munition, die Söldner und die Zerstörung – all das war ihr gutes Recht als Verbraucher, und durch ihr Geld (oder die zuhause angebauten landwirtschaftlichen Produkte, die Bodenschätze, was immer sich eintauschen ließ) saßen sie nun am längeren Hebel.

So zahlte man in Angola, Liberia, Ruanda und Sierra Leone Diamanten für die alten sowjetischen Lagerbestände, in der Demokratischen Republik Kongo waren es Holz, Gold, Diamanten, Pelze und Coltan. Eingefädelt wurden die Deals von Mittelsmännern wie But oder Leonid Minin, einem kräftig gebauten israelisch-ukrainischen Allround-Geschäftsmann, der kurz zuvor ein Unternehmen namens Exotic Timber Enterprises aus der Taufe gehoben hatte und nun regelmäßig unverdächtig aussehende Frachtflüge zwischen Europa und Afrika verkehren ließ. Auch Männer wie Mickey vereinbarten die Deals und flogen hin und her, bis unters Dach gefüllt mit zusätzlicher inoffizieller Fracht.

Es sah chaotisch aus. In Wirklichkeit aber war es ein florierender Markt. Das zum Zürich Center for Security Studies gehörende International Relations and Security Network bringt den Geist der 90er Jahre weltweit auf den Punkt, wenn es Minins und Buts Waffenschmuggel auf dem Privatmarkt »eine Diffusion oder Demokratisierung von Militärmacht« nennt.

Plötzlich war jedermann ein potentieller Waffenkäufer, egal, was die internationale Gemeinschaft davon hielt. Vorausgesetzt natürlich, dass er über das entsprechende Geld oder eine andere Bezahlungsmöglichkeit verfügte. Egal wie unterentwickelt oder arm ein Land war, *irgendetwas* hatte jeder. Und diese Länder taten genau das, was Thomas L. Friedman ihnen in *The Lexus and the Olive Tree*, seiner berühmten Studie über die Globalisierung aus dem Jahr 1999, geraten hatte: Egal, was sie hatten, sie setzten es zu ihrem Vorteil ein, verkauften es, handelten damit – nur um bei diesem Spiel dabei zu sein. In Afrika bedeutete es, dass Diktatoren freie Hand hatten, mit Blutdiamanten für Waffen oder ausländische Söldnertruppen zu bezahlen, die ihren Machterhalt sicherten. In Serbien kontrollierte die Mafia die Flughäfen und verwandelte sie in improvisierte Freihandelszonen, aus denen gegen harte Währung Waffen in Schurkenstaaten wie Libyen

verschickt wurden und eine Route für Drogen und Raubkopien ihren Ausgang nahm, die in Europa bis heute Bestand hat.
Gleichzeitig wurde auf den Basaren von Tadschikistan Heroin
gegen Waffen eingetauscht, ins Land geflogen und auf staubigen Geröllhalden oder verlassenen Flugplätzen übergeben. Von
Mickey oder irgendeinem der zahlreichen anderen Teams, die
wie er das marktwirtschaftliche Credo »der Kunde hat immer
Recht« wörtlich interpretierten.

Alles hatte sich geändert. Nun ja, fast alles. Die Vertreter von
Recht und Ordnung – Organisationen wie die UNO, Geheimdienste und Regulatoren, die in den letzten 40 Jahren all jene
transnationalen und organisierten Verbrechen verfolgt hatten,
die eine Art Struktur erkennen ließen – waren die gleichen geblieben.

Es ist denkbar, dass zu einer anderen Zeit, in einer anderen Situation angesichts der nächtlichen Operationen dieser Crews in
ihren verbeulten Il-76- und Antonow-Maschinen die Alarmglo-
cken geschrillt hätten, dass man die Auftraggeber hinter ihren
Flügen identifiziert, verfolgt, neutralisiert hätte – wenn nicht
von ihren Heimatländer, dann doch zumindest von jenen Staaten
im Westen, in denen sie operierten. Doch dieses Mal machten die
Umstände ein Eingreifen unmöglich.

Inmitten der weltweiten Rezession, die um 1992 herum Wirtschaft und Politik von Europa über Amerika bis nach Asien über-
schattete, hatte im Westen ein neues Denken Einzug gehalten,
eines, das sich ausschließlich auf »Wertschöpfung« konzentrierte. Das Wort »Outsourcing« kam in den 80er Jahren in den
englischen Sprachgebrauch, und in den 90ern, als plötzlich all
die billigen Arbeitskräfte der früheren kommunistischen Länder
verfügbar wurden, wurde es zum wirtschaftlichen Modewort
schlechthin, zu einem untrennbaren Bestandteil einer jeden Definition von *Good Governance*. Staatliche Behörden orientier-
ten sich immer mehr an der Sprache der Vorstandsetagen und

westliche Regierungen (denen die Vorstellung, dass die Leute in Ländern wie Guatemala, Ruanda, Afghanistan und den Philippinen sich gegenseitig umbrachten, weitaus weniger schrecklich erschien, als ihre frühere Angst, diese Länder könnten zu »sowjetischen Marionettenregimes« werden) konzentrierten sich darauf, ihre »Stakeholder« damit zu erfreuen, dass sie ihnen mehr Geld in den Taschen ließen, weil sie die Kosten für alle nicht lebensnotwendigen »Nice to Haves« drückten. So auch die Beiträge für weit entfernte Wohlfühl-Organisationen wie etwa die UNO.

Doch für die UNO selbst war die Welt nicht kleiner geworden – im Gegenteil, sie wurde immer größer. Anstelle der einen großen Sowjetunion gab es jetzt plötzlich Dutzende neuer Länder mit Namen wie Armenien und Aserbaidschan, in denen ständig neue Probleme aufflammten, um die sich niemand sonst zu kümmern schien. Die Zahl der UNO-Mitgliedsstaaten stieg auf 177. Dann gab es noch die unzähligen kleineren Länder von Afrika bis Zentralamerika, die mit dem Ende des Kalten Krieges plötzlich ihren »Sponsor« verloren. Auf sie alle sollte die UNO ein Auge haben. Weil die Kosten der Friedensmissionen explodierten, wurden nun die großen Beitragszahler um mehr Geld gebeten. 1991 kosteten die Peacekeeping-Missionen der UNO ziemlich durchschnittliche 490 Millionen Dollar, und die Zahlungsrückstände beliefen sich auf 358 Millionen Dollar. Und plötzlich, nur ein Jahr später (in dem Afghanistan, Armenien, Aserbaidschan, Georgien, Tadschikistan, Algerien, Angola, Liberia, Mali, Ruanda, Sierra Leone, Somalia, Sudan, Uganda, Kolumbien, Guatemala und Peru in den Abgrund stürzten) hatten sich die Kosten für das weltweite Peacekeeping mit 1,76 Milliarden fast vervierfacht. Die Zahlungsrückstände beim Begleichen der Rechnungen für diese Operationen hatten sich im gleichen Zeitraum verdoppelt.

Die Situation drohte zu eskalieren. 1995 beschwerte sich der ständige Vertreter Großbritanniens bei der UNO über die

Finanzierungskrise, ausgelöst durch die unverhältnismäßigen Summen, die einige Länder zahlen. (Die USA (30 %), die EU (30–35 %) und Japan (11 %) tragen 75 Prozent der Gesamtkosten.) Besonders in den USA, wo Kongress und einflussreiche Teile der Öffentlichkeit die Meinung vertraten, Amerika solle nicht verpflichtet sein, ein Drittel der Kosten für Operationen zu zahlen, die keinem direkten amerikanischen Interesse dienen, erregte dies Ärger.

Die USA hatten sich im Lauf der Jahre zu einem notorisch säumigen Beitragszahler entwickelt. Als die Clinton-Regierung bei ihrem Amtsantritt 1993 entgeistert feststellen musste, dass das Haushaltsdefizit, dass sie von den Regierungen Bush und Reagan geerbt hatte, da beide die Verteidigungsausgaben drastisch aufgestockt hatten, fast doppelt so hoch war, wie man ihnen gesagt hatte, machte sich Panik breit. Die Überschuldung der USA war auf zynische Weise bewusst herbeigeführt worden, eingefädelt von Bushs Chefökonom. Nach diesem wurde sie auch »Stockmans Rache« genannt. Das Ziel war es, der nachfolgenden demokratischen Regierung die Hände zu binden, indem man ihr den Staat so bankrott hinterließ, dass sie außerstande sein würde, irgendwelche Ausgaben in sozialen oder anderen Bereichen auf den Weg zu bringen. Alan Greenspan, allmächtiger Chef der US-Notenbank, wollte den Haushaltsplan einer neuen Regierung nur dann als glaubwürdig einstufen, wenn sie sofortige Einsparungen von rund 500 Milliarden Dollar ausweisen konnte. Vor diesem Hintergrund – und angesichts der Tatsache, dass seit der desaströsen Schlacht um Mogadischu jedes Engagement im Ausland als ein Geschäft galt, bei dem man nur verlieren konnte – wanderte die Finanzierung der UNO-Auslandseinsätze auf der Liste amerikanischer Prioritäten ganz weit nach unten.

Auf dem Höhepunkt dieser Krise war die UNO selbst so verunsichert darüber, wie diese ganzen neuen Einsätze bezahlt werden sollten, dass sie eine Liste mit Vorschlägen erstellte, wie die Finanzierung verbessert werden könnte. Dazu gehörte sogar die

Idee, sich auf dem kommerziellen Markt Geld zu leihen. Also im Prinzip sich mit dem Bankmanager zu treffen und sich um einen Kredit für eine schöne neue Friedensmission zu bewerben. So konzentrierte sich die UNO – wie es jede andere Organisation in ihrer Lage getan hätte – darauf, durch Outsourcing von Aktivitäten, die nicht zum »Kerngeschäft« gehörten, die Kosten zu senken: Das betraf Hilfslieferungen und Frachttransporte. Und wie das Schicksal es wollte, war genau in diesem Moment der größte Pool von Piloten und Transportflugzeugen, den die Welt je gesehen hatte, verfügbar geworden. Wie man hörte, arbeiteten diese früheren sowjetischen Crews für ein Taschengeld.

Sie taten das wirklich – vorausgesetzt, es gab eine Möglichkeit, ihren Lohn nebenbei noch ein wenig aufzubessern.

Sergej sagt, dass er nur selten weiß, was die Fracht des Hauptauftraggebers enthält. Ein anderer Il-76-Pilot bekräftigt: »Für uns ist alles nur Fracht.« Der Charter-Agent John MacDonald verweist auf das »Need-to-Know«-Prinzip, nach dem die Crews nur so viel erfahren müssen, wie für die Erledigung ihres Auftrags nötig ist. Dieses Prinzip gelte für die meisten ihrer Jobs und sei auch eine Standardvoraussetzung seiner eigenen Arbeit – zumindest gebe es bei vielen der Jobs ein gegenseitiges Einverständnis, dass die Crew nicht nachfragt und der Auftraggeber nichts erzählt. Eine Il-76, die 2009 in Thailand beschlagnahmt wurde, als sie mit einer illegalen Waffenlieferung aus Nordkorea in den Iran unterwegs war, gegen den ein Waffenembargo bestand, belegt das. Die Crew wurde festgenommen, in Bangkok inhaftiert und dann überraschend ohne Anklageerhebung wieder freigelassen. Ein Reporter der *Air Cargo News* interviewte ihre Angehörigen und erfuhr von den großen Lohnzahlungen, die ihre Männer, Väter, Brüder oder Freunde dafür bekamen, dass sie ihre Maschine flogen, ohne danach zu fragen, um welchen Job es sich handelte, wie gefährlich das Krisengebiet war und in welchem Zustand sich das Flugzeug befand. Sie erwähnten Flüge in den Sudan und nach Somalia. Ein Mann, dessen Name als Michail Petuchow angegeben wurde, Freund eines Crewmitglieds und früher ebenfalls Pilot, erzählte der *Air Cargo News*: »Es ist nicht leicht – ihre Flugzeuge sind alt, also sind die Flüge gefährlich. Zugleich bedeutet es, dass man bereit sein muss, so ziemlich jede fliegerische Regel zu brechen. Aber es ist Arbeit und sie wird gut bezahlt.«

»Andererseits«, sagt Mickey und zuckt mit den Schultern, »die Geheimniskrämerei funktioniert in beide Richtungen. Bei den meisten ihrer Jobs wissen weder die Chefs der Charterfluglinien noch die Auftraggeber darüber Bescheid, was als Zusatzfracht mit ihren Sachen fliegt. Vielleicht wollen sie es auch gar nicht wissen – und selbst wenn, sind sie in der Regel bereit, die Augen zuzudrücken, solange alle Beteiligten zufrieden sind und ihre Lieferung am Bestimmungsort ankommt.« Das ist der Punkt, an dem die Crews anfangen, »richtiges Geld« zu verdienen – indem sie die offizielle Nutzlast auftragsgemäß zustellen und dabei unter der Hand entweder private Bestellungen ausliefern oder auch Fracht einfach auf Verdacht mitnehmen. Und die Crews sind so geschickt darin, mit dieser Extra-Ladung, die sie befördern, ihren Schnitt zu machen, dass sie es problemlos schaffen, Objekte von der Größe eines Autos und mit einem Gewicht von mehreren Tonnen einfach irgendwo im Rumpf der Maschine verschwinden zu lassen.

Selbst Kunden, die sehen, was sie nicht sehen sollten, werden davon überzeugt, den einen Moment lang nicht hinzuschauen, den es dauert, den Austausch vorzunehmen. Brian Johnson-Thomas erinnert sich gern an eine Crew, die niemals eine Gelegenheit ausließ, ihren Lohn zu verdoppeln, selbst wenn das bedeutete, ein paar Regeln zu brechen – wenn es sein musste, offenbar auch die Gesetze der Physik.

»Diese Jungs schafften es, zwei ganze Lada-Limousinen einfach im Flugzeug verschwinden zu lassen«, lacht er. Johnson-Thomas war damals Flight Manager für eine Nichtregierungsorganisation, er brachte mit einer Il-76 45 Tonnen Decken in ein humanitäres Notstandsgebiet. »Ich musste mich dranhängen an eine Il-76 und ihre Crew, die einen anderen Job gemacht hatten, aber nun frei waren und mit den Decken einen Umweg ins Katastrophengebiet flogen«, erzählt er. Johnson-Thomas kam zum vereinbarten Treffpunkt und wartete. Das Flugzeug kam, rollte auf seinen Standplatz, die Rampe wurde heruntergelassen und der verblüffte Johnson-Thomas erblickte zwei große, in Russland gebaute Ladas, die dort standen, wo die Hilfsgüter hinkommen sollten.

»Ich sagte: ›Was soll denn das werden?‹«, erinnert er sich. Der Lademeister erklärte es ihm: Zu diesem Zeitpunkt waren Ladas im Westen tatsächlich billiger als in Russland und zu Hause waren keine Ersatzteile zu bekommen – also kauften sie im Westen gebrauchte Ladas auf, flogen sie zurück nach Uljanowsk und schlachteten sie dort zum Verkaufen aus.

Johnson-Thomas wollte davon nichts hören. Sie waren mit der offiziellen Fracht bis zum maximalen Startgewicht und darüber hinaus beladen, erklärte er. Die Ladas mussten zurückbleiben.

»Ich sagte: ›Hört zu, es tut mir leid, aber wir haben keinen Platz für eure windigen Ladas‹.« Er lacht. »Aber der Navigator nahm mich einfach auf die Seite und sagte: ›Captain Brian, bitte: Sie gehen nach nebenan, Sie trinken ein Bier, und wenn Sie zurückkommen in einer Stunde, Sie werden keine Ladas mehr sehen. Und ich gebe Ihnen Balance Sheet, und ich verspreche Ihnen: es wird gut genug sein für Abnahme.‹«

»Nun, was sollte ich sagen? Also habe ich genau das getan. Und als ich zurückkam, waren meine Decken und Kisten alle eingeladen und die Autos waren verschwunden. *Nichts*. Oh, natürlich waren sie noch da, irgendwie, aber sie waren versteckt. Und die Crew hielt ihr Wort, sie hatten das Balance Sheet ›gut genug für Abnahme‹ gemacht. Und was will man mehr verlangen?«

Es ist ein bemerkenswert einfaches Geschäftsmodell, es entspricht dem Kleinstadt-Taxifahrer, der aus seinem Handschuhfach heraus mit Cannabis dealt, mit oder ohne Billigung seiner

Leitstelle. Man ersetze einfach den verbeulten Toyota durch eine noch verbeultere fliegende Maschine der sowjetischen Luftwaffe. Man hätte voraussehen können, was sich daraus entwickeln würde, auch bevor die ersten Il-76-Besatzungen am Horn von Afrika von Piraten mit Boden-Luft-Raketen vom Himmel geholt, in Angola in die Luft gesprengt und von den Taliban gekidnappt wurden – und bevor die ganze Schmuggelware anfing, aus den Lagern der Armee zu schwappen und auf den Schlachtfeldern von Bürgerkriegen oder im Großstadtdschungel wieder aufzutauchen.

Aber es war eben niemand da, der sich ein Bild hätte machen können. Für den Westen waren es die rosigen 90er Jahre. Der Kalte Krieg war vorbei. Jetzt würden die Märkte sich selbst regeln und Frieden und Wohlstand für alle bringen. Wen kümmerte es, dass der Lebensstandard in Russland seit der Einführung des freien Marktes ins Bodenlose gefallen war. Wen kümmerte es, dass die Lebenserwartung sank. Wen kümmerten die blutigen Konflikte von Bergkarabach bis Ruanda. Den ungehinderten Warenverkehr über alle Grenzen musste man unterstützen und nicht behindern. Dies waren die Geburtswehen einer neuen globalen Ordnung von Frieden und Wohlstand. Die Engel des freien Marktes würden diese unsere Welt zur besten aller möglichen Welten machen. In Amerika war die Clinton-Administration so auf diese Vision fixiert, dass sie vor allen Hinweisen auf eine gegenläufige Entwicklung die Augen verschloss, auch dann noch, als sie darüber unterrichtet wurde, wie die Mafia in Russland die Macht übernahm. Ein Bericht an die US-Regierung kam angeblich vom Schreibtisch des Vizepräsidenten Al Gore zurück mit dem Wort »Horseshit«, das über die erste Seite gekritzelt war.

Zur gleichen Zeit, Anfang bis Mitte der 90er Jahre, entstand im hungernden und bankrotten Russland ein Phänomen, das »Pendelhandel« genannt wurde. Die Russen nutzten die neugewonnene Reisefreiheit und die letzten paar Rubel, die sie zusammenkratzen konnten, um mit Nachtbussen in die Türkei, nach Griechenland oder nach Italien zu fahren. Dort kauften sie billige (aber für viele ihrer Landsleute immer noch unglaublich exotische) Tischdecken, Kleider oder Teller, die sie zu Hause – nachdem sie an der Grenze die Männer vom Zoll geschmiert hatten – mit einem kleinen Gewinn weiterverkauften. Es war eine Rückkehr ins Mittelalter, eine Seidenstraße, die von Killern belagert wurde. Die Todesrate war enorm hoch, wenn im gelben Licht der nächtlichen Bahnhöfe und Busterminals Straßenräuber und Mörder auf die Händler schossen und korrupte Polizisten und Grenzposten ihnen routinemäßig Waren und Geld abnahmen. Vergewaltigungen, Prügel und Morde an Pendelhändlerinnen und -händlern waren an der Tagesordnung.

Mickeys Mannschaft war, wie er fröhlich zugibt, ein wenig wie die Pendelhändler. Was den Unterschied machte, war das Flugzeug, mit dem sie die ganzen Schikanen umgehen und die Sache in ein hochprofitables Geschäft verwandeln konnten. Die Tatsache, dass die Transportkosten vom Absender der legitimen Fracht getragen werden, und dass die Flieger Distanzen zurücklegen können, von denen ihre Kollegen am Boden nur träumen, machte ihr Business-im-Business unschlagbar und umwerfend profitabel. Das gilt besonders, seit neue Bestellungen jederzeit ohne Vorlauf durchtelefoniert werden können, praktisch bis zum Schließen der Flugzeugtüren.

Viele Piloten hatten die gleiche Idee. Plötzlich flogen aus der Luftwaffe entlassene Crews und ihre Il-76 für jeden zahlungskräftigen Auftraggeber Waffen und Schmuggelware nach Russland und die Ukraine hinein und wieder hinaus. Unter ihren Kunden waren auch die Taliban, die gerade erst ihren Namen bekommen hatten. Deren Kämpfer hatten nur wenige Jahre zuvor noch Il-76-Maschinen vom Himmel geschossen, doch jetzt gehörten sie zu geschätzten Abnehmern für Waffen- und Munitionslieferungen.

Die Gerüchte, dass offizielle Stellen diesen boomenden und weltweit die Sanktionen unterlaufenden illegalen Waffenhandel tolerierten oder sogar daran beteiligt waren – sei es die Regierung, das Big Business, der Militärgeheimdienst GRU, das KGB oder sein Nachfolger FSB – sind nie ganz verstummt. In den 90er Jahren hatte die Staatsmacht in Russland, der Ukraine und anderen früheren Sowjetterritorien genug Probleme damit, die Kontrolle über ihre Armeen zu erhalten und ein Zusammenbrechen der Zivilgesellschaft zu verhindern, als sich mit der Jagd auf Schmuggler abzugeben. Abgesehen davon: Räumte sie nicht selbst die Lager der früheren Roten Armee leer und eiferte damit auf überzeugendste Weise die besten Traditionen des kapitalistischen Unternehmertums nach?

7

SCHURKENSTAAT

Jugoslawien, 1994–1996

Die anhaltenden Gerüchte über ein heimliches Einvernehmen zwischen offiziellen Stellen und der Waffen-Pipeline waren angeblich nur Verschwörungstheoretikern und entmachteten Politikern, die noch Rechnungen offen hatten, zu verdanken. Doch wie es das Schicksal wollte, sollte die Welt bald ihren Beweis bekommen. Die Ereignisse der stürmischen Nacht des 19. August 1996 – und die an Tollkühnheit grenzende Hartnäckigkeit einer kleinen Gruppe von Lokalreportern, die entschlossen waren, die Wahrheit ans Licht zu bringen, zeigte der Welt, wie einflussreich einige von Mickeys Zahlmeistern tatsächlich waren. Und wie weit sie gehen, um nicht entdeckt zu werden.

Die Il-76 fliegt durch die tiefblaue Nacht, ein schwarzer Umriss, der über das Belgrader Hyatt und durch die niedrigen Wolken am Rand der Stadt streicht. Einen Sekundenbruchteil lang können die späten Thekengäste und Geschäftsleute in der Hotelbar die Silhouette im Licht eines Blitzes klar erkennen, bevor alles wieder im Dunkel verschwindet. Der Schatten gleitet über den Fluss und taucht in das Dickicht aus Bürohochhäusern auf der anderen Seite ein. In allerletzter Sekunde hebt sich die Tragfläche über den höchsten Büroblock und die vollgetankte Il-76 dröhnt über das Stadtzentrum, niedrig genug, um Antennen von den Hochhausdächern zu reißen. Der Pilot starrt angestrengt in die rabenschwarze Dunkelheit jenseits der Cockpitscheibe. Jetzt stecken sie wirklich tief in der Scheiße, und keine Bonuszahlung von 2000 Dollar der Welt wird sie da rausbekommen.

Der Pilot ist ein Mann namens Wladimir Starikow, früherer

Luftwaffenkamerad Mickeys, der momentan als Frachtflieger jobbt und direkt von seinem letzten Zwischenstopp in Jekaterinburg auf der sibirischen Seite des Urals kommt. Er ist ein alter Hase, der sich weigert, in Panik zu verfallen, aber ihm gehen langsam die Optionen aus, als er seine Il-76 endlos über die verdunkelten Straßen und Brücken Belgrads kreisen lässt und einen Platz für eine Notlandung sucht. Er war schon oft in brenzligen Situationen und er wird auch aus dieser hier wieder heil herauskommen.

Was als ganz normaler Nachtflug aus Jekaterinburg nach wer weiß wo begann, mit Zwischenstopp und Wechseln der Ladung in Belgrad, ist am nächsten Morgen eines der großen Mysterien der Luftfahrtgeschichte, auf einer Stufe mit Flug 19 im Bermuda Dreieck und dem Verschwinden von Amelia Earhart.

Europas Luftwege waren gespickt mit beliebten Auftank-Stopps wie Belgrad, Malta (das ebenfalls auf der Strecke des Flugzeugs lag) und Zypern (auch das, wie manche behaupteten, ein geplanter Zwischenstopp in dieser Nacht). Die Gründe waren strategisch. In den 70er und 80er Jahren wurde Nordzypern zu einer beliebten Basis für arabische Terroristen und KGB-Agenten, die im Mittelmeerraum und dem Nahen Osten »schwarze Operationen« durchführen wollten. »In den 90ern«, berichtete Walentin Prussakow von der Zeitung *Sawtra*, »gab es Tausende von arbeitslosen Geheimagenten, die keine Sekunde zögerten, in die Privatwirtschaft zu wechseln. Viele eröffneten Offshore-Unternehmen auf der Insel, gefolgt von einem starken Zufluss russischen Kapitals.« Doch das Kapital kam nicht nur aus Russland. Um 1996 herum war die Insel auch zur Wahlheimat einiger mit der Mafia verbundener Unternehmen des Milošević-Regimes geworden. Außerdem war sie bei Schmugglern und Waffenschiebern als Billigflagge und Operationsbasis für Flugzeuge und Boote beliebt. Malta, das nächste Ziel von Starikows Crew, folgte dicht dahinter.

In der Schattenwelt der internationalen Schmuggelnetzwerke und Geheimagenten werden die Schockwellen der heutigen Nacht noch lange nachwirken. Für Pilot und Crew fängt der Kampf ums Überleben jedoch gerade erst an.

Starikow befiehlt das Fahrwerk einzufahren. Kein Fahrwerk. Die Lichter. Keine Lichter. Er flucht herzhaft. Nach der Landung in Belgrad hatte er sich hingelegt, um etwas zu schlafen, während die Crew und ein paar Jungs vom Bodenpersonal die üblichen Inspektionen durchführten. Als sie ihm sagten, dass die Stromversorgung an Bord brummte und schwächer wurde, hatte er dem Kunden gesagt, dass die Il-76 nicht in flugfähigem Zustand sei und man unmöglich wie geplant noch in dieser Nacht weiterfliegen könne. Jetzt hasst er sich selbst, still, wie sie es alle tun, weil er sich von den zusätzlichen 2000 Dollar hat überzeugen lassen, die der Boss ausgespuckt hat – für jedes Crewmitglied. Aber zum Teufel, es ist 1996. Für ein paar ehemalige Sowjetflieger, die sich von Job zu Job hangeln müssen, sind 2000 Dollar auf die Hand eine ganze Menge Geld für eine Nacht Arbeit.

Aber natürlich: Am Montag, dem 19. August 1996, um 0:25 Uhr – also gerade einmal 15 Minuten nach dem Start von Belgrads Flughafen in Surčin auf dem Weg nach Malta – beginnt die Stromversorgung an Bord von Flug PAR-3601 zu flackern und heftig zu schwanken. Dann fällt sie komplett aus und die Männer sitzen im Dunklen. Die Instrumente sind tot. Der Funk fällt aus. Im gleichen Moment geht die Positions- und die Landebeleuchtung des Flugzeugs aus. Verzweifelte Funkrufe der Fluglotsen auf allen Kanälen sind vergeblich. Für die Fluglotsen ist die Iljuschin jetzt zu einem stummen Blinken auf dem Radarschirm geworden.

Wenn ihre Ladung das ist, was Pilot und Crew inzwischen vermuten, dann dürften sie jetzt angestrengt versuchen, nicht daran zu denken. In ihrer 176 Tonnen schweren Kerosinbombe im Blindflug versuchen sie verzweifelt, die Elektronik wieder zum Leben zu erwecken.

Starikow und sein Kopilot Wladimir Barsenow haben zusammen 44 Jahre Flugerfahrung. Sie sind besonnene Männer, sie und die Crew – der Flugingenieur ist ebenfalls Veteran, daneben gibt es noch einen Funker und einen Navigator – werden sich nicht kampflos geschlagen geben. Sie können keinen Funkkontakt zur Bodenkontrolle aufnehmen und in der plötzlichen Dunkelheit des Cockpits weiß Starikow, dass sie nur eine Chance haben: Sie müssen den Flug abbrechen und versuchen, den 176-Tonnen-Vogel zu landen – auch wenn er vollgetankt mit 109 Tonnen Kerosin ist und der Laderaum viel zu viel schwarze Fracht beherbergt.

Der Pilot wendet um 180 Grad – so genau er es nach Gefühl vermag – und fliegt zurück nach Belgrad. Wenn sie es schaffen, ohne Navigationsinstrumente, Bodenkontakt oder Lichter den Weg zurück zur Stadt zu finden, dann hat er die Hoffnung, dass er selbst in der mitternächtlichen Dunkelheit, durch sein Cockpitfenster inmitten des Mosaiks aus Straßen und Feldern den Flughafen erkennen kann. Dann könnte er vielleicht, sehr vielleicht, diesen Vogel sanft auf den Boden zurückbringen.

Drei Stunden lang röhrt die angeschlagene Il-76 in verzweifelten Kreisen über Belgrad, immer wieder zeichnet sich ihre Silhouette vor den Blitzen am stürmischen Nachthimmel ab. Die Instrumente sind tot und der Funk bleibt stumm, Navigation ist unmöglich. Selbst die Glühbirnen, deren Licht der Besatzung normalerweise die Orientierung innerhalb des Flugzeugs erlaubt, sind dunkel, ebenso wie die Außenbeleuchtung des Flugzeugs – einschließlich der Landescheinwerfer. Die Dunkelheit dort oben über den Wolken ist absolut, und Starikows einzige Möglichkeit ist zu versuchen, so weit herunterzugehen, dass er unterhalb der Gewitterwolken bleibt, gleichzeitig aber hoch genug, um die Brücken und Gebäude der Stadt zu überfliegen.

Die überladene Il-76 fliegt nun über die dicht bevölkerte Hauptstadt von Miloševićs Mafiakönigreich zurück, versteckt in den Wolken und unsichtbar für andere Flugzeuge. Innerhalb des eisernen Riesen versucht die Crew in völliger Dunkelheit, oder bei dem spärlichen Licht einer Taschenlampe oder Zigarette, die Systeme wieder zum Laufen zu bekommen. Mit Hilfe ihrer Armbanduhren und eines magnetischen Kompasses kalkulieren sie ihren Eintritt in den Luftraum von Belgrad und sinken röhrend durch die tropfnasse schwarze Wolkendecke. Die Gebäude, an denen sie viel zu niedrig vorbeifliegen, vibrieren. Da unten ist es – das Stadtzentrum von Belgrad. Sie sinken auf 150 Meter und suchen verzweifelt nach Orientierungspunkten – Zeugen sehen, wie sie um etwa 1:30 Uhr nachts nur knapp die Spitze des 24-stöckigen Beogradjanka-Wolkenkratzers verfehlen. Einige Belgrader lehnen sich aus dem Fenster und versuchen Fotos zu machen, aber sie bekommen »nichts weiter als einen dunklen, vorüberfliegenden Schatten, ein verschwommenes Loch-Ness-Foto.« Dann verschwindet das Monster über den Vorstädten, bevor es für einen weiteren Tiefflug über der Stadt einschwebt.

Die Beobachter in Surčin glauben, dass er genau weiß, was er tut, während er immer wieder im Tiefflug über den Flughafen fliegt, den Boden zum Landen einschätzt und eindeutig versucht, dort unten Alarmbereitschaft auszulösen. Inzwischen ist der wartenden Flughafenfeuerwehr klar, dass Vladimir Starikow versucht, soviel Treibstoff wie möglich zu verbrennen, bevor er alles auf eine Karte setzen muss.

Um 3:00 Uhr sehen Anwohner in Novi Beograd, wie die Maschine Block 44 ganz knapp überfliegt und mit ausgefahrenem Fahrwerk tief in Richtung des Bežanijska Kosa Viertels weiterfliegt. Ohne Elektrizität hat die Crew sich im Stockdunklen verzweifelt abgeplagt, die Fahrwerke der riesigen Maschine per Hand auszufahren. Am Flughafen sind die Mannschaften der Feuerwehr verteilt. Sie können nur hilflos zusehen und warten. Schließlich absolviert das Flugzeug über Surčin eine 180-Grad-Wende, fliegt von Nordwesten her die Landebahn an, kommt schnell herein – ein ohrenbetäubend lauter schwarzer Schatten.

In einem Sekundenbruchteil ist alles vorbei. Die Flügelspitze der Il-76 berührt den Boden, das Flugzeug wird in die Felder am Ende der Landebahn geschleudert und explodiert. Der Feuerball ist so gewaltig, dass Metallsplitter und Flugzeugteile gegen die Wände des Kontrollturms geschleudert werden und Löcher in den Beton schlagen. Starikow, Barsenow und alle anderen an Bord verdampfen, die Wrackteile werden über Hunderte Meter auf dem Flughafengelände verteilt, alles an Bord scheint zerstört – fast alles. Und das ist der Punkt, an dem die Geschichte von Vladimir Starikows letztem Flug wirklich seltsam wird. Denn die ersten am Unfallort sind nicht etwa Untersuchungsbeamte, Rettungsteams und Feuerwehrmannschaften, sondern die Geheimpolizei. Mit Sonnenbrillen im Gesicht und von Soldaten abgesichert fangen sie an, über das Gelände auszuschwärmen.

Die *Men in Black* arbeiten zügig bis zum Morgengrauen am Unfallort und beseitigen methodisch Spuren. Zeugen verschwinden, Kameras werden konfisziert, Tonaufnahmegeräte zerschlagen, Anwohnern wird mit vorgehaltener Waffe geraten, alles zu vergessen, was sie in dieser Nacht möglicherweise gesehen haben. Die Agenten schwärmen über die angrenzende Autobahn aus, blockieren die Ausfahrten und verhindern, dass Gaffer ihre Fahrzeuge verlangsamen, wenn sie in Sichtweite des brennenden Wracks kommen. Die Vorstadt wird abgeriegelt. Die Männer, die die Absperrung bewachen, haben klare Anweisungen: »Kein lebendes Wesen kommt herein oder hinaus.«

Irgendetwas am Wrack von Flug 3601 war so geheim, dass selbst russischen Diplomaten, die erfahren hatten, dass ein russisches Flugzeug mit russischen Staatsbürgern abgestürzt war, von schwarzgekleideten Männern mit automatischen Waffen der Zutritt zum Gelände verwehrt wurde.

Der in Belgrad wohnende Fotograf Igor Salinger eilte ebenfalls zur Absturzstelle. Er hatte die Maschine mehrmals gehört, oft genug, um ihr charakteristisches Röhren wiederzuerkennen. »Ich bin Flugzeuglärm gewohnt«, erinnert er sich heute. »Abgesehen davon, dass ich beruflich mit der Luftfahrt zu tun habe, wohne ich auf dem Weg zur Landebahn 30, direkt in der Einflugschneise.«

Diesmal sagte ihm das Röhren über seinem Kopf von Anfang an, dass hier etwas absolut nicht stimmte. Von seinem Bett aus klang der Absturz, wie er sagt, »genau wie eine Reihe von entfernten Explosionen, wie … nun ja, irgendwie wie Feuerwerkskörper.« Er wachte bei Tagesanbruch auf, zog Jeans und Jacke an und hörte die Nachrichten. Dann machte er sich auf den Weg zur Unglücksstelle und wurde durch einen Kordon von Männern in blauen Uniformen gestoppt. Sie waren überall: die Autobahn entlang, auf den Bürgersteigen, den Straßen, selbst auf den Feldern, wo der schwarze, verbogene Klumpen brannte und schwelte. »Es war August, der Mais stand hoch – bestimmt mannshoch – und das trug mit dazu bei zu verbergen, was verborgen bleiben sollte. Von diesem Punkt aus konnte man nur sehen, dass das große ›T‹ des Hecks noch in die Luft ragte.« Er versuchte, ins Jugoslawische Aeronautische Museum zu kommen, dessen Fenster einen perfekten Blick auf die Absturzstelle boten, doch auch hier sperrten Polizei und Angestellte das Gebäude ab. Dort traf er jedoch einen Bekannten, einen der Männer, die beim Räumen der Absturzstelle dabei gewesen waren. Der Mann sagte etwas, dass Salingers Blut gefrieren ließ. Und Stück für Stück kam die unglaubliche Wahrheit ans Licht.

»Der Bursche war, sagen wir, jemand, der sich mit solchen Dingen auskannte, und er hatte das Wrack gesehen«, erinnert sich Salinger. »Und alles, was er zu mir sagte, war ›So wie es aussieht, wird Gaddafi in diesem Jahr wohl keinen Überflug bei seiner Militärparade kriegen.‹«

Salinger hatte alle Mühe, genauere Informationen zu bekommen. »Die Absturzstelle war abgeriegelt – wenn ich mich recht erinnere dreizehn Tage lang«, erzählt er. »Bis sie alles aufgesammelt hatten, was niemand sehen sollte.« Schließlich kroch der Fotograf durch Felder und Dickicht und schaffte es, ein paar

Fotos zu schießen. Zuerst aus der Entfernung, durch den Mais, und dann, endlich, das Wrack selbst, von dem die Polizei dachte, dass sie es gründlich durchsucht und »gesäubert« hatten. Das hatten sie nicht. Als er nah genug an das Wrack herankam, stellte er fest, dass zwischen den Trümmern des Wracks Flugzeugreifen und Avionikteile lagen, die viel zu klein waren, um von einer Iljuschin zu stammen.

Männer, die beim »Säubern« der Absturzstelle geholfen hatten, fingen an zu tratschen. Sie berichteten, dass sie große Mengen 23-mm-Munition unter den Trümmern gesehen hätten. Die Aufräumarbeiten waren nicht so gründlich gewesen, wie die Behörden gehofft hatten. Erst Avionikteile für in Jugoslawien produzierte Galeb- und Jastreb-Kampfflugzeuge, dann Munition für 23-mm-Kanonen.

Bei seinem letzten Besuch an der Unglücksstelle übermannte Salinger die Frustration bei dem Gedanken, dass alle Spuren des Absturzes ausgelöscht werden könnten, und er schnappte sich ein verbranntes Wrackteil der Il-76. »Ein krankes Souvenir«, gibt er zu. Es war etwas, an dem er sich würde festhalten können, wenn die offiziellen Dementis begannen.

Sergej Kusnezow, Korrespondent der oppositionellen Wochenzeitung *Vreme* in Jekaterinburg, erinnerte einige Bekannte beim dortigen Militär daran, dass sie ihm noch einen Gefallen schuldig waren. Sie fanden heraus, dass die abgestürzte Il-76 merkwürdigerweise vom russischen Militär versichert gewesen war. Allerdings sagte man ihm: »Das bedeutet nicht, dass sie Waffen transportierte. Die meisten unserer Klienten sind bekannte Organisationen wie der russische Sicherheitsdienst, die Abteilung für militärische Zusammenarbeit des Generalstabs oder Präsident Jelzins Flugbereitschaft.«

Unterdessen fingen die Journalisten bei *Vreme* unter der Führung eines hartnäckigen Reporter-Veteranen namens Miloš Vasić an zu recherchieren. Vasić, einer der Gründer der Zeitung, war selbst Pilot, der in den 70er Jahren als Reporter in Asien für eine Nachrichtenagentur Hubschrauber geflogen hatte. Vasić und sein Team rochen, dass etwas faul war. Verbissen verfolgte er seine Story – und die Geheimpolizei zog alle Register, um ihn aufzuhalten. Heute bricht der 65-Jährige, dessen dunkle Augenringe von unzähligen drängenden Abgabeterminen zeugen, in ein keuchendes Lachen aus, das in einem Hustenanfall endet, wenn er sich zu Hause in Belgrad daran erinnert, wie er heimlich einen Zug nach Budapest nahm, »jedes Mal, wenn ich unseren Kontakt in Russland anrufen wollte, damit ich sicher sein konnte, dass ich nicht abgehört wurde.«

»Miloš hat eine Menge Erfahrung damit, dass Leute hinter seinem Kopf her sind«, sagt Salinger grinsend. »Weil er der Einzige ist, der wirklich seine Nase mitten hineinsteckt. Ich bin bloß ein Flugzeugfotograf.« Und wirklich, Vasić war dem Regime ein Dorn im Auge, er war an Drohungen, Behinderungen und Schlimmeres gewöhnt. Er erinnert sich daran, in welcher Gefahr er und sein Team während ihrer Recherchen schwebten. Die Einstellung der Regierungskader »waren einfach ›Ist uns scheißegal, wir können alles machen, was wir wollen. *Alles.*‹«

Doch letzten Endes konnten sie nicht verhindern, dass die Geschichte Fahrt aufnahm. Und als schließlich die Wahrheit ans Licht kam, zeigte sie eine Welt, die so komplex war, als wäre sie der Mystery-Serie *Akte X* entnommen – mit einer Ansammlung von geheimen Seilschaften, Staatskorruption, Sanktionsbrechern und Regierungskriminalität, wie sie nicht einmal die paranoidesten Staatsanwälte für möglich gehalten hätten. Nur diesmal gab es keine Verschwörung der Illuminaten, keinen geheimnisvollen Orden, der darauf aus war, dem Feind eine Gehirnwäsche zu verpassen und die Unterwerfung unter ein übermächtiges Manifest zu erzwingen. Es gab lediglich einen dunklen Winkel, in dem die Welten von kleinen Fluglinien und großer Politik aufeinandertrafen.

Der Name Tomislav Damnjanović war von Medien oder Ermittlern vor dieser Nacht noch nicht einmal angedeutet worden. Bis heute nennen einige Ermittler den schmalen, braun gebrannten, silberhaarigen Mann mit der ausgeprägten Ähnlichkeit zu US-Komiker Steve Martin »den unsichtbaren Schmuggler«. Alle sind sich einig, dass er, was das Schmuggeln angeht, zu den klassischen kleinen bis mittelgroßen Figuren gehörte. Seine Geschichte wird in einem Bericht des UNO-Entwicklungsprogramms zusammengefasst. Dem Report zufolge hat Damnjanović sich seinen Namen gemacht mit

> dem Schmuggel in Schurkenstaaten und von UNO-Sanktionen betroffene afrikanische Diktaturen, während er gleichzeitig im Auftrag großer amerikanischer Unternehmen wie General Dynamics oder Kelloggs, Brown and Root Waffen auslieferte. Das Netzwerk, in dem er organisiert war, belieferte Saddam Hussein, Charles Taylor, die Militärjunta Burmas, die islamischen Milizen Mogadischus und Oberst Muammar Gaddafis Regime in Libyen. Wie der bekanntere Wiktor But charterte Damnjanović Flugzeuge überall in Afrika, dem Nahen Osten und Osteuropa, und er lieferte alles von humanitärer Hilfe bis zu Handgranaten.

Damnjanović selbst hat jegliches Fehlverhalten von sich gewiesen. »Damnjanović ist nicht wirklich ein Waffenschmuggler«, sagt Salinger und lacht. »Er ist bloß ein Geschäftsmann, der einen Weg gefunden hat, das zu tun, was wir im Slang ›Iljuschin Business‹ nennen!«

Seine Geschichte ist typisch. Als Angestellter der staatseigenen jugoslawischen nationalen Fluglinie JAT war er in den 80er Jahren oft in Dubai stationiert, wo er Geschmack am Jetset-Leben weitab von seiner zunehmend in Problemen versinkenden Heimatstadt Belgrad fand. Als Jugoslawien auseinanderbrach und Slobodan Miloševićs Regime anfing, in Bosnien und darüber hinaus eine Reihe von Kriegen anzuzetteln, verhängte die

UNO Sanktionen, die die JAT praktisch lahmlegten, indem sie ihr untersagten, außerhalb des Gebietes zu landen, das einmal Jugoslawien gewesen war. 1992 war sein JAT-Büro in den Emiraten geschlossen worden und Damnjanović fing an, sich – wie Mickey – nach neuen Möglichkeiten umzusehen. Er hatte sich an das luxuriöse Leben in Dubais klimatisierter Ausländer-Enklave gewöhnt und nicht vor, in seine Heimat zurückzukehren und in Belgrad Sanktionen, Mangelwirtschaft, galoppierende Inflation und Krieg zu erdulden. Schon gar nicht jetzt, wo er gesehen hatte, wie leicht man in den Emiraten Geld verdienen konnte, wenn man für den Auftraggeber, der am meisten dafür bot, die Dinge ein- und ausflog, die am besten bezahlt wurden.

In jenen Tagen herrschte Goldgräberstimmung in den Vereinigten Arabischen Emiraten. Jeder versuchte sein Glück. Es zirkulierten Gerüchte über das nächste große Ding in der Stadt Schardscha – eine offene Tür ohne Beschränkungen, für Schmugglerware jeder Art. Auch Dubai selbst war hervorragend für jeden, der ein altes Flugzeug und ein Auge für illegale Verdienstmöglichkeiten hatte. Ein Drehkreuz für Luftfracht, das Europa mit dem Kaukasus, dem Nahen Osten, dem Horn von Afrika und Pakistan/Afghanistan verband – und gleichzeitig eine Freihandelszone ohne Gesetze, in der scheinbar alles und jeder gekauft und verkauft werden konnte, wenn nur der Preis stimmte. Der Kronprinz, Scheich Muhammad bin Raschid Al Maktum, war nicht nur der Visionär hinter dem halsbrecherischen Wachstum der Emirate, sondern auch der größte Investor. Er finanzierte mit der gleichen Begeisterung Luxushotels, Einkaufszentren, prestigeträchtige Pferderennen und Flughäfen. Obwohl es keine Hinweise darauf gibt, dass der Scheich davon wusste oder es guthieß, waren die Behörden damals offenbar bereit, jede Fracht, die zur Durchreise auf Dubais Hafen und Flughafen ankam, auch passieren zu lassen, solange es diskret geschah.

Damnjanović war immer noch auf der Suche nach einem Partner in Dubai, als er Kontakt zu einem ausgedehnten Netzwerk von anderen sonnenhungrigen Geschäftsleuten und Ex-Geheimdienstlern aus dem Ostblock bekam. Beide Seiten sahen sofort, dass sich ihnen hier eine Chance bot: Damnjanović konnte sich ins Geschäft mit russischer Luftfracht einklinken und einen Fuß in die Tür des rasend schnell wachsenden Flugbusiness bekommen und die früheren FSB-Leute bekamen einen Insider-Draht in den boomenden Markt für illegale Ware.

In Belgrad war das Unterlaufen der Sanktionen der sicherste Weg, richtig viel Geld zu verdienen. Geheimpolizei-Chef Marković und Zollchef Kertes begannen in aller Stille, die Flughafen-Security in die eigenen Hände zu nehmen, wobei Marković die Befehle von ganz oben entgegennahm, während Kertes die An- und Abtransporte koordinierte. Nach Einbruch der Nacht hallte im Terminal der vertraute Klang der donnernden Motoren wider, während Il-76- und Antonow-Maschinen auf den Asphalt herunterrauschten und sich neben den letzten JAT-Fliegern aufreihten, die das Land verlassen durften. Langsam, aber sicher wurden Crews wie Mickey und seine Leute zu inoffiziellen Handlangern für alles, was Milošević und Konsorten erledigt haben wollten – und zu denen das Regime stets jeglichen Kontakt abstreiten konnte. Und wie sich herausstellte, war ihr Timing perfekt.

Das jugoslawische Regime brauchte dringend stabile ausländische Währungen, um den Staatssäckel zu füllen, den eigenen Lebensstil zu finanzieren und ihre Freischärler-Armeen in Bosnien und Kroatien zu bezahlen. Gleichzeitig war ihnen wohl bewusst, dass sie über einige im Ausland hochbegehrte Dinge verfügten, die sich gut verkaufen lassen würden. Salinger erinnert sich an eine Reihe von vorgetäuschten Notlandungen in der winzigen montenegrinischen Hauptstadt Podgorica in den 90er Jahren, die nichts weiter als ein Vorwand waren, an einem unbeobachteten Ort zu landen und eine Ladung Schwarzmarkt-Zigaretten aufzunehmen. Nachdem »ein kleiner Defekt am Flugzeug« auf wundersame Weise behoben worden war, wurde der Flug fortgesetzt. Sie machten sich daran, einen gigantischen

Schmuggelring zu organisieren, Geheimpolizei und Zoll fungierten am Belgrader Flughafen als Quartiermeister und Vorarbeiter. Und Männer wie Damnjanović charterten die Frachtflugzeuge, die die Ware ins Ausland transportierten. Nach einem Bericht des International Peace Information Service (IPIS) über Waffenlieferungen, die aus dem früheren Jugoslawien flossen, war Damnjanović jahrelang Teil eines transnationalen Zigarettenschmugglerrings gewesen, der in den 90er Jahren auf dem Balkan operierte und zu dem nach Dokumenten der Europäischen Union auch Waffenschmuggler gehörten. In einem Interview mit Nicholas Wood von der *New York Times* räumte Damnjanović den Zigarettentransport ein, stritt aber kategorisch ab, etwas mit dem Schmuggel zu tun gehabt zu haben. »Mein Anteil war absolut offiziell«, sagte er.

Es war die Boom-Zeit der Schmuggel-Pipeline von Osteuropa in die EU: Das Regime kaufte die Zigaretten billig und en gros von Outlets und Lieferanten im eigenen Land (und natürlich kauften auch viele Piloten und Besatzungsmitglieder selbst welche, um sie auf eigene Rechnung zu verkaufen, entweder vor Ort oder steuerfrei an russische Afghanistanveteranen). Diese wurden per Flugzeug von Belgrad in die internationale 24-Stunden-Geldwaschanlage namens Zypern gebracht. Von dort aus kamen sie meist per Schiff nach Griechenland oder Italien, wo die lokalen Syndikate das Geld übergaben und sie innerhalb der EU verteilten. Westeuropäische Raucher konnten Mitte/Ende der 90er Jahre in Kneipen und auf der Straße regelmäßig billige Stangen Zigaretten mit Gesundheitswarnungen auf Russisch, Türkisch oder Bulgarisch kaufen, die von den Il-76-Maschinen zollfrei vom Balkan eingeflogen worden waren. Ein Geschäft, bei dem alle profitierten.

Um diese Fracht zu transportieren, brauchte Damnjanović natürlich Maschinen und Männer, die aus dem richtigen Holz geschnitzt waren. Das bedeutete nach Damnjanovićs Verständnis: furchtlose, hochqualifizierte Männer wie Mickey und Sergej, deren Findigkeit und Professionalität in harten Jahren des Militärdienstes geschult worden waren, und die gleichzeitig gelernt hatten, keine Fragen über ihre Einsätze zu stellen. Männer, die ihre Flugzeuge mit jeder Ladung, unter allen Bedingungen und an jeden Ort fliegen konnten. Er fing an, Kontakte nach Jekaterinburg zu knüpfen – eine frühere KGB-Hochburg in Mickeys Heimat Westsibirien voller Geheimnisse, ehemaliger Militärbasen und Waffendepots.

Jekaterinburg hatte den wohlverdienten Ruf, Russlands »Mafiastadt« zu sein. Ein Ort, an dem alles machbar ist und man, wenn der Preis stimmt, alles (und jeden) verschwinden lassen kann. Vor allem aber gab es dort eine obskure, mit Il-76-Maschinen operierende Frachtfluglinie namens SpAir (deren Firmenvermögen, wie der IPIS/Amnesty-Bericht in einer interessanten Fußnote feststellt, später an das von Wiktor But gegründete Unternehmen Air Cess übertragen wurde) und außerdem Dutzende von arbeitswilligen Piloten wie Starikow und Barsenow.

Die Flüge wurden profitabler und häufiger. Dennoch brauchte das Milošević-Regime, das immer mehr und größere Kriege plante und führte, mehr Geld, als sich mit Zigaretten verdienen ließ. Eine Zeitlang funktionierte die berühmte »Balkan-Pipeline« auch für andere prima. Obwohl es keine Beweise dafür gibt, dass der überreiche Fluss von Drogen etwas mit Damnjanovićs Charterflügen zu tun hatte, kam Heroin aus dem Kaukasus, aus Albanien, der Türkei und Afghanistan und gelangte auf dem Land-, See- oder Luftweg weiter nach Europa. Kokain und Ecstasy nahmen den umgekehrten Weg und hielten die neureichen Russen und Serbiens High Society bei Laune. Die Differenz zwischen Beschaffungskosten und Verkaufserlös war groß genug, um all diese Substanzen zu einem guten Geschäft für das Regime, die Schmuggler und Mickey zu machen.

1994 waren Damnjanović und sein Geschäftspartner Đorđević aus Dubai nach Belgrad zurückgekehrt, wo sie eine Zeit lang blieben, bevor sie ihr Büro in Zypern eröffneten, wo JAT-Maschinen mit serbischen Bankern und Zivilpolizisten tagein, tagaus Geld-koffer mit harten Währungen zum Waschen vorbeibrachten. Jungfräuliches Bargeld wurde bei Strohfirmen in Panama, Israel, Griechenland und Albanien deponiert. Deren Waren und saube-rer Cash kamen dann über Unternehmen, die nur auf dem Papier bestanden, nach Belgrad zurück.

Und dann waren da die Waffen. Laut einem SIPRI-Bericht bekam Damnjanović in Zypern ein Signal von den serbischen Behörden, dass er mit dem Transport »offizieller« Fracht, unter anderem angeblich auch Waffen, beginnen sollte, um die Staats-schatulle ein weiteres Mal aufzufüllen.

1996 hatten es die serbischen Behörden geschafft, den Waf-fenschmuggel in ein riesiges Geschäft zu verwandeln. Miloševćs Regime versorgte Gaddafis Libyen und Saddams Irak, die beide mit strengen Sanktionen belegt waren, regelmäßig mit großen Lieferungen, die von Flugabwehrsystemen über Artillerie bis hin zu Ersatzteilen für Gaddafis eigene Flotte von Galeb-Kampf-flugzeugen aus jugoslawischer Herstellung alles enthielten.

Laut dem SIPRI-Experten Hugh Griffiths organisierte Damnjanovićs neues Unternehmen Mensus Trade »umgehend Dutzende von sanktionsbrechenden Flügen nach Jugoslawien und darüber hinaus. Es wurde zur Anlaufstelle, wenn staatliche Waffenhersteller oder die Regierung Waren ein- oder ausfliegen wollten oder wenn Dinge nach Russland bzw. in den Nahen Os-ten oder von dort aus nach Jugoslawien geflogen werden soll-ten.« Er war jetzt staatlich sanktionierter Händler in einer Funk-tion, die zu jeder anderen Zeit und an jedem anderen Ort sehr riskant gewesen wäre. Doch statt verhaftet zu werden, schenkte die enge Arbeitsbeziehung mit dem Regime der serbischen Re-gierung den nötigen Deckmantel und die Möglichkeit, jederzeit alles abzustreiten, während Damnjanović so viele Aufträge und so viel Schutz durch die Geheimpolizei genoss, wie er sich nur wünschen konnte. Es war eine sichere Sache.

Dann, im August 1996, kontaktierten Damnjanović und Đorđević SpAir in Jekaterinburg wegen eines Jobs: Einige zerlegte Kampfjets sollten nach Libyen geflogen werden, einen »Schurken«-Staat, gegen den die UNO ein Waffenembargo verhängt hatte, der aber dennoch verzweifelt bemüht war, seine Luftwaffe zu modernisieren. Telefonanrufe gingen hin und her zwischen Damnjanović in Zypern und Đorđević in Belgrad, und letzterer war einverstanden, diese hochsensible Fracht zu ihrem Reiseziel zu begleiten, um Pannen auszuschließen. Starikow und Barsenow kannten die Route, kannten ihre Maschine, kannten vielleicht sogar die Fracht. Was sie nicht wussten, war, dass es diesmal anders laufen würde.

So kam es, dass Starikow und seine Il-76-Crew mit Damnjanović und Đorđević einen Deal machten und das flogen, wofür sie bezahlt wurden – ohne zu wissen, dass sie nur Bauern in einem Spiel waren, bei dem die höchsten Kreise des Milošević-Regimes am Brett saßen. Der Gewinn aus diesen Waffenflügen nach Libyen sollte die Machtposition ihrer Kader konsolidieren, die mit ihnen verbündeten Milizen und Mafiaclans finanzieren und nicht zuletzt auch die Kampagne der ethnischen Säuberungen im Kosovo ermöglichen, die vielen Tausenden von Menschen den Tod brachte und die NATO-Schläge gegen Belgrad und damit letztlich auch den Fall des Regimes zur Folge hatte.

Ohne von all dem eine Ahnung zu haben und mit einer dicken Bonuszahlung vor Augen, flogen die Piloten Starikow und Barsenow ihre Iljuschin Il-76 aus dem Ural auf den Flughafen in Surčin. Und kurz nach Mitternacht, nach dem, was die staatlichen Medien stur als eine kurze technische Zwischenlandung bezeichneten, was aber nach anderen Quellen das Einladen von schweren Waffen war, und mit Đorđević an Bord, um sicherzugehen, dass die Fracht am anderen Ende zugestellt wurde, hob Flug 3601 in einen stürmischen schwarzen Belgrader Himmel ab, mit Flugrichtung Malta und letztlich Libyen.

Embargo hin oder her, man freute sich auf den Aufenthalt in einem angenehm warmen Klima. Teufel noch mal, Nordafrika war allemal besser als das, was sie in Jekaterinburg vor ein paar Tage hinter sich gelassen hatten.

Abgesehen davon waren Afrika und der Nahe Osten in diesem Moment dabei, sich auch in anderer Hinsicht aufzuheizen. Dort konnte man gutes Geld verdienen. Gerüchten zufolge war ein überraschendes Fleckchen Erde am Arabischen Golf dabei, sich zu einer besonders profitablen Basis für ehemalige sowjetische Crews und ihre illegalen Frachten zu entwickeln.

TEIL DREI

GOLDFIEBER
Der Nahe Osten und Afrika

8

DIE MÄNNER OHNE NAMEN
Arabischer Golf, 1995–1997

Ein anderer Flug, diesmal in Richtung Kaukasus. Ich schrecke im Bauch der Il-76 aus einem unruhigen Halbschlaf hoch. Ein paar Sekunden lang sind meine Gedanken verschwommen. Ich schaue auf die Digitalanzeige meines Pagers. Kurz vor ein Uhr nachts. Wir müssten mittlerweile über der Ukraine sein, vielleicht auch schon über den Bergen des Kaukasus. Ich friere, aber immerhin hat das klaustrophobische Gefühl ebenso nachgelassen wie der Gestank von Männerkörpern in nächster Nähe. Das Metall summt so laut, dass etwa eine halbe Stunde nach dem Start jedes Gespräch verstummt und der Effekt in der Nacht ist seltsam desorientierend. Der alte, mit Gewebeband zusammengehaltene Rumpf vibriert stetig. Draußen in der Nacht, nur ein paar Meter entfernt, röhren vier Triebwerke so laut, dass die Il-76 in den meisten europäischen Ländern keine Landeerlaubnis mehr bekommt.

Dmitri, der Navigator, sitzt am Eingang zum Cockpit. Er zieht ein Paar fingerloser Handschuhe aus der Lunchbox neben seinem Arm und gleitet zurück an seinen Arbeitsplatz, ein gläsernes Kabuff unten am Rumpf, das an die Kanzel eines Bugschützen in einem Bomber erinnert. Er bringt seine hochgewachsene Gestalt in eine bequeme Position und schaut durch das Glas unter seinen Füßen zu, wie die Nacht vorbeizieht. Stifte sind auf seinem ausklappbaren Tischchen aufgereiht, Karten liegen bereit, der Notizblock ist offen. Außer mir gibt es auf diesem Flug noch einen zweiten blinden Passagier, einen schottisch-kanadischen Fotografen namens Doug McKinlay, der für CNN die gesprengten Buddhas in den nordafghanischen Bergen fotografieren soll. Doug schießt ein Foto der Glasgondel, was Dmitri, der schon an guten Tagen griesgrämig ist, erschrocken zusammenzucken lässt. Er ist nicht besonders beglückt über die Ablenkung durch den Blitz und wirbelt fluchend herum, seine Augen funkeln und er macht eine Armbewegung in Richtung Kamera. Doug beschließt, auf weitere Fotos zu verzichten.

Erneut setzt Stille ein. Der Bordingenieur sitzt auf einer heruntergeklappten Metallbank, die exakt die gleiche schlachtschiffgraue Farbe hat wie seine schmierige Arbeitsjacke bzw. seine Trainingshose und schließt die Augen. Sergej, eingehüllt in ein übergroßes Jogginghemd, trinkt aus einer Plastiktasse und reibt sich immer wieder die Augen. Das Klappbett ist belegt – ich kann von hier aus ein paar Füße sehen –, also lege ich mich auf den kleinen Flecken freier Rumpffläche, seitlich auf eine Bank aus geriffeltem Metall, die direkt hinter dem Cockpit an der Wand befestigt ist. Unter meinen Kopf lege ich meine Jacke, wie ich es bei einigen der Jungs gesehen habe. Es ist schrecklich unbequem, aber sonst gibt es nichts.

Selbst wenn die winzige Drahtbank besetzt ist, kann man sich in Mickeys fliegendem Warenlager zwischen den Bergen von angebundenen Reiskisten, offenen Paletten mit Bekleidung oder gestapelten Kisten, undurchsichtigen 12-Kilo-Säcken, hölzernen Lattenkisten und blauer Kunststoff-Packfolie ausstrecken. Ich frage mich, ob das die sogenannten »grünen Kisten« sind, in denen man Munition und Kleinwaffen transportiert. Und wenn es so ist, ob es sich um legale Waren handelt oder nicht. Mickey hat angedeutet, dass sie solche Kisten auf Flügen wie dem heutigen mitnehmen. Sie sind so dicht gepackt, dass ich keine Chance habe, weiter nach hinten zu gehen oder den Finger zwischen die Spannseile und die Kisten zu bekommen und nach Beschriftungen zu suchen.

Es hat nicht viel Sinn, die Besatzung zu fragen. Illegale Ware wird nach dem »Doppelblind-Prinzip« verschickt, das heißt, dass sie die letzten wären, die Bescheid wüssten oder die man fragen könnte. Was danach am Zielort passiert, ist zumindest auf dem Papier nicht ihr Problem. Sie sind nur die Kuriere und müssen – ebenfalls auf dem Papier – niemals mit irgendjemandes geschmuggelten Sachen durch den Zoll (außer natürlich ihren eigenen).

Und es ist ja auch nicht so, dass das je ein Problem wäre. Das liegt nicht zuletzt daran, dass an vielen der Drehkreuze, von denen solche Lieferungen mit humanitären Hilfsgütern starten – wie das mit Wracks übersäte Frachtgelände in Schardscha in den Vereinigten Arabischen Emiraten – Dinge wie Sicherheit und Zollkontrollen notorisch lax gehandhabt werden. Fracht kann hereinkommen und den Flughafen wieder verlassen, ohne dass man sie inspiziert, die Fluglinien überprüft oder überhaupt Aufzeichnungen über die Geschäfte und Abläufe am Flughafen macht oder gar aufbewahrt.

»Schardscha« ist ein Name, der immer wieder auftaucht, wenn man mit Mickey und seinem Team über ihre Vergangenheit und ihre Pläne spricht. Es ist ihr Zufluchtshafen, wie sie es nennen, ihr Rückzugsort, genau wie ein Heimaturlaub damals bei der Luftwaffe. Dort gibt es keine Heckenschützen, die Bars und Hotels sind klimatisiert, niemand schikaniert die Crews. Sergej kann nicht widerstehen, mir noch mehr Informationen zu geben. »Weißt du, in Schardscha kann man immer eine tolle Dusche kriegen.« Er lacht, seine Schultern beben. »Und man nimmt sie, weil man nie weiß, wann man wieder eine sehen wird.«

Es dürfte niemanden überraschen zu hören, dass Schardscha auch ein Name ist, der in geflüsterten Unterhaltungen vorkommt, in Geheimberichten und in offiziellen Briefwechseln über zwielichtige Fluglinien im Allgemeinen und über Geldwäsche, den internationalen Schwarzmarkt, Waffenschmuggel, afghanisches Heroin und Menschenhandel im Besonderen.

Doch wenn Sie noch nie davon gehört haben, dann ist das kein Zufall: Sie und ich sollten auch nie davon erfahren.

Als Dubai, der größere, bekanntere und weniger pingelige

Nachbar, sich für Handel und Tourismus mit dem erklärten Ziel öffnete, das »Singapur im Sand« zu werden, und damit umgehend auf der Monsterwelle eines zwei Jahrzehnte anhaltenden Wirtschaftsbooms zu schwimmen begann, horchte man in Schardscha auf. Das winzige Emirat erkannte, dass immenser Reichtum geschaffen werden kann, wenn man eine spärlich bevölkerte, feudale, islamische Wüstenstadt in ein lockeres und dereguliertes Zentrum für Menschen, Waren und Business verwandelt. Doch in Schardscha herrschte eine dem saudi-arabischen Wahhabismus vergleichbare besonders puritanische Form des sunnitischen Islam – und jeglicher Alkohol, kurze Hosen und Popmusik waren verboten. Die Büchse der Pandora zu öffnen, indem man vergnügungssüchtige Touristen aus dem Ausland in Schardschas gleichförmig in beige und betongrau gehaltenes Stadtzentrum zu locken versucht, schien den Ratgebern des Scheichs nicht der richtige Weg zu sein. Sie präsentierten ihrem Herrscher, Scheich Saqr ibn Muhammad al-Qasimi, zwei bessere Ideen.

Der erste Plan sah vor, Schardscha in ein globales Zentrum für Islamstudien zu verwandeln, mit einer Vielzahl von religiösen Hochschulen *(Madāris)*, die die Söhne frommer Familien aus der ganzen Welt aufnahmen und ausbildeten. Diese Idee erwies sich allerdings als Flop: zu hohe Investitionen, nicht genügend schnelle Erträge. Also legten die Ratgeber dem Scheich Mitte der 90er Jahre Plan B vor: Der kleine, einpistige Wüstenflugplatz, der den Reichtum in Form von ausländischen Investitionen ins Land holen sollte, würde weder versuchen, Flugzeuge voller anstrengender und unberechenbarer Touristen anzulocken, noch mit Dschidda um die Dollars der frommen Muslime konkurrieren. Es würde zu einem Frachtdrehkreuz werden und stillen, unproblematischen und leicht zu managenden Kisten von Gütern auf dem Weg auf den globalen Markt als Zwischenstation und Umschlagplatz dienen.

Natürlich waren auch finanzielle Anreize und Steuererleichterungen Teil des Pakets, das geschnürt wurde, um Fracht- und

Beförderungsunternehmen anzulocken. Aber es war auch jedem klar, dass dies ein Ort werden sollte, an dem man »Geschäfte machen« kann – ein Ort, an den Unternehmen kommen konnten, ohne Angst vor Behinderung oder übereifrige Behörden haben zu müssen. Auch wenn es der Scheich vielleicht nicht kommen sah: Schardscha Airport erarbeitete sich in den 90er Jahren unter Insidern Schritt für Schritt den Ruf, ein Drehkreuz für graue Ware zu sein.

Schon 1993 tummelten sich dort ehemals sowjetische Il-76- und Antonow An-12- und An-124-Maschinen mit ihren Piloten und Bordmannschaften aus Veteranen der Roten Armee. Spätestens 1995 war klar, dass Schardscha einen Volltreffer gelandet hatte. Dazu gehörte aber auch, dass die Männer des Scheichs, ähnlich wie der Bürgermeister des Badeorts Amity im Film *Der weiße Hai*, sich so sehr an das hereinkommende Geld gewöhnt hatten, dass sie einfach die Musik lauter drehten und alle Warnsignale ignorierten, selbst als die großen Haie anfingen sich breitzumachen. Das Emirat hatte eine dubiose Vergangenheit als Umschlagplatz für den Haschisch- und Opiumschmuggel im 19. Jahrhundert, als Scharen von drogenbeladenen Dauen die Hafenanlage umschwärmt hatten. Es ist also denkbar, dass die Offiziellen die Warnungen, die sie über einige der Kunden bekamen, die Schardscha anzog, einfach falsch verstanden. Vielleicht wurden sie von ihren Untergebenen auch nicht so gut informiert, wie es hätte sein sollen. Zumindest so lange, bis sie beschlossen, die Sache selbst in die Hand zu nehmen.

Sie machten einen zierlichen Amerikaner syrischer Abstammung mit gewählter Ausdrucksweise namens Richard Chichakli zum Geschäftsführer der internationalen Freihandelszone auf dem Flughafen Schardscha. Chichakli ist erfolgreicher Absolvent der König-Saud-Universität im saudischen Riad, wo er während seiner Studienzeit mit einem wohlhabenden jungen Studenten namens Osama Bin Laden befreundet war (angeblich erinnert er sich daran, dass Bin Laden vor dessen Radikalisierung »damals sehr lustig war«). Chichakli ist Wirtschaftsprüfer, Immobilienmakler und Autohändler mit einem Büro in Texas, er diente Anfang der 90er Jahre in der US-Armee, und er ist stolz auf sein »seltsames Hobby, das darin besteht, dekorative Obstschalen herzustellen«. Er ist auf den ersten Blick ein etwas überraschender Kandidat für den Titel eines Global Players der internationalen Luftfahrt. Doch dieser liebenswerte Amateurkoch ist nach seiner eigenen Einschätzung außerdem auch noch »einer der weltweiten Top-Experten im Managen von [Luft]Flotten, Gründen von Airlines und dem Managen und Verwalten aller finanziellen Operationen.« Nachdem er die Armee verlassen hatte, nutzte Chichakli alle seine Kenntnisse über Luftfahrt, für einen spektakulären Karrieresprung.

Der Boom der Freihandelszone unter Chichaklis Ägide wurde zu Schardschas Goldrausch. Bald überboten sich die regionalen Zeitungen gegenseitig mit Berichten über die Geschwindigkeit und den Erfolg dieses Unternehmens. Tatsächlich protestierte Chichakli später, dass all jene, die ihn beschuldigten, ein Vollzeit-Helfer Buts gewesen zu sein, »keine Ahnung« hätten, wie viel Arbeit es sei, einen Flughafen zu leiten. Die Zahlen sind jedenfalls beeindruckend. Als besondere Flughafenzone 1995 eröffnet, operierten dort 55 Fluglinien. Innerhalb eines Jahres hatte sich diese Zahl verdoppelt, und 2003 wurde die Freihandelszone von schwindelerregenden 2300 Flugunternehmen genutzt. Einer der Luftfahrtspezialisten, der früh dazukam und, wie er heute sagt, zu »einem Bruder und Freund« für Chichakli wurde, war Wiktor But.

Es ist durchaus möglich, dass sogar Chichakli selbst nie dahinter kam, was da draußen auf dem Rollfeld und im Schatten der Hangars vor sich ging, als das verschlafene Emirat sich zu verändern begann. Doch immer mehr Flugzeuge aus der früheren Sowjetunion kreisten über Schardscha, landeten und flogen wieder, und der boomende Schwarzmarkt des 20. Jahrhunderts setzte sich fest.

Es waren die Wildwest-Tage des staubigen, sonnenverbrannten, gesetzlosen Schardscha für jeden, der mit Mumm und Gerissenheit und einer Handvoll Dollar an der Grenze auftauchte, einen Flugzeug-Standplatz bekam und dem keine umbequemen Fragen gestellt wurden, was in seine Maschine ein- und was aus ihr ausgeladen wurde. Fremde kamen in die Stadt mit zwielichtigen Connections und gingen wieder mit den Taschen voller Geld, und jeder war – wie Clint Eastwoods klassischer Westernheld – ein Mann ohne Namen.

Der Sand um Schardscha legt immer noch ein stummes, grausiges Zeugnis ab von der »Augen zu und durch«-Philosophie vieler ehemaliger sowjetischer Crews. Flugzeugrümpfe ragen aus den Dünen hervor, und unter Sandverwehungen zeichnen sich Leitwerke ab. »Sie lassen die Maschinen einfach liegen, wo sie abstürzen«, sagt Schardscha-Veteran John MacDonald. »Das Ende der Piste ist übersät von Wracks, sie bleiben einfach da, wo sie runterkamen oder im Sand explodiert sind.«

1996 stiefelten oft in der Dämmerung einige in afghanischen *Salwar Kamiz* gekleidete weltfremde, bärtige und ziemlich humorlose junge Männer in den Hangars herum. Sie schlenderten von einem abkühlenden Flugzeug zum nächsten und von Schalter zu Schalter und fragten so ziemlich jeden in der Gegend, ob er bereit wäre, einige »diskrete« Frachttransporte nach Kandahar und zurückzufliegen, natürlich gegen Bargeld. Ein ernst dreinblickender Islamgelehrter von Mitte 20 namens Farid Ahmed wurde für kurze Zeit zur lokalen Witzfigur, weil er im Sicherheitsbereich herumschlich und sich dort jedem, in den er (buchstäblich) hineinlief, als Einkäufer für eine damals noch völlig unbekannte Organisation namens Taliban vorstellte. Diese gerade im Entstehen begriffene islamistische Bewegung mit ihrer extremen Auslegung der Imperative des Korans wurde in Afghanistans religiösen *Madāris* geboren. Ihre Angehörigen betrachteten sich selbst nicht nur als die rechtmäßigen Nachfolger der antisowjetischen Mudschaheddin und Retter ihres

Landes, sondern auch als die Lösung für Afghanistans Probleme mit Korruption, Opium, Kleinkriminalität und ausländischer Einmischung. Ihre Agenda – striktes Befolgen einer besonders strengen Form des Islam – kennen wir heute. Doch zu dieser Zeit waren sie lediglich eine weitere Rebellengruppe, die die Taschen voller geheimer Geldspenden aus Saudi-Arabien und Pakistan hatte. Und es dauerte nicht lange, bevor Ahmed einen Mann mit einem Flugzeug fand, der bereit war, über Geld zu reden. Sein Name war Wiktor But.

Die meisten Fluglinien, die in Schardscha operierten, waren zweifellos ehrlich, doch sie fanden sich am Boden Seite an Seite mit Bodenpersonal, Crews und Eignern von Maschinen, über die gesagt wurde, dass sie im Schutz der Dunkelheit die Kennzeichen ihrer Flugzeuge änderten, wenn sie nicht wegen irgendeines besonders frechen Waffenschmuggel-Jobs verhaftet werden wollten. Bei denen man nicht wusste, ob die Airlines und Frachtfirmen, die auf den Formularen erschienen, wirklich diejenigen waren, die die Flugzeuge besaßen, leasten oder mieteten; ob die Namen auf den Zulassungs-, Steuer- und Eigentumsformularen echte Namen waren – oder Pseudonyme für reale Personen oder erfundene Namen für Besitzer von fiktiven Unternehmen, die nirgendwo verzeichnete Flüge absolvierten. Nun wurde Taliban-Gold mit einer Il-76 oder Antonow nach Schardscha und nach Dubai geflogen und weiter nach Pakistan und in den Sudan; Blutdiamanten, Waffen, Munition, Sprengstoffe, Kaviar, Pelze und Devisen machten alle hier Zwischenstation.

Heute kann ein erfahrener Frachtflieger immer noch nicht fassen, wie konsequent auf dem Flughafen weggeschaut wurde – bis in die 2000er Jahre hinein.

»Es gab überhaupt keine Security – nicht beim Zoll und nicht in den Hangars. Nirgends. Praktisch jeder konnte einfach von der Straße in den Flughafen gehen, bis zu den Flugzeugen, um sie herum oder sogar hinein. Es war wirklich unglaublich. Selbst Touristen konnten Tickets kaufen, die ihnen Zugang zu allen

Bereichen des Airports gewährten. Und man konnte sehen, wie Fracht auf den Flughafen kam ohne verzeichnet oder überprüft zu werden. Auch meine Fluglinie machte das so, und obwohl es keine Hinweise darauf gibt, dass wir etwas Verbotenes transportierten, hätten wir es problemlos tun können, völlig problemlos. Niemand achtete darauf. Alles war möglich.«

Egal ob dieser Sumpf nun den Verschleierungsbemühungen oder der Naivität der lokalen Behörden zu verdanken war, er sorgte jedenfalls dafür, dass alle Versuche, den illegalen Frachten auf die Spur zu kommen, willkürlich und unsystematisch blieben – und dass bald auch eine Reihe von ehrlichen Unternehmen mit den gleichen Verdächtigungen und Untersuchungen konfrontiert wurden wie die Waffenschmuggler. Tatsächlich war das Netzwerk von informell betriebenen Flugzeugen, Logos und Unternehmen, mit denen es But auf dem Zenit seiner Karriere zu tun hatte, so komplex, dass den Behörden nichts anderes übrig blieb als ausschließlich Flugzeuge mit ihm »in Verbindung zu bringen«. Es war der verzweifelte Versuch, einen Überblick über seine Aktivitäten zu gewinnen.

»Irgendwann wurde es lächerlich«, erinnert sich ein Charteragent mit Sitz in Großbritannien. »Wir sind ein absolut seriöses Unternehmen und unser Ruf ist sehr wichtig für uns, aber es gibt so viele Menschen da draußen, die vollkommen willkürlich irgendwelche Verbindungen herstellen, dass all die großen Leasing-Agenturen so wie wir völlig paranoid werden. Wir müssen inzwischen aufpassen, dass wir nicht einmal ein Flugzeug leasen, mit dem er irgendwann einmal etwas zu tun hatte – selbst wenn er nur der vorvorletzte Besitzer war –, weil einem sofort die Leute im Nacken sitzen. Ich habe einen Verwandten, der wird auf irgendeiner Wiktor-But-Überwachungsseite als jemand bezeichnet, der »Verbindungen« zu Buts »Netzwerk« hätte, obwohl er nie irgendetwas mit ihm oder seinen Flugzeugen zu tun hatte. Es ist ein einziges Durcheinander.«

Der Flughafen, die dortigen Hangars und Laderampen wurden

rasch zu einem Tummelplatz für Sanktionsbrecher, Schwarzmarkthändler und Schmuggler. Ein regelrechter Magnet für
Mickeys Kontaktleute und bald auch für Mickey selbst. Es dauerte nicht lang und den Crews standen klimatisierte Restaurants
mit russisch geschriebener Speisekarte, diskrete Wodka-Bars
und Abfertigungsgesellschaften aus Odessa und Wizebsk zur
Verfügung. Viele Bankkonten wurden eröffnet, offenbar ohne
Ausweisvorlage (oder es waren die gleichen Leute, die aber jeden Tag einen anderen Pass vorlegten, ausgestellt auf Namen,
die keiner kannte). Briefkastenfirmen wurden gegründet und
registriert, nur um dann scheinbar über Nacht wieder zu verschwinden. Douglas Farah, Investigativreporter der *Washington
Post* und Mitautor des Buches *Merchant of Death* (dt.: Händler
des Todes), berichtet, dass die HSBC Schardscha Ende der 90er
Jahre bei einem internen Audit feststellte, dass Hunderte verschiedener Russen 1186 Konten eröffnet hatten – in einer einzigen Filiale. Das war Geldwäsche im ganz großen Stil.

Überall in Schardscha und im benachbarten Dubai werden
Geschäfte mit dem islamischen Bankensystem namens *Hawala*
abgewickelt, bei dem große Geldsummen verliehen und investiert werden können, ohne dass Zinsen gezahlt werden müssen – und, wichtiger noch, ohne Transferbelege oder Quittungen
auszustellen. Ideale Bedingungen für Schmuggler, Geldwäscher
und Mafiafamilien aus aller Herren Länder, wenn sie verdächtig
große Gewinne ihrer illegalen Machenschaften »säubern« wollten. Fluglinienangestellte, die weniger als 2000 Dollar im Monat
verdienten, wickelten Transaktionen in Millionenhöhe über ihre
Konten ab. In einem Fall befragten irritierte Ermittler einen solchen Arbeiter, der die Verdächtigungen empört von sich wies und
erklärte, er habe eben einfach unglaubliches Glück gehabt mit einigen Spekulationen an der Börse. (Als im Gefolge der Anschläge
vom 11. September 2001 genauer geprüft wurde und die Augen
der Welt sich auf die Arabischen Emirate richteten, wo man ge-
parkte Terroristengelder vermutete, wurde zumindest in Dubai

ein Untersuchungsausschuss berufen – was allerdings von vielen als bloße PR-Maßnahme angesehen wurde. Noch im gleichen Jahr erlebte ein Mitglied der Kommission, ein Bürger Schardschas, wie sein Haus von einer Gruppe Russen, gegen die der Verdacht der Geldwäsche bestand, angegriffen wurde. Ein weiteres Kommissionsmitglied bekam plötzlich Morddrohungen.)

Doch in der Boomphase des freien und unbeschwerten Schardscha Mitte der 90er Jahre war ein genaueres Hinsehen undenkbar. Zuerst waren immer mehr Flugzeuge und Crews russisch, dann immer mehr Speisekarten, Prostituierte und Unternehmen. Schließlich konnte es keinen Zweifel mehr geben, wer jetzt hier das Sagen hatte. So wurde aus dem Mann ohne Namen, der auf einer verbeulten alten Il-76 oder ein paar spritschluckenden An-12-Maschinen in die Stadt geritten kam, der Mann mit einem Dutzend verschiedener Namen und Bankkonten. Doch Schardscha war nicht die einzige dieser Grenzstädte, die plötzlich zu einem Sammelbecken für die örtliche Mafia, Schmuggler und rauflustige frühere Sowjetflieger wurden. Es gab viele andere, vom belgischen Ostende bis hin zu Maribor in Slowenien, das von den Einheimischen »Mafiabor« genannt wurde, obwohl Mickey und Sergej es liebevoll »Marlboro« nennen, in Erinnerung an die riesige Zigaretten-Schmuggelpipeline, die in den 90er Jahren von Serbien und Montenegro in die EU führte. Mickey erklärt, so wie das beste Bier aus Bayern und die besten Anzüge aus Londons Savile Row kommen, hat auch jeder Flugplatz seine Spezialität. Für Kabul, Herat, Dschalalabad und Kandahar in Afghanistan hieß das: humanitäre Hilfe, illegaler Schnaps, Konsumgüter, Waffen und Cash hinein und Heroin, unterschlagene Hilfsgelder, Rohstoffe, Artefakte, Menschen (wozu sowohl freiwillige Passagiere als auch unfreiwillige »Zielpersonen« gehörten) hinaus. Für Ruanda, Kongo und den Rest: humanitäre Hilfe, Waffen und Hubschrauber in die eine, Rohstoffe, Nahrungsmittel und Bodenschätze in die andere Richtung – einschließlich Blutdiamanten.

Das Geschäftsmodell der Transportbranche war perfekt in

seiner Fairness, in der Art und Weise, wie das Geld gleichmäßig verteilt wurde: an die Fluglinie, den Besitzer, die Crew, die auch noch den letzten Winkel des Frachtraums ausfüllen für ihren privaten Nebenverdienst. Das Beste war jedoch, dass die Dynamik einer jeden Katastrophe dafür sorgte, dass sie von beiden Seiten bezahlt wurden, und zwar auf dem Hin- und ebenso auf dem Rückflug. Die Crews fliegen, wenn sie es irgendwie vermeiden können, niemals leer, und sie füllen ihre Maschinen vor dem Abflug mit allem auf, was gebraucht wird – Hühner, Obst, Fisch, Holz, Teppiche, Ziegelsteine, Sand, Kaffee, was auch immer.

Darwins Alptraum, der 2004 veröffentlichte Film des österreichischen Filmemachers Hubert Sauper über die Auswirkungen der Globalisierung in Zentralafrika zeigt, wie in den Laderäumen der allgegenwärtigen Il-76-Maschinen, die scharenweise in Afrika einfielen, ganz plötzlich humanitäre Hilfe, Geschäft und Schmuggel zusammenkommen. Sein Film zeigt die Geburt einer neuen Art von Chaos, überall dort, wo Mickey und seine Horden einfielen. In einem veröffentlichten Statement erklärt er, was für ihn der »Auslöser des Films« war:

1997 wurde ich in der Demokratischen Republik Kongo zum ersten Mal Zeuge des bizarren Nebeneinanders zweier gigantischer Flugzeuge, die beide bis zum Platzen mit Lebensmitteln beladen waren. Der erste Frachtjet brachte 42 Tonnen gelbe Erbsen aus Amerika zur Versorgung der Flüchtlinge in den nahegelegenen UNO-Lagern. Das zweite Flugzeug flog in die Europäische Union, beladen mit 50 Tonnen frischem Fisch. Ich lernte die russischen Piloten kennen und wir wurden Kameraden. Doch bald stellte sich heraus, dass die Maschinen mit den gelben Erbsen gleichzeitig auch Waffen transportierten, und zwar an die gleichen Orte wie die Hilfslieferungen. So konnten die gleichen Flüchtlinge, denen die Erbsen zugutekamen, später, während der Nächte, erschossen werden. Am nächsten Morgen sah meine zitternde Kamera in diesem stinkenden Dschungel zerstörte Camps und Leichen.

Sauper zeichnet ein Bild wie ein modernes Hieronymus-Bosch-Gemälde. Aber wie schon im Fall von Schardscha, so sind auch hier Chaos und Verwirrung vielleicht nicht ganz so zufällig wie es den Anschein hat. Letztlich ist die scheinbare Unorganisiertheit für die Crews und ihre Auftraggeber, die mit illegalen Gütern Schmuggel treiben wollen, ein Segen.

»Es sind die illegalen Waren, mit denen die Crews ihr wirkliches Geld verdienen«, sagt Johnson-Thomas, der schon überall auf der Welt für frühere Sowjet-Crews als Flight Manager gearbeitet hat. »Diese speziellen Piloten sind meist freiberuflich tätig, [das heißt,] sie sind in keiner Gewerkschaft und auf keiner Gehaltsliste, deshalb ist es wirklich *sehr* schwer, sie im Auge zu behalten, und sie können transportieren, was immer sie wollen.«

Seine Bewunderung ist unübersehbar, als er sich daran erinnert, wie eine Il-76-Crew auf die verblüffende und brillante Idee verfiel, mehr Geld zu verdienen, indem sie anbot, alle Hilfsflüge für wohltätige Institutionen umsonst zu machen.

»Der Pilot verdiente sein Geld mit den 15 Tonnen, die er zusätzlich zur offiziellen Fracht heimlich in den Bauch seiner Maschine packte«, erinnert er sich. »Je nach Flugziel flog er ihre Sachen umsonst. Er flog alle offiziellen Frachten, ohne etwas dafür zu verlangen – vorausgesetzt, er konnte im Bauch seines Fliegers mitnehmen, was er wollte. Die Hilfsorganisationen in ihrer geradezu rührenden Naivität waren alle davon überzeugt, dass er ein besonders wohltätiger Mensch sei.«

Die Sache ist, dass meisten Leute nicht wussten, was da geschah. Aber selbst *wenn* sie es wussten – Geld ist ein ziemlich starkes Argument, also war es auch in diesem Fall kein Problem. Die Organisationen bekamen ihre Fracht umsonst an den Zielort transportiert, deshalb kamen sie immer wieder auf ihn zurück. In der Regel war es so, erinnert sich Johnson-Thomas, dass er seine offizielle Fracht von Hilfsgütern oder Ananas von Mogadischu nach Ostende brachte, doch im Bauch der Maschine hatte er 15 Tonnen von irgendetwas anderem. »So hat er sich letztendlich sein wunderschönes Haus verdient«, sagt Johnson-Thomas. »Und zwei Sportwagen, einen für seine Frau und einen für sich selbst. Und kein einziger Penny von diesem Geld tauchte auf irgendwelchen Frachtlisten auf, geschweige denn auf den Steuererklärungen! Es tauchte auf gar keinen Dokumenten auf, denn nach außen hin war das Flugzeug bis zur maximalen Zuladung mit der offiziellen Fracht gefüllt.«

Wie dieses namenlose Handelsgenie haben auch Mickey und Sergej den Ehrgeiz, die Dauerbrenner in den meisten Städten zu kennen – sie verschlingen die Lokalnachrichten, schnappen überall, wo sie hingehen, die Gerüchte auf und telefonieren ständig selbst mit entfernten Kontakten .

»Manchmal hört man Dinge, wenn man unterwegs ist, selbst in Gesprächen mit Offiziellen vom Flughafen oder vom Zoll«, sagt Sergej. »Kann sein, dass jemand sagt, wir haben große Probleme, Zahnpasta zu bekommen. Oder wir können hier immer mehr Mineralwasser oder mehr Whisky gebrauchen. Vielleicht weißt du, dass ein neues Unternehmen in deine Stadt kommt und kannst es uns sagen. Und dann wissen wir, was wir nächstes Mal tun müssen, wenn wir vorbeikommen. Es ist ganz einfach.«

»Diese Crews sind der Inbegriff der Globalisierung«, sagt Moisés Naím, ehemaliger Geschäftsführender Direktor der Weltbank, ehemaliger venezolanischer Handelsminister und Autor von *Das Schwarzbuch des globalisierten Verbrechens*, einem preisgekrönten Report über Drogen, Waffen, Menschenhandel, Geldwäsche, Markenpiraterie. »Man glaubt allgemein, dass dies das Chaos war. Aber es ist überhaupt nichts Chaotisches daran! Was wir hier sehen, ist das Funktionieren der Märkte.

Früher gab es Supermächte, und jetzt sind sie verschwunden. Aber das allein macht die Situation nicht zu einem Chaos – im Gegenteil. Das ist, als würde man sagen, früher gab es einen organisierten Öl- und Energiemarkt, weil es die Seven Sisters gab, die sieben großen Ölgesellschaften. Heute haben wir einen unorganisierten Markt, weil es Tausende von unabhängigen Öl-unternehmen gibt. Das ist falsch. Die Zutrittsschranken für diesen Markt sind niedriger geworden. Also gibt es jetzt neue Leute. Das ist kein Fußvolk, das sind mittelständische Unternehmen, die in diesem Markt operieren. Vorher wurden sie von großen Organisationen an den Rand gedrängt, die zu den Pionierunternehmen gehörten und sich beträchtliche Marktanteile sichern konnten. Doch durch die Veränderungen, zum Beispiel in Angebot und Nachfrage, wird der Markt nicht mehr vom Äquivalent der Seven Sisters dominiert – den Mr.-Big-Typen, wie Wiktor But und Pablo Escobar – sondern zu einem offenen Markt, in dem es Hunderte oder gar Tausende unabhängiger Player gibt. Einige sind sehr groß, andere sehr klein, einige sind mittelgroß, und alles zusammen ist nur ein Markt.«

Die russischen Crews hatten am Anfang Vorteile durch ihre Agilität, Flexibilität, niedrige Overhead-Kosten und ihre Schnelligkeit gegenüber den anderen Mitbewerbern. Aber es gibt noch eine zusätzliche Dimension: Sie importieren steuerfrei und bezahlen keinen Cent Transportkosten.

Für wen Mickey, Sergej, Lew und Dmitri auch immer fliegen, sie betreiben ein Unternehmen im Unternehmen: Der Kunde bekommt, was er bestellt hat, sie überladen mit allem, was ihnen schnelles Geld verspricht, und alle gewinnen. Sobald sie ihren nächsten Zielort kennen, sagt Sergej, können sie schnelle Entscheidungen treffen, was sie in Belgrad, Bangkok, Minsk, Frankfurt, Istanbul oder Schanghai einkaufen wollen. Die Frage ist immer, was sich am Zielort am profitabelsten, am leichtesten und am sichersten verkaufen, einsetzen und absetzen lässt. Verhandlungen mit dem Zoll sind, was die eigentliche Fracht angeht, nicht ihr Problem – sie laden den Kram einfach aus und der Kunde muss sich um die Formalitäten kümmern. Aber für alles, was sie auf eigene Rechnung ausladen, ist es wichtig, den Zoll bei Laune zu halten.

Und die Ware muss ja auch weiterverkauft werden. Je kleiner

und zwielichtiger der Klient, umso schwerer ist es, Geld aus ihm herauszubekommen. Cashflow ist ein ständiges Problem – daher wird viel Wert auf Stammkunden gelegt, von den Taliban über Wohltätigkeitsorganisationen, Dow-Jones-100-Unternehmen bis hin zur UNO. Denn wenn Mickeys Netzwerk aus Klienten, Charterern, Airlines und Kontakten die Rechnungen nicht rechtzeitig bezahlt, bekommt die Crew kein Geld. Und ohne Geld gibt es plötzlich keinen Treibstoff, keinen Standplatz, keine Wartung und keine Überfluggenehmigungen mehr. Eine 25 Jahre alte Il-76 braucht Unmengen an Treibstoff (AvGas) – und ohne Sprit hat man nichts als eine nutzlose Metallskulptur in der Form eines Flugzeugs, die am Ende irgendeiner zentralasiatischen oder afrikanischen Landebahn herumsteht und jede Stunde Tausende von Dollar kostet. Irgendwann kommt das Bodenpersonal und schiebt sie einfach von der Rollbahn herunter in den Sand. Dieser unersättliche Sprit-Durst in Verbindung mit dem starken Kostendruck ist die Hauptursache dafür, dass die Bosse so vieler kleiner Fluglinien die Wartung vernachlässigen und den Crews »nahelegen«, mit Flugzeugen zu fliegen, die den Boden eigentlich nicht verlassen dürften. Und die Versuchung, Umwege zu fliegen, um kleine Privatgeschäfte zu erledigen, verführt die Crews dazu, bei ihren Flügen am Rande des physikalisch Möglichen zu operieren.

Die Geschichte einer Antonow-12, der auf einem Flug von Georgien nach Turkmenistan mitten in der Luft einfach der Sprit ausging, weil die Crew vergessen hatte, die Treibstoffmenge mit einzuplanen, die man braucht, um die Motoren zu starten, ist legendär. Und das ist nur teilweise Galgenhumor. Die nüchterne Wahrheit ist, dass es sich um ein warnendes Beispiel handelt, das man Neulingen immer wieder einhämmert: Eine Geschichte darüber, wie viel Treibstoff es kostet, die Motoren einige Male neu zu starten (fast eine Tonne); wie man das letzte bisschen Kerosindampf aus den Tanks noch nutzen kann (Fahrwerk einfahren, während man Warteschleifen dreht); dass man mit den

Fluglotsen redet, damit man nicht in einer Warteschleife gehalten wird, wenn man den Kurs ändern muss, und wie man das Geld im Auge behält.

Da so viele ihrer Flüge und Aktivitäten geheimnisumwittert sind, entwickelt sich Aberglaube unter den Crews. Einige Besatzungsmitglieder sind von der Existenz einer mysteriösen »Himmelstrunkenheit« überzeugt, einer Art Betäubung, die das Urteilsvermögen beeinträchtigt und zu tödlichen Fehlern führt – so ist es von Tauchern und von Bomberpiloten im Zweiten Weltkrieg bekannt, die in 15 000 Fuß Höhe beim Blick auf ihre Tragflächen »Gremlins« sahen, die ihre Motoren sabotierten und dabei kicherten. Die russischen Luftfahrtexperten Dmitri Komissarow und Jefim Gordon berichteten in ihrer Auflistung von abgestürzten und verlorenen Maschinen z. B. von einer An-12-Crew, die, als ihr hoch über Sibirien der Treibstoff knapp wurde, auf unerklärliche Weise über das Einlegen eines Tankstopps einfach »ihre Meinung änderte«.

»Der verbliebene Treibstoff reichte nicht für einen Nonstop-Flug nach Irkutsk«, heißt es in dem Bericht, »und dem Kapitän kamen bald Bedenken. Dennoch flog er unerklärlicherweise immer weiter, ließ mehrere Gelegenheiten [zu landen und zu tanken] verstreichen. Das Resultat war so vorhersagbar wie traurig: 120 km vor ihrem Ziel versagten die äußeren Motoren ihren Dienst, eine Minute später folgten die inneren Motoren, und das in einer Höhe von 5250 Fuß.«

Andere Berichte erzählen von Piloten, die trotz deutlicher und wiederholter Warnungen von Besatzungsmitgliedern, Fluglotsen und Warnsystemen gegen klar sichtbare Hügel oder Baumwipfel fliegen. Es ist ein Muster, das in den Absturzberichten – genau wie in den hinter vorgehaltener Hand geflüsterten Gerüchten – immer wieder vorkommt. Niemand weiß, ob es sich tatsächlich um »Flug-Narkose« handelt oder ob es einfach nur die Arbeit in dieser Branche ist, die die Männer verrückt macht.

Die überwiegende Mehrzahl der unerklärten Unglücksfälle

wird von diesen Männern auf die Überladung der Maschinen geschoben, obwohl es auch hartnäckige Gerüchte über Flugzeuge gibt, die in der Luft auseinanderbrechen und zu Todesfallen werden, weil sie seit dem Tag, an dem sie von der Luftwaffe ausgesondert wurden, nicht ein einziges Mal gewartet worden sind. Er selbst sei vorsichtig, sagt Mickey, doch er gibt zu, dass ständig finanzieller und anderweitiger Druck besteht, inoffiziell und gegen Cash ein paar zusätzliche Tonnen Fracht an Bord zu nehmen. Entweder durch Überladen der angegebenen Frachtmenge, wofür steuerfreie Boni von Auftraggebern und eingeweihten Chefs winken – oder indem man Waren für den eigenen Pendelhandel in Bauch und Rettungsschächten der Maschine versteckt. Das gehört, wie er entnervt sagt, einfach dazu. Die 15 Zusatztonnen sind nur eine Faustregel, alle möglichen Dinge können das beeinflussen, besonders die Wetterbedingungen. Entebbe in Uganda beispielsweise ist berüchtigt für die rutschige Oberfläche der Piste, das liegt einerseits an der Bauweise und andererseits an der Tatsache, dass die Landebahn direkt neben dem Victoriasee liegt. Hat man dort schlechte Reifen und eine Tonne zu viel Gewicht, kann es sein, dass man sich unter Wasser oder im Flughafengebäude wiederfindet.

Es ist auch wichtig, wie man seinen Start plant und ausführt. Je mehr man an Bord hat, desto weiter hinten muss man starten – selbst wenn das bedeutet, dass man auf den Grasflächen vor dem Beginn der eigentlichen Startbahn mit dem Rollen beginnt. Wenn Sie eine Vorstellung davon bekommen möchten, wie knapp Mickey kalkulieren kann, dann tippen Sie »Il-76 takeoff« in Ihre Suchmaschine und schauen Sie sich ein paar von den Videos an, die fassungslose Fluglotsen aufgenommen haben.

Mickeys gespenstische Fähigkeit, bis aufs letzte Kilogramm genau abzuschätzen, mit wie viel Gewicht er starten kann, wird durch eine Anekdote illustriert, die ich bei meinen Recherchen mehrmals zu hören bekomme, aus verschiedenen Quellen und in verschiedenen Formen. Die meisten schwören, es sei auf einem Flug passiert, bei dem sie persönlich dabei waren, andere erzählen es als einen Witz. Ort der Handlung ist normalerweise Afrika oder Südasien. Die Il-76 ist bereit zum Start, die Crew hat sowohl die offizielle Fracht als auch ihre private Schmuggelware eingeladen und die Maschine ist bis unter die Decke mit exotischen Früchten und Gemüse für den Export vollgestopft. Der Pilot beginnt den Startvorgang und das Flugzeug nimmt Geschwindigkeit auf, aber 500 Meter vor dem Ende der Startbahn haben sie immer noch nicht genug Auftrieb zum Abheben … noch 300 Meter bis zum Umfassungszaun und das Flugzeug will immer noch nicht abheben … noch 100 Meter, sie rasen dem sicheren Tod entgegen. Bei 50 Metern hebt das Frontrad endlich ab und sie fliegen gerade noch knapp über den Zaun. Der Pilot ist total wütend. Er dreht sich zum Lademeister um und schreit: »Idiot! Ich habe dir doch gesagt, dass wir mit Leichtigkeit noch ein Körbchen Kirschen untergekriegt hätten.«

Das ist der Grund, warum Sergejs Job als Lademeister so wichtig ist. Er ist nicht einfach nur irgendein Roadie, nicht nur der Kerl, der für die LKWs und die Quittungen zuständig ist. Er ist der Physiker und Sicherheitsingenieur auf jedem Flug. Mit einer Il-76 und mit allen Antonows hat man, wie er mir erklärt, jede Menge Spielraum zum Manövrieren, wenn ein Triebwerk ausfällt oder irgendetwas das Flugzeug trifft, wie zum Beispiel eine starke Bö oder eine Rakete. Sie sind dafür gebaut, das auszuhalten, das ist schon o. k. Nur wenn man Übergewicht hat und so an der Grenze der Flugfähigkeit laboriert, ist man verwundbar. »Dann bist du wie der Mann, der ein Klavier die Treppe hochträgt«, sagt Sergej und breitet seine Arme in einem entsprechenden Winkel aus. »Dann braucht es nicht viel, damit du dich auf deinen Hintern setzt.«

Darum muss jede Besatzung ihrem Lademeister genauso vertrauen wie dem Piloten und dem Navigator. Gemeinsam entscheiden sie, wie viel Extragewicht wohin passt und wie viel sie diesmal unter den herrschenden Bedingungen höchstens mitnehmen können, wenn sie diese Kriegsgebiete überfliegen. Diese Entscheidung wird ihnen gutes Geld einbringen und sie hoffentlich sicher und mit ausreichend Treibstoff über die nächste Bergkette kommen lassen, aber nur dann, wenn Sergej die Verteilung, das Beladen und die Mengen genau richtig hinbekommt. Viele der früheren Sowjet-Flieger, mit denen ich spreche, nennen das »Russisches Roulette«: Der Lademeister steht unter dem irrsinnigen Druck, mit all seinen Tricks und seinem Einfallsreichtum die Wahrscheinlichkeiten zugunsten der Crew zu beeinflussen.

»Klar«, sagt Mickey mit einem schwachen Lächeln, »wenn er sich irrt, dann müssen wir eben einfach Glück haben.«

Mitte der 90er Jahre waren Mickeys Business-Antennen schon wieder unruhig, er hielt nach der nächsten Möglichkeit Ausschau. Zwar waren die Kriege im zerfallenden Jugoslawien und an den Rändern der Sowjetunion leicht verdientes Geld, und Zypern, Zentralasien und der Nahe Osten waren profitable strategische Basen, doch Afrikas Lockruf war für erfahrene Piloten und ihre Bodenmannschaften immer schwerer zu überhören. In den Terminals und Bars machten Geschichten die Runde von den reichen Erträgen, die man weiter im Süden einfahren konnte, sowohl mit offiziellen Verträgen als auch mit den potentiellen »Extras«, die nicht auf dem Ladeverzeichnis auftauchten. Eine strategische Basis wie Schardscha war eine gute Sache, aber in Schwarzafrika gab es so viele Aufträge, dass es im Moment fast keinen Sinn ergab, irgendwo anders seine Basis zu haben.

Wie Starikow, Damnjanović und But, so würde auch Mickey bald herausfinden, ob ihm ein bisschen Äquatorsonne gut tun würde. Und die Tricks und Kniffe, die er dort lernte, sollten sich für sein Überleben als genauso wichtig erweisen wie jeder Militärdienst.

9

VERSCHWINDEN FÜR ANFÄNGER

Westafrika, 1995–1999

Den ganzen Kalten Krieg hindurch war Afrika für die Supermächte ein abgeschiedenes Betätigungsfeld gewesen. Doch als die Konfrontation endete, waren auch die russischen, amerikanischen und kubanischen Truppen und deren militärische Unterstützung für Regimes und Splittergruppen verschwunden. Plötzlich lag die Macht auf der Straße. Es winkte reiche Beute. Der amerikanische Kommentator Karl Maier schrieb über Angola: »Ideologie wird durch Profitdenken ersetzt. So wie auch Security und der Verkauf von Rüstungs-Expertise zu einem sehr rentablen Geschäft geworden sind. Mit seinen reichen Öl- und Diamantvorkommen gleicht Angola einem großen, aufgeblähten Kadaver über dem schon am Himmel die Geier kreisen, angelockt vom Aroma harter Währungen.«

Er hatte recht. Nur dass die dunklen Silhouetten, die am Himmel kreisten und die reiche Beute witterten, keine Geier waren.

Für diejenigen, die im Westen in dem Glauben aufgewachsen waren, dass die Russen jede Minute einfallen würden, war in den 90er Jahren der Anblick der Flutwelle von riesigen Armee-Transportflugzeugen voller rüpelhafter Veteranen, die mit Schmuggelware im Gepäck auf dem Weg in die freie Marktwirtschaft waren, ein Schock. Ja, es ist wirklich schwer, sich heute vorzustellen, wie zutiefst erschrocken die Piloten und die wenigen internationalen Beobachter waren über das plötzliche Auftauchen und die Ausbreitung dieses neuen Schlages von ungewaschenen Han Solos und Lademeister-Chewbaccas in ihren ohrenbetäubenden, verbeulten, rußspuckenden und tieffliegenden *Millenium Falken.*

Selbst für die ehemaligen Air-America-Piloten, deren fliegerische Kabinettstückchen in Afrika und in geringerem Maß auch in Asien die russischen Piloten rasch vom Markt drängten, waren die Methoden der »fliegenden Legionäre« – »*Avialegionery*«, wie sie in Russland genannt wurden – zu gleichen Teilen wahnsinnig und unbegreiflich.

John MacDonald ist, mit gerade einmal 30 Jahren, ein erfahrener und langjähriger Charter-Agent. Er erinnert sich an einen Freund der Familie, den seine Eltern einfach »Non-Sched Fred« nannten. »Das kam daher«, lacht MacDonald, »weil er in all seinen Jahren als Flieger nicht ein einziges Mal einen Fuß in einen Linienflug *[scheduled flight]* gesetzt hat. Er machte sich einen Spaß daraus, einem eine Höllenangst einzujagen, sauste vollbeladen in enge Canyons und versuchte, unter Wasserfällen durchzufliegen. Man schaute aus dem Cockpitfenster und sah nur noch eine Wasserwand, bis zur allerletzten Minute, bevor er dann doch noch knapp darüber flog.«

Diese Männer und damit auch die CIA hatten jahrelang die Logistik in den Entwicklungsländern so ziemlich in ihrer Hand. Doch plötzlich bekamen sie eine furchtlose, hochkompetente Konkurrenz, die auch noch billiger war. Und innerhalb einiger weniger Jahre war die alte Garde am Ende.

Der russische Emigrant Jewgeni Sacharow ist ein ehemaliger Pilot. Zusammen mit einem Geschäftspartner namens Juri Sidorow ließ er mitten in den ungestümen 90er Jahren sein russisches Zuhause hinter sich und gründete in Südafrika das Luftfrachtunternehmen Volga-Atlantic, das auch einen technischen Stützpunkt in Namibia unterhielt. Es charterte Maschinen überall auf dem Kontinent, für die UNO ebenso wie für private Kunden. Angeblich hatte das Unternehmen den offiziellen Segen der russischen Behörden. Jedenfalls definierte es den Standard für eine professionell geführte Organisation mitten im Chaos des kriegsgeschüttelten Kontinents. Tatsächlich ist Sacharow einer der wenigen »*Aviabiznesmeny*«, die sowohl bei den Crews als auch bei den Technikern den Ruf haben, dass sie dem Druck widerstehen, Regeln zu brechen und auf das Überladen der Maschinen zu drängen.

Sacharow trennte sich von seinem Partner und gründete ein erfolgreiches Unternehmen nach dem anderen. Heute leitet er ein angesehenes Frachtflugunternehmen mit Sitz in Johannesburg, das mit Il-76 und Antonow-Maschinen fliegt und mit typisch nostalgischem Touch Sovjet Air Charter heißt. Gegenüber einem Fremden, wie ich es bin, ist er freundlicher als erwartet – wenn man bedenkt, dass er bei meinem ersten Anruf gerade dabei ist, sich ein Fußballspiel im Fernsehen anzuschauen. Er spricht mit gewinnender Offenheit und echtem Enthusiasmus von den Männern, die die Maschinen fliegen. Selbst am Telefon kann ich seine Begeisterung spüren, während er sich an diese ersten Jahre erinnert.

»Diese erste Generation, das waren alles frühere Luftwaffenbesatzungen«, sagt er nickend. »Das heißt, sie *dachten* auch wie eine militärische Crew – der Befehl kommt und sie führen ihn aus. Egal wie. Kein Problem.« In der Tat sollte sich diese militärische Denkweise bald als ein entscheidender Faktor erweisen, wenn es darum ging, große – und oft hochgefährliche – UNO-Aufträge an Land zu ziehen.

Doch es waren Gründerzeiten. Auch wenn Mickey diese Zeit heute mit einem Schulterzucken abtut – in vielen Städten wurden damals die Mistgabeln bereitgehalten für diese vagabundierenden Fremden mit den hohen Wangenknochen, für die es scheinbar keine Grenzen gab.

Fremdenfeindlichkeit spielte zweifellos eine Rolle – wie könnte es auch anders sein, wenn die geschlossenste aller Gesellschaften ihre Tore öffnet und diese plündernden Burschen zum Vorschein kommen? Diese postsowjetischen Flieger, die plötzlich überall waren und mit jedem Geschäfte machten, ob es westlichen Regierungen gefiel oder nicht, waren das »orientalische andere« – unergründliche, faszinierende, bedrohliche und quasi-mythische Männer, eins mit ihren Maschinen, Abkömmlinge der furchterregenden Steppenreiter, die von den alten Griechen für Zentauren gehalten wurden. Und die tief verwurzelte Unbestimmtheit sowjetischer Prägung sowie die Aversion gegen Transparenz waren sicherlich auch nicht gerade hilfreich. Wer versuchte, sie auf definitive Aussagen über Fracht, Ankunftszeiten oder Ort der Registrierung festzunageln, biss sich in der Regel die Zähne aus.

»Dieser Instinkt, die Dinge nach Möglichkeit zu verschleiern, ist tief in der weniger offiziellen Seite des russischen Business verwurzelt«, erklärt Mark Galeotti. »Es war die russische Mafia, die etwa zur gleichen Zeit das so genannte Vampirtelefon erfand. Das war ein sehr originelles Gerät: Jedes Mal, wenn man mit diesem Handy eine Nummer anrief, scannte es alle Handys in der Nähe und klonte dann von einem die Nummer. Auf diese Weise schien man bei jedem Telefonat jemand anders zu sein. Das Perfide daran war, dass es für die Behörden praktisch unmöglich war, so jemanden abzuhören. Für mich bringt das wirklich den *Modus Operandi* auf den Punkt. Im Zweifelsfall ist das Motto immer: Sei verwirrend. Ich habe eine große Sympathie für die gut gemeinten Versuche aller Westler, Gott schütze sie, die meinen, man könnte unter solchen Bedingungen zusammenarbeiten und gleichzeitig verstehen, was zum Teufel eigentlich vorgeht. Für die Russen ist es eine Art zweite Natur.«

Mickey gibt offen zu, dass das kriegsgeschüttelte Afrika ihm und seiner Crew eine Zeitlang in vielerlei Hinsicht »wie zuhause vorkam«. Es war schwer, den riesigen Honoraren zu widerstehen, die einem angeboten wurden – nicht nur von Armeen wie den angolanischen UNITA-Rebellen, sondern auch von den Guerilla-Präsidenten der Region, Männern wie dem in Amerika ausgebildeten Charles Taylor, der seit 1997 Präsident von Liberia war. 2003 wurde er zum Rücktritt gezwungen und später wegen

Kriegsverbrechen und Verbrechen gegen die Menschlichkeit angeklagt. Jeder schien genug Geld zu haben, um damit um sich zu werfen – Geld, das oft genug auf Raubzügen in den Nachbarländern zusammengeplündert worden war. Kombiniert mit den fetten Aufträgen von Humanitären Organisationen war es für die Frachtflieger das perfekte Gemisch aus Cash und Konflikt.

Das Terrain war auch bei einigen der großen Tiere der Branche beliebt. Wiktor But kaufte in der Demokratischen Republik Kongo ein kleines Flugunternehmen namens Okapi Air und nannte es Odessa. Um eine Art offiziellen Deckmantel zu bekommen – ganz zu schweigen vom Schutz eines »Sponsors« auf dem Kontinent – vollbrachte But ein Meisterstück: Er machte die Frau eines Generalleutnants der ugandischen Armee zur Partnerin in seinem Unternehmen. Sie war es, die die Flugpläne für die von But angeheuerten Crews aus ehemaligen Sowjetfliegern einreichte. So ging man doppelt sicher, dass sie nicht genauer unter die Lupe genommen wurden.

Für alle Geschäftsleute, Hilfsorganisationen, Luftfrachtunternehmen und fliegende Söldner galt das gleiche Motto: jeder für sich und immer dem Geld nach. Und während die Welt zuschaute, wie Hilfe, Menschen und Waffen hereinströmten, und Geld und Diamanten verschwanden, tummelten sich auf allen Flughäfen Flugzeuge aus russischer Produktion: Es war vollkommen unmöglich, den Überblick zu behalten, wer was wohin flog.

Für die Piloten und Crews gab es mit Flügen zwischen diesen frisch privatisierten sowjetischen Exklaven gutes Geld zu verdienen. Trotzdem waren die Kosten oft zu hoch – allein in Angola wurden jedes Jahr zehn bis zwölf dieser Crews von Rebellen abgeschossen. Mangelnde Vertrautheit mit dem Terrain und den örtlichen Bedingungen kosteten noch einmal so viele das Leben.

»Ich kenne viele, viele Geschichten von sehr erfahrenen Piloten, die keine Erfahrung in Afrika haben«, erzählt mir Jewgeni Sacharow im Sommer 2010. Der Ex-Pilot aus Wolgograd hat in seinen Unternehmen mit Sitz in Johannesburg eine ganze

Menge dieser fliegenden Wanderarbeiter am Steuerknüppel von Antonows und Il-76-Maschinen beschäftigt. »Sie kommen nach Afrika und stürzen ab, weil sie ihren Job nicht kennen. Alle diese Kapitäne sind 53 Jahre alt und sehr erfahren, weil sie im Afghanistankrieg waren. Man kann eine Operation aufbauen, man kann seine 10 000 Flugstunden haben – manche Piloten denken, dass das reichlich Erfahrung ist. Aber das ist nichts verglichen mit 10 000 Stunden in Angola.«

Damals in den 90er Jahren gingen sie zu Hunderten in die frühere portugiesische Kolonie in Westafrika, in der ein blutiger Bürgerkrieg zwischen der UNITA (einer bis zum Ende des Kalten Krieges von den USA unterstützten Miliz) und der rivalisierenden MPLA (unterstützt von den Sowjets) tobte. Und obwohl beide Seiten ihre Unterstützung offiziell eingestellt hatten, blieben russische Logistik- und Geheimdienstexperten sowie kubanische Truppen noch bis mindestens 1994 im Land. Sie gingen erst, als UNO-Truppen kamen.

Als die offizielle Unterstützung endete, strömten die günstigen sowjetischen Waffen ins Land – und gleichzeitig ebenso billige Transportmöglichkeiten für jede Art von Fracht oder Soldaten, die beide Seite befördern wollten. Wie in Serbien waren das die fetten Jahre der illegalen Transporte – militärisch ebenso wie zivil. Hinein in die Kampfzonen und wieder heraus. Viele Crews kamen dabei ums Leben. Aber noch mehr verdienten ein Vermögen, ob sie nun für Embargobrecher wie But oder für seriöse Unternehmer wie Sacharow flogen oder wie Mickey ihr Einkommen durch ihre privaten Nebeneinkünfte verdoppelten.

Doch wie auch immer sie operierten, es gab noch eine weitere entscheidende Voraussetzung für den Erfolg in Afrika: Chaos. Denn während Europa und der Nahe Osten mit Flughäfen, Radarpositionen, Grenzen und Reglementierungen (ein weiteres Überbleibsel des Kalten Krieges) gespickt war, konnte in den riesigen, leeren und unentwickelten Räumen Afrikas niemand etwas sehen. Flugzeuge, Armeen, Geld, Waffen oder Gold konnten scheinbar per Teleportation von einem Ort zum anderen gelangen, wenn man wusste, wie. Männer wie Mickey lernten schnell, das Verschwinden zu einer Kunstform zu machen.

Wie die Regulierung des Finanzmarkts, so ist auch die gründliche Überwachung von Frachtströmen nicht im Interesse aller Länder, besonders nicht dort, wo das Regime finanziell, militärisch oder persönlich von den Dingen profitiert, die in Mickeys Maschine ins Land hinein- oder hinausgelangen. Dieses Prinzip findet seine gewieftesten Anhänger in Afrika, das für solche Crews in mancherlei Hinsicht das letzte Bollwerk der Freiheit ist.

»Afrika und teilweise auch Zentralasien sind so löchrig und es gibt so viel Korruption, dass es ziemlich leicht ist, alles, was man will, durchzufliegen«, sagt ein Pilotenveteran in Südafrika. »Und weil es in weiten Teilen Afrikas, genauso wie in einigen Gegenden Asiens, keine durchgehende Radarüberwachung gibt, bist du unsichtbar, sobald du den Erfassungsbereich des Flugplatzes, von dem du abfliegst, verlassen hast.« Von diesem Punkt an ist die Position des Flugzeugs schlicht und einfach die, die der Funker durchgibt.

Selbst Ugandas Flughafen Entebbe – die UNO-Basis für Ostafrika, der größte und verkehrsreichste Flughafen der Region – hat manchmal wochenlang überhaupt kein Radar. Es kursiert unter russischen und ukrainischen Fliegern in Schwarzafrika folgender Witz.

D: »Wie ist denn das Radar am Flughafen [Name einsetzen] zurzeit?«

A: »Da? Ach, das ist so ein kleiner Kerl, so um die 60, und nachmittags trinkt er gern einen.«

So ist es tatsächlich. Solche flapsigen Sprüche enthalten für jeden, der überwachen will, was diese Burschen befördern, eine unbequeme Wahrheit: Flieger in Afrika konnten – und können es zum Teil noch – mit jeder Fracht durchkommen.

Und das taten sie. In den gesamten 90er Jahren herrschte

in Angola ein Gefühl der Freiheit, fast ein Goldrausch – trotz Beschuss mit Boden-Luft-Raketen und aktiven Vulkanen, die tödliche Asche und Lava auf Rollfelder und Flugzeuge spuckten. Die Freiheit resultierte aus einer Kombination von mehreren Faktoren: abgelegene Landeplätze – die Il-76- und Antonow-Maschinen waren besonders geeignet für Starts und Landungen auf nicht präparierten und holprigen Dschungelpisten – keine Kontrolle durch Behörden, keine Einengung durch Vorschriften sowie ein fast völliges Fehlen von Radarüberwachung. Außerdem waren alle beteiligten Parteien – von den Crews bis zu den Regimes, die sie angeheuert hatten – daran interessiert, über ihre Aktivitäten einen Mantel des Schweigens zu breiten.

Frachtpilot Terry Bonner ist geborener US-Amerikaner. Er fliegt seit mehr als einem Vierteljahrhundert in Süd-, Ost- und Westafrika. Er hat einen widerwilligen Respekt für die ehemaligen sowjetischen Crews entwickelt. »Was immer man über diese Jungs denken mag«, sagt er und seine heisere Ostküstenstimme verrät Bewunderung, »diese Sowjets sind die besten Piloten, die ich je gesehen habe, Punkt. Sie kommen an Orte, an denen niemand sonst landen kann, und sie können mit ihren Flugzeugen Dinge tun, die niemand sonst fertigbringt.«

Einige Piloten flogen regelmäßig Waffen, Nachschub, Truppen und Geld für beide Konfliktparteien, und zwischendurch flogen sie für wohltätige Organisationen und internationale Vereinigungen wie die UNO. Es gab keinen Mangel an Geld. Der ständige Nachschub von Blutdiamanten und kostbaren Bodenschätzen bedeutete, dass beide Milizen praktisch jeden Preis zahlen konnten für die richtige Crew mit dem richtigen Flugzeug.

Ein anderer Pilotenveteran sagte vor der UNO aus, dass man ihm für sanktionsbrechende Flüge mit Waffenlieferungen an den angolanischen UNITA-Führer Jonas Savimbi nicht weniger als 100 000 US-Dollar pro Flug angeboten habe. Der Auftrag war, die tödliche Fracht von Ruandas Hauptstadt Kigali zu einer versteckten UNITA-Basis mit dem Codenamen Alpha One zu transportieren. Für Alpha One gab es keine Ortsnamen oder Navigationshilfen, er sollte auf niemandes Radar auftauchen und keine Bodenstation kontaktieren. Stattdessen würde er sich auf sein GPS verlassen müssen, um die Basis zu finden und die Landebahn bei Nacht auszumachen. Der befragte Pilot weigerte sich, die Zustellung zu übernehmen, weil es, wie er der UNO-Konferenz erklärte, »nicht leicht ist, nachts an diesen Ort zu kommen, und sie bestehen darauf, es nachts zu machen.«

Andere waren weniger vorsichtig und mussten dafür bezahlen, indem sie im Dschungel zu Gefangenen wurden. Während die Tage ihrer Gefangenschaft vergingen, ohne einen Hinweis darauf, dass ihre Auftraggeber oder ihre Regierungen Lösegeld zu zahlen bereit waren, wurde ihnen nach und nach klar, dass, so billig die Waffen auch waren, die sie transportierten, letzten Endes sie selbst das billigste und austauschbarste aller Güter waren. Einige hatten Glück – vergleichsweise zumindest. Am 12. Mai und am 30. Juni 1999 wurden zwei Antonows, die angeblich den Auftrag hatten, Hilfe in von der Regierung gehaltene Städte in Angola zu fliegen, von UNITA-Rebellen abgeschossen. Die Crews überlebten die Abstürze, wurden aber von UNITA-Truppen an der Absturzstelle gefangengenommen und entführt. Ein Jahr später wurden fünf Besatzungsmitglieder halbverhungert und geistig verwirrt im sambischen Dschungel entdeckt. Sie waren von ihren Kidnappern einfach im Busch freigelassen worden.

Aber wo viele andere nun nicht mehr hinzugehen wagten, betrachtete Mickey die Sache emotionslos: Es war ein Job und alle Jobs haben ihre Risiken. Man muss sie nur richtig einschätzen. Viele postsowjetische Crews flogen dort völlig legal lange, gefährliche und undankbare Missionen für Kunden wie die UNO. Doch eine beachtliche Zahl von Mickeys ehemaligen Kameraden, die Übung darin hatten, unmögliche Missionen in kaum erschlossene Gegenden zu fliegen, fanden das Geld, das man hier mit illegalen Waffentransporten verdienen konnte, unwiderstehlich.

Für die Piloten und die großen Figuren der Branche wie Wiktor But und seinen Rivalen Leonid Minin war Westafrika – Angola, Liberia, Sierra Leone – in den 90er Jahren unglaublich profitabel. Die Gesetze waren so lax und ihre Überwachung so korrupt, dass sie im Grunde genommen *Carte blanche* hatten.

Ein Problem für jeden, der unter solchen Bedingungen den Waffenschmugglern auf die Spur kommen will, besteht darin, dass die Spur der Dokumente nur allzu oft nirgendwohin führt. Ladelisten müssen lediglich so aussehen, als würden sie den Inhalt des Frachtraums hinsichtlich des Gewichts (und des Geldbetrags auf der Quittung) wiedergeben. Und das vermeintlich wasserdichte Endnutzerzertifikat (*end user certificate* oder kurz EUC), das alle Waffentransporte begleiten muss, um die Unbedenklichkeit des Zielorts und der geplanten Verwendung zu bescheinigen, damit die Waffen nicht in die falschen Hände gelangen, lässt sich leicht fälschen. So leicht, dass ich in einem Hotelzimmer in Uganda auf meinem Laptop selbst eines angefertigt habe, mit einem JPEG aus dem Internet, einem Ministeriumsnamen, den ich selbst erfand, und dem Namen eines Amtsträgers, den ich aus einer Lokalzeitung entnommen hatte. Ausgedruckt auf dem Drucker im hoteleigenen Business Center sah das Ganze ziemlich gut aus. Natürlich würde es keiner wirklichen Überprüfung standhalten, wenn etwa jemand die Nummer auf dem Regierungsbriefkopf anruft oder auch nur zu viel darüber nachdenkt. Doch, um es mit den Worten eines erfahrenen Flight Managers zu sagen: »Niemand ruft je an, um etwas zu überprüfen – warum sollte er?«

In der Praxis wird der Zoll das Frachtgut freigeben, wenn ein Zertifikat so gut aussieht wie meins. Im Jahr 2009 zum Beispiel wurden 103 Montagesätze für die Instandhaltung von 53-65KE U-Boot-Torpedos zum Export von Montenegro nach Mazedonien freigegeben, die für ein ziviles Projekt in Zentralasien genutzt werden sollten. Laut dem Bericht des International Peace Investigation Service (IPIS) »ist der Export-Tabelle zu entnehmen, dass die Bausätze letztendlich für den zivilen Gebrauch in Kirgistan bestimmt waren – was, wie man sich erinnern wird, in beträchtlicher Entfernung zum nächsten Ozean liegt.« (In den umfangreichen Fußnoten findet sich die trockene Anmerkung: »Es ist ebenfalls schwer, sich eine zivile Nutzung für ein Torpedo vorzustellen.«)

Das Problem ist, dass ein Formular immer nur ein Formular bleibt – es sieht offiziell aus und ist gleichzeitig leicht zu kopieren. Als die Behörden Leonid Minin Mitte 2000 endlich auf die Schliche gekommen waren, entdeckten sie, dass sehr findige Burschen wie er dieses ganze EUC-System zur Farce gemacht hatten. Und wer kann ihnen verdenken, dass sie es versuchten, schließlich sind EUCs in vielen Ländern nichts weiter als bessere DIN-A4-Briefe. In anderen Ländern sind es komplizierte Formulare, mit laufenden Nummern und zahlreichen Textfeldern. Weil es kein einheitliches System gibt, sind so viele Varianten im Umlauf, dass gestresste, unterbezahlte und politisch ernannte Zollbeamte auf Drittweltflughäfen nicht nur keine Ahnung haben, was echt und was falsch ist, sondern ihnen auch die Ressourcen, die Zeit und der Wille fehlt, jedes davon zu überprüfen und nachzuverfolgen. Hinzu kommt oft noch der Zeitunterschied zwischen Ausstellungs- und Zielland und der organisatorische Druck, Fracht freizugeben und nicht die zügige Abfertigung von Crews und Flugzeugen aufzuhalten. Es sind noch mehr Formulare auszufüllen. Stempel. Der Nächste, bitte. Die EUCs waren ohne eine globale Standardisierung praktisch wertlos und sind es bis zum heutigen Tage.

Überall in Afrika schienen Flugzeuge mitten in der Luft zu verschwinden, nur um an unmöglichen Orten auf der anderen Seite der Erde wiederaufzutauchen. Flüge, die mit Nahrung und Schuhen für ein Katastrophengebiet abhoben, landeten zwei Tankstopps später in Afrika, beladen mit Landminen, Angriffshubschraubern oder Munition für die UNITA oder kongolesische Warlords. Diese Besatzungen schienen die magische Fähigkeit zu besitzen, an fünf oder mehr Orten gleichzeitig zu sein. Und dann an keinem einzigen. Sie waren Gestaltwandler, Meister im Verkleiden und der Illusion.

Die Kokainflüge machten Zwischenlandungen in abgelegenen Ecken Afrikas wie Guinea-Bissau oder Angola statt von Kolumbien oder Peru direkt nach Europa zu fliegen, weil keine afrikanische Regierung genug Flugzeuge oder Radar hatte, um sie zu überwachen, geschweige denn abzufangen, und weil die Bestechungsgelder dort billiger waren. Und was die Reise dorthin angeht: Der größte Teil des Atlantiks ist ebenfalls radarfrei, so dass ihnen ein freier Flug von der »Kokainküste« bis in westafrikanische Schlupflöcher wie Sierra Leone und Liberia sicher war.

»Der Scheiß, den sie abziehen, ist echt unglaublich, und dabei ist die Sache mit der Radar-Reichweite nur die Spitze des Eisbergs«, stimmt der Frachtpilot Terry Bonner zu, als er von seinem Firmensitz an einem der südafrikanischen Wüstenflughäfen aus mit mir spricht. Bevor ich ihn endlich ans Telefon bekam, hatten wir eine Zeitlang auf einem der zahlreichen inoffiziellen Message-Boards, auf denen Piloten Neuigkeiten und Gerüchte austauschen (über Klienten, Jobs, Zielorte, Flugzeugbewegungen, andere Crews) per E-Mail Katz und Maus gespielt. Ich hatte seit Wochen gelauert, und seine Postings – unter einem Pseudonym, das deutlich ausgefallener ist als das, was er hier erbeten hat – hatten sich zunehmend auf ehemalige sowjetische Besatzungen konzentriert. In seinem letzten, eine Woche, bevor ich ihn erwischte, behauptete er: »90 Prozent aller Unfälle in Afrika betreffen in Russland gebaute Flugzeuge. Die Frage ist: Warum? Die meisten sind schlecht gewartet und sollten überhaupt nicht fliegen.« Er beteuerte, regelmäßig Zeuge gewesen zu sein, wie »Crews Schmiergeld annahmen, um die Maschinen zu überladen. Es ist eine Tatsache: Die meisten der russischen Crews [hier] ignorieren die Regeln der Luftfahrt.«

Am Telefon ist er nervös und spricht mit der klaren, zögernden Diktion eines Menschen, der nicht glücklich darüber ist, dass er sich zu einem Interview hat überreden lassen, gleichzeitig aber auch zu höflich, einfach aufzulegen und wegzulaufen. Er versucht, diesen »tödlichen Scheiß« zu beschreiben.

»Sie wissen, dass das Radar sie nicht sehen kann«, erklärt er mir. »Wir benutzen eine Frequenz, die 1269 genannt wird, es ist die Flugfrequenz, sie ist dafür da, dass die Piloten ihre Position durchgeben können. In der Demokratischen Republik Kongo, selbst über Brazzaville, haben sie nicht einmal einen Transponder (Ein Gerät, das seit dem Krieg Standard in Flugzeugen ist. Es sendet Signale aus, die helfen, die Position eines Flugzeugs zu bestimmen, sowohl für Fluglotsen am Boden als auch für die automatischen Kollisionsvermeidungssysteme anderer Flugzeuge). Und ob Sie's glauben oder nicht, die Russen geben falsche Positionen an! Sie funken verschiedene Flughäfen an und sagen *jedem* von ihnen, dass sie nur ein paar Minuten entfernt sind und in Kürze dort landen werden! Sie lügen über Funk über ihre Position. Wenn nicht etwas dagegen unternommen wird, werden noch mehr Menschen sterben.«

Die falschen Angaben zur eigenen Position haben zur Folge, dass sie auf einer Auswahl von Flughäfen Priorität bekommen. Das hat jedoch zwei Nebenwirkungen. Eine ist die gestiegene Wahrscheinlichkeit von Kollisionen in der Luft. Die andere – und für Mickey ist das ehrlich gesagt eine sehr angenehme Nebenwirkung –, dass verschiedene Flughäfen die Position der Maschine notieren. So wird jeder Versuch, einen Flug von, sagen wir Entebbe in Uganda nach Khartum im Sudan nachzuverfolgen, zu einer Art Hütchenspiel mit allen Flughäfen und Bodenkontrollzentren auf der Route – und einigen anderen, die nicht auf der Route liegen. Welche von diesen Positionen, die an einen Kontrollturm gefunkt wurden, bezeichnet das richtige, »unsichtbare« Flugzeug? Und welche sind nur Geisterflieger, Positionen, die gemeldet, überwacht und dann wieder aus den Augen verloren wurden?

So kommt es, dass Mickeys Flugzeug, wenn es, sagen wir, im

Südsudan abhebt, am Nachthimmel über Kenia, Uganda, Tansania, Kongo, Burundi, Somalia und Sudan gleichzeitig auftauchen kann. Irgendwann wird es irgendwo landen. Aber für die meisten Kontrollzentren taucht es einfach nicht auf. So werden aus einem Flugzeug fünf, die in verschiedenen Richtungen auf verschiedene Flughäfen zufliegen, eine Art Schrödingersches Katzen-Experiment am Nachthimmel, bei dem alle Antworten und Ergebnisse möglich sind, bis eine Intervention von außen erfolgt oder das Flugzeug landet.

Selbst wenn Kontakt zur Bodenkontrolle besteht, ist das System geradezu lächerlich leicht hereinzulegen. Mickeys einfachster Trick ist so simpel und effektiv, dass man fast Hemmungen empfindet, ihn überhaupt einen Trick zu nennen.

»Du bist irgendwo über Afrika und hörst dem Luftverkehr auf deinem Funk zu«, sagt er. »Auch wenn du keine Genehmigung hast. Sag ihnen einfach, du bist eins von den anderen Flugzeugen. Sie können nicht sehen, wie du aussiehst. Vielleicht weißt du zufällig, dass zehn Minuten nach dir ein Flug von British Airways hereinkommt, und wir wollen durch einen Luftraum hindurch, also ›leihen‹ wir uns einfach die Genehmigung dieses Fluges. Wir funken und sagen: ›Hallo, ich bin British Airways Flug Nummer soundso, kann ich durchfliegen?‹ ›Natürlich.‹ Zehn Minuten später, wenn der echte British Airways Flug kommt, sagen die ›Hallo, ich bin BA Flug soundso, kann ich durchfliegen?‹ Nun, weiß der Kontrollturm zwar, was passiert ist, aber du bist schon weg.«

Tatsächlich ist Insidern zufolge das Benutzen der Rufsignale und Flugnummern anderer Maschinen in Afrika »ziemlich normal – jeder tut es«. Und wenn die Radarüberwachung nicht besonders gut ist – sofern man überhaupt eine hat – dann ist alles eine Sache des Vertrauens.

»Zweifellos gibt es an Orten wie Afrika und Zentralasien viele Flugbeobachter und Lotsen, die unerfahren sind«, sagt Brian Johnson-Thomas. »Einer der Gründe, warum Kasachstan bei zwielichtigen Unternehmen ein so beliebtes Registrierungsland war – abgesehen von der Tatsache, dass sie jeden akzeptierten – ist, dass sein Rufsignal immer *Unicorn November* war, daher alle in Kasachstan registrierten Flüge mit den Buchstaben ›UN‹ begannen. An vielen Flughäfen im Kaukasus, in Afrika, Asien oder Südamerika, glaubte das Bodenpersonal, das es nicht besser wusste, diese Maschinen hätten etwas mit der UNO zu tun und ließen sie tun und lassen, was sie wollten.«

Doch wie sich zeigte, hätten die Flieger sich oft gar nicht die Mühe machen müssen. Neben Rebellenmilizen und Schmugglern gab es nämlich auch keinen Mangel an Regierungen, die nur zu gern einen Teil ihrer schmutzigen Arbeit outsourcen wollten.

10

FETTE BEUTE IM DSCHUNGEL

Angola mag Ende der 90er Jahre unsicher und gefährlich für Piloten und Crews gewesen sein, doch der Kongo war zweifellos noch einmal eine ganz andere Dimension des Wahnsinns. Mehr als jedes andere Einsatzgebiet auf der Welt versprach die diamantenreiche Demokratische Republik Kongo Ende der 90er Jahre tapferen Piloten erstklassige Verdienstmöglichkeiten – egal ob die Jobs legal waren oder *na levo* (das heißt »auf der linken Seite«, die russische Entsprechung für »unter der Hand«). Im letzten Stadium von Präsident Mobutus Wahn (er konnte in dieser Disziplin durchaus mit dem römischen Kaiser Caligula mithalten) war die Demokratische Republik Kongo, die damals noch Zaire hieß, am Auseinanderbrechen. Am Ende wurde der Mann, von dem erzählt wird, er habe die Währung seines eigenen Landes buchstäblich über Nacht für nichtig erklärt, weil ihm die Krawatte nicht gefiel, mit der er auf den Banknoten abgebildet war (wodurch er auf einen Streich die Wirtschaft in die Steinzeit zurückkatapultierte, auf den Stand von Tauschhandel und Vertragsknechtschaft), von seinem eigenen Voodoo-Zauber eingeholt.

Er selbst hat seine Amtszeit gut genutzt. Er hat vier Milliarden Dollar auf einem Privatkonto in der Schweiz deponiert (ironischerweise exakt die Größe des Staatsdefizits); er ist von allen amerikanischen Präsidenten seit Nixon hofiert worden (bis zum Ende des Kalten Krieges, als die Einladungen zu Kanapees im Weißen Haus plötzlich ausblieben); er hat Weihnachten abgeschafft und den 25. Dezember zu seinem offiziellen Geburtstag erklärt; er änderte seinen Namen in »Unbesiegbarer großer Krieger, der immer stärker wird«; er verlangte, dass die Bevölkerung sein Bild auf der Kleidung trug – und er machte Geschäfte mit westlichen Unternehmen, die nur zu gern bereit waren, für wenig Geld an die Ressourcen des Landes zu kommen, ohne zu fragen, wie sie abgebaut, geplündert oder gejagt worden waren.

Doch jetzt war seine Zeit abgelaufen. Das Flugzeug, mit dem er 1997 unter schwerem Beschuss floh, hatte niemand anderes als Wiktor But bereitgestellt. Mobutos' Sohn soll seinerzeit bewundernd festgestellt haben: »Wäre es von Boeing gewesen, dann wäre es explodiert!« Derartige prominente Zeugen für die Qualität der Flugzeuge aus sowjetischer Fertigung sind mit Geld nicht zu bezahlen. Für den Kongo war zu diesem Zeitpunkt bereits zu spät. Ugandische und ruandische Truppen rückten zur Unterstützung der Rebellengruppierungen ins Landesinnere vor und besetzten große Gebiete Bergland und Dschungel im Norden und Osten des Landes. Die Anführer und Warlords dieser Gruppierungen und die Befehlshaber ihrer halboffiziellen paramilitärischen Verbände kämpften mit Kindersoldaten und setzten Vergewaltigungen und Drogen als Herrschaftsinstrumente ein.

Für die ugandischen und ruandischen Kräfte gab es allerdings ein Problem. Die Demokratische Republik Kongo ist fast zehnmal so groß wie Uganda und fast 90 Mal so groß wie Ruanda. Das heißt, dass keine der Armeen die riesigen Gebiete, die sie schließlich »eingenommen« hatten, wirklich kontrollieren konnte. Stattdessen konzentrierten sie ihre Bemühungen und ihre Truppen auf strategische Ziele wie etwa Städte mit Diamantenabbau und Flugplätze. Und nachdem sie diese Ziele eingenommen hatten, fanden sie unter den Kommandeuren anderer Besatzungsmächte und selbst unter den Rebellen, die sie bekämpft hatten, schnell Partner zur Gründung von Import/Export-Startup-Unternehmen. Die Warlords der Rebellen empfingen sie weder als Feinde noch als Befreier, sondern als Kunden und potentielle Partner für den globalen Vertrieb.

Die kongolesischen Warlords hatten immer Probleme mit dem Transportieren von Handelsgütern gehabt, weil die Luftfracht hohe Kosten und hohe Risiken mit sich bringt und schnelles Reagieren erfordert. Es war nicht gerade das, was man unter effizienten Exportprozessen versteht. Man stelle sich also die Freude dieser Rebellenführer vor, als sie entdeckten, dass die Ugandan Peoples Defense Front und die ruandischen Streitkräfte, die nun plötzlich das Monopol über Transportinfrastruktur, Schürfgebiete und Flugplätze innehatten, durchaus nicht vorhatten, die alte Ausbeutungspraxis zu beenden. Bald zeigte sich, dass der Export und Weiterverkauf der Naturschätze Ostkongos von Anfang an ein entscheidender Teil der Finanzierungsstrategie von Ugandas neuem Präsident Yoweri Museveni für die Militäraktion gewesen war. Überhaupt der Wunsch, die Kontrolle über eine der gesetzlosesten und (sicherlich nicht zufällig) gleichzeitig auch mineralienreichsten Regionen des Landes zu bekommen, schien eines der wichtigsten Motive für diesen Zweiten Kongokrieg (1998–2003) zu sein. Selbst zwischen den lose verbündeten ruandischen und ugandischen Streitkräften kam es 1999 in der Nähe der Diamantenhochburg Kisangani zu heftigen Feuergefechten.

Das Resultat könnte einem Film von Werner Herzog entstammen: eine Arena voll von charismatischen Psychopathen, tapferen Anführern, visionären Unternehmern und geldgierigen Glücksrittern, jeder von ihnen mit reichlich Waffen und Geld versehen, jeder von ihnen von seinen eigenen Dämonen verfolgt. Generäle, Soldaten und Guerillas, sie alle kamen mit ihren eigenen Träumen von Reichtümern, Größe und Herrschaft hierher, und ihre Träume wurden erfüllt und machten sie zu Monstern. Es zirkulierten Geschichten von isolierten Pygmäenstämmen, die von marodierenden Armeeeinheiten gejagt und gegessen wurden. Von Soldaten, die mit dem Anbau von Rauschgift in den endlosen Weiten des gesetzlosen Hinterlandes schnell reich werden wollten, mit reichlich Geld für alle, die beim Einpacken, Transport, Ausladen und Verteilen der Drogen am Zielort halfen.

Im Grunde war es genau wie in der auseinanderbrechenden Sowjetunion zu Beginn der ungestümen 90er Jahre und im Belgrad der roten Unternehmer – hier trafen Lieferanten und Konsumenten zusammen und feierten die ultimative Marktwirtschaftsparty. Und die verlief so wie immer: Sobald die Warlords und die Rebellenführer ihre Kunden gefunden und ihre Vertriebswege im Griff hatten, gingen all die angesammelten Kongo-Waren weg wie warme Semmeln. Transportiert wurde in den riesigen Flugzeugen aus sowjetischer Produktion, die in Schwärmen in die Region einfielen, weil die Nachfrage nach ihren Diensten förmlich explodierte.

»Es war so anders als in Europa zu fliegen«, erzählt Jewgeni Sacharow lachend. »Kurze Pisten und kein Wetter! In Europa hat man immer seine Berichte über die Wetterlage: Hier herrscht Nebel, da nieselt es, dort ist schlechtes Wetter. In Afrika hat man niemals einen Wetterbericht. Und kein Radar. Außerdem sind die Start- und Landebahnen wirklich sehr schlecht. Das Handbuch sagt, die Piste ist 2000 Meter lang, dabei hat sie in Wirklichkeit noch nicht einmal 1500 Meter, denn die anderen 500 Meter sind zerstört von Bomben, vom Krieg oder aus anderen Gründen – wie in Angola, wo die Pisten immer wieder von Vulkanen zerstört wurden.«

Unter den respektablen Unternehmern vor Ort fanden sich bekannte Namen. Der Ukrainer Leonid Minin steuerte geradewegs auf die Bodenschätze zu. Wiktor But, der die Antonow bereitgestellt hatte, mit der der krebskranke Mobutu aus seinem im Zuckerbäckerstil errichteten Palast vor dem aufgebrachten Mob ins Asyl nach Togo floh, war schon seit Jahren in dieser Region aktiv. Er soll den kongolesischen Warlord Jean-Pierre Bemba und seine Armee aus Rebellen-Warlords mit Mi-24 Kampfhubschraubern ausgestattet haben – gegen Geld aus den von Bemba kontrollierten Diamantenfeldern. Farah und Braun berichten, Bemba habe die Hubschrauber nicht nur dazu genutzt, feindlichen Truppen zuvorzukommen und sich ohne Angst vor Hinterhalten fortzubewegen, sondern auch als private Duty-Free-Kuriere, wenn seine Milizen in heißen Nächten an einem abgelegenen Ort kampieren mussten und nicht genug kaltes Bier dabeihatten. But hat jegliches Fehlverhalten von sich gewiesen, andererseits aber in einem Interview bei Channel 4 Bemba als »sehr engen Freund« bezeichnet.

Die Flugzeuge flogen hin und her wie Taxis. Zwar gibt es keine Belege dafür, dass die Crews, Charteragenten oder Fluglinien irgendetwas Illegales taten, doch das völlige Fehlen einer Aufsicht oder Kontrolle ihrer Methoden hatte katastrophale Folgen. Die legitimen Kriegsziele von Regierungen, Armeen und selbst der UNO verschwammen und verwischten sich, je länger sie im Dschungel und der Nähe von so viel kostbarer Beute waren.

Dabei war es finanziell für alle Beteiligten ein gutes Geschäft, eine Win-win-Situation. Außer natürlich für die normalen Einheimischen, für die gefällten Bäume und die geschützten Arten. Und für jeden, den die Warlords umbrachten mit den Waffen und der Munition, die sie als Bezahlung von den ugandischen und ruandischen Exporteuren/Besatzern bekamen.

Doch die Einheimischen waren nicht die einzigen Verlierer. Viele der unschuldigen und hart arbeitenden Piloten, deren Job es war, diese Seelenverkäufer zu fliegen, mussten bei Abstürzen mit dem Leben zahlen. Insofern ging es Ende der 90er Jahre im Kongo nicht anders zu als Anfang der 90er Jahre in Russland: Mächtige, reiche und gierige Männer spielten um hohe Einsätze, und in aller Regel waren es die Arg- und Glücklosen, die zwischen die Fronten gerieten.

Wenn Sie sich heute auf eine Start- oder Landebahn in der Demokratischen Republik Kongo stellen und den Blick nach rechts und links schweifen lassen, dann sieht man sie überall, die fossilen Teile dieser großen, donnernden, fliegenden Biester. Armaturen und Reifen hängen halb auf Bäumen, Bolzen und

Metallflicken finden sich im Graben. Diesen neuen tollkühnen Männern in ihren fliegenden Kisten erging es oft nicht anders als den ersten Flugpionieren mit ihren Ikarusflügeln: sie fielen, explodierten, schmierten ab, zerbrachen, rissen Einheimische mit in den Tod und flogen, wenn es sein musste, in mit Klebeband zusammengehalten Maschinen ohne Instrumente, um ihren Job zu erledigen. Sie schreckten nicht vor Gefahr zurück.

Vielleicht hätten sie das manchmal tun sollen, denn der Kongo forderte so manche Fracht zurück, die Menschen hinauszufliegen versuchten. Das erste Opfer war eine An-12, die bei der Landung in Bunia ohne Grund Feuer fing, so dass die Crew gezwungen war, um ihr Leben zu springen. Ein paar Monate später hatte die Besatzung einer Il-76 weniger Glück, als sie mit einer lächerlich zusammengeflickten und völlig überladenen Maschine startete. Sie hatten kurz zuvor einen Telegraphenmast mitgenommen, und als sie im Kongo einluden, bestand die Il-76 aus mehr Klebeband als Metall. Das ist an sich nichts Ungewöhnliches, doch in der Hitze muss es gerissen sein und alle Besatzungsmitglieder starben.

1998 wurde in Kalemie eine am Boden stehende Iljuschin, die Wiktor Buts Air Cess gehörte, von Kampfjets aus Simbabwe angegriffen und zerstört.

Der nächste Vorfall zeigte eine mögliche Ursache für die scheinbar spontane Sprengstoff-Entzündung in Bunia: Am 10. November 1999 flog eine ehemalige sowjetische An-12, die bis obenhin mit hochexplosiven (und mittlerweile international geächteten) Streubomben beladen war und auf der Startbahn des Flughafens in Mbandaka stand, einfach in die Luft. Alle sechs Insassen wurden getötet und die Air Base mit Wrackteilen übersät. Diese Art von Unglück sollte sich mit erschütternder Regelmäßigkeit wiederholen.

Dutzende Crews aus der früheren Sowjetunion wurden von den Raketen und Gewehren der UNITA über dem Dschungel abgeschossen, und weitere auf andere Weise Opfer ihrer instabilen

Phantomfrachten. Mickey gibt aber offen zu, dass, wenn man es nüchtern betrachtet, die Tatsache, dass im Verlauf der 90er Jahre zuerst Angola und dann Ruanda, der Sudan und Somalia, sowie weitere afrikanische Staaten in Chaos und Krieg versanken, jedem in die Hände spielte, der irgendwie Schindluder treiben wollte.

Für jede Absturzstelle und jedes Stück Tragfläche gibt es genauso viele Maschinen, die einfach verschwanden, bei denen gefälschte Kennzeichen, vage und ständig veränderte Registrierung und lückenhafte Dokumentation es unmöglich machen zu entscheiden, ob sie abgestürzt sind oder einfach einen neuen Anstrich bekamen und nun fröhlich unter neuem Namen und mit neuem Kennzeichen weiterfliegen. Eine Antonow, die 2000 bei einem Waffentransport nach Liberia abgeschossen wurde, existierte offiziell gar nicht mehr – sie war am gleichen Tag in Moldawien an- und wieder abgemeldet worden. Ein Phantomflugzeug, das dennoch mit seiner tödlichen Fracht durch den afrikanischen Nebel flog, ein geisterhafter Fliegender Holländer ohne Heimat in dieser Welt und mit dem Tod auf den Fersen.

Die Gerüchte über eine Verwicklung verschiedener Regierungen in diese Verschleierungspraktiken halten sich hartnäckig. Am 30. Oktober 2003 wurde zum Beispiel in der Nähe von Kamina UNO-Inspektoren der Zutritt zur Absturzstelle einer moldawischen Antonow-28 verweigert, die im Verdacht stand, illegale Waffenlieferungen zu transportieren. Mit AK-47-Gewehren bewaffnete militärische Offiziere und Leute in Zivilkleidung riegelten die Unfallstalle ab. (Die moldawische Fluglinie gab später bekannt, man habe eine interne Untersuchung durchgeführt und sei »absolut sicher«, dass keine illegalen Waffen an Bord waren. Gut, dass das aufgeklärt ist.)

»Mehr noch als Antonows An-12 oder An-24 ist die Iljuschin Il-76 dafür gemacht, auf rauen, unpräparierten Pisten zu landen«, sagt Brian Johnson-Thomas. Und eine ihrer besonderen Qualitäten, durch die sie allen amerikanischen Modellen, die vorher weltweit benutzt wurden, überlegen ist, liegt in ihrem Konzept, ohne Bodenunterstützung be- und entladen zu werden.

Ein früherer Il-76-Pilot lacht, als ich ihn danach frage, was diese Unabhängigkeit bedeutet.

»Wenn Sie wirklich wollen«, antwortet er, »können Sie mit irgendeiner beliebigen Fracht an Bord abheben. Dann warten Sie, bis Sie außer Radar-Reichweite sind, verschaffen sich ein Zeitpolster, indem Sie Ihre Position falsch angeben, machen einen Abstecher irgendwohin für ein heimliches Rendezvous, landen, laden aus, übergeben die Fracht, nehmen etwas anderes an Bord, starten wieder und kehren auf die ursprüngliche Flugroute zurück. An den Orten, wo diese Burschen operieren, fragt niemand nach, wenn Sie 40 Minuten Verspätung haben. Niemand sieht, wo Sie sind und vielleicht haben Sie ja bereits Ihre Position als nahe am Zielpunkt angegeben, also sind Sie vielleicht nur ein wenig umhergeirrt. So kommt es, dass Flugzeuge mit einer Sache an Bord abheben und mit einer anderen landen. Sagen wir rein hypothetisch, Nahrungsmittel werden zu etwas Unanständigem und dieses Unanständige wird dann zu Geld.«

Solche Praktiken können vielleicht die scheinbaren Ungereimtheiten in den wenigen Medienberichten erklären, die aus Ländern wie der Demokratischen Republik Kongo nach außen dringen, wenn russische Frachtflugzeuge abstürzen, seien ihre Flüge nun legal oder nicht.

Ernest Mezak ist Investigativjournalist und Menschenrechtsaktivist, er arbeitet für *Memorial*, eine russische Menschenrechtsorganisation, die sich die Aufarbeitung der sowjetischen Gewaltherrschaft zum Ziel gemacht hat. Von seinem Büro in der russischen Teilrepublik Komi aus, hat er das Leben und Sterben von Afrikas russischen Luftfrachtpiloten aufmerksam verfolgt und verweist auf das Beispiel einer Antonow An-12, die im Januar 2006 auf dem Flughafen von Mbuji-Mayi in Flammen aufging. Unmittelbar danach hieß es, in der Maschine haben vier Männer aus Komis Hauptstadt Syktywar gesessen. Später wurde gesagt, dass nicht vier, sondern sechs Männer, aus Syktywkar und Jekaterinburg in dem Flugzeug gesessen hätten. Die Maschine sei aus Goma gekommen, allerdings behauptete die russische Nachrichtenagentur ITAR-TASS dann, sie sei in Kinshasa gestartet. Für den Absturz wurden wechselweise das Wetter, Überladung und ein Motorschaden verantwortlich gemacht. Zu diesem Zeitpunkt scheint eine Art Nachrichtensperre eingetreten zu sein, die Namen der Crew blieben jedenfalls geheim – offenbar auf eigenen Wunsch hin, laut dem Eigner der Fluglinie, Jewgeni Sacharow – und ihre Rückführung in die Heimat wurde von offiziellen Anzugträgern diskret in die Wege geleitet.

Es ist wirklich so leicht. Springen Sie ins Flugzeug und nehmen Sie mit, was immer Sie wollen. Heben Sie ab. Sobald Sie keinen Blickkontakt mehr haben, können Sie tun und lassen, was Sie wollen. Fliegen Sie direkt an Ihr Ziel, wenn Ihnen danach ist oder landen Sie auf einem Feld. Treffen Sie sich mit jemandem, wechseln Sie die Ladung und starten Sie wenige Minuten später wieder – niemand muss je davon erfahren.

In diesen Jahren, in denen in Afrika alles möglich war, landete ein tolldreister Pilot, wie sich Brian Johnson-Thomas erinnert, auf einem Feld mit nichts weiter als den Scheinwerfern eines Autos, um ihm die Richtung anzuzeigen. Es war 1992, und der Pilot flog für die Kinderhilfsorganisation Save the Children eine Ladung Säuglingsnahrung nach Mogadischu. Normalerweise begann die Verteilung des Pulvers auf dem Flughafen Mogadischu. Doch in diesem Fall war es wegen der Kämpfe zu gefährlich, die inzwischen fast leere Lagerhalle des Flughafens zu benutzen. Abgesehen davon kam es ohne einen Waffenstillstand gar nicht in Frage, auf dem Flughafen selbst zu landen. »Also fuhr ich in südwestlicher Richtung aus Mogadischu hinaus«, erzählt Johnson-Thomas, »und fand ein hübsches großes Stück ziemlich flacher Wüste.«

Dann machte sich der Waliser daran, diese »ziemlich flache Wüste« in eine brauchbare Landebahn zu verwandeln. Er sammelte Holz und entzündete ein »ordentlich großes« Feuer, dann fuhr er mit seinem Land Cruiser etwa drei Kilometer geradeaus, drehte ihn in Richtung des Feuers und schaltete das Aufblendlicht an, um das andere Ende der gedachten Landebahn zu erleuchten. Dann wartete er.

»Ich fragte über Funk: ›Kannst du mich hören, Dmitri?‹ ›Ja, ich höre dich, Brian.‹ ›O.k., Dmitri, die GPS-Koordinaten sind soundso, der Wind kommt aus Südosten.‹ ›Was auch immer!‹«

Langsam wurde das Geräusch der Motoren in der stillen Wüstennacht hörbar. Johnson-Thomas hob sein HF-Funkgerät. »Ich sagte: ›Äh. Linke Hand runter, linke Hand runter:‹ Und nach einer Zeit sagte er: ›Ich kann dein Feuer sehen!‹ Ich sagte ihm erst, er solle über dem Feuer und meinen Scheinwerfern kreisen und dann, dass er Landeerlaubnis hätte. Ich erinnere mich, dass wir beide lachten und Witze machten: ›Keine anderen Maschinen auf der Platzrunde‹, das ganze Flughafen-Zeug.«

Obwohl Johnson-Thomas ein wenig Angst um seinen Land Cruiser hatte, war es eine Landung wie aus dem Lehrbuch. Es muss ein bizarrer Anblick gewesen sein: Eine Riesenmaschine aus Sowjetzeiten, auf Position gelotst von einem einzelnen Mann zu Fuß in der Wüste, der winkte, als wolle er einem Freund beim Rückwärtseinparken helfen. »Er kam wunderbar herein«, sagt der strahlende Waliser. »Ich machte die ganze Nummer, wie auf Heathrow. Ich gab das Signal, er ließ die Rampe herunter, machte den Motor aus und wir trommelten all diese Einheimischen zusammen, die herumstanden und zuschauten, damit sie halfen, schnell auszuladen. Wir öffneten einfach die vordere Tür und ließen die Rampe herunter, und sie liefen hinein, die Stufen hoch, schleppten alles auf unsere Lastwagen.«

Unglaublicherweise ging das Ganze schneller, als er es bei den vielen Ausladevorgängen mit Seilwinden auf internationalen Flughäfen gesehen hatte. »Dmitri war vielleicht für fünf Minuten am Boden, höchstens. Dann startete er wieder. Das war alles.«

Für Piloten, die ihre Flugroute verlassen und einen zusätzlichen Zwischenstopp für einen heimlichen Deal einlegen wollen, ist es, sofern sie das entsprechende Know-how und ein paar Kontakte haben, ziemlich einfach. Mark Galeotti erinnert sich an Fälle von in Tadschikistan stationierten sowjetischen Piloten, die von ihrer Basis aus heimlich Extra-Flüge über die afghanische Grenze machten, um Heroin herüberzubringen. Dabei lernten sie, »wie man gewissermaßen den Kilometerzähler zurückstellt. Nur eben bei ihren Flugzeugen und nicht im Auto«, um ihre Spuren zu verwischen, falls jemand auf der Basis sie auffordern sollte, über ihre Flüge Rechenschaft abzulegen oder darüber, warum sie plötzlich so viel Geld hatten.

Was Kennzeichnung und Dokumentation ihrer Maschinen angeht, leben Fluglinien wie Mickeys Arbeitgeber bis heute nach einer Philosophie, die sich am besten als »Kann-Politik« beschreiben lässt. Die Maschinen und ihre Routen können dokumentiert werden – es ist jedoch nicht zwingend notwendig.

Vor kurzem gab es den Fall einer Il-76, die angehalten und überprüft wurde. Sie gehörte einer im Sudan registrierten Fluglinie von »Mercs« (kurz für *mercenary aviators*, also etwa fliegende Söldner). Die Fluglinie war bekannt und die Nummer am Heck entsprach der Nummer in den Papieren, alles schien in Ordnung zu sein und die Inspektoren wollten die Maschine schon freigeben. Dann fiel einem von ihnen auf, dass die Fluglinie vor drei Jahren aus dem zivilen Luftfahrtregister gestrichen worden war und nicht mehr existierte. Allerdings hatten die Burschen, die das Flugzeug auch weiterhin mit dem Logo der gelöschten Fluggesellschaft flogen, eindeutig andere Vorstellungen.

Mit einer kreativen Einstellung zu Registrierung und Dokumentation können Frachtflugzeuge eine fast unbegrenzte Anzahl von Kennzeichen und neuen Identitäten annehmen. Während ich im Spätsommer 2010 diese Zeilen schreibe, schaue ich über das raue Buschland der Militärbasis von Entebbe und sehe drei scheinbar aufgegebene, abgemeldete Maschinen auf dem Gelände stehen. Sie alle können durchaus noch eine Zukunft vor sich haben, die mindestens ebenso abwechslungsreich ist wie ihre Vergangenheit. Da ist eine weiße Il-76, registriert in São Tomé und Príncipe, einem winzigen Inselstaat vor der Küste Guineas, der in Fliegerkreisen für seine laxen Inspektions- und Buchführungspraktiken bekannt ist. Außerdem drei Antonows, nach denen laut einem der Angestellten »die Georgier (ein weiterer Staat mit notorisch laxen Registrierungsvorschriften) schon seit Ewigkeiten überall suchen«. Alle Maschinen sehen verdächtig gut gepflegt aus, dafür, dass sie als fluguntauglich gelistet sind.

»Die?«, sagt ein Mann vom Sicherheitspersonal der Air Base und lacht. »Oh, die werden wieder fliegen, darauf können Sie sich verlassen. Heute sind es alte Flugzeuge, die ihre Dienstzeit überschritten haben. Aber jemand wird sie fliegen – passen Sie nur auf, wenn sie verschwinden!« Er bleibt stehen mit seiner Sonnenbrille und seiner automatischen Waffe, lacht ausgiebig und vergnügt und schüttelt den Kopf über meine Frage. Und er hat recht.

Mickey sagt, es ist ein offenes Geheimnis, dass es Fluglinien gibt, die magnetische Aufkleber und – wenn es die Umstände erlauben – sogar Dispersionsfarbe benutzen. Er kennt die Männer, auch wenn er nie mit ihnen geflogen ist. Dispersionsfarbe ist beliebt, weil sie nach einem Flug leicht von ein paar Leuten mit Schrubber und Wasser abgewaschen werden kann. Manche gut vernetzte Gruppen von Airlines wechseln ihre Maschinen so schnell untereinander, dass alles andere als magnetische Aufkleber die reine Zeitverschwendung wäre.

Es erübrigt sich hinzuzufügen, dass das Anbringen und Entfernen dieser Kennzeichen bisweilen schludrig gehandhabt wird, was manchmal zu bizarren Kombinationen führt, bei denen Maschinen das Heck einer Fluglinie mit dem Rumpf oder den Tragflächen einer anderen zu verbinden scheinen. Heutzutage tauschen viele im Ausland tätige Piloten in Internetforen ganz offen ihre Handy-Schnappschüsse von Frachtmaschinen aus der Sowjetära aus, die tapfere, manchmal auch komisch missglückte Versuche zeigen, die Farben und Logos größerer Fluglinien zu imitieren – darunter selbst das berühmte Logo der Vereinten Nationen.

»Wenn sie ›UN‹ falsch buchstabieren könnten«, entrüstete sich mir gegenüber ein britischer Pilot, »dann würden sie es tun. Und wissen Sie was? Den Behörden ist es entweder scheißegal oder sie verdienen Geld damit. Oder sie haben absolut keinen Schimmer. Oder alles zusammen.«

Andrej Lowtsew war früher militärischer und ziviler Frachtpilot. Inzwischen leitet er seine eigene, absolut seriöse Firma mit Sitz am Moskauer Kosmonauten-Trainingszentrum in Swjosdny Gorodok. Er legt Wert auf die Feststellung, dass es, zumindest theoretisch, leicht möglich ist, Maschinen zu überprüfen – wenn jemand es will. »Wenn die Unterlagen eines Flugzeugs von Banditen gefälscht wurden, dann mache ich keine Geschäfte mit ihnen. Man kann (bei den Luftfahrtbehörden) immer überprüfen, wann es repariert wurde. Auf die Papiere selbst machen die Banditen gefälschte Stempel. Aber es gibt keine Aufzeichnungen in der Fabrik. Das kann man alles herausfinden.

Es sind nicht die Piloten, sondern die hinter dem Business, die gewissenlos handeln«, fährt Lowtsew fort. »Viele Piloten werden in Somalia oder im Kongo abgeschossen, viele stürzen auch wegen mechanischer Fehler ab. Diese Männer sind die Betrogenen!«

Tatsächlich kam Mickey, je weiter die 90er Jahre voranschritten, immer stärker der Verdacht, dass die Piloten und Crewmitglieder die Angeschmierten waren; dass sie einen sinnlosen und schlecht geführten Krieg in Afghanistan hinter sich gelassen hatten, nur um in einen noch schlimmeren hineingeworfen zu werden. Natürlich war es gut, dass sie die Freiheit hatten, nebenher auf eigene Kosten Dinge zu befördern, doch das richtig dicke Geld wurde hinter den Kulissen verdient, von den Männern, die Lowtsew »Banditen« nennt, die in den klimatisierten Einkaufszentren Dubais saßen, in ihren Luxusvillen in Sandhurst und

Monrovia oder ihren europäischen Landsitzen am Mittelmeer, in der Schweiz oder in Ostende. Und was den Rest der Welt angeht, war es genauso, wie die *Avialegionery* sagten: Es kümmerte niemanden. Es war einfach so.

Doch dann stolperte im Jahr 2000 die italienische Polizei ganz zufällig über eine private Party in einem winzigen Hotel in der Nähe von Mailand und all das sollte sich ändern.

11

EIN MANN VON WELT

Mailand, 2000

In der heißen, schwarzen Nacht des 5. August 2000 schien vor dem offenen Fenster des Zimmers 341 im Europa-Hotel alles zum Stillstand gekommen zu sein. Der Verkehr war ruhig, selbst für einen Samstagabend im August, und in dem langen, trägen Sommer schienen die Vorstädte Mailands mehr oder weniger leer und verlassen zu sein, genau wie das bescheidene Drei-Sterne-Hotel. In seiner Suite allerdings verbrachte ein Bewohner mit seinen vier Prostituierten einen recht unterhaltsamen Abend. Während die wunderschöne – und splitternackte – kenianische Prostituierte ihm die Freebase-Pfeife reichte, hielt das italienische Mädchen das erhitzte Kokainkristall. Der Mann inhalierte und spürte, wie ein Schub von elektrisierendem Selbstbewusstsein durch seinen ganzen Körper strömte. Eine weitere Hure, Albanerin, schön und high, starrte abwesend auf einen Fernsehbildschirm an der Wand, auf dem ein Pornostreifen lief.

Er schaute auf seinen nackten Bauch hinunter. Es war nicht zu bestreiten, dass er mit seinen 53 Jahren ein paar Kilo zu viel mit sich herumschleppte und, nun ja, wahrscheinlich sollte er auch das hier nicht tun. Aber zum Teufel – mit einer Sucht, die 40 Gramm pro Tag verlangte, würde ein weiteres Pfeifchen nichts schaden, und als waschechter Multimillionär konnte er es sich zweifellos leisten. Er warf einen Blick hinüber zu seinem Schreibtisch – er hatte seine Zwei-Zimmer-Suite in »Business« und »Vergnügen« aufgeteilt –, wo eine russische Prostituierte mit konzentriert gerunzelter Stirn damit beschäftigt war, einen Teil der 58 Gramm Kokain zu schneiden und zu strecken, um sie

159

später unter die Leute zu bringen. Eine weitere Welle der Euphorie ließ ihn die Zähne zusammenbeißen und Leonid Minin sank auf sein Bett zurück. Das Leben war gut.

Was als Nächstes passierte, ließ alles anders werden – für Leonid, für das Drei-Sterne-Hotel, dessen Miteigentümer er war, und für internationale Organisationen, die nicht verstehen konnten, warum ihre Embargos gegen verbrecherische Regimes in kriegsgeschüttelten Ländern wie Sierra Leone oder Liberia es nicht schafften, die Anzahl der Waffen zu verringern, die ihren Weg in diese Länder fanden.

Die Mailänder Polizei war durch eine Beschwerde aufmerksam geworden – einige behaupteten später, es habe sich um den Tipp einer weiteren Prostituierten gehandelt, die nicht bezahlt worden war. Die Beamten klopften an die Tür, bekamen Zutritt und verhafteten die Mädchen. Sie verhafteten auch den Mann, den sie zunächst für einen einfachen Geschäftsreisenden hielten, der sich hier mit Unterstützung des örtlichen Sexgewerbes ein paar spezielle Kavaliersdelikte erlaubte.

Es dauerte fünf Wochen, bis ihnen klar wurde, dass sie über einen prominenten internationalen Waffenschmuggler gestolpert waren, einen Mann, der von den Behörden in der Schweiz, in Frankreich und in Monaco wegen illegalen Handels gesucht wurde. In Belgien und in Italien selbst wurde er der Geldwäsche verdächtigt. Minin, der bei seiner Verhaftung einen israelischen Pass vorzeigte, hatte daneben auch noch Pässe aus der Sowjetunion, Deutschland, Bolivien, Griechenland und Russland. Die waren auf Namen wie Vladimir Abramovitch Popela, Vladimir Abramovitch Popiloveski, Leon Minin, Wulf Breslaw, Leonid Bluvshtein, Leonid Bluvstein, Igor Osols, Vladimir Abramovitch Kerler und Igor Limar ausgestellt.

Die wirklichen Überraschungen jedoch hielt der Koffer des amüsierfreudigen Geschäftsmannes bereit. Obwohl ihr untersetzter Gefangener als der Eigentümer eines Unternehmens namens Exotic Tropical Timber Enterprises gelistet war, fanden die

Ermittler ein ganzes Sortiment von Utensilien, die nahelegten, dass er weit mehr war als ein Geschäftsmann, ja sogar mehr als ein gewöhnlicher Waffenschieber. Das waren die Schriftstücke eines veritablen internationalen Königmachers. Neben Quittungen für Öl- und Holzexporte gab es eine Anfrage Minins, der Anbieter für Nigerias Mobilfunknetz zu werden; einen Brief, in dem er wegen seines Angebots, ein ukrainisches Luftfahrtunternehmen in die Türkei zu verkaufen, nachhakte; einen Brief, in dem sein Büro in Peking nachfragte, ob der liberische Präsident Charles Taylor – der zu dieser Zeit noch zwei Jahre von seiner Verhaftung wegen Kriegsverbrechen entfernt war – Lust hatte, diplomatische Beziehungen mit China aufzunehmen; und eine Korrespondenz zwischen Minin und Charles Taylors Sohn Chuckie Junior.

Dann, ganz unten am Boden des Koffers, fielen ihnen die Waffendeals in die Hände.

Da gab es ein Endnutzerzertifikat (EUC) für eine Lieferung von Tausenden von Kleinwaffen, unterzeichnet vom abgesetzten Diktator der Elfenbeinküste, General Robert Guéï.

Ein EUC soll funktionieren wie ein Fingerabdruck: Für jede Waffenlieferung wird ein individuelles Zertifikat ausgestellt. Im Endeffekt ist es ein Statement, das garantieren soll, dass die Lieferung ausschließlich zu den Leuten gelangt und für den Zweck genutzt wird, die beim Kauf festgelegt wurden. So weit, so gut – nur hatte Minin in seinem Koffer noch jede Menge Kopien dieses Zertifikats, um sie später bei anderen Transaktionen zu nutzen. Es wird noch sonderbarer – Guéï sagte später vor einer Expertenkommission der UNO nicht nur aus, dass er nur das eine EUC unterzeichnet habe – was den Schluss nahelegt, dass es sich bei den anderen um Fälschungen Minins handelt – sondern auch, dass diese Unterschrift nur aufgrund eines Bestechungsangebots durch Liberias Präsident Taylor zustande gekommen sei, der ihm einen Teil der Waffen versprochen hatte.

Jetzt saß ihm die Justiz im Nacken, die sich langsam mit dem

Gedanken vertraut machte, dass der scheinbar kleine Fisch, der direkt vor ihrer Nase in einem Vorort von Mailand gelebt hatte, in Wirklichkeit Waffen geliefert hatte, die für Miliz-Aufstände und die Repressalien brutaler Regimes in der halben Welt benutzt wurden. Wie es schien, hatte der Teufel die ganze Zeit existiert und ein nettes Hotel am Rande der Stadt betrieben.

Was man jetzt brauchte, war ein hieb- und stichfester Beweis – etwas, das Minin zweifelsfrei mit einer Zahlung auf der einen und illegalem Handel auf der anderen Seite verbinden würde. Also begann die Polizei, seine anderen Besitztümer durchzugehen, wobei sie ungeschliffene Diamanten im Wert von 500 000 Dollar fanden; Karten der von den Rebellen kontrollierten Grenze zwischen Liberia und Sierra Leone; ein Kassenbuch mit Einträgen für Kleinwaffen, darunter fünf Millionen Patronen des Kalibers 7,62 mm; ein an Minin gerichtetes Fax mit der Bitte um Freigabe eines Fluges mit 113 Tonnen Munition aus der Ukraine für die Elfenbeinküste – und die alles entscheidende Geldverbindung, von – Sie haben es erraten – einem kleinen Flugunternehmen in russischem Besitz.

Wie sich zeigte, hatte Minin eine Million US-Dollar an dieses Unternehmen gezahlt, eine Firma namens Aviatrend mit Sitz in Aserbaidschan, die angeblich von einem Mann namens Valery Cherny geleitet wurde. Aviatrend hatte nicht nur den Waffenkauf vermittelt, sondern auch das Flugzeug und die Crew für die Lieferung gechartert. Eine Zahlung von 850 000 Dollar ging an ein Aviatrend-Konto bei einer Bank im türkischen Teil Zyperns, der als Mafia-Geldwäscherei verrufen ist. Der Rest des Geldes ging überraschenderweise an das Aviatrend-Konto bei der Chase Manhattan Bank in New York. Besonders bemerkenswert ist dabei, dass Aviatrend in der Datenbank des Aviation Safety Network als eine Firma gelistet ist, die 1998 aufgehört hat zu existieren. Das nennt man anpassungsfähig.

Investigativjournalist Matthew Brunwasser, der über seine Verbindung zum umstrittenen belgischen UNO-Waffeninspekteur Johan Peleman dem Verlauf der Untersuchung folgte, hält Minin für alles andere als den begnadeten Meisterverbrecher, als der er oft hingestellt wird. »Das Timing des Aufstiegs, den Minin und andere wie er erlebt haben, ist kein Zufall«, erklärt mir der Mann aus San Francisco mit sanfter Stimme in seinem Büro in Istanbul. »Ihre Macht und ihr Erfolg wären überhaupt nicht möglich gewesen ohne das Chaos, die Armut und den zusammenbrechenden Staatsapparat in den früheren Sowjetrepubliken.«

Dennoch stand die Staatsanwaltschaft im Fall Minin ziemlich schnell vor einem Problem. Natürlich, aus der Sache mit den Prostituierten und den Drogen ließ sich jederzeit eine Anklage machen, doch wer zum Teufel war für den internationalen illegalen Waffenhandel zuständig? Die Beweise waren erstklassig: Faxe, Endnutzerzertifikate, alles war so eindeutig, wie man es sich nur wünschen konnte. Das Problem lag woanders.

Wie es aussah, fielen viele der Dinge, die Minin getan hatte, gar nicht unter die Rubrik »illegal«. Das Brechen von Sanktionen ist verwerflich und international geächtet. Der Transport von illegalen Waffenlieferungen kann in den einzelnen betroffenen Ländern illegal sein oder auch nicht – aber nur allzu oft profitieren diese Länder entweder von dem Handel, haben ganz andere, wichtigere Dinge, um die sie sich kümmern müssen oder es gibt dort nur schwache, korrupte und chaotische Justiz- und Vollstreckungsorgane.

Bei diesen Waffen-Deals profitiert man davon, dass es keine greifbare Kommandozentrale gibt. Es gibt keine einzelne Bank, die Zahlungen abwickelt oder anerkennt, keinen zentralen Server, keine Buchhaltungsabteilung in einem bestimmten Gebäude in einem bestimmten Land. Und weil viele Parteien in vielen Ländern in diese Geschäfte verwickelt sind, die alle auf der Grundlage von Vertrauen und lockeren Allianzen zusammenarbeiten, sieht jedes Land nur einen kleinen Teil des Puzzles.

Es ist die perfekte Tarnung. Das Bild ist in kleine Teile zerlegt, verstreut und schwer zu entdecken. Selbst als die italienische Polizei das Puzzle zusammengesetzt hatte, musste sie feststellen, dass nur ein kleiner Teil davon in ihren Zuständigkeitsbereich fiel.

Diese scheinbar chaotischen Schmuggelnetzwerke vor ein Gericht zu bringen und genug Beweise zusammenzutragen, obwohl diese weit verstreut und nur lose verbunden sind, wird immer schwer sein, sagt Mark Galeotti.

»Wir neigen zu der Vorstellung, dass organisiertes Verbrechen so funktioniert wie im Film *Der Pate*: diszipliniert, hierarchisch, pyramidenförmig. Der Pate gibt einen Befehl und alle Untergebenen bis hinunter zum einfachen Fußvolk gehorchen. In der Praxis ist es aber überhaupt nicht so. Der große Teil der Täter arbeitet die meiste Zeit auf eigene Rechnung. Die Rolle der Gang ist es, die Regeln festzulegen, sich nicht einzumischen und bei Konflikten zu schlichten, weil Schießereien schlecht sind fürs Geschäft. Sie soll die Sicherheit garantieren, den Markennamen, der sehr wertvoll ist, weil er dafür sorgt, dass Neuankömmlinge vor dir Angst haben, anstatt zu fragen: ›Wer zum Teufel bist du?‹ Und in gewisser Weise stellt jede Art von systematischer Bedrohung der Gruppe den Sammelruf dar, der gemeinsames Handeln zur Folge hat.«

Ich sage Galeotti, dass man mit diesen Worten auch sehr gut die Beziehungen beschreiben könnte, die in der Welt der »grauen« Frachten bestehen. Er ergänzt, dass eine der Schlüsselstärken eines solchen Netzwerks von lockeren Verbindungen in seiner Anpassungsfähigkeit liegt, die es perfekt für neue Umgebungen macht. »In mancher Hinsicht ist eine russische oder ukrainische *Mafija*-Gang eher wie eine Art Freimaurerloge. Wenn sich plötzlich eine neue Chance auftut und es ist etwas, das du selbst nicht machen kannst, dann nimmst du Verbindung auf. Jemand sagt dir: Hör mal, ich kann einen LKW mit gestohlener Sportkleidung bekommen. Du denkst, was zum Teufel soll ich mit gestohlener Sportbekleidung? Aber die Gang bietet dir ein

Netzwerk von Kontakten. Die individuellen Elemente in dieser Gang sind oft ein ziemlich dämlicher Haufen Leute. Klar, sie sind gerissen und haben den Instinkt der Straße, aber sie sind keine Denker, keine Intellektuellen. Sie haben keine Businesspläne oder Mission Statements. Doch der Gesamtorganismus und die Wirtschaft, für die er steht, ist oft überraschend komplex. Er reagiert sehr schnell.«

Nach einem Prozess wurden Minins Aussagen vom Richter als *poco verosimile* (»kaum glaubwürdig«) bezeichnet. Minin sagte unter anderem aus, er habe Cherny nie gekannt, trotz der Faxe und Bestellungen, die zwischen ihnen hin- und hergegangen waren und er behauptete, es habe nur ein zufälliges Treffen in einer italienischen Hotelbar gegeben. Leonid Minin wurde schließlich lediglich wegen kleinerer Vergehen zu zwei Jahren Haft verurteilt und das, obwohl die Spur der Dokumente sich von der Ukraine, Minin und Aviatrend bis in die Elfenbeinküste und nach Liberia nachvollziehen ließ. Vom Vorwurf des illegalen Waffenhandels wurde er freigesprochen – das italienische Gericht betrachtete sich nicht als zuständig.

Doch auch wenn die italienischen Staatsanwälte mit ihrem Versuch scheiterten, Minin wegen illegalen Waffenhandels zu verurteilen – in anderer Hinsicht war seine Verhaftung ein voller Erfolg. Zum einen waren die sichergestellten Dokumente und die Aussagen aus den Vernehmungen so etwas wie ein Stein von Rosetta – ein ungewöhnlich vollständiger Beleg, wie man das Verschieben von Waffen durch Männer wie Minin und sein Netzwerk von Frachtagenten, Piloten, Quartiermeistern und Endabnehmern über den ganzen Globus verfolgen kann. Zum anderen wirkte aber auch die Berichterstattung über den Fall in den Medien wie eine Art Weckruf.

Die immer größeren Wellen, die diese Verhaftung schlug und die Tatsache, dass Kokain, Huren und in Diamanten schwimmende afrikanische Schurkenpräsidenten für die Medien eine unwiderstehliche Kombination waren – sorgten dafür, dass die

Öffentlichkeit auf diese freimaurerähnlichen Netzwerke und auf die Hilflosigkeit der normalen Justizorgane bei ihrer Verfolgung aufmerksam wurde.

Von diesem Punkt an gab es zumindest Ansätze zu einer Kooperation verschiedener Regierungen bei dem Versuch im Auge zu behalten, was ins Land kam und hinausging, sei es vom Himmel herab oder über die Banken. Zwar wurde die Bilanz beim Festsetzen und Festhalten illegaler Waffenhändler nicht merklich verbessert, doch zumindest glaubte man, eine neue Methode gefunden zu haben, sie außer Gefecht zu setzen. Als Geschäftspartner von Charles Taylor wurde das Firmenvermögen von Minin eingezogen und seine Konten wurden gesperrt.

Mit der Inhaftierung von Minin änderte sich in der Branche nicht viel. Im Gegenteil: Am Ende der Dekade waren es nicht mehr nur abgelegene und instabile Länder, deren Start- und Landebahnen unter dem Donner von Stahl aus der Sowjetära erzitterten.

Die elegante und absolut nicht unterentwickelte belgische Hafenstadt Ostende wurde zur gleichen Zeit zu einem Drehkreuz für Schmuggler und zum Gegenstand einer Kampagne mit dem Motto »Säubert den Flughafen von Ostende«, als sich Wiktor But persönlich dort niederließ. Auch die Flughafen an den Rändern Europas vom Balkan bis zum Mittelmeer standen für alle Frachtfluglinien offen, von den absolut seriösen bis hin zu zwielichtigen Unternehmen.

Doch die Säuberungskampagnen sollten viel Arbeit vor sich haben, selbst mit der unschätzbaren Hilfe unzähliger leidenschaftlicher Planespotter mit ihren Kameras und Frachtmannschaften, die sie für ihre Sache einspannten.

Denn einem solch lockeren Netzwerk von illegalen Geschäften Einhalt zu gebieten, ist eine schwierige, wenn nicht gar unmögliche Aufgabe, selbst wenn man Zeugen vor Ort hat.

* * *

Peter Danssaert ist ein schmächtiger Mann mit herzlicher Ausstrahlung und einer leisen Stimme. Er gehört zu den Menschen, die es sich zur Aufgabe gemacht haben, diesen Strom von so genannten destabilisierenden Gütern rund um den Globus zu verfolgen. Er gehört zu den prominentesten Köpfen des International Peace Information Service (IPIS) in Amsterdam, daneben ist er Mitglied mehrerer UNO-Expertenkommissionen zum illegalen Handel. Er ist Spezialist für das Thema Waffenhandel und sein Expertenwissen wurde schon vom UNO-Sicherheitsrat, der Organisation für Sicherheit und Zusammenarbeit in Europa sowie dem britischen Parlament in Anspruch genommen.

Seine Aufgabe ist es, die verdächtigen Frachten, die von Männern wie Mickey und ihren losen Verbindungen von Kunden, Auftraggebern, Flugzeugeignern, Abfertigungsunternehmen und Charterern transportiert werden, zu überwachen und letztendlich aufzuhalten. Es ist ein harter Job. Doch wenn er sich heute an eine Begegnung der dritten Art erinnert, die er vor einigen Jahren an der ostafrikanischen Schmuggelfront hatte und die zeigt, wie schnell sich diese Schmuggel-»Organismen« anpassen, muss selbst er lachen.

»Ich war auf einer UNO-Mission im Landesinneren Ugandas unterwegs und gerade dabei, in meinem Hotel einzuchecken«, erzählt er, »als ich hörte, wie hinter mir eine Männerstimme mit slawischem Akzent in ein Telefon sprach.« Kein Russe, dachte er, während er der körperlosen Stimme lauschte. Er hatte in den letzten 20 Jahren oft genug mit der Waffenschmuggel-Pipeline durch Bulgarien zu tun gehabt, um einen Bulgaren zu erkennen.

»Ich drehte mich um und sah einen Mann in Pilotenuniform, komplett mit offiziellem UNO-Abzeichen auf der Brusttasche«, sagt er. »Also wartete ich, bis er fertig war, ging zu ihm hinüber, tauschte ein paar Höflichkeitsfloskeln mit ihm aus, dann gab ich mich einfach zu erkennen und fragte, ob er als UNO-Pilot – also gewissermaßen als Kollege von mir – irgendwelche neuen Gerüchte darüber aufgeschnappt hatte, was die andere Seite machte, Sie wissen schon, über illegale Waffengeschäfte in der Gegend. Man konnte sehen, dass er sehr wenig Englisch sprach, und er hatte meine Frage offensichtlich falsch verstanden, denn er nickte nur, lächelte und sagte mit vertraulich gesenkter Stimme zu mir: ›Kein Problem: Sie nur sagen wann, wo und wie viel.‹«

Danssaert war überrascht, und ohne ganz zu begreifen, was er da eben gehört hatte, versuchte er, seine Frage zu präzisieren. »Ich sagte: ›Nein, nein, ich frage, ob Sie etwas wissen, ob Sie irgendwelche Aktivitäten dieser Art beobachtet haben, Waffenschmuggel, hier in der Gegend?‹

Aber er verstand es immer noch nicht. Er hob die Hände als hätten wir einen Deal abgeschlossen und wiederholte: ›Ja, ja, ich sage Ihnen: *wir können machen.* Sie mir nur sagen: wo, wann und wie viel. Ich mache, kein Problem!‹

Er kritzelte eine Nummer auf einen Zettel und bat mich, den Deal mit einem Kollegen abzuschließen, der besser Englisch verstand. Sobald ich wieder zu Hause war, schaute ich nach, wer sich hinter der Nummer verbarg. Es war tatsächlich eine bulgarische Fluglinie und natürlich ist sie inzwischen wegen Waffenschmuggels aus dem Verkehr gezogen worden.«

»Niemand weiß *irgendwas*«, erzählt ein afrikanischer Flight Manager. »Alle Unternehmen lassen sich die Flugzeuge und Besatzungen von jemand anderem aussuchen. Und wenn es ein Problem gibt, meinen Sie, dass die wirklich wissen wollen, dass sie einen Schmuggler auf der Gehaltsliste haben? Nein, danke! Ich meine, es ist immer die Sache von jemand anderem. Wir arbeiten alle so. Ich glaube, während Watergate haben sie das ›glaubhafte Abstreitbarkeit‹ genannt: ›Oh, das wussten wir nicht. Wir werden sofort Konsequenzen ziehen und diese Leute entlassen.‹ Aber bis dahin können sie den billigsten Anbieter nutzen, schließlich müssen sie ein Budget einhalten, haben Fixkosten zu tragen. Was erwarten Sie?«

Doch abgesehen davon, dass Danssaerts Begegnung eine sehr

lustige Anekdote abgibt, sie zeigt auch, dass ein Pilot, der für die UNO fliegt und UNO-Abzeichen trägt, gleichzeitig nebenher Bestellungen für illegale Waffenschiebereien annimmt, wenn es sein musste auch von Leuten, die ihn in einem Hotelfoyer anquatschen. Das hatte eine neue Qualität: Jetzt konnte man die Welt nicht länger in »die Guten« und »die Bösen« aufteilen, in »saubere« und »schmutzige« Flüge. Die Schmuggler waren verflochten mit Operationen – von Friedensmissionen bis zu Wohltätigkeitsorganisationen –, die so über jeden Verdacht erhaben waren, dass sie mit ihren Extra-Tonnen machen konnten, was sie wollten, niemand würde es je erfahren. Das war, wie Danssaert es selbst nennt, sein *Matrix*-Moment, als er zu verstehen begann, wie allgegenwärtig und offen diese Praxis tatsächlich war. Und man beginnt unwillkürlich, darüber zu spekulieren, welche anderen Ad-hoc-Deals sonst noch möglich sein könnten, wenn niemand hinschaut. Es ist eine Schattenwelt der Phantom-Flieger und Waffenschmuggler in UNO-Uniformen und verschwindenden 200-Tonnen-Flugzeugen. »Man könnte sich schon daran gewöhnen, dass die äußere Erscheinung täuscht«, sagt Peter Danssaert, »wenn man nur wüsste, wie sie es das nächste Mal machen werden, wenn man sie aufzuhalten versucht.«

Mickey, der (zumindest wenn ich in der Nähe bin) meist schweigsam ist und eigentlich immer erschöpft aussieht, wirkt ganz sicher nicht wie ein Teil eines erstaunlich anpassungsfähigen und agilen Schmuggel-Organismus. Eher sieht er aus wie ein Arbeiter aus einem Regiment oder einer Fabrik, jemand, der glücklich wäre, seinen Tag mit einem Sixpack Bier vor dem Fernseher zu verdösen, wenn er die Möglichkeit hätte, ein einfaches Leben zu führen. Vielleicht ist das die perfekte – und vollkommen unbewusst angenommene – Verkleidung.

Denn Verkleidung war das Motto der Stunde. Als Minin verhaftet und verurteilt wurde, flogen Mickey und seine Crew in Westafrika die gleichen Strecken, die sie schon die ganze Zeit geflogen waren – jetzt allerdings für einen neuen Kundenkreis: die UNO, die globalen Medien und die ganzen Wohltätigkeitsorganisationen.

Dann, an einem klaren Septembermorgen im Jahr 2001, rasten zwei Verkehrsflugzeuge, die von einem anderen lockeren und agilen globalen Netzwerk namens Al Kaida gekidnappt worden waren, in die Türme des World Trade Center.

Das veränderte auch in Schmugglerkreisen die Welt.

TEIL VIER

HOCH UND WILD
Von Afghanistan in den Irak

12

THE BOYS ARE BACK IN TOWN
Afghanistan, 2001

Der Schleier vor meinen Augen klärt sich. Mickey und mein kanadischer Mitreisender Doug sind bereits draußen und laufen um das Flugzeug herum. Mickey bleibt stehen und tritt beiläufig gegen die 20 Räder der Maschine, eins nach dem anderen, ein schneller Check und ein zufriedener Blick. Ich erhebe mich und habe sofort das Bedürfnis, mich zu übergeben. Doug hat gerade andere Schwierigkeiten.

»Mist! Hey, Mickey! Schau dir das hier an, die Reifen an deinem Fahrwerk sehen ziemlich dünn aus.«

»Lass mal sehen. Diese Reifen sollen dünn sein? Nein, nein. Das ist nicht dünn.«

»Was … komm schon, Mann. Ich kann Metall sehen! Willst du die nicht wechseln?«

»Nein, nein. Warum sollten wir die Reifen wechseln? Wir wechseln sie, wenn sie platzen.«

»Sie … Oh mein Gott. Und wann platzen sie?«

»Hmmm. Normalerweise, wenn wir landen.«

Das ist typisch Mickey. Mindestens 14 der riesigen Räder seiner Il-76 sind gefährlich weit abgerieben, weggeschmolzen oder zerfetzt, doch die pfennigfuchsende Logik des Kleinunternehmers sagt, dass sie noch einen Flug aushalten, bevor sie alle beim Aufsetzen explodieren.

Jeder Mensch geht mit Nahtoderfahrungen auf seine ganz persönliche Weise um. Ich konzentriere mich darauf, das Zittern meiner Unterschenkel zu überwinden, während der bisher eher schweigsame Kanadier sich in einem euphorisierten Stadium befindet und nicht aufhören kann zu reden. Selbst die Crewmitglieder scheinen wacklige Knie zu haben, als sie schweißgebadet und blinzelnd in das grelle Licht des afghanischen Morgens steigen. Nur Mickey selbst sieht aus, als hätte er gerade eine lange, öde Schicht in einem Moskauer Taxi hinter sich, als er mit hängenden Gesichtszügen und gähnend sein Flugzeug betrachtet. Vorbei an gepanzerten Truppentransportern und klaffenden Kratern in der Landebahn, die in jedem Land außer Afghanistan sofort eine Sperrung für den Flugverkehr bedeuten würden, hat er die Il-76 in ihre Landebucht manövriert. Während wir noch unsere Gehirne zusammensuchten, hatte er schon ein paar Anzughosen übergezogen, sein Jackett vom Haken genommen und war die Rampe hinuntergegangen.

Draußen auf dem Asphalt gehe ich die schattige Seite des Flugzeugs entlang und beobachte das Kommen und Gehen auf der Piste. Am von Kugeleinschlägen verunstalteten Terminalgebäude ist in meterhohen roten Lettern die abbröckelnde und verblassende Aufschrift »Willkommen in Kabul« zu erkennen. Neben der Schrift befindet sich ein gigantisches Porträt von Ahmad Shah Massoud, örtlicher Warlord und Geißel der Taliban. Mit Spitzbart, Strickmütze und vergeistigtem Lächeln sieht er aus wie Bob Marley. Links fällt der Blick auf einen weiteren Giganten der Sowjetzeit, eine Turboprop-Antonow. Alle Flugzeuge sehen aus der Nähe viel weniger eindrucksvoll aus – betrachten Sie einmal den farbenfrohen Anstrich Ihrer Lieblingsfluglinie aus fünf oder sechs Metern Entfernung und sie werden wahrscheinlich entsetzt sein über die Menge an Dellen, Rostflecken und fehlenden Nieten –, doch diese An-12 hier ist auf dem Weg vom Arbeitspferd zum Abdecker wirklich schon weit fortgeschritten. Sie ist ein einziger Flickenteppich aus Klebeband und rostigen Nieten, mit Ruß unter den Tragflächen. Zwei glattrasierte junge Afghanen in olivbraunen Kampfanzügen werfen mir misstrauische Blicke zu. Ich drehe mich um und gehe zur Il-76 zurück.

Mickey schlurft ins Blickfeld, kneift die Augen zusammen, um etwas am Triebwerk Nummer vier zu inspizieren, wie ein Handwerker mittleren Alters, der einen Kostenvoranschlag für eine Ausbesserungsarbeit machen soll. Ich rufe ihm zu: »Also, was passiert jetzt?«

»Zoll«, kommt es über den Asphalt zurück. Zwei jung aussehende Typen in Hemdsärmeln stapfen vom mitgenommenen Terminal her auf uns zu.

Nach dem 11. September 2001 war die Welt für die Frachtbarone – ehrliche ebenso wie unehrliche – plötzlich eine andere geworden. Das soll nicht heißen, dass nun alles schlechter war. Mit dem Fall Afghanistans an die von den USA angeführte Koalition im November 2001 und mit der Invasion in den Irak 2003 entstand in beiden Ländern rasch ein riesiges, komplexes Ökosystem aus militärischen, humanitären, geschäftlichen, diplomatischen und Medieninteressen. Und diese Ökosysteme brauchten Tag für Tag unvorstellbare Mengen von Proviant, Personal und Ausrüstung.

Zuerst kamen die Truppen der Koalition, dann die der NATO, der UNO, viele Hilfsorganisationen und in ihrem Kielwasser ein wahrer Tsunami von Unternehmen. Wie Wiktor But und Tomislav Damnjanović war auch der in Komi geborene Techniker Sergej Iwanow einer der vielen, die den Lockruf der Charteragenten hörten, die mit dicken Aufträgen winkten.

Iwanow ist Anfang 50 und kommt aus einem kleinen Dorf in der russischen Teilrepublik Komi an den nordwestlichen Hängen des Urals. 20 Jahre lang – ein Jahrzehnt vor und ein Jahrzehnt nach dem Zusammenbruch der Sowjetunion – war er Wartungsmechaniker auf einem etwas heruntergekommenen Fracht- und Militärflugplatz in der Provinzstadt Syktywkar. Doch 1999 bekam der Spezialist für die Reparatur von Antonow An-24- und Tupolew Tu-134-Frachtmaschinen ein Angebot, das er nicht ausschlagen konnte. Für ein Gehalt zwischen 2000 und 3000 US-Dollar im Monat zog er nach Angola, wo er für die über dem

Kontinent kreisenden Zugvögel der früheren Sowjetcrews Flugzeuge zusammenflickte. Doch die Besetzung des Irak war eine Gelegenheit, die zu gut war, um sie nicht zu ergreifen.

»Das war eine verrückte Arbeit!«, erinnerte er sich in einem Gespräch mit Ernest Mezak, einem Menschenrechtsaktivisten und Reporter aus Syktywkar. »Wir flogen Geld im Land herum – Banknoten irakischer Währung. All die alten Scheine mit Saddam drauf mussten beseitigt werden und wir verteilten das neue Geld.«

Und von diesem Geld flog jede Menge in der Gegend herum – durchaus auch im übertragenen Sinn. Es war der Hauptgrund dafür, dass der Irak und Afghanistan auf einmal wieder zu einem beliebten Flugziel, ja, zu einem regelrechten Sammelbecken für die verlorenen Jungs der alten Sowjetluftwaffe wurden.

»Das Essen und die Lebensbedingungen waren brillant!«, sagte Iwanow. »Der Irak ist nicht das ›hungernde Afrika‹. Wir bekamen 50 Dollar Spesen am Tag zu dieser Zeit – und bei der nächsten Schicht war diese Zahl schon auf 100 Dollar verdoppelt worden, das war ein Vielfaches dessen, was wir in Afrika bekamen.«

Auch für Mickey sah es gut aus in dieser Zeit. Er kam zurück in die Welt, die er kannte – oder doch zumindest wieder in die Nähe von Schardscha und dem früheren sowjetischen Revier in Zentralasien und dem Kaukasus. Und zumindest die Amerikaner hatten den Eindruck, dass diese osteuropäischen Firmen nun auf ihrer Seite standen. Die Flieger ihrerseits freuten sich über den kostenlosen Treibstoff, der für Lieferanten der US-Armee bereitgestellt wurde, und einige respektable und etablierte Unternehmen wie das weißrussische TransAviaExport bekamen von der UNO sogar den Status »bevorzugter Lieferant« verliehen.

Mickey erinnert sich an die kurzen Umschlagzeiten. Es herrschte permanente Hetze: Eine ganze Reihe neu errichteter Militär- und Flüchtlingslager musste versorgt und Ausrüstung geliefert werden. Inmitten von Trümmern, Revolution und Wiederaufbau boomte das Business und neue humanitäre Notstände tauchten auf. Alles war eilig, alles musste *sofort* transportiert werden. Kein Wunder, dass die Bezahlung so gut war, egal ob man wie Iwanow für eine der ehrlichen Fluglinien arbeitete oder für eine der Strohfirmen mit wiederbelebten Maschinen und undurchschaubarer Vergangenheit, wie sie in den fetten Zeiten täglich aus dem Boden schossen.

Afghanistan war für Mickey vertrautes Terrain. Es ist gut möglich, dass er schon die Strecke nach Kabul und zurück flog, als diese jungen Männer, die gerade über den Asphalt geschlurft kommen, um unsere Papiere zu überprüfen, noch gar nicht geboren waren. Und soweit es ihn betrifft, hat sich jetzt, im Jahr 2003, abgesehen von ein paar grauen Haaren mehr, nicht viel geändert.

Es sollte nicht lange dauern, bevor ich selbst meine ersten eigenen Erfahrungen als Käufer der »Geisterfracht« machte, die in einem der anderen Riesenflugzeuge ins Land geflogen wurde.

Ich erwache mit einem Ruck. Die Dämmerung ist über den Mandelbäumen vor dem Fenster unseres Gasthauses in Kabul angebrochen. Ich kann nicht aufhören zu zittern, bin von Kopf bis Fuß durchnässt. Zuerst sage ich mir, es sind wieder die Alpträume, die nächtlichen Schweißausbrüche, die mich seit Mickeys Sturzflug durch den Raketenkorridor vor ein paar Tagen verfolgen. Aber ich bin eiskalt. Mein Bettzeug ist voll von Erbrochenem, Schweiß und – was ich besonders beunruhigend finde – sehr viel Blut. Ich stolpere hinaus in den Flur, wo es ein rudimentäres Bad gibt. Dort breche ich unter einer Welle von Schwindel und Erschöpfung zusammen, liege regungs- und hilflos, bis die nächste Welle meinen Kopf mit aller Macht nach vorn wirft. Ich habe Fieber und Durchfall, wenn ich das viele Blut sehe, vielleicht sogar Schlimmeres. Und in diesem Zustand trifft mich die erste einer ganzen Reihe von Erkenntnissen über Mickeys Leistungen als Überbringer von humanitärer Hilfe.

Mit der Eroberung von Kabul erreichte die Koalition zwei

Dinge. Eins war die Zerstreuung und Neugruppierung der Taliban-Kräfte. Das zweite war der finale Todesstoß für die lokale Infrastruktur. Bereits unter der Taliban-Diktatur war die Stadt von der Beamtenklasse gesäubert worden. Da alle Fragen des Rechts und der Zivilgesellschaft von Mullahs in Scharia-Räten entschieden werden sollen, gibt es im Denken der Taliban schlicht keinen Bedarf für Strukturen der staatlichen und kommunalen Verwaltungsmacht wie Ministerien, städtische Büros oder Gerichte. Nach der Ankunft der Koalitionstruppen entfernte man die wenigen verbliebenen halbwegs kompetenten städtischen Sachbearbeiter, die aus den Reihen der Taliban stammten, und die lokalen Warlords wurden eingeladen, Teil der neuen Befehlsstrukturen zu werden.

»Das sorgte für riesige Probleme«, sagt Hugh Griffiths. »Letztendlich bedeutete es, dass jeder, der in Afghanistan irgendetwas machen wollte, zuerst die Warlords schmieren musste. Ich habe von Fällen gehört, wo Organisationen Verwandte dieser Warlords auf ihre Gehaltslisten nehmen mussten, damit sie ihre Jobs unbehelligt tun konnten.«

Regierung und zivile Infrastruktur waren zerstört worden. Die Transportstruktur ebenfalls. Nicht besser stand es um die medizinische Versorgung.

Der Hauptgrund, warum in Berichten über die humanitäre Situation in Krisengebieten oft von Wellen von Ruhr und Durchfall die Rede ist, liegt auf der Hand: Diese Punkte gehören zu den dringlichsten Aufgaben einer jeden Wiederaufbau-Agenda. Jeder Mensch bemerkt, ob seine Toilette funktioniert, ein neuer Minister dagegen wird von vielen gar nicht registriert. Den Besatzungstruppen war es wichtig, dass sich die Lage schnell und sichtbar besserte. Das bedeutete einen großen und dringenden Bedarf an Frachtmaschinen, um Hunderttausende Tonnen Baumaterialien schnell per Luft herbeizubringen. Natürlich brauchten auch die rasch ins Land strömenden Armeeeinheiten ihre Ausrüstung und ihren Nachschub sofort. Dann war da die humanitäre Notlage: Flüchtlinge aus den Kampfzonen brauchten Unterkünfte, Menschenströme ergossen sich in kleine Sicherheitszonen. Viele flohen aus den ländlichen Regionen, wo Recht und Ordnung aufgehört hatten zu existieren, in die Städte. Dort, wo die Menschen zusammenströmten, hatte niemand genug zu essen. Außerdem waren – wie ich gerade am eigenen Leib erfuhr – die sanitären Einrichtungen zerstört, Menschen bekamen Durchfall und Schlimmeres. Überall auf der Welt trommelten Regierungen, die Angst hatten, am Ende die ganze Rechnung allein bezahlen zu müssen, NGOs zusammen. Man wollte, wie es US-Verteidigungsminister Donald Rumsfeld formulierte, »nichtstaatliche Akteure« einladen, beim Wiederaufbau eine wichtige Rolle zu spielen.

Noch bevor er diesen Satz zu Ende gesprochen hatte, begannen von Weißrussland bis Benin die Telefonleitungen zu glühen. Die zweite sowjetische Invasion Afghanistans hatte begonnen. Und diesmal marschierten der Westen und Mickeys Crew Schulter an Schulter, unter der gleichen dollargrünen Flagge des Kapitalismus.

Normalerweise macht man mit einem Frachtflugzeug wie der Il-76 keine »Scrambles« – also Alarmstarts –, es sei denn, man versucht sie, etwa bei einem drohenden Angriff, schnell von einer Startbahn wegzubekommen. Doch nun konnte man förmlich hören, wie tausend Tonnen usbekischer und ukrainischer Ingenieurskunst gemeinsam losbrüllten, während Frachten die Rampen hoch rollten und ihre Triebwerke auf Hochtouren anliefen. Afghanistan war in diesem ersten, überstürzten Andrang der nächste Zielort für so ziemlich jeden, der irgendeine Maschine in die Luft bekam – und je mehr Fracht man transportieren konnte, desto besser.

Mickeys Team war aus mehreren Gründen erste Wahl für die Hilfsorganisationen. Sie kannten das Land, die Bedingungen, die Landebahnen. Sie kannten die Handelsknotenpunkte und die Raketenkorridore. Und anders als viele andere Crews waren sie startbereit. Es war eigentlich, wie Mickey schulterzuckend sagt, »*nitschewo*« – gar nichts. Er erzählt scherzend, dass er seit 2001 mehr in Afghanistan und Zentralasien geflogen ist als in den Jahren, in denen er dort stationiert war. Es war großartig – er flog ehrliche Jobs für angesehene Charterfirmen und das Geld war vergleichsweise gut, mit Sonderzulagen auf der einen Seite und auf der anderen Seite mit dem Geld, das die Mickey GmbH mit Zigaretten, Schnaps und dem ganzen anderen Zeug in den Hohlräumen ihrer Maschine verdienten. Dinge, für die man in Afghanistan und anderswo seine Seele verkaufen würde.

Für die Regierungen der Koalitionsländer stand der Gedanke, dass diese fliegenden Versorgungsschiffe auf dem Weg nach Afghanistan (und ein paar Monate später auch in den Irak) auch ein paar Pestratten mit an Bord haben könnten, entweder ganz unten auf der Prioritätenliste oder es war ein peinliches Geheimnis, über das man am besten gar nicht erst redete. Eine Ausnahme war Peter Hain, Kabinettsmitglied unter Tony Blair, der schon 1999 zwei und zwei zusammengezählt hatte und im November 2000 vor dem Parlament über Wiktor But wetterte, diesen »Händler des Todes, der Luftfahrtunternehmen besitzt, die Waffen ins Land und Diamanten hinausschaffen«. Er verkündete, dass »alle Länder, die diesem Mann erlauben, ihre Anlagen und Flugplätze zu benutzen, um seine todbringenden Güter zu transportieren, damit den Vorschub leisten, ihre Waffen auf britische Soldaten zu richten.«

Er redete über die Fracht, die Buts Flugzeuge UNO-Inspekteuren zufolge nach Angola und Sierra Leone und wieder hinaus gebracht hatten – Berichte, die But als »aufgemotzt« bezeichnete, als einen Versuch, der Frachtbranche ein schlechtes Image zu geben. Doch gerade als die Zeitungen begannen, die Geschichte über diesen aufregenden neuen Bad Boy im internationalen Transportbusiness aufzunehmen, erklangen die Trommeln für die Invasion, und Wiktor Buts Klientenkartei wurde noch einmal erweitert.

Als Bagdad gefallen war und die zweite Welle des von der Koalition gesponserten Fracht-Goldrauschs begann, dachte niemand daran zu fragen, wessen Il-76- und Antonow-Maschinen sich draußen auf den Landebahnen von Begram und Bagdad die Treibstoffgutscheine für »bevorzugte Lieferanten« abholten. So viel musste so schnell erledigt werden: medizinische Versorgung, Wiederaufbau, Sicherheit, Unterkünfte und natürlich die Infrastruktur. Sanitäre Anlagen. Ich verstehe das. Denn während ich auf dem Lehmboden eines Bades ohne Wasseranschluss irgendwo in Kabul zusammengekrümmt in einer Lache aus Blut und Erbrochenem liege, bekomme ich eine ganz kleine Vorstellung davon, vor welchem Dilemma eine Hilfsorganisation steht. Und wenn es das ist, was ich glaube – nämlich Amöbenruhr – dann könnte auch ich Hilfe gebrauchen, und zwar schnell. Und ich werde nicht allzu kleinlich sein, wenn es darum geht, welche Referenzen derjenige vorweisen kann.

Der Kanadier Doug und Harun, ein junger Afghane, der als Dolmetscher und Mädchen für alles fungiert, sind über meinen Zustand zunehmend besorgt. Harun will, dass ich schnell behandelt werde. »Mein Cousin sitzt draußen in seinem Auto«, sagt er. »Wir werden dir Medizin besorgen.« Ich werde halb vor die Tür getragen und in ein Auto gepackt. Die Fahrt durch Qala-e Fatullah – früher ein vom Mittelstand bewohnter Vorort, jetzt eine staubige und heruntergekommene Enklave, die in Ermangelung an Alternativen dennoch von den Westlern bevorzugt wird – währt nur kurz, ist aber für mich trotzdem zu lang. Innerhalb von Sekunden, nachdem wir losgefahren sind, kotze ich aus dem staubigen Fenster des gelben Toyota-Taxis.

»Fahren wir ins Krankenhaus?«, stöhne ich, während ich versuche, die Kontrolle über meine Eingeweide wiederzuerlangen.

»Nein«, sagt Harun, ehrlich entsetzt. »Wir brauchen jemanden, der helfen kann.« Ich habe keine Kraft zu diskutieren und werde auf dem Rücksitz ohnmächtig. Als ich wieder zu mir komme, halten wir vor einem Laden an.

»Das ist gut«, sagt Doug, ein alter Afghanistan-Hase. »Ich glaube, ich weiß, was jetzt passiert.«

Das baufällige Äußere ist mit arabischen Schriftzeichen in Darī (der Variante des Persischen, die in Afghanistan gesprochen wird) beschmiert. Wie alle Geschäfte in Kabul verkauft auch dieser Laden die übliche Mischung aus Lebensmitteln, Kassetten mit afghanischer Popmusik sowie Haushalts- und Eisenwaren. Hier drinnen ist es kühl. Harun erklärt die Situation, während ich mit einem Stück Plastik statt eines Eimers im Eingang liege. Der Ladenbesitzer schaut mich an und lächelt. Er hat genau das Richtige. Er tauscht mit Harun Blicke aus und gibt Zeichen, woraufhin Doug und Harun mich durch den Hinterausgang tragen, eine Treppe hinunter und durch ein Labyrinth von Korridoren, alle voller Kartons und Behältnissen, die wie Teekisten aussehen.

Wir werden ganz nach hinten geführt, wo große Mengen Balsaholzkisten auf Paletten gestapelt sind. Jede von ihnen trägt den Aufdruck »humanitäre Hilfe« auf Englisch, Französisch und einigen anderen Sprachen, und die Logos verschiedener Pharmakonzerne. Auf einem Schild steht »UNHCR« – das Flüchtlingskommissariat der Vereinten Nationen. Er öffnet es mit einem Besteckmesser und reicht mir eine Schachtel mit 24 Kapseln eines starken Antibiotikums, auf der zu lesen ist: »Eigentum des UNO-Hilfsprogramms – darf nicht einzeln verteilt werden«. Mit zitternden Fingern gebe ich ihm 500 Afghanis – ungefähr zehn US-Dollar. Er dankt mir und wischt sofort seine Hände mit einem feuchten Tuch ab, wobei er mir versichert, dass die Dosis, die er mir gibt, innerhalb von Minuten anfangen wird zu wirken. Ich lege meinen Kopf in den Nacken und würge eine Handvoll Pillen hinunter, gemäß der Dosierung des Ladenbesitzers: drei von den roten und eine von den ockergelben, eine nach der anderen – ohne Wasser, damit sie drin bleiben –, bis ich aufhöre zu kotzen. Wenn ich das schaffe, werde ich wieder gesund werden.

Selbst schwach und benebelt wie ich bin, faszinieren mich

diese UNO-Pakete, die im Hinterzimmer eines Ladenbesitzers herumliegen. Harun ist jetzt auf einmal weniger besorgt als vielmehr unruhig und ausweichend. Er weiß ganz genau, wie diese Irrläufer-Lieferungen hier im Laden und nicht in den gesicherten Lagern der UNO gelandet sind, aber ich lasse ihn trotzdem fragen. Nach einer kurzen Unterhaltung wendet er sich wieder mir zu. »Von den Flugzeugen.«

Der Ladenbesitzer schaut mich an. »Gott ist groß«, lächelt er.

Doch wenn Gott auf unergründlichen Wegen wandelt, um seine Wunder zu wirken, dann gilt das auch für Mickey. »Nichts von dem, was abläuft, dürfte jemanden überraschen, der schon einmal mit internationalen Hilfslieferungen gearbeitet hat«, sagt Hugh Griffiths von SIPRI, dem unabhängigen Friedenforschungsinstitut aus Schweden. »Bis zu 50 Prozent der humanitären Hilfe im Sudan und in Äthiopien – um nur zwei Beispiele zu geben, von denen wir solide Daten haben – werden an Rebellengruppen abgezweigt, oft von den Flüchtlingslagern aus. Es ist ein Chaos. Selbst im Kosovo, wo so viele internationale Friedenstruppen sind, operieren die Schmuggler und Schwarzmarkthändler.«

Und einige der Namen, die uns in Kabul und auch in Bagdad begegnen, selbst in dieser von Optimismus und Ruhe geprägten Anfangszeit, sind alte Bekannte. Wiktor But zum Beispiel war auch dort. Und bereits 2003 notierte Hugh Griffiths in seinem UNO-Bericht, dass mehr als ein halbes Dutzend in Moldawien registrierte Fluglinien, die verdächtigt werden, mit Waffen zu schmuggeln, angefangen hatten, »sich in diesen nach der Invasion boomenden Wirtschaftsräumen breitzumachen, in denen es reichlich ausländisches Geld gibt.« Vom Händler des Todes zum geschätzten Partner beim Wiederaufbau – es ist erstaunlich, was für einen Imagewechsel eine finanzielle Haushaltsklemme zu Hause in London, New York oder Washington bei früheren Buhmännern bewirken kann.

Doch genau da liegt das Problem. Denn wenn man die illegalen

Aktivitäten der zwielichtigen Airlines zur Kenntnis nimmt, dann muss man sie auch stoppen – und wenn man sie stoppt, dann hat man den Großteil der Fluglinien aus dem Verkehr gezogen, die die Fähigkeit, das Knowhow und den Mumm haben, die lebensrettenden Medikamente, die Notunterkünfte für Flüchtlinge, ja, die eigenen Friedenstruppen und deren Ausrüstung dorthin zu bringen, wo sie gebraucht werden. Wenn man den Sünder stoppt, verschwindet auch der Heilige.

Darüber hinaus riskiert man, im gleichen Schleppnetz auch viele der seriösen Anbieter, Flugzeuge und Crews zu fangen. Im Übrigen kann Ihnen jeder *Ghost Buster* sagen, dass die Tatsache, dass man den Geist gefunden hat, noch nicht bedeutet, ihn am Verschwinden zu hindern – oder auch nur, dass man irgendjemanden davon überzeugen kann, er existiere. Selbst für die engagiertesten Schmuggelexperten und Planespotter sind die zahllosen Iljuschins und die Männer, die sie fliegen, kaum mehr als Geister, die ins Blickfeld schweben und wieder verschwinden – es ist fast unmöglich, sie aufzuhalten, ihnen zu folgen oder sie zur Rechenschaft zu ziehen. Für uns Normalsterbliche dagegen existieren diese Geister ohnehin überhaupt nicht.

Ein Teil der Schwierigkeit liegt darin begründet, wie unglaublich kompliziert das Netz aus privaten Subunternehmern und Sub-Subunternehmern geworden ist, die im Irak und in Afghanistan nach den lukrativen Aufträgen von Koalitionstruppen und der UNO schielen. Und wenn jeder outsourct, dann hat der Bursche an der Spitze der Pyramide in der Regel keinen Überblick über die ganzen Firmen, die weiter unten verpflichtet werden. Diese Erklärung gibt etwa das Pentagon rückblickend dafür, dass es von Wiktor But betriebene Firmen und andere Unternehmen engagierte, deren Geschäftsgebaren inzwischen kritisch hinterfragt wird. Aber ganz ehrlich: Was haben wir denn erwartet, als wir verkündeten, dass im Kontext einer militärischen Besetzung die Regeln der Marktwirtschaft gelten sollen?

Linda Polman analysiert in ihrem Buch *War Games* auf

glänzende Weise, was passiert, wenn Aufbauhilfe und Militärkampagne zu eng koexistieren. Sie beschreibt das Ergebnis als einen neuen Schattenstaat, den sie »Afghaniscam« nennt (aus Afghanistan und *scam*, engl. Betrug). Es ist das gigantische, von Hilfslieferungen angetriebene Chaos, das sich in allen Ländern breitmacht, wo Militär, humanitäre Hilfe und »lokale Partner« zusammenkommen. Angeblich, um Wiederaufbau und eine effiziente Verteilung von Hilfe zu gewährleisten. In der Praxis sieht es eher so aus, dass jeder in dem Durcheinander so viel abzusahnen versucht wie nur irgend möglich. Doch es sind nicht nur Hilfslieferungen, die abgezweigt werden, oder Whisky, der scheinbar aus dem Nichts im doppelten Boden unter der Fleischkühlung in Kabul auftaucht. Es gibt viel wertvollere Frachten, die regelmäßig von Kabuls internationalem Flughafen und seinem militärischen und logistischen Pendant in Bagram verschwinden.

Der Morast, der die Transportunternehmen umgibt, die die Flüge ins Land und wieder hinaus organisieren, lässt zu, dass medizinische Lieferungen des UNHCR direkt auf den Schwarzmarkt wandern. Wahrscheinlich mit dem alten Spediteurstrick, einen Prozentsatz der Lieferung unterwegs als »beschädigt« abzuschreiben, so wie Mickey es im sowjetisch-afghanischen Krieg gelernt hat. Das US-Militär macht dies für die Tatsache verantwortlich, dass mehr als ein Drittel aller Waffen, die die USA für die afghanische Regierung und das Militär bereitgestellt und ins Land geschickt hat, verschwunden sind. Der Rechnungshof der US-Regierung hat festgestellt, dass rund 87 000 Waffen auf dem Weg nach Afghanistan wegen »fehlender Verantwortlichkeit in der Lieferkette« abhanden gekommen sind. Darüber hinaus verschwanden allein von Dezember 2004 bis Juni 2008 weitere 135 000 Waffen, die aus anderen Ländern nach Afghanistan geschickt worden waren. Wir reden hier von der Armee der Vereinigten Staaten von Amerika. Man stelle sich vor, was bei den nichtstaatlichen Akteuren geschieht.

Nach London zurückgekehrt, versuche ich herauszubekommen, ob irgendjemand in den Hilfsorganisationen eine klare Vorstellung davon hat, wie viel »Huckepack-Fracht« in den von ihnen gecharterten Flügen in die betroffenen Länder und wieder hinaus geflogen werden. Es sind nicht viele. Fragt man eine Monitoring-Gruppe, ob sie das Verhältnis von Nutzen und Schaden ihrer Flüge überprüft hat oder der Frage nachgegangen ist, welche Auswirkungen jene inoffiziellen Freihandelszonen haben, die an den Drehkreuzen für Hilfslieferungen entstehen, dann ist verlegenes Schweigen die einzige Antwort.

»Das wird wohl daran liegen, dass die Antwort auf Ihre Frage wahrscheinlich ›Nein‹ ist!«, seufzt Oliver Sprague von Amnesty International, der in seinem Büro in einer staubigen Seitenstraße in Ostlondon die Aktivitäten der zwielichtigen Airlines verfolgt. »Wenn man recht darüber nachdenkt, ist das Problem bei der Beantwortung doch dies: Wer will denn wirklich anfangen, darin herumzuwühlen? Es ist eine von diesen sehr unangenehmen, aber auch gefährlichen Fragen. Es wäre eine sehr mutige Organisation, die anfängt, die Schleusen zu öffnen.«

Er erklärt, dass es nicht unbedingt so ist, dass sie nicht wissen wollen, was die von ihnen engagierten Crews noch so alles nebenher transportieren, und er verweist auf Organisationen wie Oxfam, die »jedes Mal, wenn sie ein Flugzeug chartern wollen, checken, ob sie damit eine waffenschmuggelnde Organisation unterstützen.« Tatsächlich sind Oxfams Logistiker stolz darauf, eine verantwortungsvolle Beschaffungspolitik zu betreiben, die sie rechtzeitig vor den bekannten »schmutzigen« Anbietern warnt. Doch auch sie müssen akzeptieren, dass ihren Bemühungen Grenzen gesetzt sind und dass versteckte Dinge, wie es in der Natur der Sache liegt, viel schwerer auszuschließen sind.

»Bei humanitären Flügen läuft es so«, sagt Sprague, »man vergibt einen einzelnen Auftrag und man bezahlt für alles: Man bezahlt für den Treibstoff, man bezahlt für die Besatzung und man zahlt einen Festpreis für die Lieferung von A nach B.

Nun, das ist alles schön und gut. Doch wenn wir von einem Flugzeug wie der Il-76 reden, dann hat man natürlich eine Menge Platz, mit dem man herumspielen kann. Sehen Sie, die meisten humanitären Güter sind nicht schwer, man verschickt leichte Fracht, Dinge wie Rohre und Folien. Nahrung verschickt man eher selten. Es kommt vor, dass man es von Region zu Region macht, aber man schickt keine Nahrungsmittel von England in den Sudan. Also hat man eine Menge Raum, um andere Sachen hineinzutun, und das ist im Grunde genommen bares Geld für die Crew. Tja, was soll man *dagegen* machen? Denn selbst wenn man sich vergewissert, dass sie nur (die eigene Fracht an Bord hatten, als sie starteten), es sind ja in der Regel sehr lange Flüge. Das heißt, sie werden immer in Bengasi oder so einen Tankstopp einlegen, und man kann wirklich nicht kontrollieren, was da an Bord genommen wird.«

Dennoch, als 2009 der SIPRI-Bericht für die UNO veröffentlicht wurde und dort so untadelige Organisationen wie UNICEF, Médecins Sans Frontières und die Friedenstruppen und Hilfsaktionen der UNO im Sudan als Auftraggeber für Fluglinien genannt wurden, die im Bericht des UNO-Sicherheitsrats als Waffenschmuggler genannt werden, war klar, dass mehr getan werden muss. Gerard Massis, Logistik-Chef bei Médecins Sans Frontières, legte Wert auf die Feststellung, dass alle humanitären Operationen in Ländern wie dem Sudan das Problem haben, dass sie nicht wissen, was die Fluglinie, die man engagiert hat, tut, nachdem sie die offizielle Fracht vor Ort abgeliefert hat.

Tricia O'Rourke von Oxfam betont, dass es falsch ist anzunehmen, »schmutzige« Airlines müssten automatisch billiger sein als seriöse; Sprague dagegen sieht eine riesige Kostendifferenz.

»Nehmen wir an, Sie wollen etwas von Manston in England nach Al-Faschir im Sudan schicken. Sie müssen eine Il-76 benutzen, weil diese nicht nur die gewünschte Kapazität hat, sondern auch ohne Hilfe von Bodenpersonal landen und ausladen kann. Also schauen Sie sich um. Wenn Sie bereit sind, ein in Moldawien registriertes Unternehmen zu nutzen und eine Sondergenehmigung für humanitäre Flüge zu beantragen, dann bekommen Sie das für 70, vielleicht 80 000 Dollar. Wenn Sie dagegen sagen, nein, ich brauche eine angesehene Fluglinie und eine mit Schalldämpfern ausgestattete und damit auch für den EU-Luftraum zugelassene Il-76, dann wird Sie das eher um die 150 000 Dollar kosten. Hilfsorganisationen stehen unter großem Kostendruck und ein großer Teil ihrer Gelder kommen vom Staat, also können Sie sich vorstellen, welche Fragen gestellt werden, wenn sie das Doppelte des niedrigsten Preisangebots für einen Flug ausgeben.

Wir wissen alle, dass es Bargeschäfte gibt, Schmuggelware, die sie transportieren wollen, aber es geht auch darum, das Flugzeug zu positionieren«, fährt Sprague fort. »Es gibt einen Anreiz für bestimmte Unternehmen, die solche Flüge machen wollen – selbst wenn sie wissen, dass ein Auftrag nicht viel abwirft, aber er verschiebt die Maschine an einen Ort, von dem aus sie gut woanders hinkommen kann. Das ergibt wirtschaftlich durchaus Sinn: Manchmal bleibt bei diesen Flügen gar nichts hängen, aber es ist in der Nähe einer Region, die potentiell sehr viel einbringen kann.«

Es gibt auch das Problem – und das ist ein großes Problem –, dass in Mickeys Branche die Auftragslage so schwer zu prognostizieren ist und der Wettbewerbsdruck die Preise nach unten treibt, wenn die Jobs kommen. Für den Piloten jener Il-76 der Fluglinie East Wing, die kürzlich auf einem Flug von Nordkorea aus in Thailand beschlagnahmt wurde, weil sie sanktionsbrechende Güter transportierte, war es, laut Aussage seiner Frau, der erste bezahlte Job seit geraumer Zeit gewesen. Er hatte wochenlang ohne Flug zu Hause herumgesessen und verzweifelt darauf gewartet, wieder ein wenig Lohn nach Hause bringen zu können. Selbst Mickey, der ausgezeichnete Verbindungen hat und gut beschäftigt ist, sieht nicht aus, als würde er in Geld schwimmen, dabei ist er einer der glücklichen, flexiblen und geschäftstüchtigen Piloten. Die in Bangkok festgenommene Crew wurde von den thailändischen Behörden wieder auf freien Fuß gesetzt, ohne dass Anklage erhoben worden wäre. Wer will es ihnen vorwerfen, wenn sie versucht haben, auf diesen Gelegenheitsflügen noch ein wenig Geld nebenher zu verdienen?

Wie Mark Galeotti sagt: »Bei diesen Burschen ist es so, dass der Job an den Anbieter mit dem niedrigsten Gebot geht – und niemand fragt danach, wie du es machst. Und besonders, wenn du an Orte fliegst, wo es versteckte Vorteile gibt. In diesen Fällen haben die Besatzung oder die Airline die Chance, nebenher ein bisschen Drogenschmuggel zu betreiben, wenn sie schon mal dabei sind. Und aus diesem Grund werden ihre Preise außerordentlich konkurrenzfähig sein.«

Und solange die Preise außerordentlich konkurrenzfähig sind, gibt es viele Leute auf der Seite der Guten, die nicht geneigt sind, einem 200 Tonnen schweren, in Taschkent hergestellten, geschenkten Gaul ins Maul zu schauen.

Auch Beobachtergruppen wie IPIS kritisieren das Totschweigen dieses Themas. »Wir hören, dass auf Hilfsflügen geschmuggelt wird«, sagt Peter Danssaert, als ich ihm schildere, was ich mit eigenen Augen gesehen habe. »Aber wir müssen vorsichtig sein, was wir in unseren Berichten erwähnen. Es gibt das Gefühl, dass mehr davon entdeckt werden sollte als tatsächlich entdeckt wird.«

Tricia O'Rourke von Oxfam akzeptiert, dass selbst die besten Überwachungssysteme nicht verhindern können, dass illegale Frachten zusammen mit Hilfsflügen transportiert oder dass in Ausnahmefällen auch schmutzige Airlines gechartert werden. »Wir müssen das Bedürfnis, lebensrettende Ausrüstung so schnell wie möglich in Katastrophengebiete zu schicken in Einklang bringen mit der Verfügbarkeit von ›sauberen‹ Flugzeugen oder Frachtunternehmen«, sagt sie. »Das ist ein moralisches und ethisches Dilemma, mit dem Oxfam nicht allein zu tun hat. Wir haben die Überwachungsmechanismen, die uns helfen sollen, eine informierte Wahl zu treffen, doch es liegt in der Natur der Luftfrachtbranche und der Länder, in denen wir arbeiten, dass wir Missbrauch nicht völlig ausschließen können.«

Viele Hilfsorganisationen stellen nicht ohne Berechtigung fest, dass sich nur schwer ermitteln lässt, welche anderen Waren in den von ihnen gecharterten Flugzeugen transportiert wurden. Manche übernehmen dabei sogar unbewusst die »Ich bin nur der Taxifahrer«-Ausrede der Schmuggler. Gerald Massis, Generaldirektor für Logistik bei Médicins Sans Frontières, erzählte der Nachrichtenagentur AP letztes Jahr in einem Interview: »Es ist, als ob man ein Taxi bestellt. Du weißt nicht, was sie nach deiner Fahrt tun.«

Man muss für die großen NGOs wie Oxfam und dem Roten Kreuz Verständnis haben. Sie laufen eindeutig hinterher, können nicht viel mehr tun, als nach Möglichkeit die Unternehmen zu meiden, die entweder bereits aufgeflogen oder die – manchmal kommt auch das vor – ihre eigenen Richtlinien für Verschwommenheit, Raffinesse und völlige Unsichtbarkeit nicht befolgt haben.

Doch das ist genau der Punkt, an dem die Schönheit des Taxifahrer- oder Postbotenvergleichs erst richtig zur Geltung kommt: Er erlaubt jedem, nicht nur Mickey, wenn nötig alles abzustreiten. Und wo es Raum für Dementis von Behörden gibt, denen eine Vernachlässigung ihrer Aufsichtspflichten vorgeworfen wird – von Zoll über Flugaufsicht bis hin zu den unbekannteren und unerfahreneren NGOs –, da ist auch Platz für Komplizenschaft. Das trifft besonders für Orte wie den Flughafen von Kabul sowie Entebbe, Kinshasa und Mogadischu zu, an denen, um es mit den Worten von SIPRI-Forscher Hugh Griffiths zu sagen: »Mehr monatliche Gehaltszahlungen verschwinden als tatsächlich verschwinden, wenn Sie wissen, was ich meine.«

»Es müssen immer zwei oder mehr Parteien beteiligt sein, wenn so eine Masche durchgeht«, sagt mein anonymer Piloten-

Informant. Er war an der Kampagne beteiligt, »schmutzige« Flughäfen wie Schardscha oder den alten Flughafen von Ostende, an denen es zu illegalen Waffengeschäften kam, zu säubern. Sein letzter Versuch, mit dem Flughafen Schardscha in Kontakt zu treten, verlief ziemlich typisch, wie er sagt. »Es gibt eine stille Übereinkunft, eine Komplizenschaft, damit die Leute sagen können ›Ach wirklich? Das wusste ich nicht.‹ Ich war im Februar 2009 in Schardscha und erzählte den Zuständigen vor Ort von den Dingen, die dort passierten, ganz besonders im Zusammenhang mit einer Fluglinie, die ich beobachten konnte. Der Mann, mit dem ich sprach, brachte sein Erstaunen zum Ausdruck, dass dieses Unternehmen in etwas Illegales verwickelt sein könnte. Seither habe ich versucht, mit ihm zu korrespondieren, doch er antwortet nie auf meine Mails.«

Dieses Gefühl einer »Komplizenschaft« beschleicht einen immer wieder – von den zugedrückten Augen angesichts der Schiebergeschäfte während des großen sowjetischen Waffenausverkaufs über NGOs, die alles dafür tun, ihre Ziele zu erreichen, bis hin zu manchen Crews und Fluglinien, die, wenn es um illegale Frachten geht, nach der Devise »nichts fragen, nichts erzählen« leben.

Es ist eine seltsame, eine alles durchdringende Kraft – wie der schleichende Wahnsinn, den Kipling und Conrad beschrieben: Ein winziger Kompromiss nach dem anderen bildet den Weg zur Verdammnis. Doch vielleicht sind die Gründe weder psychologisch noch moralisch. Vielleicht ist es nur das, was die Kosten-Nutzen-Rechnung diktiert. Ein leeres Flugzeug, das irgendwo auf einer Landebahn herumsteht, ist ein Loch in der Brieftasche, mit dem man nicht auf Dauer leben kann, es sei denn, man kann es sich leisten, jede Woche Tausende von Dollar abzuschreiben für das Vergnügen, es da stehen zu haben. Dazu kommen die riesigen Treibstoffkosten, wenn man ein Vierteljahrhundert altes rußspuckendes Superflugzeug fliegt. Mit anderen Worten: Die Parkgebühren können einen ruinieren, aber man kann es sich auch nicht leisten, das Ding leer zu fliegen. Es ist eine komische Vorstellung, dass Mickey, Wiktor But, eigentlich alle, die in der Dritten Welt im Frachtgeschäft arbeiten, möglicherweise zu Sklaven jenes Flugzeugs geworden sind, von dem sie doch hofften, dass es sie befreien würde; dass sie zu Deals gezwungen sind, die ihnen selbst nicht behagen, durch den unstillbaren Durst ihres Flugzeugs und den immensen Druck in der einzigen Branche, die sie kennen. Tatsächlich redet Wiktor But selbst davon, dass er gezwungen sei, seine Flugzeuge unter Billigflaggen zu registrieren und in dubiosen Ländern zu operieren, weil die Antonows und Iljuschins an den respektableren Standorten entweder ganz verboten sind oder zumindest große bürokratische Hürden überwinden müssen.

Ein Gutes hat die Sache, wie Mickey spottet: Wenigstens ist er nicht für eine Antonow An-225 verantwortlich. Das Flugzeug mit dem NATO-Codenamen Cossack ist so groß und hat einen derart monströsen Spritdurst, dass sowohl seine Trage- als auch seine Treibstoffkapazität unbekannt sind. Ich habe mit einem in Großbritannien geborenen erfahrenen Lademeister und Flight Manager gesprochen, der sowohl Il-76 als auch Antonows geflogen ist – darunter auch die gigantische An-225. Seine Einsätze führten ihn in die schlimmsten Konfliktzonen der Welt, er flog Militär-, Hilfs- und kommerzielle Missionen nach Bagdad, Koalitionslogistik nach Kandahar, Friedenstruppen nach Kinshasa und die Bühne für Michael Jacksons *History*-Tournee.

»Niemand hat bis jetzt sicher herausfinden können, wie viel Treibstoff in die Cossack hineingeht«, sagte er mir. »Man hat die Berechnungen des Herstellers, aber die sind immer ein bisschen daneben. Und die An-225 ist so riesig, dass es bis jetzt noch niemand geschafft hat, sie vor dem Start ganz vollzutanken! Andererseits hätte auch gar niemand das Geld, sie mit so viel Kerosin zu füllen.«

Gebaut wurde sie 1988 für das sowjetische Raumfahrtprogramm, um das russische Pendant zum Space Shuttle huckepack in eine Höhe zu transportieren, damit es allein weiterfliegen konnte. Nur eines dieser Monster wurde überhaupt gebaut. Ein zweites Exemplar wurde dreimal begonnen, aber jedes Mal ging der Fabrik das Material, die Zeit oder das Geld aus.

Ein weiterer Brite, der 33 Jahre alte Aaron Hewitt, erzählt mir von einem Flug mit der Cossack im Jahr 2002, als Teil einer kleinen Abordnung, die »schweres Gerät« für die streng geheime »Operation Jacana« begleiten sollte. Eine gemeinsame Offensive von Royal Marines, australischer SAS, norwegischer FSK und amerikanischen Special Forces. »Sie war so groß, wir bemerkten erst, dass wir in der Luft waren, als das Flugzeug nach hinten kippte und wir alle durcheinanderfielen«, erinnert er sich. »Ich weiß noch, dass ich später bei der Landung Bagram direkt unter mir sah, aber die nächsten drei oder vier Minuten fehlen irgendwie, weil ich jegliche Orientierung und vielleicht auch das Bewusstsein verloren hatte. Die Nase senkte sich, das Flugzeug sank in bestürzender Geschwindigkeit, und plötzlich waren wir am Boden.«

Etagen, die mit Strickleitern verbunden sind, Abteile wie ein Ozeandampfer und eine hochklappbare Nase – dank Attributen wie diesen ist die An-225 Gegenstand für jede Menge Witze. Doch hinter diesen Witzen steht die nackte ökonomische Realität einer ganzen Branche: Je größer das Flugzeug, desto weniger kann man es sich leisten, wählerisch zu sein, wenn es darum geht, was man transportiert.

Andererseits: Für ein Crewmitglied, das gern ein wenig extra persönliche Fracht transportieren möchte, ohne dass es der Charterer, der Kunde oder irgendjemand sonst mitbekommt, kann ein großes Flugzeug das Schmuggeln zu einer sehr verlockenden Sache machen. Besonders in einem Land wie Afghanistan.

13

SCHWARZER AFGHANE

Die Drogenpipeline, 2002–2010

Der sowjetische Krieg, in dem er alles lernte, was er weiß, ist lange vorbei. Doch wie ein moderner Onoda Hir – der japanische Soldat, der sich bis 1974 im philippinischen Dschungel versteckte, ohne zu wissen, dass Japan bereits 1945 kapituliert hatte – leben Mickey und all die anderen Männer in einer Welt, die für die meisten von uns längst Vergangenheit ist. Teilweise sind es dieselben Banditen und Mudschaheddin, die sich am Umfassungszaun des Flughafens und in den dunklen, chaotischen Winkeln der Stadt versteckt halten und auf die gleichen riesigen, brüllenden Silhouetten schießen, während diese zum Landeanflug ansetzen. Im Inneren dieser Silhouetten sitzen die gleichen alten Kameraden und schauen zu, wie der Ort, den sie besser kennen als ihre Heimatstädte, langsam vor ihnen aufsteigt. Die Männer, die am Boden den Laden schmeißen, mögen zwar mittlerweile eine andere Flagge haben, aber diejenigen, die die Sache wirklich am Laufen halten, die Ladenbesitzer und die Offiziellen – nun, auch sie sind noch die Gleichen. Regierungen kommen und gehen, Kriege beginnen und enden und beginnen erneut, aber Geschäft ist immer Geschäft. Mickey listet die Geschäfte in der Stadt auf, von denen er sicher weiß, dass man dort Alkohol kaufen kann, obwohl Alkohol in diesem islamischen Land verboten ist. Er hat gesehen, wie sein eigener Schnaps dort auftauchte. Die Liste ist lang, genug vertraute Namen sind dabei – von Teeläden, deren Kühlschränke doppelte Böden haben, die mit Smirnoff gefüllt sind, über Straßenhändler, deren Limonadenflaschen für die richtigen Kunden »geimpft« werden, bis hin zu Restaurants, die sich als »Wohltätigkeitsorganisationen« registrieren lassen, damit sie leichter an »medizinischen Bedarf« kommen, der vielleicht aus bester französischer Lage stammt. Denn Kabul ist im Grunde wie Chicago während der Prohibition, mit dem Unterschied, dass die Polizisten schlimmer, die Gangster besser bewaffnet sind und dass die Stadtverwaltung ihre Finger tiefer drin hat.

Hier zählen die persönlichen Beziehungen zu den Stammkunden, sagt Mickey. »Hier kann er eine Flasche Johnny Walker für bis zu 200 Dollar verkaufen«, bestätigt einer seiner regelmäßigen Kunden, ein Europäer, der nicht will, dass ich seinen Namen oder irgendwelche Anhaltspunkte nenne, wo seine gut getarnte Spelunke zu finden ist. Seine Angst vor Repressalien der Polizei ist verständlich. In diesem Monat wurden bereits drei »ausländerfreundliche« Etablissements im Stadtzentrum nach brutalen Razzien von der Polizei geschlossen – darunter L'Atmosphère, der berühmte Treffpunkt der Entwicklungshelfer. Für viele Ausländer in Kabul, die sich an das Wegschauen der Polizeibehörden gewöhnt hatten, war die Brutalität dieser Razzien ein Schock. Jede dieser Razzien folgte auf eine Erwähnung des jeweiligen Lokals in der internationalen Presse. »Letztes Mal war es in der Newsweek«, sagt der Besitzer, »die, wie jeder hier weiß, von Präsident Karsai selbst eifrig gelesen wird. Man muss vorsichtig sein, mit wem man redet.«

Er erklärt mir, wie die Nachschub-Pipeline funktioniert. »Wir bekommen das Zeug aus den Vereinigten Arabischen Emiraten. Schardschas Nachbaremirat Adschman verkauft ziemlich billigen Alkohol, weil sie wissen, dass Schardscha zwar konservativ genug ist, um den Verkauf von Alkohol zu verbieten, dass aber die Crews der Frachtmaschinen vom Flughafen Schardscha so viel ausfliegen können wie sie wollen, ohne kontrolliert zu werden. Bei der Ankunft in Afghanistan kann es sein, dass der Zoll es findet, aber die verlangen hier eine Flasche als Schmiergeld. Viele afghanische Offizielle, egal von welchem Dienstgrad, sind heimliche Trinker. Sie wollen ihren Anteil, so bekommen die Crews ihre Schmuggelware problemlos durch. Später servieren wir es den Westlern und einigen Afghanen, sehr diskret und nachdem wir die Polizei geschmiert haben. Hin und wieder gibt es eine Razzia und sie konfiszieren den Alkohol. Und dann verkaufen sie ihn an uns zurück oder trinken ihn selbst. Oder sie verkaufen ihn woanders. Der Kreislauf ist komplett und jeder kriegt einen Anteil ab, einschließlich der Flugzeugbesatzungen. Niemand hat ein Interesse daran, das zu beenden.«

Das Schmuggeln von illegalem Alkohol ist nur ein Teil des Geschäfts. Die von der Koalition gestützte afghanische Regierung hat unabsichtlich dafür gesorgt, dass auch das Schmuggeln von Kleinwaffen ausgesprochen attraktiv ist.

»2002 gelangten eine Menge Schusswaffen nach Afghanistan und es war alles legal«, sagt ein früherer NATO-Soldat. »Aber dann wollte die afghanische Regierung nicht mehr, dass ausländische Unternehmen Geld mit dem Verkauf von Waffen in Afghanistan verdienen – dieses Geschäft wollten sie selbst machen, indem sie konfiszierte Waffen verkauften und Lizenzen erteilten. Also muss jetzt jeder, der eine Waffe will, sie illegal ins Land bringen lassen. Und das ist der Punkt, an dem die früheren Sowjetcrews ins Spiel kommen.«

Aber es gibt noch lukrativere Möglichkeiten für Crews, die gewillt sind, die versteckten Hohlräume ihrer Maschinen und ihre alten Connections geschickt zu nutzen. Rauschgift ist die einzige Fracht, die immer illegal und nicht einfach nur verboten ist; eine Ware, die immer »schwarz« ist, nie nur »grau«. Afghanistan ist der größte Heroinproduzent der Welt. Indizien weisen darauf hin, dass die Droge als illegale Fracht überallhin exportiert wird.

»Die wirkliche Story im Moment ist, wie viel Drogengeld jeden Tag von Kabul nach Dubai gelangt«, sagt NATO-Sprecher Dominic Medley und zeichnet mit dem Finger die Route Kabul-Vereinte Arabische Emirate nach, die Mickey bei seinen Einsätzen für die afghanische Luftbrücke beinahe täglich fliegt.

»Heroin stellt alles andere in den Schatten, selbst wenn man sämtliche sonstigen Schmuggelwaren zusammennimmt«, stimmt der pakistanische Journalist Ahmed Rashid zu, der bei den Taliban gelebt und die Felder und Nachschuboperationen aus erster Hand gesehen hat. »Wenn man über Schmuggel in Afghanistan redet, über Waffen oder illegalen Alkohol, dann sind das heutzutage relativ kleine Summen. Ich meine, es gibt eine Menge davon, aber das wirkliche Geld wird beim Heroin gemacht. Es fing mit den russischen Frachtmaschinen an, etwa Mitte der 90er Jahre, daneben auch mit Passagieren bei Ariana-Airlines-Flügen und Leuten, die auf der Straße und zu Fuß die löchrigen Landgrenzen überquerten. Doch seit der Invasion kommen und gehen viel mehr Flugzeuge, und die schiere Menge, von der wir hier reden, ist erstaunlich.«

Das ist sie in der Tat. Im Jahr 2009 bestätigte der afghanische Finanzminister Omar Zakhilwal endlich (und widerwillig) Schätzungen von amerikanischen Offiziellen, dass rund 10 Millionen US-Dollar über den Flughafen Kabul per Flugzeug außer Landes geschmuggelt werden. Und das jeden Tag. Und dieser Betrag ist nur das, was tatsächlich an Bargeld illegal geschmuggelt wird. Was das Heroin selbst angeht, musste er einräumen, dass verlässliche Schätzungen schwer zu bekommen seien, unter anderem aufgrund der undurchsichtigen Verhältnisse, die am Flughafen herrschen. Zahlen, die die unabhängige, auf Afghanistan fokussierte Nachrichtenagentur Skyreporter.com ermittelt hat, weisen darauf hin, dass – seit der Invasion von 2001 und der damit verbundenen rapiden Zunahme von Passagier-, Fracht- und Militärflügen – der afghanische Heroinexport von rund einer Milliarde US-Dollar auf über 60 Milliarden US-Dollar Schwarzmarktwert angestiegen ist. Das sind 60 Prozent der afghanischen Gesamtwirtschaft.

Afghanistan ist nicht nur der weltgrößte Opiumproduzent, sondern mit Erträgen von 145 Kilo *charas* (hochwertigem afghanischem Haschisch) pro Hektar auch führend in der Cannabis-Produktion. Cannabis ist, wie das Obst, das Afghanistan exportiert, eine Sommerpflanze mit einer weitaus geringeren Haltbarkeit als Opium, doch es bringt mehr Geld ein und sein Anbau ist einfacher und – ein nicht zu unterschätzender Vorteil – weniger auffällig. Und für Crews, die nach dem Motto leben, »fliege niemals, ohne jeden Kubikzentimeter versteckten Hohlraums zu füllen«, die so weit gehen, an der militärischen Version ihrer Maschine die Glaskabinen des Heckschützen anzumalen, damit sie von außen wie ein aerodynamisches Element aus Metall wirkt, während es innen genug Raum für *Charas* im Wert von mehreren Tausend Dollar bietet, ist es nicht allzu schwer, sich für ein Schmuggelgut zu entscheiden.

Mit der NATO-Besatzung Afghanistans wiederholt sich die Geschichte: Im September 2009 wurde eine Untersuchungskommission eingesetzt, die den Vorwürfen nachgeht, dass britische und kanadische Soldaten begonnen hätten, mit riesigen militärischen Transportmaschinen Opium aus Camp Bastion und Kandahar hinauszuschmuggeln.

Einige russische Diplomaten werfen der CIA vor, den Heroinschmuggel zu unterstützen, um zu versuchen, »Russland zu überfluten«. Sie fragen, wie die USA wohl reagieren würde, hätte Russland ein Land vor ihrer Haustür besetzt, sagen wir beispielsweise Mexiko, und es hätte umgehend ein vergleichbarer Heroin-Boom eingesetzt.

Als ich anfange, in Kabul zu recherchieren, stellt sich langsam heraus, dass es auch innerhalb der Abläufe an den afghanischen Flughäfen Kräfte gibt, die den groß angelegten Schmuggel mit den Drogen möglich machen.

Wer auch immer den Weg ebnet, die Risiken sind hoch. Doch die hohen Gewinne, die mit dem afghanischen Heroin zu machen sind (abgesehen davon, dass keine Transportkosten anfallen und überall in Usbekistan und Tadschikistan und auf dem gesamten Weg nach Europa gute Kontakte in Gestalt ehemaliger Kameraden aus Sowjetarmee-Zeiten bereitstehen), sorgen dafür, dass jene Pipeline, in der Mickey schon vor 25 Jahren zu arbeiten begann, auch heute wieder eine attraktive Option ist.

Dieses informelle System aus Loyalitäten und Bekanntschaften ist nur eines der Dinge, die Männern wie Peter Danssaert, ebenso aber auch dem Militär und den NGOs das Leben schwer machen – allen, die versuchen, das Netzwerk von Flügen, Verbindungen, Ausflugrouten, Nebenverdiensten und mündlichen Absprachen nachzuvollziehen und aufzuzeichnen. Oft genug gibt es keinerlei Dokumente, nur papierlose Netzwerke von Maschinen, die auf Zuruf und per Handschlag gechartert und in bar bezahlt werden – innerhalb einer Gruppe von Leuten, die auf der Basis von gegenseitigem Vertrauen und Loyalität zusammenarbeitet.

Trotzdem blieb es lange Zeit rätselhaft, wie es passieren konnte, dass so viel Opium und Drogengeld von den Mohnfeldern Afghanistans ausgerechnet durch die Vereinigen Arabischen Emirate zurück zu Mütterchen Russland und nach Moskau, das Tor nach Europa, gelangte. Wenn das alles auf eine Drogenmafia oder eine einfache Schmuggeloperation zurückzuführen ist, dann muss diese über ungewöhnlich großen Einfluss verfügen. Erst eine Recherche durch den *Independent* im Jahr 2008 brachte ans Licht, was in Afghanistan schon jeder wusste: Die Überflutung Afghanistans mit Waffen und Munition aus der früheren Sowjetunion, der Zufluss ausländischer Unternehmen und privater Sicherheitsfirmen nach Kabul und der Transport von Heroin nach Russland und Westeuropa war kein Zufall.

Russische Schmuggler erzählten den Reportern der Zeitung, wie sie auf Basaren in der tadschikischen Wüste Treffen zwischen russischen Waffenhändlern und Drogenlords der Taliban vermittelten, in dem riesigen Niemandsland, das früher die sowjetisch-afghanische Grenze war. Jetzt ist es ein von niemandem kontrolliertes Ödland – allerdings eines, in dem es zahlreiche Flugplätze gibt, die während der sowjetischen Besetzung Afghanistans von den Lufttransport- und Bomberregimentern für ihre Flüge ins Land genutzt wurden. Nun werden sie wieder von Mickey und seinen Jungs angeflogen, die mit ihrem alten Flugzeug in vertraute Gefilde zurückkehren, um aufzutanken, zu laden oder zu entladen. Die Vermittler behaupteten, dass keinerlei Geld im Spiel sei. »Wir verkaufen niemals Drogen für Geld«, brüstete sich einer der Schmuggler gegenüber der Zeitung. »Wir tauschen sie gegen Munition und Kalaschnikows.«

Tatsächlich haben diese Basar-Treffen ihre eigenen Tauschkurse: Ein Kilo Heroin entspricht 30 AK-47-Gewehren. Ist der Deal unter Dach und Fach, werden die Waffen in zerlegter Form über die tadschikisch-afghanische Grenze geschafft – entweder in kleinen Lieferungen oder in 15-Tonnen-Großladungen im Bauch von überladenen Il-76-Maschinen, in der Regel als Autoersatzteile oder Maschinenteile deklariert.

Im Verlauf seiner Untersuchungen hat Andrej Soldatow, ein Ermittler des russischen Geheimdienstes, Beweise dafür gesammelt, dass die Schmuggelpipeline, an die sich Juri aus der Zeit des afghanischen Krieges erinnert, seitdem alles andere als stillgelegt war. Allerdings schildert er Hintergründe, die noch bemerkenswerter sind. Denn nach seinen Erkenntnissen war der Schmuggel während des sowjetisch-afghanischen Krieges gar nicht so geheim, wie selbst Mickey glaubte.

»Der erste Bursche, der Ende der 80er Jahre den illegalen Heroinhandel über die Sowjetunion in den Westen organisierte, gehörte nicht zum Militärgeheimdienst, sondern zum KGB«, sagt er. »In Usbekistan gab es einige Burschen von den Spezial-Einheiten, die Gefallen an der Idee gefunden hatten, das Bewusstsein oder die Moral des Westens zu untergraben, indem man Heroin und all diese Dinge nach Westeuropa schmuggelte. Damals war die Heroin-Pipeline ein Sondereinsatz, gedeckt von KGB-Leuten in Usbekistan und hier in Moskau.«

Die Pipeline führt normalerweise hinauf in den Ural, dann nach Moskau und St. Petersburg, bevor sie auf dem Land- oder Luftweg in den Balkan und weiter nach Westeuropa verläuft. 90

Prozent des Heroins, das in Frankfurt, Edinburgh und Barcelona gespritzt wird, kommt über diese Route. Doch wenn diese Pipeline – und das gesamte Heroin-Schmuggelnetzwerk von Afghanistan nach Russland und Europa – ursprünglich Teil eines großen Plans war, dann zerbrach dieser Plan eines Tages im Jahr 1991, genau wie die Luftwaffe der UdSSR. Die dahinter steckenden Köpfe verloren ihre staatliche Agenda und wurden Privatunternehmer.

»Manche von diesen KGB-Agenten waren in den 90er Jahren immer noch im Geschäft«, sagt Andrej Soldatow. »Nur dass es in den 90ern eben keinen Befehl von oben mehr gab. Es war einfach nur Korruption und manch einem fiel ein Überbleibsel der Sowjetzeit in den Schoß. Also machten sie es zu Profit.«

Im April 2002 wurde in Twer, etwa 170 Kilometer westlich von Moskau, ein Mann verhaftet. Man beschuldigte ihn, der Kopf einer »kleinen, aber kompetenten« Gruppe von vier Männern zu sein, die angeblich unter Ausnutzung seiner »alten Beziehungen aus den Zeiten, als er als Soldat in Tadschikistan stationiert war«, den lokalen Heroinmarkt unter seine Kontrolle gebracht und hochwertiges Heroin per Luftfracht ins Land geschmuggelt zu haben. Das war nur die Spitze des Eisbergs. Mittlerweile behauptet Wasili Sorkin, Chef der Drogenfahndung in der Moskauer Hauptverwaltung für innere Angelegenheiten, dass bei diesem ausgesprochen profitablen Geschäft jeder seine Finger mit im Spiel hat – Privatunternehmer, Warlords, Frachtschmuggler und selbst ihre Nachfolger, die zur Zeit in der russischen Armee dienen – und das praktisch ohne Risiko. Schätzungen zufolge werden nicht mehr als sechs Prozent des afghanischen Heroins, das durch die russische Föderation kommt, von Polizei oder FSB-Agenten abgefangen.

Wen wundert es, dass Zeugen nur schwer zu finden sind, wenn jeder sein Stückchen vom Kuchen schützen will.

»Ein Oberst schilderte dieses System in Usbekistan und die alten sowjetischen Kanäle, die jetzt zum Heroinschmuggel genutzt werden«, sagt Soldatow. »Er diente in der Einheit [die er bezichtigt] in Usbekistan und jetzt dient er in Moskau, also sieht es aus, als wüsste er etwas. Als ich ihn nach Informationen fragte, nannte er ein paar Namen. Vielleicht ist es eine Art Rache an den Leuten, die mehr Profit gemacht haben als er.«

Vielleicht ist die Angst gerechtfertigt. Wenn frühere KGB-Agenten und afghanische Drogenbarone unter einer Decke stecken, um das Schmuggeln von Heroin mit solchen Flugzeugen wie Mickeys Il-76 zu finanzieren, dann müssen nicht nur der afghanische General Aminullah Amarkhel und seine Verbündeten oder neugierige Journalisten untertauchen, wenn sie zu oft ihre Nasen in die falschen Luftoperationen stecken.

Ein Experte für Luftfahrt und illegale Frachten, den ich interviewe, bittet nicht nur darum, dass sein Name nicht genannt wird – auch kein Pseudonym »für den Fall, dass es die Leute erraten« –, auch das Land, in dem er wohnt, und das Land, aus dem er kommt, sollen geheim bleiben.

»Ich möchte lieber nicht den Eindruck, den viele Leute haben, korrigieren, dass ich in dem Land lebe, mit dem ich meist in Verbindung gebracht werde«, sagt er. »Ich habe schon mehrmals mit Leuten gesprochen, sogar mit den Burschen, die den But-Report geschrieben haben, aber ich habe immer darum gebeten, meinen Namen da rauszuhalten. Es ist nämlich so, dass ich in der Vergangenheit schon von bestimmten Leuten zu Treffen eingeladen wurde, die auf einem Flug ihrer Il-76 stattfinden sollten. Ich hatte das ungute Gefühl, dass sie mir bei 30 000 Fuß die Tür öffnen wollten – ohne Fallschirm.«

Das klingt ein bisschen nach Paranoia und ich gebe nicht allzu viel darauf. Jedenfalls nicht, bis ich mich an einem schönen Sommermorgen in der Champagne Bar am Bahnsteig des Londoner St.-Pancras-Bahnhofs, der Endstation des Eurostar-Zuges, mit einem UNO-Ermittler unterhalte. Er ist auf dem Weg zu einer NATO-Konferenz in Brüssel und hat eingewilligt, sich zum Frühstück mit mir zu treffen. Wir reden über eine Stunde lang hinter der Glasfront der langgestreckten Bar unter Deckengewölbe und der viktorianischen Uhr, und als ich die Bedenken jenes Experten erwähne, sich mit den von ihm Verfolgten in einem Flugzeug zu treffen, glucksen wir bei Kaffee und Croissants gemeinsam über diese Anekdote. Doch als unser Gespräch endet und ich mein Diktiergerät ausgeschaltet habe, legt er mir eine Hand auf den Ellbogen und führt mich hinüber an eine Seite der Wartehalle.

»Jetzt, wo das abgeschaltet ist, kann ich mit Ihnen darüber reden«, sagt er. »Es scheint so, als sei vor ein paar Jahren, ein Mann etwa 30 000 Fuß über der Arabischen Halbinsel aus einem Flugzeug gefallen. Ein Flugzeug wie das Ihres Freundes. Jeder, der einmal in einer dieser Maschinen war, weiß, dass es sehr schwer ist, da einfach hinauszufallen. Niemand unterstellt, dass bei dieser Sache etwas nicht mit rechten Dingen zuging, aber man kommt schon ins Nachdenken, was alles passieren könnte.«

Und damit verschwindet er, lässt mich auf dem Bahnsteig stehen, sehr nachdenklich geworden über die Geschichte meiner Kontaktperson und seine Einladung zu Treffen in schwindelnder Höhe. Ich denke an die unheimliche Effizienz der afghanischen Drogenpipeline und frage mich, wer hinter all dem steckt. Dann fallen mir zum ersten Mal seit Monaten wieder jene mit Skimasken getarnten und bewaffneten Geheimdienstleute ein, die an der Absturzstelle in Surčin ausschwärmten und alle Spuren des Flugzeugs, der Besatzung und ihrer Fracht auslöschten. Ich denke an die FSB- und GRU-Männer, die in Zypern, dem Nahen Osten und in Afrika herumgeistern. Und ich denke: Wie gerne würde ich, nur ein einziges Mal, die Gesichter dieser gesichtslosen Männer sehen, möchte herausfinden wer – oder was – diese geheimnisvollen Kräfte sind. Doch eine Sekunde später halte ich erschrocken inne. Wenn ich recht darüber nachdenke, bin ich alles andere als sicher, dass ich es wirklich wissen will.

14

NICHTS GESCHIEHT OHNE GRUND

Afghanistan, 1995 und 2010

Das künstliche Licht flackert, als ein weiterer Kollege seinen Monitor ausschaltet, seinen warmen Mantel schnappt und mit einem kurzen »Gute Nacht« in den feuchtkalten Wind der schwedischen Herbstnacht hinaustritt.

Hier in Solna, im Norden von Stockholm, befindet sich die Zentrale des Stockholm International Peace Research Institute. Und in diesem Moment sitzen dort Leute und arbeiten sich durch Datenbanken, Reports und Flugberichte. Und genau wie ich, versuchen sie dort, den Gesichtern, Bewegungen und Motivationen hinter den Ergebnissen auf die Spur zu kommen, die diese Datenlawine liefert.

»Die Britische Regierung hatte sogar eine eigene Abteilung, die Flugzeug-Registrierungsnummern überprüfte«, höre ich Hugh Griffiths von SIPRI durch den blechernen Hall einer Handy-Verbindung sagen. Er arbeitet wieder einmal länger heute, und der Grund dafür wurmt ihn. »Sie hatten diese Abteilung, weil sie eben erkannt hatten, dass diese Nummern viel über die Flugzeuge verraten können, und damit auch viel darüber, wer was wohin bringt. Aber jetzt haben sie sie aufgelöst und die ganze Arbeit, diese Flüge zu verfolgen und die Unterlagen zu vergleichen und herauszufinden, was vor sich geht, bleibt an Leuten wie uns hängen.« Er lacht kurz und bitter auf. »Und der Grund, warum sie es aufgegeben haben, ist ironischerweise die Tatsache, dass es da draußen zu *viele* unangenehme Menschen gibt, die diese illegalen Flüge veranstalten.«

Obwohl die Verantwortung für das Aufzeichnen und Überprüfen von Flugzeug-Registrierungen genauso wie Lufttauglichkeits- und Sicherheitschecks eigentlich bei den zivilen Luftfahrtbehörden der einzelnen Länder liegen sollte, ist die Realität, besonders in Entwicklungsländern und Staaten mit hohen Korruptionsraten niemals ganz so einfach. Er seufzt, unüberhörbar frustriert über die Aufgabe der Beobachter, wenigstens die schlimmsten und unverschämtesten Schmuggler dingfest zu machen. »Sie sind überall, sie sind unglaublich selbstsicher. Ich meine, das sind Leute, die dir um zehn Uhr morgens Raki oder Sliwowitz anbieten, wenn du dich mit ihnen triffst, um über ihre Aktivitäten zu sprechen. Und sie lassen alle Versuche, sie im Auge zu behalten, ins Leere laufen, indem sie ihre Flugzeuge in Ländern wie Kasachstan anmelden, wo es keine transparenten, konsistenten und verlässlichen Aufzeichnungen gibt. Also werden alle globalen Datenbanken, so wie die britische, vollkommen wertlos. Es ist verrückt – wir wissen, was sie tun, aber sie sind uns immer einen Schritt voraus.«

Ich kann die Frustration von Männern wie Griffiths verstehen, und mehr noch die von Männern wie Peter Danssaert vom International Peace Information Service in Antwerpen, dessen Interesse – und seine Recherchen für Kunden wie Amnesty International oder die UNO – ihn noch tiefer in die Materie hineingeführt haben, bis hin zur heimlichen Verstrickung von Regierungen in den grauen Markt, der von diesen Flügen bedient wird. »Wie ich der Europäischen Kommission erklärt habe«, stellt der belgische Forscher fest, »könnten viele dieser illegalen Transfers und/oder Unterschlagungen von Waffen nicht stattfinden, ohne dass zumindest eine Regierung davon weiß und die Augen zudrückt.« Trocken fügt er hinzu: »Das ist wahrscheinlich auch ein Grund dafür, dass es manchmal so schwer für uns ist, Geld zu bekommen. Verstrickung oder zumindest Duldung durch die Regierung ist das zweite Tabu in unserer kleinen Welt, gleich nach der Verbindung von Hilfsflügen und Waffenschmuggel.«

Unter diesen Umständen wird aus einem schwierigen Job ein

Job an der Grenze zur Unmöglichkeit. Mir fällt es schon schwer genug, Mickey festzunageln, selbst im entspannten und vertrauten Gespräch bei einem Bier. Aber tausende und abertausende Flugzeuge, Sendungen, Crews, Kunden und Frachten jeden Tag mehr oder weniger forensisch untersuchen zu müssen, ist ein Kampf gegen Windmühlen.

Doch als mir Danssaert die niemals greifbaren Täter und ihr freches Vorgehen beschreibt, die Schlupflöcher, in denen sie jedes Mal wieder spurlos verschwinden, die Hindernisse, denen IPIS, Amnesty und Regierungsbehörden gegenüberstehen, drängt sich mir der Gedanke auf, wie komisch es ist, dass die Schmuggler immer »einen Schritt voraus« sind.

Nein, mehr als komisch. Eher ist es definitiv unheimlich – fast als wären hier größere Kräfte am Werk, die den Aufsichts- und Polizeibehörden Sand ins Getriebe streuen.

Und wenn das der Fall ist, dann erscheint die Vorstellung von prominenten Figuren wie But und Minin als Staatsfeinde und Händler des Todes, die rastlos um den Globus eilen und im Alleingang Chaos und Zerstörung säen, nicht nur fehlgeleitet, sondern als ein unglaublich erfolgreiches Ablenkungsmanöver.

Immerhin lassen Dokumente, die nach Minins Verhaftung bei seiner Kokain-und-Mädchen-Party gefunden wurden, darauf schließen, dass er nicht weniger als 113 Tonnen Kleinwaffen nach Westafrika geschmuggelt hat. Das ist eine ganze Menge, eigentlich ist es so viel, dass es Polizei und Zoll hätte auffallen müssen.

Doch andererseits ist es ja auch nicht so, als sei es nicht schon vor langer Zeit bemerkt worden. Mitte der 90er Jahre beauftragte zum Beispiel der ukrainische Präsident Leonid Kutschma eine parlamentarische Untersuchungskommission, um herauszufinden, warum so viele Waffen aus seinen Kasernen verschwanden. Im Bericht der Kommission wurde festgestellt, dass von Militärbeständen im Wert von 89 Milliarden Dollar, über die die Ukraine noch im Jahr 1992 verfügt hatte, bis 1998 Material im Wert von 32 Milliarden Dollar auf mysteriöse Weise verschwunden war.

Doch kaum war der Bericht fertiggestellt, verschwanden alle 17 Bände des Werkes. Der Kommissionsvorsitzende, General Oleksandr Ignatenko, wurde vor ein Militärgericht gestellt und degradiert. Der einzige Publizist, der wagte, mit den Ergebnissen an die Öffentlichkeit zu gehen, war der in Kiew lebende Herausgeber eines Newsletters namens Serhy Odarych. Er wurde eines Nachts vor seiner Wohnung angegriffen. Man verpasste ihm als Warnung einen Schuss ins Bein und gab ihm den gutgemeinten Rat: »Hör auf, dich in die Politik einzumischen, sonst werden wir dich eliminieren.« Die Angreifer verschwanden und wurden nie gefunden. Die Polizei beschied Odarych, er habe sich selbst ins Bein geschossen, um Aufmerksamkeit zu erregen – er besaß aber gar keine Waffe.

Die Geheimhaltung um die Fäden, die von solchen Airlines wie etwa Mickeys Arbeitgeber nach oben verlaufen, ist so umfassend und wird so konsequent durchgesetzt, dass immer nur dann, wenn etwas schiefgeht – wie es bei Starikow und Damnjanović in Belgrad der Fall war – und auch dann höchstens für einen kurzen Moment ein Riss erscheint und wir einen Blick erhaschen können auf die Kräfte, die hier am Werk sind.

Tatsächlich wäre ohne einen Zwischenfall mit einer Il-76-Maschine auf dem Weg nach Afghanistan Mitte der 90er Jahre selbst das Wenige, was wir über die Schmuggelrouten aus dem von Koalitions- und NATO-Truppen besetzten Afghanistan wissen, vielleicht niemals ans Licht gekommen. Und wäre der Flug wie geplant verlaufen, hätten wir vielleicht nie etwas von Wiktor But gehört – oder von den Männern ohne Namen, für die er möglicherweise arbeitet.

Doch der Flug verlief nicht so wie geplant. Und die Geschichte, von der bis zum heutigen Tag immer wieder neue Einzelheiten ans Licht kommen, ist eine der ungewöhnlicheren in der Geschichte des Waffenschmuggels.

* * *

Es ist ein sonniger Tag in Moskau. Filmproduzent Ilja Neretin, jung, erfolgreich, mit glattem Gesicht und schick angezogen, ist der Mann hinter dem russischen Blockbuster und Kassenschlager von 2010: *Kandahar: Survive and Return*, beruhend auf der wahren Geschichte einer waffenschmuggelnden Il-76-Crew, die im Jahr 1995 von Taliban gekidnappt wurde und sich aus deren Gewalt befreien und fliehen konnte.

Der Film ist großartig – ein verwegenes, hyperreales und spannendes Stück Actionkino. Es überrascht mich nicht, dass er so gut ankam in einem Russland, das dabei ist, sein Selbstbewusstsein wiederzuentdecken, ganz ähnlich wie die *Rambo*-Filme in den kraftstrotzenden USA der 80er Jahre, die mehr daran interessiert waren, ihr kollektives Ego zu stärken als eine historisch akkurate Reportage zu sehen. Mich jedoch interessieren die Story und ihr Hintergrund. Die Männer flogen eine Mission für Wiktor But, aber es gab von Anfang an Gerüchte, dass hinter ihrem Flug nach Kandahar an diesem Tag noch dunklere Machenschaften steckten. Wenn ich dahinterkommen kann, welche anderen, öffentlichkeitsscheuen Kräfte noch ein Interesse an solchen Il-76-Missionen haben, dann wird es mir vielleicht leichter fallen, Mickeys Arbeit im Kontext zu sehen.

Wir plaudern ausführlich – über den Film, über den Zustand des Landes damals und heute, über Neretins private Probleme, über Freud und Leid der Filmarbeit in Marokko (wo die Kandahar-Szenen gedreht wurden) und über den langen und seltsamen Trip, auf dem sich Russland seit 1991 befindet. Ich mag Ilja. Er ist großartig, ein guter Gesprächspartner, zaubert Schwiegermuttergeschichten und witzige Bemerkungen aus dem Ärmel. Obwohl ich ihm wochenlang hinterhergejagt bin für diesen Gesprächstermin, besitzt er diese seltene Gabe, seinem Gegenüber das Gefühl zu vermitteln, dass er seit Ewigkeiten den Wunsch hatte, ihn kennenzulernen und mit ihm zu plaudern. Und er lacht die ganze Zeit, während er mir von seinem Film erzählt und von den Problemen, eine ganze Il-76 mit Crew nach Marokko zu bekommen.

Er hat zwei Crews kennengelernt: die Vorbilder der Filmfiguren, die Originalbesatzung, die Wiktor Buts Waffen nach Afghanistan flog, und ein Team von tollkühnen weißrussischen Frachtfliegern, die engagiert wurden, um die Il-76 im Film zu fliegen. Er vergleicht sie mit Cowboys. »Was diese Burschen auf ihren Missionen erleben, und das gilt natürlich ganz besonders für die gekidnappte Crew, das ist genau wie im Western«, sagt er. »Im Western sagt der Held: ›Dies ist mein Land. Hier gibt es keine Regierung, keine Polizei, niemand kann mir helfen – nur ich selbst kann es tun, allein.‹ Unsere Il-76-Crew auf diesem Flug musste das lernen. Schau dich um: Taliban, Waffenhändler – es gibt nur Feinde. In dieser Situation waren die Taliban, wenn man so will, die Indianer. Wenn ich also meine Freiheit nicht verlieren will – oder mein Land, wie sie im Western sagen – dann muss ich selbst dafür Sorge tragen.«

Er zeichnet ein Bild von Besatzungen wie Mickeys Team: Crews, wie sie mir immer wieder begegnen. Dabei wird die Bezeichnung »Cowboys« von Menschen, die glauben, dass sie die unscharfe Grenze zwischen Geschäft und krimineller Aktivität zu oft überschreiten, durchaus als Beleidigung verstanden, während andere, die ihre Autarkie und Zähigkeit bewundern und sie mit dem namenlosen Fremden im Western vergleichen, ein Kompliment darin sehen. Doch Iljas Worte bringen gleichzeitig auf erschreckende Weise jene post-sowjetische Geisteshaltung auf den Punkt, die Mickey hervorgebracht hat. »Regierung oder Polizei werden dir nicht helfen. Es ist Zeit für Selbsthilfe: Nennen Sie es Anarchie oder nennen Sie es Reaganomics.«

Ilja ist in vielerlei Hinsicht ein frischer Wind. Ich finde ihn charmant, respektlos und witzig, und sein Interesse für die Crews spiegelt mein eigenes. »Die menschliche Story dahinter ist interessant, denke ich«, stimmt er mir zu. »Wir reden hier von den Taxifahrern.« Dann kommt er vom Thema ab und erzählt von einem Besuch seiner Schwiegermutter. Wir lachen viel.

Wir haben eine Weile geredet und ich fühle mich ziemlich

1 Eine Iljuschin 76 – Mickeys und Sergejs Transportflugzeug, um legale und illegale Fracht rund um den Globus zu fliegen.

2 Das viermotorige Propellerflugzeug Antonow 12 wird von der russischen Armee eingesetzt – oder von dem größten Schmuggler-Netzwerk der Welt.

3 Hilfsgüter werden im Fracht-
raum einer Il-76 verladen.
Sie gehören zu der legalen
Fracht, die Mickey und seine
Crew transportieren.

4 15 Tonnen zusätzlich – der
Blick in den noch relativ
leeren Laderaum einer Il-76
zeigt den Umfang dieser
Maschinen.

5 Kokainpakete aus Mexiko. Wie bei jedem Unternehmen, wird auch hier die Ware mit eigenen Brandings oder Logos gekennzeichnet.

6 Waffen aus einem ukrainischen Waffenarsenal. Mit deren Verkauf konnten viele Armeeangehörige nach dem Zusammenbruch der Sowjetunion ihr Überleben sichern.

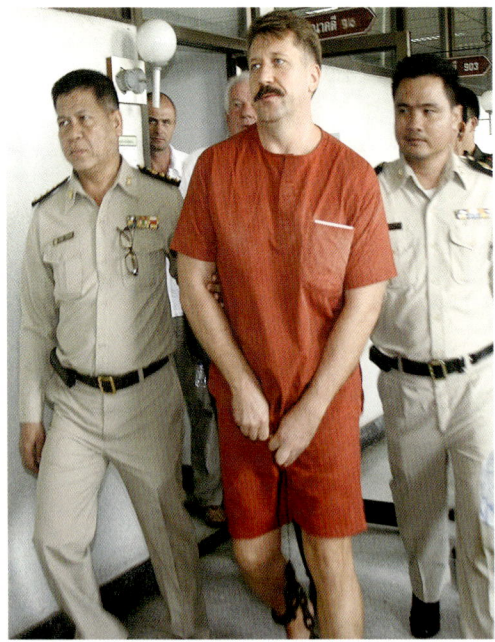

7 Der berühmt-
berüchtigte Wiktor
But bei seiner Fest-
nahme in Thailand.

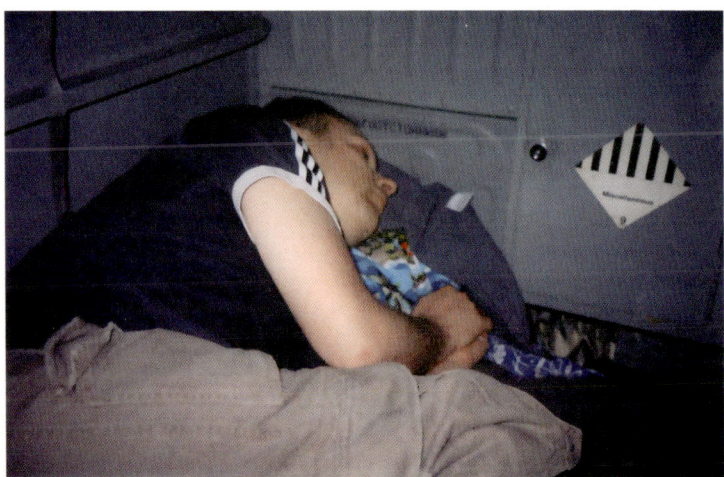

8 Matt Potter bei dem Versuch, während eines Fluges im Innenraum einer
Il-76 zu schlafen.

9 Auch militärische Fracht wird mit den riesigen Luftschiffen transportiert. Diese Iljuschin steht auf dem Militärflugplatz Jagel in Schleswig-Holstein.

10 Munition der ehemaligen UdSSR aus der Ära des Kalten Krieges, wie sie auch auf dem Schwarzmarkt verkauft wird.

11 Heroinpakete in Afghanistan, die zum Abtransport bereit sind.
    Afghanistan gehört zu den weltweit größten Heroinproduzenten.

12 Diese Säcke, in denen
    Kokain transportiert
    wird, werden in Belize an
    den Strand gespült. Dort
    sammeln sie dann die ein-
    heimischen Fischer auf.

13 Der Blick durch die Panoramaverglasung der Nase eine Il-76. Von der Crew »Bordkino« genannt.

14 Die Wrackteile einer abgestürzten Il-76 in Baku, Aserbaidschan.

15 Matt Potter in Afghanistan.

wohl mit ihm. Ich erwähne, dass ich eigentlich die Story dieser Crews recherchiere – nicht nur ihr Leben, sondern ihre Rolle beim Verteilen von humanitärer Hilfe, Friedenstruppen, Waffen und Drogen, Hoffnung und Dunkelheit, rund um die Welt.

Dann erzähle ich ihm, dass es eine interessante Verbindung ist, dass die Il-76 im Film von But gechartert wurde.

Ilja unterbricht mit der Hand meinen Redefluss, sagt aber einen Moment lang nichts. »Matt, Sie und ich, wir wissen, in was für einer Welt wir leben, glaube ich«, beginnt er endlich. »Schauen Sie, Matt, ich will Ihnen nur so viel sagen. Es gibt so viele Mr.-X-Figuren, die die Welt regieren. Und Mr. But ist ein Prinz. Aber es gibt auch *Könige*. Wenn Sie Waffen verkaufen, dann tun Sie das, wenn ein Bursche ganz oben Sie deckt. Mein Ziel war es nicht, die Wahrheit über all diese Dinge zu ergründen. Das ist die Aufgabe von Staatsanwälten.« Dann fügt er hinzu: »Und Journalisten.«

Dann muss er plötzlich gehen. Ich kontaktiere ihn noch einmal, aber bekomme ich nie wieder eine Antwort von ihm.

Also grabe ich noch ein wenig weiter. Und dabei entdecke ich die andere Seite der Geschichte von der tollkühnen Flucht dieser Crew. Denn die Gerüchte haben recht – es ist mehr dran an der Geschichte der gefangenen Crew als Neretins Drehbuch, oder er selbst, zugeben.

Ja, es stimmt: Diese kurz zuvor privatisierte Crew früherer Sowjetpiloten wurde, als sie mit einer Waffenlieferung für die Nordallianz unterwegs waren, 1995 mit ihrer Il-76 von den Taliban zum Landen gezwungen und nach Kandahar umgeleitet – genau wie es im Film dargestellt wird. Und genau wie im Film wurden sie mehr als ein Jahr lang von den Taliban als Geiseln festgehalten.

Die russische Regierung begann mit den Geiselnehmern zu verhandeln, aber die Verhandlungen kamen bald ins Stocken. Aus Wochen wurden Monate, die Hoffnungen der Männer auf Hilfe von außen schwanden und sie begannen, die Dinge selbst in die Hand zu nehmen. Sie heckten einen Plan aus, schafften es, ihre Bewacher davon zu überzeugen, dass nicht nur die Ladung, sondern auch das Flugzeug selbst – das inzwischen einfach auf dem Rollfeld des Flugplatzes verstaubte und Rost ansetzte – ein guter Fang sei, Millionen wert, wenn man es auf dem freien Markt verkaufte, in jedem Fall deutlich mehr als der Militärtransportflieger der Taliban. Aber, sagte sie, ohne regelmäßige Wartung und gelegentliches Zünden der Triebwerke wäre es nutzlos. Für das komplizierte regelmäßige Wartungsprogramm würden alle sieben Crewmitglieder gebraucht, sagten sie. Und bei den ersten paar Check-ups, die alle unter bewaffneter Bewachung stattfanden, zeigten sie den Taliban, wie es ging.

Am Freitag, dem 16. August 1996, nach mehr als einem Jahr einer an Sklaverei grenzenden Gefangenschaft, hatte die Wachsamkeit der Kidnapper so weit nachgelassen, dass vier von ihnen zum Gebet verschwanden und nur drei Bewacher bei der Crew zurückblieben. Pilot Viktor Scharpatow sah ihre Chance gekommen. Die Crew sagte nur »Wir müssen jetzt die Triebwerke starten«, schob sich an den Kidnappern vorbei, sperrte sie aus der Maschine aus, startete die Triebwerke und fing an, die viel zu kurze Startbahn entlangzurollen.

Jetzt zeigten Flugzeug und Crew, aus welchem Holz sie wirklich geschnitzt waren. Das Fahrwerk hob sich gerade in dem Moment, als die Startbahn in felsiges Gelände überging, und sie flogen, nicht etwa nach Norden in Richtung Russland – Scharpatow wusste, dass die Taliban diesen Luftkorridor mit Kampfflugzeugen absichern würden – sondern nach Westen, in den Iran und dann weiter in ihr zweites Zuhause Schardscha, immer nur wenige Meter über dem Boden, um das Radar der Taliban zu unterfliegen. Nicht einmal drei Tage, nachdem sie bärtig, benommen und erschöpft in Schardscha gelandet waren, kehrten die gefütterten, ausgeruhten, rasierten und ärztlich behandelten Männer nach Russland zurück, wo sie wie Helden empfangen wurden. Weitere drei Tage später erhielten sie aus der Hand des russischen Präsidenten Boris Jelzin den Orden von Oranjen und wurden als Helden der Russischen Föderation ausgezeichnet.

So geschah es wirklich, das alles stimmt. Tatsächlich wird die Darstellung dieser Geschichte in Neretins Film in Russland inzwischen zunehmend als historische Wahrheit angesehen. Dmitri Rogosin, früherer Chef der russischen *Narodna*-Partei (Heimatland), inzwischen russischer Botschafter bei der NATO, nennt den Film gar eine »Dokumentation«. Er ist mittlerweile mit Scharpatow befreundet und erklärt ihn zu einem National-helden. Nun, wie Mickey ist Scharpatow ein tapferer und listen-reicher Mann. Er hat seinen Heldenstatus verdient.

Doch die Wahrheit ist eine komplexe und vielschichtige Sache. So gesehen, könnte das, was ich Ihnen nun erzähle, ebenfalls die volle Geschichte sein. Im August 1995 waren die Beziehungen zwischen Russland und der nordafghanischen Regierung an-gespannt. Russland beschuldigte die Afghanen, Unruhen in Ta-dschikistan zu schüren. Dennoch bekam Wiktor But mit einem diskreten Wink der Sicherheitskräfte den Auftrag, heimlich und in aller Stille Rüstungsgüter für die moderateren Mudschahed-din der Nordallianz nach Kabul zu fliegen.

But hatte den Piloten Wladimir Scharpatow in einer Hotelbar in Schardscha kennengelernt, seitdem flog er regelmäßig für ihn. Es war nicht der erste Waffen- und Munitionsflug von Albanien nach Kabul, den er und seine Crew in der Il-76 machten. Schar-patow wusste genau, was wer an Bord hatte und wie vorsichtig er sein musste, um nicht entdeckt zu werden. Normalerweise war es kein Problem – *nitschewo*. Diesmal war es eines. Der Funker hielt die Funkstille nicht ein und die MiG-21-Jets der Taliban-Luftwaffe fing sie ab.

Nach den Recherchen von Farah und Braun fing But sofort an zu telefonieren, als er von der Gefangennahme erfuhr. Er selbst erzählte Peter Landesman von der *New York Times*, dass er die Taliban-Führer angerufen und versucht habe, telefonisch Einzelverhandlungen in Gang zu bringen. Danach sei er nach

Kandahar geflogen, aber man habe ihm den Zutritt verweigert. Die Taliban-Führer waren davon überzeugt, dass der Flug eine offizielle Mission der russischen Luftwaffe gewesen sein musste, deshalb wollten sie nur mit der Regierung verhandeln. Doch die Verhandlungen kamen nicht voran. Warum die Männer der Taliban sich eigentlich so in diese Idee verrannten, ist eine interessante Frage, die nie wirklich beantwortet wurde. War das einfach nur Paranoia? Oder die Unfähigkeit einer politisch radikalisierten Gruppe, einen simplen privaten Waffendeal als das anzuerkennen, was er war?

Als ich Marschall Schaposchnikow viele Jahre später darauf anspreche und frage, ob es nicht doch möglich ist, dass es sich um irgendeine Art verdeckter Aktion staatlicher Stellen gehandelt hat, ernte ich nur ein barsches »Kein Kommentar!« Ein faszinierender Gedankengang, dass es sich dabei um eine »schwarze Operation« handelte, die über einen dementierbaren Mittelsmann wie But abgewickelt wurde.

Viele Monate lang war nichts zu hören. Dann handelte But, entweder allein oder in Abstimmung mit dem klammen russischen Militär, hinter den Kulissen angeblich eine Einigung aus, mit der er und die Taliban leben konnten. Sie würden es den Männern erlauben zu »entkommen«, wenn But sich verpflichtete, sie zukünftig mit Flugzeugladungen von Waffen und Munition zu beliefern. Beide Seiten gewannen. Ein paar Tage später machte die Crew ihren tollkühnen Fluchtversuch und durfte nach Hause fliegen.

Eine anonymer Informant bei der UNO, der But persönlich kennt, behauptete im Frühjahr 2010, But habe ihm einmal anvertraut, dass er nur das ausführte, was ihm »jemand viel weiter oben in der Nahrungskette« aufgetragen habe. Wer genau diese Person sein könnte, wurde nie völlig geklärt, allerdings gibt es Behauptungen, dass es Buts Schwiegervater, ein früherer KGB-Bonze und heute einer der glühendsten Parteigänger von Wladimir Putin, sei.

But selbst war früher auskunftsfreudiger, doch seit der Druck auf ihn zugenommen hat, lässt er sich nicht mehr viel entlocken. Einmal antwortete er, als er direkt auf diese Geschichte angesprochen wurde: »Sie entkamen nicht, sie wurden herausgezogen. Es gibt riesige Kräfte. ...«, und dann verstummte er prompt. In einem Interview, das er kurz vor seiner Festnahme Peter Landesman von der *New York Times* gab, schien er drauf und dran zu sein, mehr zu sagen, machte dann aber wieder einen Rückzieher. »[Meine Kunden sind Regierungen, aber] Ich halte den Mund«, sagte er. Dann zeigte er mitten auf seine Stirn und fügte hinzu: »Wenn ich Ihnen mehr sagen würde, bekäme ich das rote Loch genau hierhin.«

Tatsächlich war der FSB nicht abgeneigt, die Frachtflugunternehmen hin und wieder daran zu erinnern, wer das Sagen hatte. Im Jahr 2000 sah es so aus, als wolle der russische Geheimdienst – vielleicht, weil Buts wachsende Bekanntheit sie beunruhigte, vielleicht als eine Art freundlichen Schuss vor den Bug – an einem von Buts Mitbewerbern unter den Fluglinien ein drakonisches Exempel statuieren. Im September 2000 verkündeten maskierte FSB-Männer, sie hätten eine Il-76 mit 22 Tonnen versteckter Fracht beschlagnahmt, die nicht auf den Frachtpapieren erschien. Nach Aussage des russischen Außenministeriums waren sie durch Berichte über einen besonders schwerfälligen Start vom Flughafen Irkutsk, bei dem Einrichtungen am Boden beschädigt worden waren, auf die Maschine aufmerksam geworden. Daraufhin durchsuchte der FSB die Büros der Fluglinie East Line, die ihr Luftfrachtgeschäft vom rund 30 Kilometer von Moskau entfernten Flughafen Domodedowo aus betrieb. Die regelmäßigen Flüge dieses Unternehmens nach Pakistan, in die Vereinigten Arabischen Emirate, nach Indien, China und Südkorea schienen auf etwas hinzuweisen, was man schon lange vermutet hatte: »einen festen Kanal für die Zustellung von geschmuggelten Konsumgütern«, wie es in einem Statement des Ministeriums hieß. Ein Ziel dabei sei es, die Zölle auf Schmuggelware aus China zu umgehen. Trotz der Proteste des Generaldirektors Amiran Kurtanidze demolierten die bewaffneten und maskierten FSB-Agenten das Büro, rissen Schubladen und Registraturen heraus und nahmen sämtliche Computer und Akten des Unternehmens mit, womit sie die Geschäftstätigkeit von East Line effektiv lahmlegten.

Die Nachricht über die Razzia machte schnell die Runde: Zwei weitere Flugzeuge des Unternehmens wurden auf abgelegenen Landebahnen in Sibirien und Nischni Nowgorod verlassen vorgefunden. Die Crews waren, wie berichtet wurde, von ihrem Arbeitgeber instruiert worden, ihre auf dem Rückflug befindlichen Flugzeuge umzudrehen und nach China zurückzufliegen. Da sie nicht mehr genug Treibstoff hatten, landeten die Crews, wo sie konnten und flohen in die Wildnis. Sie ließen ihre Maschinen einfach auf der Landebahn stehen. Stunden später wurden sie dort entdeckt, die Funkgeräte knisterten noch.

Doch das sollte nicht die letzte Schleife in dieser an Verschlingungen wahrlich nicht armen Geschichte bleiben. Direktor Kurtanidze erklärte gegenüber der Presse zuerst, dass es sich bei den Razzien und sämtlichen Vorwürfen um Missverständnisse handle, die leicht hätten ausgeräumt werden können. Dann sagte er, das alles sei Teil eines ausgefeilten Komplotts, ins Werk gesetzt von einer zwielichtigen Gruppe mit dem Namen »Reconciliation and Accord Foundation« (zu Deutsch etwa: »Stiftung für Schlichtung und Übereinkunft«). Diese versuche, die Luftfracht-Routen nach China unter ihre Kontrolle zu bekommen, um sie für ihre eigenen dunklen Ziele zu nutzen und jegliche »Konkurrenz« auszumerzen.

Einige der mutigeren russischen Zeitungen gingen noch weiter und schrieben, der FSB schikaniere hier eines der wenigen guten Unternehmen. East Line war 1993 in den harten Anfangsjahren der russischen Föderation in Domodedowo gegründet worden und hatte sich, wie behauptet wurde, geweigert, Schutzgeld an die Mafiagruppen zu zahlen, die den ganzen Flughafen beherrschten. Dieser ganze Fall, so war hinter vorgehaltener Hand zu hören, war nichts weiter als eine Erpressung durch die *Mafija*-Elemente innerhalb des russischen Staates. Die russische Wirtschaftszeitung *Komersant* spekulierte, dass entweder der Versuch, die Kontrolle über die Zollfreigaben zu stärken, oder das persönliche Geschäftsinteresse eines Regierungsmitglieds hinter der Razzia steckte. Unbestreitbar ist, dass das Schließen einer Airline wegen nicht deklarierter Fracht ohne Beispiel war.

Während die Untersuchung sich hinzog, stürzte East Line ins Bodenlose. Das Unternehmen, das vorher zweiter in dem Marktsegment gewesen war (nach Aeroflot), rutschte ab auf den sechsten Rang. Am Ende wurden die Untersuchungen des FSB wieder eingestellt. Zuvor waren die Vorwürfe gegen East Line in mehreren Regierungserklärungen bekräftigt worden, aber in keinem einzigen Fall wurde Anklage erhoben. Kurtanidze war gezwungen zurückzutreten, und alle Fluglinien auf dem Gebiet der früheren Sowjetunion wussten wieder zweifelsfrei, wer der Herr im Haus war.

Die Russen hatten in dieser Zeit keinerlei Schwierigkeiten, den Gerüchten über krumme Geschäfte von offiziellen Stellen Glauben zu schenken. Die von großem Medienrummel begleitete und dramatisch inszenierte Razzia würde zweifellos den anderen Besatzungen und Mittelsmännern eine deutliche Warnung sein – ob es nun seriöse Bluechip-Unternehmen wie East Line oder zwielichtige Firmen waren, die die Behörden unter Beobachtung hatten. Doch zu diesem Zeitpunkt hätten weder Mickey noch die anderen beteiligten Crews, Charterer und Unternehmer mit dem Schmuggeln aufhören können, selbst wenn sie es wollten. Es war die reichste Schmuggelszene der Welt – und es gab einfach zu viel zu verdienen.

Bis zum heutigen Tag ist der FSB – sofern es tatsächlich der FSB war, der hinter der Razzia steckte, und nicht Privatinteressenten, die den Sicherheitsdienst instrumentalisierten – nie wieder gegen die Frachtflugunternehmen oder ihre Crews vorgegangen. Heute betreibt die East Line Gruppe den Flughafen Domodedowo und ist einer der größten Konzerne Russlands. Sie war zuletzt in den Schlagzeilen mit einer Initiative zur Erhöhung der Flughafensicherheit, nachdem 2011 ein Selbstmordattentat in der Gepäckabholung 35 Todesopfer gefordert hatte. Von der »Reconciliation and Accord Foundation« war nie mehr etwas zu hören.

Sicher, eine heimliche Einflussnahme in die Belange von Frachtfluglinien ist nichts Neues. Der frühere Chef der ukrainischen Gegenspionage, Grigori Omeltschenko, erzählte Peter Landesman von der *New York Times*: »Schmuggler wie But sind entweder geschützt oder tot. Es herrscht totale staatliche Kontrolle.« Vielleicht liegt also Ilja Neretin mit seiner Behauptung nicht ganz richtig. Vielleicht hatte derjenige, der die Waffenlieferung deckte, die Sache die ganze Zeit im Auge. Vielleicht war die Crew letzten Endes doch nicht allein und ohne jede Hilfe.

Andrej Alexejewitsch Soldatow ist schmächtig, mausgrau und trägt eine Lederjacke. Wenn man ihn auf der Straße sieht, würde man ihn eher für den Bassisten einer Indie-Rockband halten als für die Geißel der abtrünnigen Elemente innerhalb des russischen Geheimdienstes. Er ist so etwas wie Mickeys Pendant, wie Woody Allens *Zelig* taucht er immer wieder an entscheidenden Wendepunkten der postsowjetischen Geschichte auf. Mit gerade einmal 21 wurde er Reporter der Zeitung *Sewodnja*. Danach wechselte er von Blatt zu Blatt, berichtete über die Geiselnahme und das Massaker in der Schule von Beslan und die Geiselnahme im Moskauer Dubrowka-Theater. Er traf sich mit Überläufern, folgte Spionen und deckte Beteiligungen des Kremls bei kriminellen Machenschaften auf. Jetzt im Alter von 34 ist er vor allem für seine Berichte über Schwarze Operationen und außergesetzliche Aktivitäten des russischen Geheimdienstnetzwerks in Vergangenheit und Gegenwart bekannt.

»Viele von diesen Flügen von und nach Afghanistan werden

eindeutig von jemandem gedeckt«, stimmt er zu. Wie er mir erklärt, geht sein Verdacht in die Richtung, dass es in Moskaus Interesse sein könnte, eine Pipeline für geheime Frachten offenzuhalten und zu wissen, was andere Leute verschicken. Er vermutet auch, dass hier und da ein bisschen sichtbarer Heroinschmuggel nach Russland und ab und zu eine sorgfältig inszenierte Beschlagnahme dem Kreml in die Hände spielt, der daran interessiert ist zu demonstrieren, dass die NATO nicht in der Lage ist, den Heroinhandel vor Russlands Hintertür zu stoppen. Vielleicht entsteht hier sogar ein Vorwand dafür, sich wieder stärker in Zentralasien zu engagieren. »Es läuft ein neues Stadium des Großen Spiels«, lächelt er und erinnert an das verdeckte Ringen Englands und Russlands um militärische und wirtschaftliche Machtpositionen in Afghanistan und Indien im 19. Jahrhundert. So viel zum Thema nicht-organisiertes Verbrechen.

Doch wenn jemand all diese fliegenden Schmuggler umbringt, schützt, mit Razzien überzieht oder kontrolliert, und wenn jemand gerade genug Heroin nach Russland hineinlässt, um die NATO unter Druck zu setzen, aus Afghanistan zu verschwinden, dann stellt sich natürlich die Frage: Wer? Und wie hoch muss man in der Hierarchie gehen, um diese Leute zu finden?

»Ich sage immer wieder, ich bin nicht die Polizei«, sagt Peter Danssaert, als ich ihn noch einmal in seinem Büro im Dockviertel von Antwerpen, Belgiens historischem Diamantenumschlagplatz, anrufe. »Ich bin nicht in diesem Geschäft, um Leute hinter Gitter oder wohin auch immer zu bringen.« Diesmal brauche ich seine Hilfe, um zu verstehen, was immer weniger nach den Taten von ein paar freischaffenden Bösewichtern und immer mehr nach einem geheimen Einverständnis der Staaten aussieht.

Für Danssaert machen diese Fragen zum Teil den Reiz seines Jobs aus, den Schmuggelflügen auf die Spur zu kommen. »Für mich ist es ein Puzzle, das man zusammensetzen muss. Wenn jemand dir sagt, hier ist ein Waffenflug, dann ist für mich die Motivation, herauszufinden: Wie wird es gemacht und wer macht es. Wie passt es ins Gesamtbild? In vielen Fällen werden diese Waffenmakler und Transportunternehmen von den gleichen Regierungen für offizielle Waffentransporte engagiert, dann tun sie das gleiche legal, was sie sonst illegal tun, oder zumindest tun sie öffentlich, was sie sonst heimlich tun! Also versuche ich herauszufinden: Wie geht das? Das ist das Puzzle, das die Sache für mich immer wieder interessant macht.«

Doch Danssaert gehört zu einer kleinen Gruppe von Leuten – viel zu klein, wie er selbst bereitwillig zugibt – in Organisationen mit winzigen Budgets, die über eine Reihe von Ländern verteilt sind. Sie alle versuchen, die Wanderbewegungen von Waffen und anderen destabilisierenden Gütern rund um die Welt zu überwachen. Es ist ein harter Job, der noch schwerer wird durch die widersprüchlichen Forderungen der Organisationen, die sie finanzieren und die bestimmte Berichte veröffentlichen wollen, solange das jeweilige Thema akut ist. Doch die Fakten in den Berichten müssen der Prüfung standhalten, methodisch wasserdicht sein. Danssaert sagt, er arbeitet »gerade an einem, der mit 20 Seiten anfing, inzwischen ist er auf 200 Seiten angewachsen. Amnesty fragt schon danach, aber wir müssen es richtig machen.«

Auch Journalisten erschweren seinen Job, wie er sagt. »Wenn Leute Artikel darüber schreiben, dann klingt es sehr leicht oder zumindest sehr viel weniger kompliziert. Doch die Welt ist ein komplizierter Ort und diese Sache ist viel verzwickter, als es oft aussieht.« Und wie kompliziert sie tatsächlich sein kann – und wie die Grenzen zwischen legal und illegal gefährlich verschwimmen können – wird, wie Danssaert findet, am besten illustriert von jenem dichten Nebel, der nicht nur diese Flüge umgibt, sondern auch alle Versuche von Regierung und Strafverfolgungsbehörden, ihnen Einhalt zu gebieten.

»Ich habe zum Beispiel bei vielen dieser Reports [über Buts Aktivitäten] das Problem, dass sie vollkommen selbstreferenziell sind«, sagt er. »Ich kenne sogar einen Fall, da schrieb ein Journalist einen Artikel mit einigen Hypothesen darin. Diesen Artikel benutzten dann die Geheimdienste als Basis für einen ihrer Berichte – und schließlich spielten sie diesen internen Bericht den Journalisten zu, die wiederum daraus zitierten, von ›Geheimdienstquellen‹ sprachen und das Ganze als Fakten darstellten!«

Letzten Endes spielt der Verdacht von unsauberen Machenschaften der Journalisten den Parteigängern Buts in die Hände. Ebenso wie die Tatsache, dass CIA, Washington und einige Ermittler nicht fähig oder nicht willens sind Stellung zu beziehen, wenn ihre Behauptungen in Zweifel gezogen werden. Am bekanntesten ist der Fall eines Vorgängers von Danssaert bei IPIS, eines belgischen Ermittlers namens Johan Peleman. Dieser wurde, ob zu Recht oder zu Unrecht, zu einer bevorzugten Zielscheibe in Buts Lager, weil man seine Berichte für »aufgemotzt« hielt. »Es ist kein Problem, diejenigen zu erkennen, denen einer abgeht bei der Aussicht, But etwas anzuhängen«, sagt ein Ermittler mit einer Mischung aus Belustigung und Verachtung.

Die Pointe liefert But selbst, der seinen diffus-schlechten Ruf mit der ihm eigenen Überschwänglichkeit akzeptiert – vielleicht sogar forciert – und der es zu genießen scheint, sich über die Leute zu amüsieren, die es sich zur Lebensaufgabe gemacht haben, ihn zu beobachten. Auf seiner Webseite steht unter dem Punkt »Kontaktdaten« lediglich: »Adresse: Geschichtsbücher, Geheimdienstakten und die Phantasie der Leute.«

Doch But ist nur das sichtbarste Aushängeschild für das ganze Phänomen der Cowboys der Lüfte und der großen und unbesungenen Rolle, die sie in der Weltpolitik spielen.

Kann es denn so schwer sein für die Behörden, am Himmel aufzuräumen – zumal in hermetisch abgeriegelten Ländern wie Afghanistan und Irak? Theoretisch sollten schwarze Listen funktionieren oder zumindest genaues Leistungsmanagement und genaue Beobachtung. Ebenso Durchsuchungen und eine Menge anderer Dinge.

Der Haken ist, in den schlimmsten Ecken der Erde, für die gefährlichsten und wichtigsten Jobs, waren Mickey und seine Kameraden mit ihren brüllenden, zusammengeflickten Iljuschins und Antonows oft die einzige Wahl. Ein Pilot, den ich im Frühjahr 2011 anrufe, um ein paar Fakten abzuklären, bringt es am besten auf den Punkt, als er spontan am Telefon zur Melodie von *Ghostbusters* zu singen beginnt: »Who you gonna call? Belarusians [Weißrussen]!«

Doch mit dem Beginn des neuen Jahrtausends wurde Buts Rolle in Liberia und Angola bekannter. Peter Hains Rede über But im britischen Unterhaus Ende 2000 machte eine Menge Pferde scheu, und der Druck von Beobachtern, NGOs, Bloggern, Geheimdiensten und Ermittlern nahm zu. Einige – wenn auch bei weitem nicht alle – der Operationen, die die wilden Crews für das US-Militär ausführten, gerieten in die Kritik.

Während die illegalen Transporte von Waffen, Menschen, Geld und Bodenschätzen überall auf der Welt immer stärker ins Blickfeld rückten, brachen einige der Luftfrachtunternehmen ihre Zelte ab und zogen weiter, auf der Suche nach glücklicheren und diskreteren Jagdgründen – nach Orten, wo der Himmel noch frei und wo ihre Dienste wieder einmal dringend gesucht waren. Für einige bedeutete das eine Rückkehr ins leere, »Augen zu und durch«-Afrika. Andere zogen den ebenso radarfreien Himmel Südamerikas vor.

Doch diesmal wurde ich das Gefühl nicht los, dass es für Mickey eine Art letztes Schlupfloch war. Für viele seiner Kameraden waren diese Außenposten tatsächlich das Ende der Fahnenstange. Und für den sehr prominenten früheren Kollegen Mickeys aus Wizebsk war das der Punkt, an dem sich das Netz der internationalen Strafverfolgung zusammenzuziehen begann.

TEIL FÜNF

ZURÜCK IN DEN DSCHUNGEL

Zentralamerika und das Horn von Afrika

15

HIGH AN DER COSTA COCA
Zentralamerika, 1999–2008

Als sich herausstellte, dass al-Qaida sich mit dem Verkauf von plagiierten CDs, T-Shirts und DVDs finanziert hatte, begann der Groschen zu fallen, dass Terrorismus, Drogenhandel, illegale Waffen, Sexgewerbe und sogar Produktpiraterie möglicherweise ein integraler Bestandteil der Weltwirtschaft sind, ebenso wie die unterschiedlichen Sektoren der »richtigen« Wirtschaft. Es war eine ziemlich späte Erkenntnis, zumindest wenn man bedenkt, dass Mickey dieser Sachverhalt ein volles Jahrzehnt früher aufgegangen war. Doch jetzt war die Erkenntnis da, endlich. Nach dem 11. September fing die Welt plötzlich fieberhaft an, die Teile des internationalen Terror-Puzzles zusammenzusetzen.

Für jeden, der mitbekommen hatte, wie das Milošević-Regime in den letzten Tagen Jugoslawiens Guerilla-Armeen und paramilitärische Organisationen mit Schmuggelzigaretten und illegalen Waffen finanzierte, die an Bord von riesigen Frachtmaschinen verschoben wurden, hätte das keine Überraschung sein müssen. Tatsächlich hatten die Taliban keine finanziellen Sorgen, denn sie kontrollierten den Heroinhandel. Sie rechtfertigten die ziemlich un-islamische Praxis des Drogenschmuggels mit dem Hinweis, dass dies alles im Interesse des großen gemeinsamen Ziels geschehe, die Ungläubigen in die Knie zu zwingen. Dafür bedienten sie sich der gleichen alten Taktik jener »wohlmeinenden« Afghanen, die hin und wieder ein Päckchen Heroin oder Gras in einen Panzer oder über die Kasernenmauer warfen, in der Hoffnung, die Besatzungssoldaten abhängig zu machen und ihre Kampfkraft zu schwächen.

Das neue Modewort hieß Narco-Terrorismus – ein Begriff, der Anfang der 80er Jahre in Peru geprägt wurde. Tatsächlich verstärkten der Aufstieg und die Ausbreitung solcher Organisationen wie al-Shahaab, die Dschandschawid, die somalischen Piraten und die kolumbianische Guerilla-Organisation FARC den Eindruck, dass es sich eher um ein globales als um ein lokales Phänomen handelte.

Plötzlich waren Mickeys Flüge etwas, das eben nicht nur Hilfsorganisationen, Warlords und ein paar vereinzelte Beobachter oder Planespotter an ihren Schreibtischen anging. Ob es einem gefiel oder nicht, selbst die radarlosen Weiten, über denen diese Flugzeuge schwebten, waren mit dem weltweiten Ökosystem verbunden. Und dieses Ökosystem war dabei, an seiner eigenen wilden und chaotischen Energie heißzulaufen.

Die Flugzeuge haben sich ihre Verdienste damals in der Zeit von Mickeys sowjetisch-afghanischem Krieg erworben, doch ihr Routenplan wurde um die Strecken für den Transport von Kokain aus Kolumbien, Peru, Venezuela und Mexiko erweitert. Bereits 1992 bemerkten die Drogenfahnder in Zentral- und Südamerika, dass zentralamerikanische Kokain-Kartelle »formelle Allianzen mit kriminellen Organisationen aus Russland« bildeten, wie es in einem Bericht des US-Geheimdienstes formuliert wurde. Im gleichen Jahr erfuhren die kolumbianischen Behörden von dem Kontakt zwischen einem als »Caliche« bekannten Kolumbianer, der im Verdacht stand, einer der wichtigsten Kuriere für das Orejuela-Kartell zu sein, und einem Mann, den er »Sylvester« nannte und der zur Solnzewskaja-Bruderschaft gehörte, einer mächtigen *Mafija*-Gruppe aus dem Moskauer Raum. Wie sich zeigte, hatten die beiden Männer vor, ein »groß angelegtes Distributionsnetzwerk« zu formen.

Wie nicht anders zu erwarten, wurden dabei die westafrikanischen Staaten – in denen sich bereits eine weitverzweigte ex-sowjetische Infrastruktur für den Flugverkehr etabliert hatte – zu beliebten Umlade- und Umschlagzentren.

Wenn man die Hintermänner der lateinamerikanischen Drogen-für-Waffen-Geschäfte sucht, jemanden, der Verbindungen zu ehemaligen Sowjetsoldaten besitzt, dann liegt es nahe, bei den *Fuerzas Armadas Revolucionarias de Colombia* (FARC) zu beginnen, die in ihrer paramilitärischen Vergangenheit gute Verbindungen zum sowjetischen Militär unterhielten.

Der Kokainschmuggel der kolumbianisch-kommunistischen Guerilla finanzierte nicht nur einen zunehmend blutigen Krieg im Hochland Kolumbiens, er hat es darüber hinaus in den Hauptumschlagplatz einer globalen boomenden Wirtschaft verwandelt. Die FARC entstand in der chaotischen Zeit der gewalttätigen Unruhen Ende der 50er Jahre und hat sich im Verlauf der 80er Jahre zu etwas entwickelt, das zumindest teilweise einer regulären Armee glich.

So wurden Soldaten zu Ausbildungszwecken ins Ausland geschickt, meist in andere kommunistische Länder wie die Sowjetunion oder Vietnam. Doch der Einfluss der FARC machte sich auch anderswo bemerkbar, sei es während des Crack-Booms auf den Straßen New Yorks oder in den Methoden, die von anderen Gruppen kopiert wurden. Von Nordirland in den 80ern über Afghanistan und Pakistan in den 90ern bis hin zu den Taliban und al-Qaida unserer Tage, paramilitärische Organisationen und Terrorgruppen überall erkannten plötzlich im Drogenhandel und in anderen kriminellen Aktivitäten eine riesige und ertragreiche Finanzierungsquelle.

Für Moisés Naím, der in den 80er und 90er Jahren Venezuelas Handelsminister war, stellten die Aktivitäten der FARC fast jeden Tag eine neue Herausforderung dar. Er vergleicht die Bosse der kolumbianischen Drogenkartelle jener Zeit, wie etwa Pablo Escobar, explizit mit Wiktor But, weil beide »Mister Big-Charaktere« in ihren noch jungen Gewerben darstellten; Gewerbe, die sich in kurzer Zeit so weit entwickeln sollten, dass sie keine Mister Big-Figuren mehr brauchten. Tatsächlich sind einige Beobachter überzeugt, dass erst mit dem Niedergang der legendären kolumbianischen Kartelle die »Russian Connection« mit der FARC richtig erfolgreich wurde, weil die einzelnen Komponenten in diesem Prozess – Versender und Produzenten – erkannten, dass sie flexibler und unauffälliger arbeiten und diese mächtigen Mittelsmänner umgehen konnten.

Plötzlich gab es in Südamerika eine rapide Zunahme des See- und Luftverkehrs. In Mexiko tauchten 1998 Berichte auf, die russische Mafia beliefere »mexikanische Drogenschmuggler mit Radargeräten, automatischen Waffen, Granatenwerfern und kleinen U-Booten im Austausch gegen Kokain, Amphetamine und Heroin«. Agenten der US-Drogenfahndung stellten fest, dass es ein probates Mittel war, sich als ein Mitglied der russischen Mafia mit 300 billigen Kalaschnikows im Gepäck auszugeben, wenn man mexikanische *narcos* (spanisch: Dealer) aus ihren Verstecken locken und verhaften wollte.

2001 stellte ein Bericht des kolumbianischen Geheimdiensts *Departamento Administrativo de Seguridad* (DAS) fest, dass »russische und kolumbianische Verbrechergruppen Drogenlieferungen vereinbart haben, die mit Waffen von kurzer oder langer Reichweite bezahlt wurden. Diese Waffen wurden später nach Zentralamerika oder direkt an subversive Gruppen überall im Land verkauft.«

In diesen Größenordnungen mit »subversiven Gruppen« – das heißt im Großen und Ganzen mit der FARC – Handel zu treiben, wäre ohne Einverständnis und aktive Hilfe offizieller Stellen natürlich unmöglich gewesen. Eine US-amerikanische Untersuchung im Jahr 2000 zeigte nicht nur den Umfang und die Vielgestaltigkeit dieser Südamerika-Connection, sondern bewies auch allen Zweiflern, wie unfassbar profitabel das Geschäft für die Piloten war, die bereit waren, die Routen zu fliegen.

Die amerikanischen Enthüllungen über »eine Allianz aus korrupten Militärfiguren in Russland, Bossen des organisierten Verbrechens, Diplomaten und Revolutionären«, die regelmäßig Waffen nach Kolumbien lieferten und mit ihrer Bezahlung in

Gestalt von bis zu 40 000 Kilo Kokain pro Flug nach Hause zurückkehrten, erinnerten an die geschützten Schmuggelflüge aus Afghanistan.

Laut US-Geheimdienstquellen, die von MSNBC-Reportern zitiert wurden, flogen das ganze Jahr 1999 hindurch mit Boden-Luft-Raketen, Waffen und Munition vollgestopfte Il-76-Maschinen von Flugplätzen in Russland und der Ukraine aus ins jordanische Amman. Dort wurden sie aufgetankt, »umgingen den Zoll mit Hilfe korrupter ausländischer Diplomaten und bestochener lokaler Offiziellen«, flogen dann auf scheinbar verrückten Routen über die Kanaren und Guyana weiter nach Iquitos, tief im Amazonasdschungel Perus. Dort wurde auf entlegenen Flugplätzen gelandet und entladen, in manchen Fällen wurde die Fracht auch mit Fallschirmen abgeworfen und von FARC-Truppen eingesammelt. Die Koordination dieser Blitzaktionen übernahm angeblich ein Komitee von Männern: ein abtrünniger Offizier der peruanischen Armee; der berüchtigte brasilianische Drogenschmuggler Luiz Fernando Da Costa, auch bekannt als Fernandinho Beira-Mar oder »Seaside Freddie«, der in der peruanischen »Schmugglerstadt« Pedro Juan Caballero lebte, und ein libanesischer Geschäftsmann. Obwohl Kolumbien weiterhin heftig dementierte, bestätigte die peruanische Regierung im August 2000 die Existenz des Schmuggler-Rings und gab an, dass jeder Fallschirmabwurf für die Guerillas rund 10 000 in Russland hergestellte automatische Gewehre beinhaltet habe, die vom Schwarzmarkt im Nahen Osten stammten.

Auf Flugplätzen im Dschungel wurden die Waffen ausgeladen und durch Kokain ersetzt – von dem ein Teil als Bezahlung für die Ware an die jordanischen Mittelsmänner ging, der Rest wurde nach Russland und in die Ukraine zurückgeflogen »um dort, in Europa und am Persischen Golf« für bis zu 50 000 Dollar pro Kilo verkauft zu werden. Die Summen waren atemberaubend. »Der größte Teil der Waffen geht direkt an die FARC«, schrieben die MSNBC-Reporter Sue Lackey und Michael Moran, »doch ein kleineres Kontingent wird für andere Guerillagruppen abgezweigt, [darunter] die vom Iran unterstützte Hisbollah-Bewegung, die vor allem für Guerilla-Aktivitäten im Südlibanon bekannt ist. Der Transport erfolgt über arabische Immigrantengruppen in Paraguay, Ecuador, Venezuela und Brasilien.«

Dieses komplexe Arrangement – in dem jeder an dem Deal Beteiligte von praktisch jedem anderen ferngehalten wurde, um eine Aufdeckung zu erschweren – erinnerte an den losen Verbund, wie ihn auch die sowjetischen Fracht-Netzwerke bevorzugen. Ein US-Geheimdienstagent erzählte den Reportern, die Waffen kämen von »organisiertem Verbrechen und dem Militär. Zwischen diesen beiden existiert in Russland und der Ukraine eine riesige Grauzone.« Tatsächlich waren selbst die amerikanischen Geheimdienstoffiziere, die diese Operation aufdeckten, von ihrer Größenordnung und Unverfrorenheit überrascht. Die Größenordnung wurde mit der von »korrekten« Fertigungsbetrieben verglichen, wie einer der Beteiligten bewundernd feststellte, »Es ist buchstäblich eine Industrie.«

Wie bei jeder Industrie, so entwickelte sich auch hier ein Umfeld von Lieferanten, Anbieter von Sekundärdienstleistungen und Schmarotzer. Überall an der zentralamerikanischen Küste ernähren die Schmuggelflüge der Il-76s und der kleineren Antonow Turboprops kleine Wirtschaftsräume mit Prostituierten, korrupten Polizisten und Mittelsmännern. Doch das vielleicht seltsamste Phänomen sind die Legionen von Fischern und Landarbeitern, die jeden Tag vor Sonnenanbruch in die Wildnis ausschwärmen, in der Hoffnung, einen vergessenen oder verlorenen Kokainballen zu finden.

»Guten Morgen euch allen. Haha! Es ist ein wunderschöner Märzmorgen. Das war Bob Marley, und hier ist eine Nachricht von unserem Sponsor.« Es ertönt ein Knistern, offenbar deckt jemand das Mikrophon mit der Hand ab. Gedämpft ist zu hören, wie der lokale Radio-DJ sich mit jemandem darüber streitet, welchen Knopf man drücken muss, um die Werbung zu starten. Dann haben sie den Knopf gefunden und nun läuft sie über den Äther: Eine Frauenstimme, mütterlich und mit sanftem karibischem Zungenschlag fordert die hungrigen Belizer auf, ihren Hühnchen-Imbiss zu frequentieren. Der Empfang des Radios, das in der hellen Morgensonne auf dem Tresen der Bootswerkstatt steht, ist für einen Moment gestört und man hört nur noch das Geräusch der Wellen. Danach ist der Sender wieder zu hören und der DJ sagt ein witziges Stück an, das den Titel »I'm Just Another Gringo in Belize« trägt.

So sieht der Beginn eines ganz normalen sonnengeküssten Tages auf Ambergris aus, einer der winzigen, aus Sand und Sumpf bestehenden *Cayes* (ausgesprochen »*Keys*«, wie das Archipel vor Florida, dem sie ähneln) vor dem Festland dieses karibischen Mayastaates. Das winzige Belize liegt, eingeschmiegt zwischen Guatemala und Mexiko, auf der karibischen Seite der zentralamerikanischen Küste. Dementsprechend ist das frühere Britisch Honduras ein Küstenparadies, teilweise aus Hügeln und Dschungel bestehendes Maya-Hinterland. Das ganze Land strahlt den malerisch-trägen Charme eines verschlafenen Badeortes aus. Das Wasser diesseits des langen Korallenriffs, das sich vor der gesamten Küste erstreckt, ist leuchtend blau. Weiter draußen, wo die Fischer ihrem Handwerk nachgehen, fährt ab und zu eine schnelle Barkasse in Richtung Florida vorbei. Es ist wirklich der letzte Ort auf Erden, an dem ich erwartet hätte, während eines Abendspaziergangs über die Überreste eines 12-Kilo-Sacks Kokain zu stolpern, den jemand im Sand einer der längeren Inseln hatte liegen lassen.

Hätte ich vor meiner Ankunft im März 2003 ein paar Monate lang die Berichterstattung der Lokalpresse verfolgt, wäre ich vielleicht weniger überrascht gewesen. An einem wolkigen Mittwochmorgen des Vormonats hatten belizische Drogenfahnder aufgrund eines Tipps ein Feld an der Grenze zwischen Belize und Mexiko gestürmt, waren dort aber nur noch auf die glimmenden Reste eines verbrannten Flugzeugs gestoßen. Es ist kaum anzunehmen, dass bei den Behörden nicht schon vorher der Verdacht aufgekommen war, dass nicht alles so war, wie es sein sollte. Seit Jahren verdienen sich die Fischer und Bauern entlang der Moskitoküste ein Nebeneinkommen als Sammler eines ganz speziellen Strandguts: Kokain. Früh am Morgen ziehen sie hinaus, um zu sehen, was sie von den Feldern und aus den Gewässern Belizes bergen können. Die Einheimischen hier verdienen ein paar Cents am Tag, doch eine Handvoll Leute, die umtriebig genug oder einfach gut informiert sind, leben wie in einer zentralamerikanischen Neufassung von Compton McKenzies Roman *Das Whiskyschiff* (in dem eine kleine schottische Gemeinde 50 000 Kisten Scotch findet). Nur dass hier das Strandgut aus eingeschweißten Ballen von 100 Prozent hochreinem Kokain besteht.

Auf einer der sandigen, von Haien umschwärmten *Cayes* war ich nur ein paar Wochen später Passagier eines Fischerbootes, dessen Kapitän mir erklärte, während er rasch an seinen Fischgründen vorbei ins tiefere Wasser fuhr, dass sich die Suche nach den »mit Klebeband verschlossenen Plastiksäcken voll Kokain, die die *narcotraficantes* (Spanisch: Drogenhändler) nachts ins Wasser werfen« für ihn immer lohnte. Manchmal, so erzählte er, kommen die *narcos*, die die Drogen zu den Flugzeugen bringen sollen, nachts in Booten an den Strand und versuchen, dort die Crew einer Maschine zu treffen. Wenn sie gestört werden, die Polizei kommt oder sie einfach nur Angst bekommen, ist das Einfachste, was sie tun können, ihre Fracht über Bord zu werfen, in der Hoffnung, später zurückzukommen und sie wieder einzusammeln, wenn die Gefahr vorbei ist. Das Gleiche, was man mit seinem Joint macht, wenn man im Auto sitzt und eine Streife sich nähert – nur etwas teurer. Die Pakete sind sorgfältig verpackt, die in den Säcken verbliebene Luft verhindert, dass sie untergehen. Sie treiben halb unter Wasser oder direkt unter der Oberfläche, das Plastik reflektiert glitzernd das Mondlicht. Oft kehren die Männer wirklich zurück und sammeln ihre Fracht wieder ein, aber es gibt immer Irrläufer, Ballen, die vom Rest abgetrieben werden. »Das«, sagt der Kapitän, »sind die Ballen, die die Fischerboote finden, jedenfalls die meisten.«

Inzwischen war es später Vormittag geworden und mein Kapitän und ich waren nicht mehr allein. Eine Handvoll kleiner Boote war zu sehen, die das Wasser am Riff und die tiefere See dahinter absuchten, jedes von ihnen voller Fischer, die hofften, ihre eigene, 12 Kilo schwere, in Plastik gewickelte Eintrittskarte ins Glück zu finden. Am Strand lagen all die Säcke, die es nicht geschafft hatten – sie sind beim Aufprall auf dem Boden aufgeplatzt, von den Wellen hinausgetragen, zerrissen und wieder angeschwemmt worden, ihr kostbarer Inhalt ist entweder eine sich auflösende breiige Masse oder für immer verschwunden.

Zurück an Land sieht man das Zeug überall. Junge Teenager verkaufen Kokain – oder eine eilig zu Hause verschnittene Version dessen, was die Boote oder Geländewagen dagelassen haben – für nicht mehr als zehn Dollar pro Gramm. Auf den Landungsstegen und in Strandbars wird es angeboten, so wie andernorts billige Souvenir-Handtücher oder Haarspangen. Unübersehbar glänzt zwischen den Reihen von Hütten, rostigen Pick-ups und Holzbooten hier und da ein nagelneuer Hummer mit getönten Scheiben. Einige der armen, aber ehrbaren Hütten am Ende einer ungeteerten Straße haben Anbauten im Rokoko-Stil mit Swimmingpool. Das ist nur eine der bizarren ökonomischen Unregelmäßigkeiten – neben dem einen oder anderen Mini-Boom für die Bargeldwirtschaft, jedes Mal, wenn eine Lieferung vom Himmel fällt – die diese spezielle Zustellungsmethode der lokalen Waffen-gegen-Drogen-Händler nach sich ziehen.

Die Idee, große Mengen in Kolumbien angebauter Drogen über Belize mit Frachtflugzeugen auszufliegen, ist nicht neu. Wie viele der Küstendörfer auf dem Weg hoch nach Florida haben auch die *Cayes* und Wälder von Belize schon einiges gesehen. Im Juli 2000 schrieb der britische Fallschirmjäger Ken Lukowiak einen Bestseller über den erfolgreichen Marihuana-Schmuggel, den er selbst 1983 von seiner britischen Garnison in Belize aus betrieben hatte – er hatte mit militärischen Transportmaschinen große Mengen Gras nach Europa geschafft. Nun ja, erfolgreich war er zumindest, bis er gefasst wurde und ins Gefängnis wanderte.

Doch die Polizei in Belize scheint geradezu vom Pech verfolgt zu sein, weil sie trotz Tipps von Anwohnern immer knapp zu spät kommt, um noch jemanden verhaften zu können. Im August 2003, nur ein paar Monate nach meinem Besuch, kamen die Polizisten in Blue Creek, zweieinhalb Kilometer vom mexikanischen Quintana Roo entfernt, wieder einmal knapp zu spät. Sie fanden nur noch eine verlassene Antonow vor. Die Räder der Maschine waren beim Landen im dicken Schlamm eines Feldes steckengeblieben. Genau wie jene russische Crew, die ihre schrottreife Il-76 einfach in Afghanistan stehenließ, nachdem sie den Generator für die amerikanische Armee ausgeladen hatte, wusste auch diese Besatzung, was zu tun war. Das Flugzeug selbst hatte nur 1,5 Millionen Dollar gekostet – es war entbehrlich. Die Fracht war es nicht. Zeugen berichteten, Männer mit Autos seien zum Flugzeug gekommen, haben die Mannschaft und vermutlich zehn Ballen Kokain eingeladen und seien in Richtung der mexikanischen Grenze davongejagt – wo sie für immer verschwanden.

Während ich in Belize am Strand entlangspazierte und nach aufgerissenen Säcken Ausschau hielt, entdeckte ein Labor in Deutschland, dass fast neun von zehn Euroscheinen Kokainspuren aufweisen. Nachdem die verfügbaren Einkommen in Russland in Folge eines Öl- und Gasbooms wieder stiegen, holte Russland auch in Sachen Kokainverbrauch auf, um schließlich erstaunlicherweise die USA als wichtigsten Markt für Kolumbiens beste Ernte sogar zu *überholen*. Laut der russischen Botschaft in Bogotá überstiegen die Profite allein in diesem Markt Anfang des Jahrtausends 600 Millionen Dollar pro Jahr – unter anderem deshalb, weil ein Kilo Kokain in Moskau dreimal so viel kostete wie in New York.

Aber das waren einzelne Stücke des Puzzles. Was war geblieben von den Beziehungen zwischen FARC und den früheren sowjetischen Machern? Abgesehen vom Interesse einiger isolierter Grüppchen von Planespottern schien die Lateinamerika-Connection vom internationalen Radar verschwunden zu sein.

16

WILLKOMMEN IN KLEIN-MINSK

Afrika, 2003

Ende 2003 landete Mickey in Afrika – mittlerweile mit einer dauerhaften »Golf-Bräune«, die am Halsansatz und an den Handgelenken endete. Es war ein Afrika, das ganz anders war als selbst der Wilde Osten Zentralasiens oder der Balkan oder das organisierte Chaos Südasiens. Sogar Ende der 90er Jahre, bevor es zur Abwechslung einmal ruhig wurde auf dem Balkan und die wirklich dicken Aufträge in Afghanistan und im Irak vergeben wurden, war Afrika einmal mehr ein Ort, wo sich gutes Geld verdienen ließ.

Eine Reihe von Konflikten hatte aus Teilen Ugandas, der Demokratischen Republik Kongo, Somalias und des Sudan gesetzlose No-go-Areas gemacht, die aber reich an Bodenschätzen waren. Westafrikanische Staaten wie Sierra Leone, Angola und Liberia litten unter fortgesetzten Unruhen. Diese Konflikte hatten auch einen großen Teil der Transportinfrastruktur des Kontinents zerstört. Als die Transportoperationen in Afghanistan und im Irak in die öffentliche Kritik gerieten und Operationen immer mehr unter die Lupe genommen wurden, kehrte Mickey nach Afrika zurück und schritt durch den Monsunregen und über den trügerischen Asphalt in Entebbe. Die Lage sah nicht schlecht aus für Piloten, die freie Zeit, Rechnungen zu bezahlen und eine flugbereite Il-76 hatten. Bald erzitterte der Himmel wieder unter dem Brüllen der überladenen Riesen aus der früheren Sowjetunion.

Flotten von Abenteurern in Il-76-Maschinen fielen von Weißrussland her auch in Angola ein, eine klare Verletzung des Lusaka-Protokolls, das jegliche technische Hilfe für dieses Land als militärisch einstufte. Die *Belarus News* berichtete im Jahr 2001:

Die vom angolanischen Verteidigungsministerium ausgesprochene Einladung zeigt klar, welche Rolle die weißrussischen Piloten dort spielen werden. Im Vorfeld der Präsidentschaftswahlen in Angola braucht die staatliche Armee dringend zusätzliche Verstärkung in der Hauptstadt. Die einzige Möglichkeit, ein Militärkontingent schnell dorthin zu bekommen, ist auf dem Luftweg. Für die Piloten ist dieser Job mit hohen Risiken verbunden, doch da es ihnen an Alternativen mangelt, nehmen sie das Angebot normalerweise an. Bemerkenswerterweise müssen alle 18 Piloten und Techniker zunächst [ihrem derzeitigen Arbeitgeber] kündigen und dann Einzelverträge unterschreiben. Früher mussten alle Verträge noch ein besonderes Verfahren des weißrussischen Außenministeriums durchlaufen. Wenn ein Unglück passierte, war die Regierung dafür verantwortlich, die Flugzeugbesatzung nach Hause zu holen oder sie zu suchen, wenn sie verschwunden war. Doch mit Privatverträgen ist alles anders – die einladende Seite trägt keinerlei Verantwortung für mögliche Unglücksfälle. Niemand scheint sich um die menschlichen Opfer zu scheren.

Da sie niemanden mehr hatten, der ihnen den Rücken freihielt, waren die Besatzungen, die Techniker und ihr ganzes Netzwerk einmal mehr auf sich selbst angewiesen. In vielen Fällen machten sie ihre eigenen Wartungsarbeiten, handelten mit Ersatzteilen und zahlten untereinander mit einem scheinbar primitiven, in Wirklichkeit jedoch sehr ausgefeilten System von Gefälligkeiten und Kontakten. Eine Hand wusch die andere – selbst wenn ihr Arbeitgeber sie nicht unterstützen konnte.

Irgendwie scheint alles, was ich über Mickeys Weg von seiner Heimat in Sibirien und Weißrussland nach Afghanistan, Arabien, Afrika und darüber hinaus erfahre, die Erkenntnis zu unterstreichen, dass nichts für sich allein geschieht. Die Auswirkungen von Dingen, die zu Hause oder in Schardscha passierten, können Jahre später in Uganda spürbar werden. Wie sonst ist es zu erklären, dass Flugbenzin im Wert von mehreren zehntausend Dollar scheinbar unaufgefordert mitten in der Nacht auf einem entlegenen Feld auftauchen kann, in einem Tanklaster, der scheinbar aus dem Nichts zu der verlassenen Landebahn gefahren kommt, auf der unser Flugzeug geparkt ist?

Es geschieht in einer Nacht des Jahres 2009. Wir stehen in fast völliger Dunkelheit auf einem Flugplatz inmitten eines kleinen afrikanischen Landes, dessen Namen ich unter Androhung juristischer und anderer Bestrafung versprechen musste, niemals zu verraten. Der Rumpf summt und knackt leise vor sich hin, und im Frachtraum rumort jemand. Es ist Zeit, sich die Beine zu vertreten. Außerhalb des Flugzeugs ist es eiskalt. Im ersten diesigen Licht der hereinbrechenden Dämmerung tauchen zwei Scheinwerfer auf. Sie sind noch weit entfernt, aber man kann das Rattern des Motors hören, ein schwaches Geräusch, das näher kommt und dann wieder leiser wird. Mickey reicht mir seinen Kaffee. Er schmeckt abscheulich. Sergej, der hinter mir steht, greift in seine Jackentasche und kramt in den Tiefen des verbeulten Stoffes.

Das Motorengeräusch ist wieder da, lauter jetzt. Ein Lastwagen erhebt sich aus einer Bodenwelle und rattert und hüpft und quietscht durch das Ödland auf uns zu. Hinter ihm folgt ein zweiter, geschlossener Tankwagen. Ihre Scheinwerfer strahlen gelb, doch immer noch hell genug, um uns momentan zu blenden und hinter uns auf Flugzeug und Landebahn Schatten zu werfen. Die LKWs kommen neben unserem Flugzeug zum Stehen und fünf hellhäutige Männer springen heraus. Sie tragen verschlissene Armee-Arbeitskleidung und kurze Gewehre. Wortlos beginnen sie, Treibstoff zu pumpen. Weniger als 20 Meter von uns entfernt füttert das Zapfventil unser riesiges Flugzeug, Treibstoff schwappt auf den Boden und läuft am Rumpf hinunter. Schwer hängt der berauschende Geruch in der Nacht. Ich atme ein paar Mal tief ein, und spüre die brennbare Luft kalt in der Nase.

Sergej, eine Zigarette zwischen den Zähnen, hat sein Feuerzeug gefunden und versucht es mit einer Hand aufschnappen zu lassen und eine Flamme zu bekommen, ohne Bier aus seiner Dose auf die Zigarette zu schütten. Die Panik treibt mich weit in die Dunkelheit hinaus, bis mir klar wird, dass die Explosion ausgeblieben ist. Durch das halbdunkel dringt Lachen zu mir, und ich muss mir eingestehen, dass ich wohl ein Feigling bin. Dennoch nehme ich mir vor, mich für den Rest des Tankstopps eher am Rand zu halten.

»Sehr gutes Gefühl für Überleben«, sagt Sergej später mit gerunzelter Stirn. Zum x-ten Mal erklärt er mir, dass er schon oft in der Nähe von Treibstoff geraucht hat und dass es sicher ist, solange man sich auskennt und die Sache richtig einschätzt – und für Asche und Kippe die Bierdose bereithält. »Vielleicht du machst zu viele Sorgen.«

Solche Tank-Rendezvous gibt es regelmäßig. Sie sind eine der Möglichkeiten, an steuerfreies Flugbenzin zu kommen, meist von jemandem, der in der Lage ist, einen Teil seiner Bestände als ausgelaufen, verloren, gestohlen oder unbrauchbar abzuschreiben und die Versicherungssumme dafür zu kassieren. Wo immer man auf sie trifft, sind diese Männer eine verschworene, gut organisierte Gemeinschaft gemeinsamer Kontakte. Trotzdem überrascht es mich, wie sehr die gemeinsame Militärvergangenheit bis heute ihre auf den ersten Blick rätselhaften Bewegungen beeinflusst, wenn nicht gar die scheinbar unheimlichen Fähigkeiten erklärt, die diese Männer sowohl in der Luft als auch am Boden auszeichnen.

»Bei vielen dieser Burschen aus Ländern wie Russland, Ukraine, Kasachstan oder Weißrussland ist die alte Staffel am Werk«, sagt Hugh Griffiths. »Die Logistik-, Luftabwehr- oder Überwachungsstaffel, wie sie an Orten wie Wizebsk stationiert waren. Nun, das war ja eine riesige Luftwaffen-Stadt und eine wichtige Basis im sowjetisch-afghanischen Krieg. Und diese Connections haben sich gehalten. Die intelligenteren Jungs, von der GRU, dem Militärgeheimdienst, haben alle ihre eigenen Firmen in den Vereinigten Arabischen Emiraten gegründet. Und all ihre ehemaligen Kollegen sind hinterhergedriftet und wurden eingestellt. Inzwischen gibt es eine Menge Kolonien – Arabien ist eine, Südafrika eine andere, auch Äquatorialguinea. Sie sind wie sowjetische Außenposten aus einer anderen Zeit.«

In der Mitte der Dekade waren viele der außerordentlich fähigen russischen, ukrainischen und weißrussischen Flieger – oft handelte es sich um Überlebende der ersten Welle, die Anfang der 90er Jahre hergekommen waren – mehr oder weniger sesshaft geworden. Viele hatten inzwischen Familie hier, oft aus der alten Heimat nachgeholt. Sie lebten normale Leben, dankbar für die Stabilität, ihr Gehalt und das Preisgefälle. Andere arbeiteten in Sechs-Monats-Schichten oder flogen ins Land und blieben immer nur so lange, bis der nächste Job kam, der sie wieder anderswohin führte. Manche lebten so weiter, wie sie in der Armee gelebt hatten. Sie waren diejenigen, die den Einheimischen auffielen und die mit Vorsicht behandelt wurden: Sie flogen von Ort zu Ort, rauchten, schmuggelten, lachten, prügelten, machten Geschäfte, tranken und schäkerten überall auf dem Kontinent.

In Somalia und Angola, in Südafrika und Sierra Leone und überall dazwischen, immer wieder fielen sie wie ein Tropensturm in die Städte ein, die in der Nähe der Flughäfen lagen, und wirbelten ökonomische Mini-Tornados aus Geld, Trinkgelagen, Schmuggelware und Chaos auf, wo immer sie landeten. Jeder hier kennt eine dieser Geschichten. So wie der Barbesitzer, den ich in Kampala kennenlernte. Er erinnert sich an die Nacht, in der eine sturzbetrunkene Il-76-Crew in Streit geriet und anfing, sich mit den Tellern, Flaschen und Möbeln seines Restaurants gegenseitig die Schädel einzuschlagen, das Lokal völlig zerlegte und dann, als die Polizei kam, lachte und freigiebig mehr Geld verteilte, als der Besitzer je gesehen hatte, um »für den Schaden zu bezahlen, plus ein bisschen extra für dich, als Dank für einen wunderbaren Abend.«

Die Zeitungsarchive dieser Fracht-Außenposten sind voller Schlagzeilen und Geschichten über die Piloten – so wie der im Jahr 2009 erfolgreich zu Ende geführte Koitus, der in einem Herzinfarkt endete. Es soll allerdings, wie die örtliche Boulevardpresse kolportierte, auch gefälschtes Viagra aus Nigeria mit im Spiel gewesen sein. Iain Clark, Afrikadirektor des globalen Charterunternehmens Chapman Freeborn, erinnert sich an die Zeit, als »eine der früheren Sowjetrepubliken tatsächlich ihren Frachtcrews verbot, vom tansanischen Mwanza aus direkt nach Hause zu fliegen.« Diese Stadt war zu einem berüchtigten »Party-Halt« für russische Flieger geworden, und der Filmemacher Hubert Sauper hatte miterlebt, wie sie von Prostituierten, die sich um die Bedürfnisse der Frachtcrews kümmerten, regelrecht überlaufen wurde. Also schob die Heimatrepublik der Flieger – von der Clark nur verraten will, dass sie in Zentralasien lag – den Direktflügen nach Hause einen Riegel vor, um zu verhindern, dass die Piloten HIV einschleppten. Doch neben den zahllosen Anekdoten über Ausschweifungen aller Art, gibt es noch eine andere Seite, über die weniger oft berichtet wird: rührende Akte der Großzügigkeit gegenüber einer lokalen »Adoptivfamilie« oder das Entstehen lebenslanger Geschäftspartnerschaften. Für jeden Vorfall wie jenen, bei dem im Jahr 2009 in Entebbe die Polizei gerufen wurde, als eine einheimische Frau frühmorgens aus der Mietwohnung eines Fliegers geworfen worden war, nachdem die Nachbarn Zeugen eines lautstarken und wenig erbaulichen Streits geworden waren, in dem es darum ging, »ob sie noch eine Hure oder inzwischen die Verlobte des Fliegers war«, gibt es eine echte Liebesgeschichte und eine gemeinsame Zukunft außerhalb der Frachtfliegerei – natürlich erst nach einem allerletzten, gut bezahlten Trip. Es gibt russisch-afrikanische Mischlingskinder, und überall in Afrika sieht man Ehefrauen oder Lebensgefährtinnen, die den Crews zum Abschied nachwinken, wenn ein neuer Flug in eine andere Weltgegend ansteht. Und manchmal winken sie auch bei der Rückkehr.

Die Flieger waren beliebt. Jedes Mal, wenn sie von einer Mission zurückkamen, hatten sie die Taschen voller Geld, waren herausgeputzt, besuchten alte und neue Freunde und taten ihr bestes, das Frachtfliegerleben mit Feiern und kaltem Alkohol auszuschwitzen.

Sie wohnen zu sechst in gemieteten Firmenwohnungen, schlafen im Flugzeug oder außerhalb der Saison in Ferienhotels. Ein »Klein-Russland« findet sich in einem schicken Vorort von Entebbe, direkt über dem See. Unter den Einheimischen ist der Stadtteil als »Virus« bekannt, teilweise wegen eines Forschungs-instituts, das es dort gibt, und teilweise wegen der sexuellen Es-kapaden der Flieger-WGs, die bald legendären Status erlangten.

Das Netzwerk der Auslandsrussen ist groß und dauerhaft. »Ich habe viele [Flieger-]Freunde in Afrika«, erinnerte sich Sergej Iwanow, ein Techniker, der in den chaotischen, konfliktreichen späten 90er und frühen 2000er Jahren auf einer angolanischen Air Base, die nach dem russischen Fluss »Wolga« genannt wur-de, beschäftigt war. Dort wurde er, anlässlich des Absturzes einer weiteren Crew von einer russischen Zeitung interviewt. »Es gibt buchstäblich Massen von Flugzeugen aus der Sowjetunion da draußen. Auf einem einzigen Flugplatz in Angola habe ich ein-mal 30 An-12-Maschinen gezählt, und dazu kamen noch einige Il-76, An-72 und andere Typen.

Meine Chefs hatten diesen tollen Plan«, berichtete Iwanow, »eine Luftflotte zu schaffen, die von Namibia aus in ganz Afrika operiert, mit technischen Stützpunkten in anderen Ländern – offiziell autorisiert von den russischen Behörden. Sie kauften Ausrüstung: Leitern, Hebebühnen und so weiter. Teile wurden gekauft, Experten aus Jekaterinburg und Kirow eingestellt. Alles nur, um die angolanischen Flugzeuge zu warten.«

Diese slawischsprachigen Gemeinwesen an unerwarteten Or-ten, hier, ebenso wie in Dutzenden anderer Länder von Irak bis nach Uganda, wurden für viele Techniker, Piloten und Mann-schaftsmitglieder zu einem zweiten Zuhause. Dort lebten sie und arbeiteten für Firmen mit guten, russischen Namen wie

Volga-Atlantic oder Troika-Link. Wenn man vor dem Tor einer solchen Air Base steht – oder zwischen den Lagerhallen, Geschäften und Häusern herumgeht, die sich in ihrer Umgebung ansammeln – ist es ebenso wahrscheinlich, eine Fußballübertragung der russischen oder ukrainischen Liga durch die dünnen Wände der Fertighäuser schallen zu hören wie die Triebwerke einer herannahenden Il-76.

Wie die Engländer in Joseph Conrads Roman *Herz der Finsternis*, die sich zum Dinner umziehen und anschließend auf einer Dschungellichtung an ihren Mahagonitisch setzen, verpflanzten diese Männer ihre Einheiten, ihre Fähigkeiten, ihre Maschinen und ihre ganze Kultur nach Schwarzafrika, Arabien, Südasien und in den Fernen Osten.

Und obwohl Sergej Iwanow Wert auf die Feststellung legte, dass seine Chefs – zu denen auch Jewgeni Sacharow gehörte – sowohl verdächtiger Fracht als auch verdächtigen Soldaten den Transport verweigerten, waren nicht alle Firmen so wählerisch.

»Manchmal sah man in einem Monat sechs Maschinen aus der früheren Sowjetunion abstürzen«, sagte Iwanow dem russischen Reporter, der ihn aufgespürt hatte. »Meistens traf es ukrainische Besatzungen. Im Grunde genommen wurden sie abgeschossen. Wir nannten sie *bespredeltschiki*, ›die Gesetzlosen‹. Weiß der Teufel was sie dazu brachte, das Zeug zu transportieren, das sie immer an Bord hatten. Wir wurden ständig von UNITA-Milizen unter Druck gesetzt, wenn wir für sie fliegen sollten«, sagte er. »Sie kannten uns ziemlich gut, aber wir nahmen nie Militär an Bord. Wir transportierten auch nie Waffen. Einmal kam es so weit, dass sie uns mit Waffen bedrohten und uns zwingen wollten, irgendeinen General mitzunehmen. Wir mussten tatsächlich so tun, als sei unser Flugzeug ›kaputt‹! Der Unterschied zu den anderen ist, dass wir nur ein Flugzeug in Angola verloren haben.«

Diese gesetzlosen, todgeweihten Ukrainer, die Iwanow über Angola brennend vom Himmel fallen sah, waren alte *Afganzy-*

Kameraden von Mickey – kriegserprobt und mit Nerven aus Stahl. Wie die Männer von Air America, von denen sie den Titel *Der Teufel mit den weißen Flügeln* geerbt hatten, lebten sie nach dem Motto »Egal was, egal wohin, egal zu welcher Zeit, aber professionell«. Sie waren erstklassige Flieger, die, wie der kasachische Präsident von seinem persönlichen Piloten zu sagen pflegte, »auf dem Kopf in einer Höhle landen konnten«. Sie kamen, sie hielten sich an keine Regeln, flogen alles, was jemand transportiert haben wollte, solange der Preis stimmte, und da sie die Hölle von Afghanistan überlebt hatten, hielten sie sich für unsterblich.

Doch hier über den Savannen, Wäldern und Bergen Afrikas, in dem ein Dutzend verschiedener Kriege nebeneinander ablief, wurde man durch das viele Geld, das mit den Waffentransporten zu verdienen war, und mindestens ebenso sehr durch das Transportieren von Mitgliedern der kriegführenden Parteien, selbst zur Zielscheibe. Der Lohn, den man hier ernten konnte, war potentiell riesig – aber der Preis war es auch. Dutzende von ihnen wurden abgeschossen, in die Luft gesprengt oder von Mickeys alten Dämonen – Pech, schlechtes Timing, schlechtes Wetter, Müdigkeit und »Das Leben« – umgebracht.

Doch noch mehr Besatzungen aus Ländern wie Sibirien, der Ukraine oder Weißrussland, die in die tropischen Chaoszonen der Welt geströmt kamen, wurden das Opfer ihrer neuen Umgebung.

»Ich kannte eine An-26-Crew, die bei einem einzigen Job buchstäblich ausgelöscht wurde, weil die meisten von ihnen Malaria bekamen«, erzählte mir ein Fracht-Veteran. »Diese Crew lebte zusammen im Flugzeug, aß zusammen, machte alles gemeinsam, wie Gefangene in ihrer Blase – und die Malaria fuhr einfach mitten hinein. Die meisten starben, weil sie die Krankheit nicht richtig verstanden und nicht rechtzeitig behandelt wurden.«

Doch selbst das wird nicht verhindern, dass die Maschine den nächsten Transport fliegt – »am nächsten Tag«, wie er sagt. Doch dann fügt er etwas hinzu, das mich überrascht; etwas, das mich an Wiktor Buts düstere Warnung vor jenen namenlosen Menschen erinnert, die ihm »das rote Loch genau hier« verpassen werden, wenn er zu viel redet: »Es gibt Kräfte, die andere Leute zum Flugzeug bringen, und es fliegt wieder.«

Wo immer die Piloten und ihre Crews hinflogen, um sie herum entstanden regelrechte Heimindustrien von slawischen Emigranten, afghanischen Kriegsveteranen, Technikern, Trainern, Mädchen für alles, Export-Import-Agenten, Charterleuten und Mittelsmännern. Denn auch wenn Geheimdienst und Geheimpolizei nicht abgewickelt worden waren wie die sowjetische Luftwaffe und Armee: Auch ihnen blies der kalte Wind der neuen Zeit ins Gesicht.

Und so erschienen plötzlich die »Grauen Männer« auf der Bildfläche – frühere KGB-Agenten mit Nummernspeicher voller nützlicher Kontakte, einem Draht zu reichlich Geld und einer ganzen Menge Fragen über die einheimischen Rebellen und ihre Diamantenminen. Es war wie eine Szene aus einer Graham-Greene-Novelle, als diese exotischen kolonialen Außenposten zum Tummelplatz von vermögenden Geschäftsleuten ohne Lebenslauf und Emigranten mit guten Kontakten und einer vagen Vergangenheit im Geheimdienst wurden. Einige angestellte Piloten sahen ihre Chance, auch ein Stück vom Kuchen zu ergattern und selbst ins Geschäft einzusteigen. »Stell dir doch mal vor«, sagten sie in Bars mit Lehmboden und improvisierten Büros überall auf dem Kontinent zu ihren Gesprächspartnern. »Mit deinem Geld, deinen Kontakten und meinen Flugkünsten könnten wir richtig abräumen.«

Cash tauchte auf, Flugzeuge wurden registriert und sie machten genau das. Woher das Geld kam? Welche Bedingungen daran geknüpft waren? Darauf konnte sich jeder seinen eigenen Reim machen. Wer es wusste, sagte nichts und die Piloten hatten nicht vor, ihrem geschenkten Gaul ins Maul zu schauen.

In Afrika tummelte sich auch Wiktor But. Er kaufte in der Demokratischen Republik Kongo ein kleines Flugunternehmen namens Okapi Air und benannte es um in Odessa. Es waren wirklich gute Zeiten. Doch nun sind sie Vergangenheit und der Himmel wird von anderen beherrscht. Es sind gute darunter und auch schlechte, doch nicht einer von ihnen tut etwas, für das ihn jemand verhaften könnte.

»Es gibt alle Sorten von Menschen da draußen zwischen Tadschikistan und Angola«, lacht Mark Galeotti, dessen Arbeit für das britische Außenministerium ihn eine Zeitlang zur *Persona non grata* in der Gemeinschaft unabhängiger Staaten (GUS – frühere Sowjetrepubliken) werden ließ, »und viele von ihnen waren früher beim Geheimdienst. In den 90er Jahren gab es einen massiven Stellenabbau bei den Geheimdiensten. Unter Putin kamen viele zurück, aber eine Menge Leute hatten zu diesem Zeitpunkt schon einen Schnitt gemacht, und sie verdienten da draußen ehrlich gesagt auch wesentlich mehr Geld. Also findet man an vielen Orten auch einen Bewohner, der früher beim Militärgeheimdienst war, so aus der Kategorie höchster Offizier im Land, der eine Einheimische geheiratet und sich niedergelassen hat. Und jetzt ist er der ›Organisator‹, zu dem man gehen muss, wenn man als Russe irgendwelche Geschäfte machen will.«

Das Ergebnis ist ein Netzwerk von Konsulat-Teams, Geschäftsleuten und Auslandsrussen – viele sind dort gestrandet, wo die Flut der Politik des Kalten Krieges sie hingespült hatte, andere hatten sich auf der Suche nach Arbeit an die äußersten Ränder der alten Einflusssphäre aufgemacht – und das bedeutet: Wo immer du bist auf der Welt, was immer du, deine Crew und deine Riesen-Iljuschin brauchen, du bist nie allzu weit vom Freund eines Freundes von Mickey entfernt.

Nirgendwo war die sogenannte »Grauzone« zwischen den russischen und ukrainischen Zivilpiloten einerseits und Söldnerdiensten andererseits grauer als in diesen abgelegenen, von Krankheiten heimgesuchten Ländern in der Sonne.

Sogar Mickeys alte Luftwaffenkommandeure waren mit von der Partie: Während Mickey das Militär verlassen und ins Geschäft eingestiegen war, hatten auch seine früheren Kameraden ihre Dienste ziemlich energisch vermarktet. Anfang der 2000er Jahre boomte das Geschäft, Waffen und andere Dinge nach Ostafrika zu fliegen. Wieder einmal gingen Männer und Maschinen weg wie warme Semmeln – diesmal *über* dem Tresen. Und genau wie Waffenexporteure in anderen Teilen der Welt, von den USA über Westeuropa bis China, mussten auch die russischen Staatsbetriebe feststellen, dass sie mit einigen ziemlich finsteren Regimes Geschäfte machen konnten.

Der Verkauf von Kampfhubschraubern und MiG-Kampfjets an wenig anerkannte Regierungen wie die des Sudan, wo es mehr als wahrscheinlich war, dass sie in den Händen der »berittenen Teufel«, der Dschandschawid-Milizen enden würden, trug Russland die Kritik internationaler Friedensbeobachter ein, hatte aber auch den positiven Effekt, Russland in einigen der instabilsten Problemzonen der Welt eine Art halboffizielle Militärpräsenz »vor Ort« zu geben. Weil so viele Armeen überall in Afrika, Asien und im Nahen Osten russische Flugzeuge benutzten, gab es in Russland auf einmal einen Bedarf an Männern, die sie warten, reparieren, ihre Nutzung überwachen und die einheimischen Piloten schulen konnten (in Ländern wie dem Sudan werden Luftwaffenpiloten in erster Linie aufgrund ihrer Loyalität zum Regime ausgewählt, nicht etwa wegen fliegerischer Fähigkeiten, weshalb viele von ihnen auf geradezu tragikomische Weise unfähig sind).

»In erster Linie ist es nicht etwa so, dass russische Piloten amerikanische Piloten ersetzen«, sagt Jewgeni Sacharow. »Es hat vielmehr mit den russischen Flugzeugen zu tun – Antonows und Iljuschins sind besser für Afrika. Diese russischen Flugzeuge, die Iljuschins, die Antonows, haben amerikanische Flugzeuge ersetzt. Das ist der Grund. Und deshalb gibt es die Nachfrage nach russischen Piloten. Ich sage Ihnen, diese Piloten sind wirklich gefragt, weil es kein Problem ist, einen Ort zu finden, an dem man lernen kann, eine Boeing zu fliegen, aber es gibt keinen Ort, wo man lernen kann, eine Antonow-12 zu fliegen.«

Die Menschen folgten der Maschine überall dorthin, wo sie die einzige war, die für den Job in Frage kam – die 20 riesigen Räder der Il-76 machten sie ideal für raue Flugplätze; die Antonow-12 konnte überall landen und in den leeren Räumen der Dritten Welt konnten sie auch dann noch weiterfliegen, wenn ihre Lufttauglichkeit offiziell schon abgelaufen war – bis sie anfingen auseinanderzufallen (und in einigen Fällen auch darüber hinaus). Das Resultat war, dass sich Flugplätze, Anlagen und Gemeinschaften, die de facto russisch, ukrainisch oder weißrussisch waren, in der ganzen Dritten Welt ausbreiteten. Genau wie in den alten Zeiten hatten die Unternehmen überall Filialen mit geschultem Bodenpersonal, Ausbildern, Militärgeheimdienstleuten und Technikern. Nur diesmal bezahlte jemand anderes und nichts davon kostete den Staatssäckel, die Armee oder die Steuerzahler zu Hause eine einzige Kopeke.

Die Existenz eines jeden vom Staat gesponserten Waffenschmuggel-Unternehmens wird natürlich streng geheim gehalten, doch manchmal eröffnen sich unverhofft faszinierende Einblicke in deren Funktionsweise und es zeigt sich, wie stark die Grenze zwischen der Ausbildung für Piloten eines anderen Landes (legal nach internationalem Recht), Wartung für deren Flugzeuge (ebenfalls legal) und Kampfeinsätzen für deren Luftwaffe als Söldnereinheiten (ausgesprochen illegal) verwischt werden kann.

Im Mai 2008 wurde gemeldet, ein russischer Kampfjet-Pilot sei im Sudan »im Einsatz gefallen« – in einem Land also, mit dem es zwar Handelsverbindungen, in dem es aber kein militärisches Engagement der Russen, geschweige denn einen Kampfeinsatz, gab. Sudanesische ebenso wie russische Stellen dementierten zuerst, dass es einen solchen Vorfall überhaupt gegeben hätte. Dann griff die übliche Routine, die ich das erste Mal auf dem geschmolzenen Asphalt des Belgrader Flughafens in Aktion gesehen hatte: Es wurde eine sofortige Nachrichtensperre angeordnet. Sudanesische Regierungstruppen machten Razzien bei lokalen Radiostationen, die über den Vorfall berichteten, eine von ihnen wurde sogar geschlossen. Die russische Medien zensierten die Geschichte.

Doch über das Internet drangen Bilder an die Öffentlichkeit und schließlich behauptete Russland letzten Endes – das zuvor kategorisch ausgeschlossen hatte, dass »irgendwelche Russen zu dieser Zeit im Sudan waren« – der Pilot sei ein Ausbilder bei einer MiG-Luftwaffenbasis in der Nähe von Khartum gewesen.

Es gab nur ein Problem. Der »Ausbilder« flog mit seiner MiG-29 in einen Angriff gegen eine Streitmacht von 200 Fahrzeugen und mehr als 1200 schwerbewaffneten Rebellen der islamistischen Bewegung für Gerechtigkeit und Gleichheit (*Justice and Equality Movement*, kurz JEM) aus Darfur, die in Richtung der Hauptstadt marschierten. Als die gepanzerte Kolonne auf den Präsidentenpalast zusteuerte, setzte die MiG zum Angriff an, wurde dann aber selbst von 12,7- und 14,5-Millimeter Maschinengewehrfeuer getroffen. Und als der Fallschirm beim Hinauskatapultieren des Schleudersitzes seinen Dienst versagte, wäre mit dem Piloten beinahe auch seine geheime Mission als sudanesischer Söldner gestorben.

Es waren durchaus nicht nur »ausgemusterte Bestände« von Piloten und Flugzeugbesatzungen, die in der Sonne Schwarzafrikas Deals abschlossen, sondern auch frühere sowjetische Geheimagenten – Ex-KGB- und FSB-Männer, die sich hier selbständig machten und ihre Dienste anboten, welche immer das auch sein mochten. Tatsächlich setzt sich bis heute ein großer Teil der südafrikanischen Geheimpolizei aus Mickeys alten Landsleuten zusammen.

Andrej Soldatow erinnert sich, wie sich frühere KB-Männer in Südafrika mit Nelson Mandelas neu installierter ANC-Regierung trafen, um über den Aufbau eines Geheimdienstes für

Südafrika zu verhandeln – einen, dessen Ansehen nicht durch seine Zusammenarbeit mit dem früheren Apartheid-Regime befleckt war. »Mandelas Leute beauftragten diesen ehemaligen KGB-Offizier, den Transfer von Tausenden [früherer russischer KGB-]Leute nach Südafrika zu organisieren. Und so wurde es auch gemacht. Inzwischen ist der frühere KGB-Typ, der das alles organisiert hat, ziemlich wohlhabend und lebt wieder in Moskau. Sein Sohn ist noch draußen in Südafrika und arbeitet dort.«

Vor diesem Hintergrund wirkt die Tatsache, dass es im März 1998 am helllichten Tag zu einem Einbruch und versuchten Attentat in Wiktor Buts Drei-Millionen-Dollar-Villa in Johannesburg kam, umso faszinierender. Die maskierten und phänomenal gut bewaffneten Eindringlinge wurden nie gefasst oder identifiziert – erstaunlich, wenn man die Dreistigkeit des Verbrechens bedenkt. Buts Haus im exklusiven Stadtteil Sandhurst war so stark befestigt, dass es von manchen für ein VIP-Gefängnis gehalten wurde. Die fünf Meter hohen Mauern waren mit Hochspannungsdrähten gesichert, schwerbewaffnete Sicherheitsleute und Kampfhunde patrouillierten rund um die Uhr auf dem Grundstück. Theoretisch hätte das Haus selbst, ganz zu schweigen von seinen beiden Swimmingpools, Springbrunnen, tropischem Garten und separatem Gästehaus uneinnehmbar sein sollen. Abgesehen davon ermöglichte es But ein sehr komfortables Leben. Doch an diesem Märznachmittag, als seine russische Hausangestellte in der Küche Obst zerkleinerte, wurde die Tür von maskierten Einbrechern in paramilitärischen Uniformen eingetreten, die sie bewusstlos schlugen, ihren Sohn verprügelten, durch das Haus stürmten und schließlich mit sechs Millionen Dollar in Cash verschwanden. Dabei ließen sie seltsamerweise alle anderen Wertgegenstände zurück – darunter Gemälde und Antiquitäten.

Nach Auffassung von Richard Chichkali war das die erste »Warnung«. Er behauptete, es sei eine klare Botschaft gewesen: »Du bist verwundbar. Verschwinde.« Nur ein paar Tage später wurde Buts Auto von einem Schützen auf einem Motorrad beschossen und einer seiner Leute wurde auf der Straße zusammengeschlagen. Er verstand den Wink. Wie schon im Fall der Razzia bei East Line durch maskierte KGB/FSB-Leute und der anschließend behaupteten Verwicklung einer Geheimgesellschaft hielten sich auch bei den Angriffen auf But hartnäckig Gerüchte, die südafrikanische Geheimpolizei sei beteiligt gewesen.

Das lag unter anderem daran, dass der diskrete Einfluss früherer sowjetischer Geheimdienstleute (besonders aus der GUS) und die alten Gegenspionage-Netzwerke im Ausland mittlerweile allgegenwärtig zu sein schienen, und Afrika war ein besonders beliebter Tummelplatz.

»Die Leute, die im Ausland waren, waren in der Regel die intelligenten oder die mit irgendwelchen besonderen Fähigkeiten«, bestätigt Mark Galeotti. »Und bis weit in die Gorbatschow-Jahre hinein waren es oft sie, die in der Kommunistischen Partei aufstiegen und so weiter. Nicht, weil sie wirklich daran *glaubten*, sondern weil sie einen bequemen Job wollten. Ich habe mit vielen KGB-Leuten gesprochen, die sagten: ›Warum ich zum KGB gegangen bin? Um einen bequemen Job zu kriegen! Der Partei beizutreten, war der einzige Weg, im Ausland leben zu können!‹ Also hatte man nun diese sehr intelligenten, amoralischen Leute da draußen, die immer noch vom gleichen Fundus an Fertigkeiten und Wissen lebten.«

Die meisten von ihnen arbeiten heute auf der legalen Seite – Geschäftsleute, deren Netzwerke aus den alten Tagen für Kontakte und Lieferanten nützlich sind. Diese Leute, sagt Mickey, kennen in der Regel das Unternehmen, für das er fliegt, viele kennen ihn persönlich. Sie wissen, dass er einen Job erledigen kann. Sie verlangen vielleicht sogar namentlich nach ihm. Es ist wirklich eine kleine und enge Gemeinschaft. Und wenn eine Crew verloren geht, was oft geschieht, kennt jeder zumindest einen, der von dem Unglück betroffen ist. Was mich zu der Frage bewegt, wie sie alle so fatalistisch sein können; wie Männer wie

Mickey, selbst wenn ein Unglück ihnen ganz nahe kommt – der gleiche Flugzeugtyp, der gleiche Flughafen, der gleiche Kunde, ein Freund unter den Opfern – im Zusammenhang mit einem Absturz die gleiche Verschwommenheit akzeptieren können, die Tag für Tag ihre geschäftlichen Deals auszeichnet.

Also entschließe ich mich, es herauszufinden. Das bedeutet, tiefer in das Denken und die verbliebenen Außenposten-Communities dieser exotischen und zunehmend vom Aussterben bedrohten fliegenden Spezies einzudringen.

17

RUSSISCHER REGEN
Kongo, 2005–2009

Der ostafrikanische Hochsommer 2010 war merkwürdig kalt und dunkel. Ich folge Mickeys Crew hierhin und dorthin, seinen Freunden und Kontakten, mache ab und zu einen Flug mit und versuche, mich nicht von Sergej unter den Tisch trinken zu lassen. Ich bin noch etwas geschwächt von einer fiebrigen Grippe, habe die Nase voll und fühle mich zunehmend klaustrophobisch – ich werde nie verstehen, warum Mickey & Co. sich nicht schon längst gegenseitig in Streifen geschnitten haben. Ich schwitze so viel Bier aus, dass inzwischen sogar die Moskitos einen Bogen um mich machen. Das ist es, was *Das Leben* mit einem macht, erklärt mir Mickey – wobei ich nie ganz dahinterkomme, ob er einfach »*life*« meint und den bestimmten Artikel nur davorsetzt, weil Russen (die in ihrer Sprache keinen bestimmten Artikel haben) der Meinung sind, dass man das eben tun muss, wenn man englisch spricht, oder ob er wirklich etwas meint, das er »*the life*« nennt, also die Art von Existenz, die man hat, wenn man zur Gang gehört.

Wir sind ein bunt zusammengewürfelter Haufen, wenn wir durch die Straßen einer afrikanischen Stadt schlendern. Eine ständig wechselnde Zahl von riesigen, spindeldürren, schlaksigen, fetten, gebräunten und blassen, alten und jungen Slawen, allesamt piekfein herausgeputzt, und als überraschender Kontrast ein schmuddeliger kleiner Brite, der hinter ihnen her trottet. Als *wazungu* (Ausländer) und dazu noch Piloten mit Dollar in der Tasche sind wir hier eine begehrte Zielgruppe. Wie die Seefahrerspelunken in einer Hafenstadt ist hier die gesamte örtliche

Wirtschaft, seien es Restaurants und Bars, Tätowierbuden, zu Bordellen umfunktionierte Hotels oder Kasinos, auf diese Crews und ihre Dollar ausgerichtet. Hassan, der geschniegelte, untersetzte Boss des Simba Casinos mitten im riesigen Einkaufszentrum in der Innenstadt von Kampala, hat sogar angefangen, kasachische Mädchen als Tänzerinnen zu engagieren. »Wir hatten eine Menge alte Sowjetflieger hier drin, als wir die Tänzerinnen das letzte Mal präsentiert haben«, sagt er. Ein anderer Pilot berichtet, dass es gerade erst eine stürmische Romanze zwischen einem ukrainischen Piloten und einer solchen Tänzerin gegeben habe. »In einem Monat werden sie ihre eigene Frachtfluglinie haben«, lacht er. »Und dreimal dürfen Sie raten, wen er im Verkauf einsetzen wird.«

Dann trennte ich mich von Mickey – teilweise, weil der nächste Flug in ein Land ging, in dem ich tatsächlich ein Visum benötigen würde und nicht nur den üblichen 50-Dollar-Schein für die Einwanderungsbehörde, vor allem aber, weil ich die Nase voll hatte. Ich verbrachte ein paar Tage damit, auszunüchtern und übers ganze Land verteilten Hinweisen nachzugehen. An einem Nachmittag ging ich ins Kampala Casino, um mich mit ein paar Moldawiern zu treffen, die gerade frei hatten. Als die Moldawier nicht auftauchten, unterhielt ich mich mit Peter, dem Geschäftsführer. Sobald er sich davon überzeugt hatte, dass ich kein korrupter Steuerfahnder war, der versuchte, ihn auszunehmen, ließ er mir von einer Kellnerin mit schlanken Beinen ein kaltes Mineralwasser auf Kosten des Hauses einschenken und steckte mir die Telefonnummer einer Frau zu, mit der ich – wenn ich sie nicht schon kannte – unbedingt sprechen sollte.

Dieser Kontakt, so erklärte er mir, könnte mir ein tieferes Verständnis für die seltsamen Gemeinschaften vermitteln, die die ehemaligen sowjetischen Flieger hier in Afrika bildeten. Da ich nur Mickeys entwurzeltes Dahintreiben aus erster Hand kannte, konnte mir das tatsächlich nützlich sein. Diese Frau musste nach Peters Worten mehr oder weniger die Organisatorin aller sozialen Belange innerhalb dieser Gruppe in Ostafrika sein. Sie sei bekannt dafür, dass sie allen Fliegern, die Probleme machten oder bekamen, die Flausen austreiben konnte. Ich sagte ihm, dass sich das nach einer slawischen Lara Croft mit Pilotenschein anhörte und lachte. Peter lachte nicht. Er nickte nur und lächelte. »Rufen Sie sie an. Sie kennt jeden«, sagte er und ging, um nach den anderen Tischen zu sehen.

Und so traf ich Katja, die Fliegerkönigin des Dschungels.

Katja Stepanowa ist selbst Pilotin. Wenn man nur ein paar Minuten mit ihr gesprochen hat, geht einem auf, dass sie sich nicht nur mit der Il-76 auskennt, sondern mit Maschinen, an deren Bau sich selbst die Entwickler der Flugzeughersteller nicht mehr erinnern können. Inzwischen hat sie ihr eigenes erfolgreiches Reiseunternehmen in Kampala und fliegt mit Kleinflugzeugen Touristen, Würdenträger und Geschäftsleute über die Hügel, Städte und den Dschungel des Landes, auf Safaris, Naturreisen, zum Wandern, Sightseeing, zu Meetings oder einfach zum Spaß.

Aber das ist nur ihre halbe Geschichte. Für eine ganze Generation ehrlicher, hart arbeitender Crews aus der früheren Sowjetunion, die in Afrika gestrandet sind und anders als Mickey beschlossen haben, dort zu bleiben, Wurzeln zu schlagen und den Lebensunterhalt für ihre Familien zu verdienen, ist sie eine Mischung aus sozialem Knotenpunkt und Orakel. Ihr Insiderstatus erlaubt ihr einen einzigartigen Blick auf den Druck, die Gefahr und die Versuchungen, denen viele dieser Crews verlorener *Afganzy*-Jungs ausgesetzt sind.

Wenn man sie sieht, mit ihrem langen roten Haar, ihrem spontanen Lachen, ihrer »Action Girl«-Vergangenheit und dem schnellen Witz der Männer, dann ist schnell zu verstehen, wie sie zum Zentrum einer ganzen gesellschaftlichen Gruppe und einer Selbsthilfeorganisation für in Afrika gestrandete Sowjetflieger werden konnte. Katja ist Anfang 30, die Tochter eines russischen Il-76-Piloten, der seine Basis in der Nähe von Moskau hinter sich ließ und in den Kongo ging, als die Chancen für ehrliche, gut ausgebildete und hart arbeitende Ex-Luftwaffenleute wie ihn zu Hause rar wurden. Sie wuchs in und um die Il-76 ihres Vaters auf, flog mit durch Afrika und darüber hinaus.

»Heute sind sie nicht mehr so jung«, sagt sie, »aber als wir hierher kamen, war der jüngste Pilot 34 oder 35.« Sie erinnert sich an diese Generation der 90er Jahre, die durch gemeinsame Erlebnisse und gegenseitigen Respekt zusammengehalten wurde.

Das war damals, bevor »die UNO anfing, alles zu kontrollieren«, sagt sie; als ein Pilot und seine Il-76 in vielen zerbombten, straßenlosen Landstrichen den Busverkehr ersetzten, als Militärs, Minister und Frachtkisten sich in den Maschinen drängten. »Anfangs waren hier alle Crews freundlich und jeder half jedem.« Sie gesteht, dass sie sich heute nach diesen einfacheren Zeiten zurücksehnt. Ich muss lediglich die Namen von Mickey und den anderen erwähnen und Katjas Erinnerungen an die erste Welle von ehemaligen Sowjetfliegern in Afrika kommen hoch. Da gab es Zeiten, als sie und die Crew es bei jeder Landung auf irgendwelchen Dschungelpisten, die von einem der kongolesischen Rebellen-Warlords kontrolliert wurden, mit von Amphetaminen aufgeputschten Kindersoldaten zu tun bekamen. »Man hofft, dass nichts passieren wird«, erinnert sie sich, »weil es ja nur ein Zehnjähriger ist. Aber andererseits, wissen Sie, ein Zehnjähriger mit einer Waffe, da kann alles passieren. Diese Kindersoldaten sind vollkommen durchgeknallt, sie kennen es nicht anders. Eigentlich sind es verängstigte kleine Kinder, die versuchen, hart zu sein.«

Einmal lag eine Freundin von Katja, Tochter eines osteuropäischen Besatzungsmitglieds, einer Crew in den Ohren, sie auf einen Flug über von Rebellen kontrolliertes Gebiet in der Demokratischen Republik Kongo mitzunehmen. Sie setzte sich durch – und verbrachte dann die Hälfte des Fluges damit, sich verängstigt an die Flugzeugwand zu pressen, weil Rebellen im kongolesischen Hochland die Maschine ohne Vorwarnung mit Maschinengewehrfeuer angriffen, Kugeln das Glas durchschlugen und ins Cockpit eindrangen, sie um Zentimeter verfehlten und das Flugzeug von innen und außen beschädigten. Sie kam unverletzt zurück, sagt Katja schulterzuckend. Im Prinzip »hätten sie es wahrscheinlich nicht machen sollen. Bei mir war es anders – die Crews nahmen mich nie auf militärische Flüge mit, nur bei kommerziellen Transporten. Sie kümmerten sich um mich, achteten darauf, dass mir nichts passierte, und ich hatte eigentlich keine Angst. Als Teenager war es so: Heute habe ich nichts vor, also fliege ich mit. Es war interessant. Die Jungs hätten nie zugelassen, dass mir etwas passiert. Im Ernst, sie schauten alle nach mir, sie sind meine Familie.«

Die Bindung durch Sprache, Kultur und gemeinsame Interessen unter den Auslandsrussen ist so stark, dass die »Familie« der ehemaligen Sowjetflieger so ziemlich jeden mit den verbeulten sowjetischen Frachtmaschinen einschließt. »Im Moment kommen sie alle über Uganda«, sagt sie. »Die meisten von ihnen habe ich kennengelernt, glaube ich.« Der russische Luftfahrtmagnat Jewgeni Sacharow gehört auch zu ihrem Bekanntenkreis. Er ist, wie sie sagt, nicht nur einer der wenigen wirklich bekannten postsowjetischen Macher in dieser Gegend, sondern auch jemand, der »keinen Mist erzählt« – ein großes Kompliment.

Ich packe meine Chance beim Schopf – ich möchte zu gern erfahren, was die große »Familie« der Auslandsrussen von den zwielichtigeren Vertretern der Frachtbranche hält, von Leuten wie Mickey und seiner Crew. Und ich frage sie nach Wiktor But, weil der heute in den Nachrichten war. Sie wägt meine Frage ab, dann bläst sie nachdrücklich eine Wolke Zigarettenrauch in den Nachthimmel. »Er machte in dieser Zeit nichts, was nicht jeder wusste. Das ist alles nur Politik.«

Auch die Opfer zählen zur erweiterten Familie. »Vor ein paar Monaten stürzte hier eine Il-76 in den See«, sagt Katja. »Alle

Besatzungsmitglieder starben. Und ich kannte sie.« Die Gemeinschaft trauerte zu dieser Zeit bereits um Männer, die sie im Monat davor verloren hatte. Im Februar 2009 stürzte eine ukrainische Antonow-12 auf dem Weg vom kongolesischen Kisangani in die Ukraine nach einem Zwischenstopp in Luxor einen halben Kilometer hinter der Startbahn ab, fing Feuer und alle fünf Besatzungsmitglieder kamen ums Leben: zwei Ukrainer, zwei Weißrussen und ein Russe.

»Der Pilot war mit uns befreundet gewesen«, sagt sie. »Er hieß Juri Matwejenko. Ein guter Junge und ein verdammt guter Pilot. Ich weiß nicht, was er sich gedacht hat, das Flugzeug war Schrott. Scheißzustand. Und der Pilot war einer der besten, einer der bekanntesten. Beim ersten Zwischenhalt in Entebbe war er bei meinem Vater. Er kannte den Zustand des Flugzeugs – warum zum Teufel flog er damit? Wahrscheinlich dachte er, es würde noch einmal gutgehen, der letzte Flug nach Hause, obwohl die Maschine Schrott war.« Sie zuckt mit den Schultern. »Nun, den halben Weg nach Hause hat er geschafft.«

Ägyptens Minister für zivile Luftfahrt Ahmad Schafiq sagte in einem Interview mit einem lokalen TV-Sender unmittelbar nach dem Unglück, als Absturzursache komme falsches Beladen der Maschine oder ein Pilotenfehler in Frage. Doch die offizielle Untersuchung kam zu dem Schluss, dass das Flugzeug tatsächlich nicht flugtauglich gewesen war. Selbst das technische Bodenpersonal in Luxor hatte die Crew wegen eines Lecks in der Treibstoffleitung vor einem Weiterflug gewarnt. Doch in diesem Fall war es keine mysteriöse Fehleinschätzung, keine Halluzination oder Flug-Narkose. Der Killer, sagt Katja und wiederholt damit, was fast jeder denkt, der hier draußen mit der Frachtbranche zu tun hat, ist das Geld – wie üblich. Geld bringt die Männer dazu, solche Risiken einzugehen, zu überladen, führt sie in Versuchung, auf eigene Rechnung unsichtbare Frachten mitzunehmen, von denen ihre Auftraggeber nichts wissen.

»Die Bezahlung ist nicht schlecht«, sagt sie, »aber wenn du

Geld verdienst, dann willst du noch mehr Geld verdienen. Du denkst, o. k., wenn ich mehr verdienen kann, warum nicht? Wissen Sie, das Problem ist, du weißt nie, wie lange dein Vertrag Bestand haben wird. Das ist das Problem.«

In den Tagen nach dem Absturz waren die Internetforen der russischen Flieger voll von anrührenden Botschaften. *Avialegionery* und ehemalige Kameraden gedachten der Opfer und boten Hilfe an, Zeugen schilderten das Unglück, Piloten waren erschüttert über die Vergeudung von Leben und suchten nach Antworten, und die Postings von trauernden Familienangehörigen überall auf der Welt verdeutlichten, dass hier nicht nur Piloten und Lademeister gestorben waren. »Die Hälfte meines Herzens verbrannte mit Papa in diesem Flugzeug«, stand in einer Nachricht.

In einem anderen Beitrag war zu lesen, dass die Verfasserin vor Jahren eine Psychotherapie machen musste, um den Verlust ihres Vaters zu verarbeiten. Auch die Frauen, Brüder und Kinder von anderen gefallenen *avialegionery* drückten ihr Mitgefühl aus. Die russisch-orthodoxe Kirche in Johannesburg leitete mit einem Gedenkgottesdienst die 40-tägige Trauerzeit ein. Überall endeten die Postings mit den Worten »*Come in to land now, Crew*«.

Es macht mir klar, dass Katja in mancherlei Hinsicht doch nicht einzigartig ist. Es gibt zwischen Afghanistan und Angola Hunderte Töchter von Crewmitgliedern, die solche Gemeinschaften stützen und zusammenhalten, genauso wie es sie zu Hause in Russland gibt, wo sie gespannt auf Nachricht aus Städten warten, die sie niemals sehen werden.

Doch Katjas bemerkenswerte Mischung aus eigener Flugerfahrung, die sie in jungen Jahren mit der Il-76 sammeln konnte, und Kontakten zu Crews, der Luftfahrtbranche und den Einheimischen hier in Ostafrika haben sie zu einer Art Schlüsselfigur unter den Altgedienten ebenso wie den Neuankömmlingen gemacht. Erst vor kurzem erreichte sie auf ihrem Handy ein Anruf von einer unbekannten Nummer. Er kam von einem russischen Piloten, der im Osten der Demokratischen Republik Kongo unterwegs war und dem sie offenbar als jemand genannt worden war, der einem aus der Klemme helfen konnte. Und er steckte tatsächlich in der Klemme. Er erzählte ihr, dass er mit einem Kameraden unterwegs war und dass sie beide sehr krank geworden seien. Ihre Haut sei ganz gelb. Er könne fast kein Englisch und er habe gehört, dass sie viele Leute kenne – ob sie wohl helfen könne?

»Hepatitis«, sagt Katja. »Wir haben dafür gesorgt, dass sie aus dem Busch heraus kamen und nach Kampala geschafft wurden, zu einem englischen Arzt. Fragen Sie mich nicht, wie die an meine Nummer gekommen waren.«

Sie lernte sehr schnell Leute kennen, als sie ins Land kam, erzählt sie. Die Töchter, Frauen und Freundinnen, die ihren Männern hierher gefolgt waren, Männern, die oft wochenlang verschwunden waren, »hatten alle Zeit und kannten auch niemanden. Die Männer waren nie da, also bildeten sie schließlich eine ziemlich große Gemeinschaft, in der jeder jedem half.« Heute ist sie auch eine wichtige Informationsquelle für Neulinge. »Es kommen eine Menge Neuankömmlinge, Sie wissen schon, Piloten, die mich nach Landebahnen fragen, und zum Glück kann ich ihnen meistens etwas sagen – ›Dort musst du auf die Schlaglöcher auf der linken Seite achten‹ oder ›Das Ende von dieser Piste ist vollkommen zerbombt, also musst du sehen, dass du vorher zum Stehen kommst.‹«

Spontan beschließe ich, sie zu testen. Ich erzähle ihr, dass ich in Rumbek im Südsudan einen besseren Flugplatz erwartet hätte, schließlich handelt es sich um die größte Stadt in diesem Land. »O ja, da ist es schlimm«, sagt sie. »Da gibt es fast gar nichts, alles nur Lehm und Büsche.« Was absolut stimmt.

Sie denkt gern an die Zeit zurück, als sie 20 war, Ende der 90er Jahre. Damals war der Himmel so voll von Metall aus sowjetischer Produktion, dass man in einer Iljuschin oder Antonow mitfliegen konnte, als würde man den Bus nehmen. Sie erinnert sich daran, wie sie auf dem Bauch lag und unter sich den von Warlords beherrschten Dschungel des kongolesischen Grenzgebiets vorbeirauschen sah, ein endloses Kaleidoskop grüner und brauner Farbtöne. Sie sagt, dass sie heute weiß, wie viel Glück sie hatte. Vergnügungen wie diese sind heute selten geworden, wie vieles andere auch. Es herrscht mehr Ordnung. Es gelten strengere Regeln. Jetzt ist die UNO da und sagt allen Frachtunternehmen, wo es lang geht. Drüben auf der Militärbasis läuft alles über die UNO.

Man hat das bestimmte Gefühl, dass die Freiheiten für die alten Netzwerke der ehemaligen Sowjetflieger kleiner werden. Es ist überall zu spüren. Jede Woche hört man in Entebbe, dass wieder irgendwo eine Luftfahrtbehörde einem weiteren Antonow-Modell oder einer weiteren Fluglinie oder gleich einem ganzen Registrierungsland keine Landegenehmigungen mehr erteilt. Zurzeit ist in der Demokratischen Republik Kongo nicht ein einziges Flugunternehmen registriert, das irgendwo über Europa fliegen kann, ohne dass Gott weiß welche Gruppen auf die Barrikaden gehen und vehement fordern, diese lärmenden, schwankenden Metallhaufen von ihren schönen teuren Gebäuden, Straßen und Leuten fernzuhalten.

Und zum ersten Mal gibt es hier so etwas wie eine Konkurrenz. Die Südafrikaner sind im Kommen. »Das sind die einzigen Piloten, die mit diesen Flugzeugen die gleichen Dinge machen können wie die sowjetischen Afghanistanveteranen«, lacht sie. »Diese Piloten sind genauso verrückt.«

Sie vergleicht den plötzlichen Wettbewerb mit der Pionier-Atmosphäre, die damals in den 90er Jahren, als ihr Vater herüberkam, unter den Flugzeugbesatzungen und ihren alten Kameraden am Boden herrschte. Bevor sie nach Uganda kamen, war ihre Familie mit den Jobs umgezogen, die der Vater als Frachtpilot bekommen konnte. So lebten sie unter anderem in Zypern. Doch Mitte/Ende der 90er Jahre galt Russland unter vielen Emigranten noch immer als Sackgasse. Und hier in Afrika boomte das Geschäft. Es gab reichlich Fracht zu transportieren, reichlich Geld zu verdienen. Und während Piloten wie Katjas Vater kompromisslos gesetzestreu und korrekt blieben, gab es in Ostafrika wie in jedem Grenzgebiet genug Anreize für Männer, die wie Mickey bereit waren, die Sache ein klein wenig weiterzutreiben.

Was sich seit den 90er Jahren nicht verändert hatte, war, dass über den rohstoffreichen und von Rebellen beherrschten Teilen der Demokratischen Republik Kongo der »russische Regen« vom Himmel fiel, wie die Einheimischen es nennen. Als eine weitere Antonow, die offiziell Hilfsgüter transportierte, über dem besetzten, diamantenreichen und von Rebellen umzingelten Kisangani abstürzte, ging man von einem Abschuss aus.

Im Mai 2003 starben etwa 120 Menschen, als sich die gigantische Tür zum Frachtraum einer Il-76 45 Minuten nach dem Start in einer Höhe von 10 000 Fuß über Kinshasa auf unerklärliche Weise öffnete. Die Maschine der kleinen russischen Fluglinie Hermes war vom kongolesischen Militär gechartert worden und transportierte Soldaten und ihre Familien. Nachdem der Pilot es geschafft hatte, die angeschlagene Maschine trotz des Druckverlusts und der verschobenen Balance sicher zu landen, wurden er und die anderen überlebenden Crewmitglieder unverzüglich von den *Men in Black* abgeholt. Die russischen Behörden schirmten sie in einem Zimmer im Grand Hotel von Kinshasa von der Öffentlichkeit ab und verboten ihnen, über den Vorfall zu sprechen.

Als im Oktober des gleichen Jahres eine An-28 nur 800 Meter von der Landebahn des Flugplatzes Kamina abstürzte, kam es zu einer unschönen Konfrontation, als das Wrack sofort von kongolesischen Soldaten umstellt wurde, die sich weigerten, Militärbeobachtern der UNO Zugang zum Wrack zu gewähren oder sie bei den Aufräumungsarbeiten zuschauen zu lassen.

Im Januar 2005 stürzte ein Frachtflug im Auftrag einer französischen Nichtregierungsorganisation vor Kongolo ab und alle zehn Insassen wurden verletzt. Sieben von ihnen waren nirgendwo aufgelistet, was aber auch nicht verwunderlich war, schließlich hatte der Flug keine Genehmigung, Passagiere zu transportieren. Später kam heraus, dass die Maschine bereits zweimal aufgrund von Verstößen keine Starerlaubnis bekam, doch jedes Mal sofort wieder freigegeben wurde, um weiter humanitäre Hilfsflüge zu absolvieren.

Im Oktober 2005 wurden zwei Passagiere – kongolesische Soldaten auf dem Weg von Kisangani nach Bunia – von den weiterlaufenden Turboprops einer An-12 getötet, als bei einer Bruchlandung auf einer unbefestigten Piste das Fahrwerk in die Kabine durchbrach und alle 100 Passagiere panisch durch die Türen nach draußen stürzten und blindlings in alle Richtungen davonrannten – einige direkt in die Propeller hinein.

Ein paar Wochen später brach eine An-12 ohne Grund in der Luft auseinander. Im Januar 2006 wurde ein weiteres Flugzeug abgeschrieben, weil es am Boden auseinandergefallen war. Aus dem Luftfahrtregister gestrichen und weggeschleppt, um verschrottet zu werden, wurde es ein paar Monate später wieder gesichtet. Auferstanden von den Toten flog es mit neuem Anstrich und einer neuen kirgisischen Registrierung.

Eine russische Crew konnte ungläubig mitansehen, wie die Tragflächen ihrer Frachtmaschine, kaum dass sie auf dem Zielflughafen gelandet waren, einfach abfielen.

Der »Clou« aber – der Absturz, der in aller Munde war – ereignete sich am 4. Oktober, kurz nach halb zehn Uhr morgens. Eine ukrainische An-26 des altehrwürdigen Jahrgangs 1979 stürzte kurz nach dem Start vom Ndjili-Flughafen ab und raste als Feuerball in einen dicht bevölkerten Marktplatz, wobei die rotierenden Turboprops alles zerkleinerten, was ihnen in den Weg kam. Außer den 19 bis 22 Todesopfern an Bord wurden 28 bis 37 Menschen am Boden buchstäblich niedergemäht. Kurze Zeit später zirkulierten Berichte, dass ein kongolesischer Flugzeuginsasse den Aufprall überlebt hätte, aber von der erbosten

Menschenmenge aus dem Wrack gezerrt und zu Tode geprügelt worden sei – natürlich ohne abzuwarten, ob die offizielle Untersuchung der Absturzursache technisches oder menschliches Versagen als Grund ermitteln würde. Allerdings hätte das Warten auf den offiziellen Bericht wohl auch nichts gebracht, da die »Black Box« des Flugzeugs offenbar entweder zu den Gegenständen gehörte, die aus dem Wrack geplündert wurden, oder schon vor dem Start aus dem Flugzeug ausgebaut worden war.

Während ich dieses Kapitel schreibe, erreicht mich die Nachricht, dass eine An-24 (Nato-Codename »Coke«) beim Landeanflug auf Brazzaville auf unerklärliche Weise auf den Friedhof von Nganga Lingolo gestürzt ist und alle fünf ukrainischen Besatzungsmitglieder sowie ein kongolesischer Passagier ums Leben kamen. Ich bin kein Anhänger von Verschwörungstheorien, aber das klingt nach einer wirklich furchtbaren Pechsträhne.

Schaut man außerhalb des Kongo und weg von den mit Klebeband zusammengeflickten Maschinen, sieht die Lage nicht viel besser aus. Ost- und Zentralafrika haben zweifellos eine ganze Menge attraktiver Seiten, doch weltweit führend in Sachen Gesundheit und Sicherheit sind sie ganz sicher nicht. Anstatt danach zu fragen, wie diese Dinge geschehen können und den Versuch zu unternehmen, die Menschen zu schützen, denen sie in der Regel geschehen (und zwar meist in der Luft) indem man sich zum Beispiel diejenigen vorknöpfte, die eine Lieferung von Streubomben an Bord eines zivilen Frachtflugzeugs verstecken wollten, machten die Leute die Kuriere verantwortlich.

Mickeys Fazit lautet, grob übersetzt: »Es ist immer das gleiche, nur mit einem anderen Visum.« Als er in den 80er Jahren aus dem Afghanistankrieg zurückkam, war es genauso, sagt er. Wie die Vietnamveteranen der USA kamen die sowjetischen Frontkämpfer aus ihrer nicht zu besiegenden, mit Sprengfallen gespickten Guerillakriegs-Hölle unter sengender Sonne in die Heimat zurück und mussten feststellen, dass sie die Prügelknaben waren. »Es hieß: ›Wir wissen nicht, was ihr da unten überhaupt wolltet‹«, erinnert er sich. »Und: ›Wir haben gehört, dass ihr schlimme Dinge getan habt, außerdem habt ihr nicht gewonnen und überhaupt war das alles ein großer Fehler, also könnt ihr jetzt nichts von uns erwarten.‹« Und heute, 20 Jahre später, ist es immer noch so. Aus der Armee entlassen und entwurzelt, versucht er sich durch die Vielzahl an Kompromissen zu manövrieren, die ihm jede neue Umgebung aufzwingt, nur um über die Runden zu kommen. Doch selbst hier unten ist der Begriff der fliegenden Söldner, der *mercenary pilots* – von den Einheimischen zu *mercs* abgekürzt – zum Modewort politischer Hetzreden geworden, gerne strapaziert von Amtsträgern, die sich als Ordnungspolitiker profilieren wollen, und afrikanischen Nationalisten, die der Überzeugung sind, dass der Kontinent erst gesunden wird, wenn man die weißen Unruhestifter los ist. Die *mercs* sind jedermanns bevorzugte Prügelknaben.

In New York, Stockholm, London und Ostende schimpfen derweil Regierungen und Waffenbeobachter über »schmutzige Airlines«, »schmutzige Flugzeuge«, und die »Schmuggler«. Doch mittlerweile gibt es auch Gegenstimmen, darunter so gewichtige wie die des ehemaligen Weltbankdirektors. »Man beachte, dass in unserer Darstellung die Kriminellen und Unmoralischen immer die Lieferanten sind«, seufzt Moisés Naím. »Es sind nie die Konsumenten. Dabei schaffen erst die Konsumenten die Profitmöglichkeiten, die den Markt antreiben, der jene Leute hervorbringt, die wir kriminell und unmoralisch nennen.«

Naím hat den Verdacht, dass es für die Vertreter von Wirtschaft und Politik bequemer ist, die Lieferanten zu beschuldigen, als sich der Wurzel des Übels zuzuwenden. »Die EU, die USA, Russland, China – wir alle können fröhlich weiter Waffensysteme und Landminen produzieren, können Drogen von höherer Qualität und mit größerer Wirkung schniefen, können billigere Markenartikel und DVDs in der Kneipe kaufen; so ist es nicht unsere Schuld, wenn Menschen zu Schaden kommen, es ist der Bursche am anderen Ende, der Schuld hat.

Man schätzt, dass acht Prozent von Chinas BIP mit dem Export und der Produktion von gefälschten Gütern erwirtschaftet werden, von Kfz-Bremssystemen bis Prada-Handtaschen«, sagt er. »Und wenn acht Prozent einer Wirtschaft von der Größenordnung Chinas betroffen sind, dann heißt das, dass Tag für Tag buchstäblich Millionen von Menschen nur dann ihr Brot verdienen und Essen auf den Tisch bringen können, wenn sie etwas tun, das *wir*, hier im Westen, als ›illegal‹ bezeichnen, während *sie* darin einen ganz normalen Weg sehen, ihren Lebensunterhalt zu verdienen.

Um eine brutalere Analogie zu verwenden: Uns Konsumenten im Westen wird von unseren Regierungen gesagt, dass dies alles ›illegale Handlungen‹ seien. Es fallen die Worte ›Kriminelle‹, ›Schattenwirtschaft‹, ›Unmoralisch‹. Es gibt eine Menge Unmoral in diesen Reden. Nun gehen Sie einmal hin und erklären Sie das dem afghanischen Bauern, der für nicht besonders viel Geld Mohn für den Export anpflanzt, das für die Gewinnung von Opium verwendet wird. Das dicke Geld ist nie am Anfang der Kette und auch nicht an ihrem Ende – das dicke Geld ist in der *Mitte* der Kette. Trotzdem nennen wir ihn einen Kriminellen, stimmt's? Er ist ein ›Drogenbauer‹. Oder die Frau, die ihre Familie in Guatemala verlässt, auf dem ganzen Weg zu uns Prügel bezieht, illegale Arbeitskraft ist und schließlich die Nanny eines Investmentbankers wird. Ihr die Schuld geben? Nein. Der Konsument schafft den Markt, so ist es immer und überall.«

»Unserer Geschäftsleute sind schuld, nicht die Crews«, behauptet der frühere Pilot Andrej Lowzew. »Sie sind nach Afrika gegangen und arbeiten dort ehrlich gesagt für ein paar Kopeken, wenn man es mit den Ausländern vergleicht. Wenn ich mit den Amerikanern spreche, dann sagen die mir, die Russen – dabei sind es mehr Ukrainer, Kasachen und so weiter – vermieten ihre Flugzeuge für Peanuts, und die Crew bekommt sogar noch weniger. Für eine An-12 berechnen sie nur 1000 bis 1200 Dollar die Stunde, während eine amerikanische Herkules sechseinhalbtausend Dollar kosten würde. Die Crew bekommt fünf- oder sechstausend Dollar im Monat. Es ist sehr wenig, und dennoch fliegen sie unter gefährlichen Bedingungen an gefährliche Orte, wo man sie mit Kalaschnikows empfängt und entführt, und sie wissen nicht, ob sie das überleben werden.«

Tatsächlich sind mittlerweile die Piloten selbst für die lokalen Banditen und Warlords oft mehr wert als die Fracht, die sie transportieren. Im August 2010 befanden sich drei lettisch-russische Piloten, die Nahrungsmittel für die internationale Friedenstruppe im Sudan transportierten, auf ihrem Weg vom Flugplatz Nyala in Darfur zu ihrer gemieteten Villa in der Innenstadt. Plötzlich blockierten mehrere Geländewagen die Straße. Die Piloten wurden von mehreren Bewaffneten gezwungen, sich auf den Boden zu legen und schließlich verschleppt. Es war der zweite Kidnapping-Fall im Sudan innerhalb eines Monats. Im Juli 2010 hatten die »berittenen Teufel« der Dschandschawid-Miliz einen russischen Piloten, der Nachschub für die Friedenstruppen von UNO und Afrikanischer Union in Darfur geliefert hatte, entführt und verprügelt. Die Maschine wurde mit vorgehaltener Waffe zum Abbruch des Starts gezwungen, die drei Kommandeure aus dem Flugzeug gezerrt und mit Pistolenknäufen zusammengeschlagen. Flieger wie Mickey sind heute durchaus nicht mehr entbehrlich, sondern werden bei Rebellengruppen hochgeschätzt – für das Lösegeld, das man für sie bekommen kann, und die Verhandlungsmasse, die sie darstellen.

In den beiden oben geschilderten Fällen war es untypischerweise so, dass die Piloten rasch wieder freikamen, ohne dass irgendwelche Lösegeldforderungen öffentlich wurden. Obwohl aus den Nachrichtenmeldungen nicht hervorgeht, wie oder warum die Männer freigelassen wurden, erscheint ein Deal mit den Milizen wahrscheinlich. Der Flugboykott gegen Somalia, nachdem 2007 eine gesamte weißrussische Crew getötet worden war, bedeutete, dass eine Menge Frachtgut nicht transportiert und eine Menge Geld nicht verdient wurde. Und in Darfur steht im Moment einfach zu viel Geld auf dem Spiel um zu riskieren, dass aus einem Kidnapping ein Mord wird.

Doch es gibt noch eine andere Möglichkeit. Wiktor But deutete an, dass bei der Befreiung seiner waffenschmuggelnden Il-76-Crew, die Mitte der 90er von den Taliban gekidnappt wurde, »riesige Kräfte« am Werk waren. Tatsächlich gehen die meisten Beobachter davon aus, dass ein Deal vereinbart wurde, als Gegenleistung für die Freilassung der Geiseln die Taliban künftig mit Waffen zu versorgen. (Zwar hat But Waffenlieferungen an die Taliban immer abgestritten, doch der US-amerikanische Geheimdienst entdeckte in der fraglichen Zeitspanne eine Häufung von Flügen aus den Vereinigten Arabischen Emiraten in Richtung Afghanistan und ist davon überzeugt, dass But zumindest Ersatzteile lieferte.) Und da Russland die Dschandschawid-Miliz unterstützt und sie mit Waffen und Söldnern versorgt, könnte man durchaus auf den Gedanken kommen, dass beide Kidnapping-Fälle nichts anderes waren als der Versuch, die nächste Lieferung zu beschleunigen oder den Preis zu drücken. Es wäre sicherlich nicht die erste islamistische Miliz, die Cash und Kidnapping zu einem Angebot verknüpft, das Frachtfluglinien aus der früheren Sowjetunion einfach nicht ausschlagen können.

Vielleicht fragen Sie sich jetzt, warum die Flieger die Risiken eines solchen Jobs auf sich nehmen. Doch wer immer in Afrika fliegt, bekommt fette Bonuszahlungen, und Mickey räumt schulterzuckend ein, dass das, was mit Regierungsaufträgen, humanitären Hilfslieferungen, Rohstofftransporten und Privatgeschäften zu verdienen ist, selbst das Risiko von Kidnapping und Gewalt wert ist. Und während er dies sagt, fallen die Männer und das Metall und die Extra-Tonnen Überlast weiterhin einfach vom Himmel und werden mit vorgehaltener Waffe in den Busch verschleppt.

In vielerlei Hinsicht ist Katja Stepanowa Mickeys Gegenpol – ein Energiebündel, eine respektable Geschäftsfrau, die ein erfolgreiches Unternehmen führt und sich dabei an die Regeln hält. Sie zahlt ihre Steuern, sie verfügt über einen Festnetzanschluss und eine Postanschrift. Sie ist eine großartige, offene und ehrliche Gesprächspartnerin und nicht zuletzt sprudelt sie vor ansteckender Lebenslust, während Mickey hingegen oft niedergeschlagen, düster und vage ist und sich mit seiner Stille und seinen Worst-Case-Szenarien zufriedengibt.

Dennoch ist auch das Bild, das sie vom Zug dieser Generation über die Kontinente entwirft, nachdem die Heimat sie ohne Lohn und ohne Rente entlassen hatte, ernüchternd. Sie schildert mir die Geschichten von Familienmitgliedern und Freunden, erzählt, wie es ihnen erging, seit sie als Frachtflieger nach Afrika kamen. Sie waren jung und stark, kluge Köpfe und exzellente Piloten, Mechaniker, Lademeister und Navigatoren. Und dann starben sie, wie Iggy Pops *Dum Dum Boys*, und die Familiengeschichte wird zu einer bedrückenden Auflistung der Opfer. Pech, schlechte Entscheidungen und das falsche Flugzeug.

»Da ist dieser Bursche, er starb vor ein paar Jahren bei dem Antonow-Absturz in Luxor. Und dieser hier ist einer von den Jungs auf dem Grund des Viktoriasees – ja, das war eine von Jewgenis Crews. Einige wurden in der Demokratischen Republik Kongo gekidnappt, niemand hat das Lösegeld für sie bezahlt. Ein anderer ist tot, einer verschwand einfach, keine Ahnung, was mit ihm passiert ist …«

Alle Crews kennen sich schon von früher, sagt sie. Sie stammen aus den gleichen Städten, waren Kollegen und Freunde, flogen jahrelang im gleichen Flugzeug, überall auf der Welt. Eine riesige Zahl von ihnen ist tot oder wird vermisst.

Einen Moment lang bin ich sprachlos, ich muss an mein erstes Gespräch mit Mickey zurückdenken, an die Art, wie er diese armen Teufel an seinen Fingern abzählte, wie jemand, der geduldig das Ende seiner Erdentage abwartet, bevor er sich dem Unvermeidlichen beugt und sich ins Wasser, ins Feuer und dann ins Jenseits aufmacht. Hier sind sie, seine vorangegangenen Brüder.[1] Es ist wie ein Stammbaum, der auf schreckliche Weise ins Negative verkehrt wurde.

Es geht Katja mächtig auf die Nerven, wie sie sagt, dass all die Arbeit getan wird und all diese Opfer gebracht werden von guten Männern, die nichts anderes wollen als ihren Job erledigen, und am Ende »ist alles, wovon die Leute reden wollen, Waffenschmuggel, als ob das das Einzige wäre, das sie transportieren.« Sie erinnert mich daran, dass sich nie jemand findet, der diesen Einsätzen oder den 15 Tonnen Extrafracht der Crews auf den Grund gehen will, solange sie dazu gebraucht werden, mehr Nahrungsmittel für mehr hungernde Flüchtlinge zu transportieren als irgendeine andere Crew oder Fluglinie es könnte. Ohne ihre ständigen Flüge hierhin und dorthin, offiziell oder inoffiziell, würden große Teile Afrikas einfach zum Stillstand kommen.

Und das ist nicht nur so dahingesagt. Als die Demokratische Republik Kongo von Belgien unabhängig wurde, verfügte sie über knapp 150 000 Kilometer brauchbare Straßen. 1980, nach 20 Jahren Unabhängigkeit und mit einem Straßenwartungsbudget in vierfacher Höhe, waren es nur noch knapp 10 000 Kilometer. 2006 sagte UNO-Sprecher Kemal Saiki bei einer Pressekonferenz zum Absturz eines Passagierflugzeugs, dass es in der Demokratischen Republik Kongo nicht einmal 3500 Kilometer Straßen gibt und dass für viele Menschen die Kleinflugzeuge von unabhängigen Flugunternehmen die einzige Möglichkeit sind, größere Strecken über Land zurückzulegen. Heute, da es nur noch ein paar Hundert Kilometer Straßen außerhalb der Hauptstadt Kinshasa gibt, sind Menschen und Waren wieder am Ende des 19. Jahrhunderts angelangt, tuckern in gefährlich überladenen

---

1 *[Our] brothers gone before* – Anspielung auf das Lied »The Battle Cry of Freedom« aus dem amerikanischen Bürgerkrieg [Anm. d. Übers.]

Barkassen, die direkt aus Joseph Conrads *Lord Jim* stammen könnten, langsam die überwachsenen Flüsse entlang.

In Uganda, dem stabilsten und am weitesten entwickelten Land der Region, gab es eine Eisenbahn. Heute, nach einer desaströsen Privatisierungskampagne, ist der Zugbetrieb auf unbestimmte Zeit ausgesetzt, Schienen werden von Unkraut überwuchert oder von Schlamm bedeckt, an einigen Orten haben sich sogar expandierende Marktplätze oder Autowerkstätten auf den Gleisen niedergelassen.

Selbst wenn man über Land reisen *kann*, besteht immer die Gefahr, Dieben und Banditen in die Hände zu fallen. Hier kalkulieren die Transportunternehmen eine Verlustquote von 33 Prozent ein, bevor die Ware den Empfänger erreicht. Das bedeutet natürlich höhere Preise für die restliche Fracht – einerseits um den Verlust zu kompensieren, aber auch, um die höheren Versicherungsprämien zu bezahlen. Und das hat oft zur Folge, dass ein Produkt aus dem Markt »hinausgepreist« wird. In einer Region, die von Armut geprägt ist, kann es sich schlicht niemand leisten, ein volles Drittel über Marktpreis zu zahlen. Also verzichtet man entweder darauf oder man stiehlt und kauft auf dem Schwarzmarkt. Und der ganze Kreislauf beginnt von vorn.

Der amerikanische Reporter Denis Boyles kam in den 80er Jahren hierher und interviewte einen der letzten Vertreter der Air America-Generation, einen amerikanischen Buschpiloten namens George Pappas, der seine verbeulte DC-6 von Konflikt zu Konflikt kutschierte, immer auf der Jagd nach dem großen Deal am Ende des Regenbogens. Einer von Pappas Kunden, ein Geschäftsmann aus Zaire, klagte ihm gegenüber: »Die Piloten hier sind wie Haie. Sie haben alle möglichen Ausreden und warten, bis wir wirklich auf sie angewiesen sind, dann erhöhen sie die Preise. Es ist sehr schwer und sehr teuer.« Boyles behauptet, einer dieser Piloten habe ihm anvertraut, dass »90 Prozent der Fracht, die er transportiert, auf die eine oder andere Weise, Schmuggelware ist.« Der tatsächliche Anteil, so schreibt er, liegt sogar noch höher.

Was auch immer man in Afrika transportieren will, man umgeht eine ganze Menge Ärger, Papierkram und Gefahr – ganz zu schweigen von Banditen, Bestechungsgeldern, Polizei und militärischen Straßensperren –, wenn man den Luftweg wählt. Die Kleinanzeige einer seriösen ugandischen Fluglinie in Kampalas kostenloser Zeitung *The Eye* bringt es auf den Punkt: »Sie haben ein Meeting in Arua. Die Fahrt dauert mindestens sieben Stunden [und] Sie kommen nachts erschöpft nach Hause. *Wenn* Sie nach Hause kommen. Denn im Jahr 2008 sind auf unseren Straßen 2334 Menschen gestorben und 12 076 verletzt worden. Chartern Sie lieber ein Flugzeug und machen Sie Ihren Buchhalter glücklich. Die Frage ist letzten Endes: Wie viel ist Ihr Leben wert?«

Nach Angaben des ermordeten FSB-Dissidenten Alexander Litvinenko bevorzugte die Geheimpolizei sogar in Russland selbst für die *wirklich* anspruchsvollen Jobs – etwa den Transport von Sprengstoffen von einer Militärbasis zur anderen – Piloten privater Unternehmen mit militärischer Erfahrung. Straßen und Schienennetzwerke waren zu anfällig für Diebstahl, neugierige Augen und Bestechung. Die Gefahr, dass irgendwelche Kleinkriminellen die Lieferung aus einer Haltebucht stehlen, war einfach zu groß.

Trotzdem konnten viele nicht begreifen, dass es eine Verbindung geben sollte zwischen Staatsgeschäften – Kriege, Aufstände, Regierungspolitik – und diesen chaotischen Haufen von Frachtfliegern. Waren das nicht letzten Endes alles mehr oder weniger kriminelle Einmannunternehmen? Doch ein Nachmittag in einem Luxushotel in Bangkok sollte diese Sichtweise gehörig ins Wanken bringen.

Am 6. März 2008 stürmten mehr als zwei Dutzend Beamte der Royal Thai Police einen Konferenzraum hinter der glänzenden Fassade aus Stahl und Glas im 27. Stock des Sofitel-Hotels in Bangkok. Ziel der vom US-Geheimdienst koordinierten verdeckten Operation war die Verhaftung von Wiktor But. Ihm wurden mit vorgehaltener Waffe Handschellen angelegt und er wurde in einer der Suiten festgehalten, bis man ihn ins Gefängnis abtransportierte. In ihrer Anklageschrift wirft die Drugs Enforcement Administration But vor, er habe sich im Rahmen einer sorgfältig geplanten verdeckten Operation selbst belastet, als er auf ein Scheingeschäft der Agenten einging, »Waffen im Wert von mehreren Millionen Dollar [Gerüchten zufolge ging es um Raketenwerfer aus russischer Produktion mit entsprechender Munition] an die kolumbianischen Narco-Terroristen der *Fuerzas Armadas Revolucionarias de Colombia* (FARC) zu verkaufen, um Amerikaner in Kolumbien zu töten.«

Russische Diplomaten schäumten vor Wut und verurteilten die Verhaftung als politisch motiviert. Die Amerikaner jubelten. Doch die Geschichte sollte noch mehr seltsame Wendungen nehmen, als sich die beiden Seiten zu diesem Zeitpunkt auch nur ansatzweise vorstellen konnten.

Die Anklage umfasste neun Punkte, darunter Verschwörung zur Geldwäsche, *Wire Fraud* (Betrug unter Einsatz von Telekommunikationsmedien) und natürlich Schmuggelvergehen. Weiter hieß es: »But ist seit den 90er Jahren internationaler Waffenschmuggler. Er leitete eine gewaltige Waffenschmuggel-Operation, indem er eine Flotte von Frachtflugzeugen zusammenstellte, die in der Lage waren, Waffen und militärische Ausrüstung in verschiedene Regionen der Welt zu transportieren, darunter Afrika, Südamerika und der Nahe Osten. Die von But verkauften oder vermittelten Waffen haben in Afghanistan, Angola, der Demokratischen Republik Kongo, Liberia, Ruanda, Sierra Leone und im Sudan Konflikte angefacht und Regimes gestützt.«

Nur drei Monate später, im Juli 2008, wurde die Afrika-Lateinamerika-Connection mit einem Schlag so weit offengelegt, dass es auf der ganzen Welt Schlagzeilen machte. Amerikanische Ermittlungen führten zur Beschlagnahme einer Antonow mit sowjetischer Crew in Sierra Leone. An Bord befanden sich beeindruckende 600 Kilo Kokain einer venezolanischen Gruppe von Drogenhändlern, die Afrika als Verteilerzentrum nutzte. Bei einem Preis von 50 000 Dollar pro Kilo ist mehr als genug Geld im Spiel für jeden, der ein rostiges Frachtflugzeug besitzt und den Wert von Diskretion kennt.

So wie es aussieht, haben die *narcos* begriffen, was den NGOs, Regierungen und internationalen Friedensorganisationen der Welt gerade erst dämmert: Wenn man will, dass ein Job professionell und ohne Interessenkonflikte erledigt wird, dann ist es keine gute Idee, seine Lieferanten bis zum Anschlag auszupressen. Die Besatzungen scheinen für solche Trips gut bezahlt worden zu sein. Venezuelas berüchtigte Valencia-Arbelaez-Organisation wurde von Undercover-Agenten der amerikanischen Drogenbehörde zerschlagen, nachdem sie für zwei Millionen Dollar ein zusammengeflicktes Flugzeug gekauft hatte, um eine monatliche Flugverbindung zwischen Venezuela und Guinea einzurichten. Der inhaftierte Anführer behauptete, seinen Piloten »200 000 bis 300 000 Dollar pro Trip« zu zahlen. Sie konnten es sich leisten: Die Preise ehemaliger sowjetischer Frachtmaschinen, sei es zum Kaufen oder zum Chartern, waren laut der *Moscow Times* »aufgrund der Finanzkrise ins Bodenlose gefallen.« In einem Artikel über die Festnahme berichtete die Zeitung: »Die *[narco-traficante-]*Gang heuerte eine russische Crew an, die das neu gekaufte Flugzeug von Moldawien nach Rumänien und von dort aus nach Guinea überführte. Treibstoff und Piloten wurden per elektronischer Überweisung, mit Koffern voller Bargeld und, zumindest in einem Fall, mit einer Tasche bezahlt, die mit 356 000 Dollar in Euros gefüllt an einer Hotelbar hinterlegt wurde.« Kein Wunder, dass sich Männer wie Mickey überreden lassen, ein paar zusätzliche Trips zu machen, ohne unnötige Fragen zu stellen.

Erneut schimpfte das russische Außenministerium, dass man den von den USA festgenommenen Piloten als »gekidnappt« und nicht verhaftet betrachten würde. Premierminister Wladimir Putin schaltete sich persönlich ein und teilte den USA mit, sie seien »einen Schritt zu weit gegangen.«

Was für Buts Geschäftspartner und auch für die russische

Regierung eine von den USA angezettelte politisch motivierte Hetzkampagne gegen ihn war, führte zu der bizarren Situation, dass beide Seiten sich gegenseitig schmutzige Tricks vorwarfen. Richard Chichakli war zeitweise ein enger Weggefährte Buts und sein »Bruder« in geschäftlichen Belangen; während der durch laxe Kontrollen geprägten Boomzeit des Flughafens Schardscha war er dessen Manager. Er schrieb mir aus seinem Versteck, in dem er untergetaucht ist, seit die CIA aufgrund von erfundenen Anschuldigungen, wie er sie nennt, Interesse an ihm bekundet hat: »Wiktor But ist einfach nur ein Mensch, der Unrecht getan hat oder auch nicht getan hat. Das ließe sich in einem Gerichtsverfahren klären – doch die USA werden keinen vorurteilsfreien Prozess abhalten – und auch niemals die Voraussetzungen dafür schaffen. Sie haben schon jetzt mehr als 400 Millionen Dollar dafür ausgegeben [ihn zu ergreifen] und sie können es sich einfach nicht erlauben, mit leeren Händen dazustehen. Nach politischen Erwägungen muss Wiktor entweder ins Gefängnis gehen oder sterben, das würde die Aktion rechtfertigen; es würde dafür sorgen, dass die großen amerikanischen Experten gut aussehen und die USA und ihre Geschichten glaubwürdig erscheinen.«

Chichakli – der zwar vieler unterschiedlicher Vergehen beschuldigt, aber noch für keine einzige Straftat verurteilt wurde, und der auf seiner Webseite feststellt, dass die Unschuldsvermutung in seinem Fall offenbar lautet: »unschuldig, bis die Schuld nachgewiesen ist. Gegen ihn wird ermittelt« – ist davon überzeugt, dass die gleichen verborgenen politischen Kräfte, die But hinter Gittern oder tot sehen wollen, auch mit ihm finstere Spiele treiben. Er weist darauf hin, dass 2009 in sein Apartment eingebrochen wurde.

»Der Angriff auf mein Apartment in Moskau war ausgesprochen seltsam, weil Computer und Dokumente das Hauptziel waren«, sagt er. »Wer hat sie gestohlen und warum? Vielleicht der US-Geheimdienst, könnte auch der russische Geheimdienst gewesen sein, oder [vielleicht] der Osterhase.« Dann deutet er an, dass mehr an diesem Spiel dran sein könnte als irgendjemand weiß: »Wer immer die Sachen genommen hat, wusste, dass ich ein Backup besitze. Sie wollten nur erfahren, was ich in der Hand habe und wer sich Sorgen machen muss, bloßgestellt zu werden. Das Witzige an der Sache ist, dass sie es nie erfahren werden, weil das, was ich habe, mich auf beiden Seiten der Gleichung am Leben hält.«

Chichakli versichert mir, dass ihn noch niemand nach seiner Seite der Geschichte gefragt hat, und dass »die But-Sache 2002 von Dick Cheney benutzt wurde, um Wladimir Putin zu verärgern, denn die Story, dass But den Taliban 150 Panzer geliefert hat, war erfunden. Als US-Truppen nach Afghanistan kamen, waren keine Panzer da. Cheney benutzte Wiktor, um Russland zu unterstellen, dass es den Terrorismus unterstützt.«

Noch interessanter wurde es 2010, als eine PR- und Lobbying-Firma, Mercury LLC mit Sitz in New York und Washington, scheinbar eine Pressemeldung herausgab, die But mit Waffenschmuggel aus den Vereinigten Arabischen Emiraten heraus in Verbindung brachte. Die Meldung trug die Überschrift »Ra's al-Chaima: Ein Schurkenstaat innerhalb der Vereinigten Arabischen Emirate?« und schien im Auftrag eines abgesetzten Scheichs herausgegeben worden zu sein, der auf eine erfolgreiche Rückkehr hoffte. Doch als ich Mercury wegen dieser Meldung kontaktierte, stieß ich auf eine Mauer des Schweigens. Schließlich meldete sich einer der Angestellten und schloss kategorisch aus, dass sein Unternehmen etwas damit zu tun hatte (obwohl die Meldung auf dem Briefpapier der Firma gedruckt war). Alle meine Bitten um eine Klarstellung wurden bislang ignoriert.

Das Seltsame ist, dass Mercury ein wichtiger Teil der Lobby-Maschinerie der amerikanischen Konzerne ist und Zugang zum US-Kongress und den gesetzgebenden Organen hat. Wenn sie auch an einer Kampagne beteiligt wären, ein Emirat dadurch zu destabilisieren, dass man es mit möglichst vielen bösen Buben in Verbindung bringt, dann würde es ihnen perfekt in den Kram passen, wenn jemandem (sagen wir Wiktor But), der unter großem Medien-Trara verhaftet und zum Staatsfeind Nummer Eins erklärt wurde, in einer mysteriösen Pressekampagne umgehend »Verbindungen« nach Ra's al-Chaima nachgewiesen werden könnten.

Buts Staatsanwälte, Beobachter und Gegner verweisen auf die Waffenflüge von und nach Schwarzafrika und Afghanistan, die But in den 90ern und Anfang der 2000er Jahre durchführte. Sie weisen außerdem auf die Vorwürfe hin, derentwegen er verhaftet und an die USA ausgeliefert wurde (auch wenn sie noch unbewiesen sind und von But, während ich dies schreibe, noch bestritten werden), darunter ein angebliches Angebot Buts, Raketenwerfer und Drohnen für die FARC zu beschaffen, »um damit Amerikaner zu töten«. Seine Verteidiger indes sagen, dass die FARC, die den größten Teil des weltweit konsumierten Kokains liefert und die auch selbst ein alter Hase im Chartern von Phantomflügen ist, ausgesprochen geeignet wäre für die Rolle des Buhmanns in einem zynischen Komplott der Drogenbehörde.

Als ich bei Mickey nachbohrte, was er von der Sache hielt, beurteilte er beide Seiten eher zynisch. Er sei Geschäftsmann, was will man erwarten? Wie groß die Kluft ist zwischen unserem Verständnis dieses Begriffs und dem, was Mickeys Generation darunter versteht, zeigte sich an einem schwülen und seltsam stillen Samstagnachmittag in Zentralafrika im Juni 2010, und zwar in einer gottverlassenen kleinen Garnisonsstadt, die inzwischen eher einer Mülldeponie glich und die lediglich von einer schlammigen Straße durchschnitten wurde. Ich hatte mich auf dem Weg zu einem anderen Treffen kurz mit Mickey auf ein schnelles Bier verabredet, unter der stillschweigenden Übereinkunft, dass ich ihm 50 Dollar »leihen« würde als Ausgleich für seine Zeit. Ich wünschte bald, ich hätte es sein lassen, denn wir gerieten in einen sehr erhitzten Wortwechsel. Wir saßen über einen behelfsmäßigen Tisch gebeugt neben einer staubigen Landebahn, die von riesigen, stinkenden Kranichen belagert wurde, während wir darauf warteten, dass Sergej damit fertig würde, die örtlichen Beamten zu beschwatzen, deren offizielle »Uniform« in gefälschten Manchester-United-Trikots und der Abwesenheit von Schuhen bestand.

Wir hatten über Geschäfte geredet. Mickey vertrat die gleiche Linie, die ich schon von zahllosen anderen ehemaligen Sowjets gehört hatte, die noch die Narben der Ausplünderung Russlands durch Raubtierkapitalisten Anfang der 90er Jahre trugen. Man wird nicht groß im Business, indem man nett ist – schau dir die Wirtschaftsmagnaten des Westens an. Henry Ford, John D. Rockefeller, Fritz Thyssen, Robert Maxwell – such dir einen aus.

Ich zog mich auf die Klebnikow-Verteidigung zurück: Klar, diese Burschen waren Raubtierkapitalisten, aber schau dir nur an, was sie aufgebaut haben! Sie waren nicht nur Mistkerle, Abenteurer, Ausbeuter und Geschäftemacher, sie schufen Industrien, veränderten Nationen.

Mickey wies mich darauf hin, dass man beides, auf die eine oder andere Weise, auch von But sagen könnte, worauf ich entgegnete, dass »Nationen verändern« eine Menge Dinge bedeuten kann, dass aber Flüge mit Waffenlieferungen wohl doch nicht so ganz darunter fallen.

Zu diesem Zeitpunkt muss ich wohl irgendwie geschrien haben, und Mickey schrie, wenn ich mich recht erinnere, zurück, dass er genau wisse, wie westliche Unternehmer sind, weil er, seine Freunde und seine Familie ihre Arbeit aus nächster Nähe bewundern durften, als sie Russland bis aufs Hemd auszogen. Plötzlich war es unerträglich heiß, und die Leute fingen an, zu uns herüberzuschauen, aber ich erinnere mich noch, wie er sagte: »*Biznesman* ist *mafija*«. Und dann fügte er noch hinzu, dass viele Leute – und zwar nicht nur im Westen, sondern mittlerweile auch zu Hause – ein Problem damit zu haben scheinen, wenn ein hart arbeitender Russe es zu etwas bringt.

Ein überarbeiteter und genervter kleiner Wortwechsel, der

in meinem Manuskript nicht mehr als eineinhalb Seiten einnimmt – dennoch bringt er die ganze Kluft zwischen uns perfekt auf den Punkt. Was auch immer Wiktor But getan hat oder nicht, wie viele Blutdiamanten, illegale Waffen und Fracht für den grauen Markt er gehandelt, geschmuggelt oder vermittelt haben mag oder nicht – fest steht, dass er der erste Rockstar der Luftfrachtbranche ist.

18

WERFEN SIE DAS GELD EINFACH AUS DEM FLUGZEUG

Uganda, 2009

Die Straße zwischen dem Flughafen Entebbe und Ugandas Hauptstadt Kampala wird scherzhaft Smoke Street genannt. Sie wird gesäumt von hektargroßen Cannabisfeldern, die durch Reihen von Palmen und Ranken nur teilweise den Blicken der vorbeifahrenden Autofahrer entzogen sind. Dass diese Plantagen sich ausgerechnet hier befinden, ist kein Zufall, denn Smoke Street produziert sowohl für den lokalen Markt als auch für den Export.

Entebbe selbst ist eine kompakte und helle Stadt. Hier sind Truppen der Afrikanischen Union und der UNO stationiert, genauso wie praktisch jeder andere, der in Ostafrika mit Luftfahrt zu tun hat. Und hier, in einer Reihe von rauen Bars (mit noch rauerem Ruf) treffen sich die Exporteure und die Konsumenten dieses Marihuanas.

Das Four Turkeys ist unter Fliegern, Dealern und Prostituierten legendär. Die Bar und Kontaktbörse ist rund um die Uhr geöffnet und von der Airbase bequem zu erreichen, für den Fall, dass eine dienstfreie Crew Lust hat, sich einen hinter die Binde zu gießen, bevor eingeladen wird. Angeblich wurde die Crew jener Il-76, die 2009 in den Victoriasee stützte, hier zuletzt lebend gesehen – gerade einmal eine Stunde, bevor sie frühmorgens über die Startbahn zu ihrer Maschine gingen, die es nie weiter schaffen sollte als bis in den angrenzenden See. Ein Bier vor dem Start ist bei solchen Crews nichts Ungewöhnliches, und nach einem noch nicht allzu lang zurückliegenden Absturz bemerkte ein russischer Offizieller sogar entnervt: »Sie waren also betrunken, na und? Die Maschine macht alles von selbst. Das Schlimmste, was passieren kann, ist, dass der Pilot über die Schwelle zum Cockpit stolpert.«

Es ist eine feuchtheiße Nacht am Ende der Regenzeit. Auf der anderen Straßenseite ist der stark bewachte Umfassungszaun der von Militär, Uno und Frachtverkehr gemeinsam genutzten Airbase zu sehen. Die Hitze ist drückend. Mickey ist von bester Smoke-Street-Ware so high, dass er kaum stehen kann; seine Gesichtszüge sind leicht entgleist. Ich bin mit fünf ziemlich betrunkenen *mercs* hier. Unsere verschiedenen Sprachen scheinen auf mystische Weise zu einer einzigen verschmolzen zu sein, die sich in abgehacktem Kauderwelsch, dem verschlagenen Grinsen vollkommener Erkenntnis und lautstarken Aufforderungen zum Trinken artikuliert.

Ich schiele durch den dunklen, schmalen Raum und sehe ugandische Prostituierte und eine Handvoll tätowierter Südafrikaner mit schrecklichen Zähnen. (Wie ich später lese, fanden die südafrikanischen Spezialeinsatzkräfte in Angola irgendwann heraus, dass die lokalen Guerillas das Menthol in ihrer Zahnpasta auf 50 Schritt riechen konnten. Folgerichtig stellten sie das Zähneputzen ein, solange sie dort stationiert waren – oft länger als drei Monate –, und tragen ihre schlechten Zähne als eine Art Ehrenzeichen). Eine Gruppe Straßenarbeiter aus dem ehemaligen Jugoslawien kommt herein. Ein Typ neben der Tür versucht, uns lose Viagra-Tabletten zu verkaufen. Das scharfe »Skunk Weed«-Aroma aus unzähligen durchgeschwitzten Taschen erfüllt den Raum und brennt mir in den Augen.

Mickey lässt Dampf ab. Er überschreit den Lärm des Fernsehers, in dem ein afrikanisches Fußballspiel übertragen wird, und kippt Club Beer und Wodka zum Nachspülen in rasendem Tempo in sich hinein. Er freut sich auf eine Nacht auf Spesenkosten in einer der Hütten mit bereitgestellten Handtüchern nicht weit entfernt. Er hat gehört, wie ich deprimiert am Telefon zu jemandem sagte, das sei »*a hell of a way to live*« und er wiederholt die Phrase immer wieder mit einem stolzen Lächeln. Wir haben geredet, geschrien und kommuniziert – alles in einer Mischung aus meinem komisch-wackligen Russisch und seinem planlosen Englisch. Es ist die gleiche Mischung, die im Flugverkehr über Afrika regelmäßig für Chaos sorgt, weil viele Fluglotsen, deren Zweitsprache Französisch ist, gerade genug Englisch sprechen, um bei Piloten wie Mickey panisch rückzufragen: »*Are you speaking English?*«

Wir sitzen und tauschen Geschichten über Uganda, Afghanistan, Russland, Deutschland, die Demokratische Republik Kongo, Sudan und Somalia aus, über seine Zeit bei der Sowjet-Luftwaffe und dass Kabul plötzlich voll chinesischer Prostituierter ist. Und bevor der Alkohol völlig die Oberhand gewinnt, versuche ich Mickey von dem Telefonanruf zu erzählen, den ich heute von jemandem bekommen habe, dem mein Herumschnüffeln am Flughafen Entebbe, von dem aus die Armee, die UNO und auch Mickey fliegen, eindeutig nicht in den Kram passt. Doch frustrierenderweise versteht er kein Wort von dem, was ich sage.

Für eine Warnung war der Anruf eigentlich sehr freundlich, durchaus nicht zu vergleichen mit den ungehobelten Drohungen, die Leute wie Brian Johnson-Thomas sich anhören mussten. Die gewählt sprechende, afrikanisch klingende Stimme war so entwaffnend höflich, dass ich zuerst wirklich dachte, es sei ein Anruf der Hotelrezeption. Soweit ich mich erinnere – ich habe nicht mitgeschrieben –, verlief das Gespräch etwa so:

»Hallo, Mr. Potter. Wie geht es Ihnen? Alles in Ordnung, Mr. Potter? Denn wissen Sie, wir möchten Ihnen sagen, dass uns Ihr Wohlergehen am Herz liegt. Wir wollen, dass Sie einen angenehmen Aufenthalt haben und nicht, sie wissen schon, irgendwelche Schwierigkeiten.«

Welche Schwierigkeiten?

»Oh, machen Sie sich keine Sorgen, ich bin sicher, Sie werden sich von gefährlichen Situationen fernhalten. Uns ist es wichtig, dass Sie einen angenehmen Aufenthalt in unserem Land haben.

Ich wünsche Ihnen einen schönen Tag, Mr. Potter, und wir sehen Sie am Flughafen Entebbe, wenn Sie abreisen. Aber nicht vorher, da bin ich sicher.«

Freundlicher, höflicher Bursche. Niemand, den ich kannte. Was mich neugierig machte. Jemand interessiert sich für mich. Und ich werde herausfinden, wer es ist, sobald ich aufstehen kann und ein wenig nüchtern bin. Doch mit dem tödlichen Timing eines Brandbomben-Tieffliegerangriffs erscheint Sergejs schmutzige Hand mit den abgekauten Nägeln in meinem Blickfeld und knallt eine weitere Flasche Nile Beer vor mich auf den Tisch. Ich hebe sie an meine ausgetrockneten und prickelnden Lippen. Während ich den Kopf nach hinten neige und sie in einem Zug leere, wird mir klar, dass ich abgeschaltet habe, wieder Teil von Mickeys Welt geworden bin. Genau wie er und Sergej habe ich aufgehört, mir allzu viele Gedanken über Ursache und Wirkung zu machen.

Iain Clark, ein jugendlich wirkender, muskulöser und strohblonder Südafrikaner, sieht eher einem Tennistrainer ähnlich als jemandem, der für ein respektables Unternehmen weltweite Frachtaufträge abschließt. Sein schickes Büro verbirgt sich diskret hinter einem Labyrinth leerer Korridore in einer wenig frequentierten Ecke des Flughafenterminals von Entebbe. So diskret, dass am Tag meines Besuchs die Flughafen-Security entweder nichts von seiner Existenz weiß oder nichts davon verraten will. Doch gute 20 Minuten, nachdem sie mich durchsucht und meine Taschen durchleuchtet haben, sitzen wir einander dann doch an seinem Schreibtisch gegenüber und er kommentiert für mich die Ankunft der einzigen in São Tomé registrierten Il-76 und die Anwesenheit von drei weißen Antonow-12-Maschinen, die ohne Starterlaubnis draußen herumstehen.

Als Afrikadirektor von Chapman Freeborn, eines respektierten und absolut seriösen globalen Charterunternehmens, ist er der Mann, der die Jungs mit den Flugzeugen anruft, wenn ein Job von einem privaten Kunden, vom Militär oder irgendjemand anderes hereinkommt und eine Il-76, Antonow oder Hercules gebraucht wird. Aber er bekommt auch viel mit und sieht alles, was hier draußen geschieht.

Clark erklärt mir am Beispiel eines Flugs im Frühjahr 2010 – vermittelt von einem seiner Kontakte, dem Besitzer von Soviet Air Charter Jewgeni Sacharow – was die »Egal wann, egal wohin, kein Job zu schwer«-Mentalität von kleinen Transportfirmen wie Mickeys Arbeitgeber ausmacht.

»Genau dieses Flugzeug hier, diese An-12, hat kürzlich einen Lösegeldabwurf für irgendwelche Piraten gemacht«, lächelt er und zeigt auf das Foto einer Maschine aus dem Sowjetzeitalter, die auf der Seite ein Air Armenia-Logo trägt. »Sie flog von Entebbe aus, das Geld – es waren 20 Millionen Dollar – wurde vor ungefähr drei Monaten gebracht. Ich weiß bis heute nicht, wer der Versicherer war [der das Flugzeug beauftragte], alles war sehr geheim, alle Informationen blieben voneinander getrennt.«

Der Flug der Crew, die von somalischen Piraten per Telefon gesteuert wurde, war wie in einem James-Bond-Film. Die Anweisungen, die die Piraten über eine Reihe von Handlangern, Versicherern und Mittelsmännern diktierten, erinnern an die klassische Kidnapper-Methode, den Überbringer des Lösegelds zuerst von einem öffentlichen Fernsprecher zum nächsten zu lotsen, um den eigenen Standort bis zur letzten Sekunde geheimzuhalten.

Die russischsprachige Crew wurde über ihren Auftrag wie üblich gebrieft. Nur war es diesmal etwas anders: Das Flugziel war unbekannt. Stattdessen bekamen sie einfach ein paar GPS-Koordinaten – sie sahen auf den ersten Blick, dass es irgendwo vor der somalischen Küste im Meer war – und ein billiges Handy überreicht.

»Sie mussten zu bestimmten Koordinaten fliegen, die das Piratenschiff ihnen gab«, erzählt Clark. Er dreht sich um und schaut mit glänzenden Augen auf das Rollfeld hinaus. »Der Plan war, dass sie diese Koordinaten dann niedrig anfliegen sollten, bei 1000 Fuß oder was auch immer. Zu diesem Zeitpunkt schickte ihnen einer der Piraten eine SMS mit den neuen Koordinaten, zu denen sie fliegen mussten.«

Der Pilot und seine Crew zuckten mit den Schultern. Kein Problem. Und falls sie kurz darüber nachdachten, dass sie in einem vollgetankten Flugzeug mit 20 Millionen Dollar in kleinen Scheinen im größten toten Radarwinkel der Welt herumflogen und ebenso gut die Biege machen könnten, dann bemerkte es jedenfalls niemand. Die Maschine flog geradewegs von einer GPS-Koordinate zu nächsten, stieg nach Osten auf, überflog Kenia und die wilden Grenzgebiete Äthiopiens, dann Somalia und flog niedrig über die von Piraten patrouillierte See.

Wenn sie sich einem Zielpunkt näherten, summte das Telefon in der Hand des Navigators. Die SMS enthielt nichts außer einer neuen Folge von Nummern. Der Pilot drehte die Maschine in weitem Bogen und folgte der neuen Anweisung. Im Tiefflug suchte die Crew mit den Augen das Wasser nach Booten, Leuchtsignalen, Raketenfeuer oder sonstigem ab. Zu diesem Zeitpunkt konnten sie nur hoffen, dass es sich nicht um eine Falle handelte.

Das Ritual wiederholte sich. Dann, bei den nächsten Koordinaten, bekamen sie Sichtkontakt mit zwei kleinen, schnellen Booten unten im Wasser, mehrere Hundert Meter voneinander entfernt. Das Handy des Navigators klingelte und eine englisch sprechende Stimme mit starkem Akzent sagte einfach: »Nicht anhalten. Werft das verdammte Geld einfach raus.«

Das war das Signal, auf das der Lademeister gewartet hatte. Die Geldkassette mit dem Fallschirm war bereits in Position, die Laderampe offen. Die Aussicht war spektakulär, schwindelerregend. Er durchschnitt die Halteleinen und 20 Millionen Dollar verschwanden aus dem Flugzeug: Er schaute zu, wie sie nach unten sanken. Das letzte, was er sah, als der Pilot die Maschine in Richtung Heimat abdrehte, war das weiße Kielwasser in hellblauer See, als die beiden Piratenboote von verschiedenen Seiten mit Vollgas auf die Geldkassette zusteuerten.

»Und das war es«, sagt Clark lächelnd. »Sie sammelten das Geld ein und weg waren sie.«

Weil die ganze Operation nach dem Need-to-know-Prinzip durchgeführt wurde, bekam niemand – auch Clark nicht – mehr als einen kleinen Ausschnitt des Gesamtbildes zu sehen. Doch Jewgeni Sacharow, der in Johannesburg ansässige russische Flieger und Unternehmer, der das Flugzeug bei dieser Aktion stellte, erzählte mir, das Lösegeld sei im Auftrag des weltberühmten Versicherungsunternehmens Lloyd's abgeworfen wurde. »Anstatt die Versicherungssumme für das verlorene Schiff auszuzahlen, zog es Lloyd's vor, einen Anteil der Summe, die für ein Ersetzen des Schiffes fällig geworden wäre, direkt den Piraten zu geben und das Schiff zurückzubekommen«, erklärt er. »Es klingt wie James Bond, aber das ist es nicht. Für einen russischen Piloten in Afrika ist es normal, Routine. Wissen Sie was? Wir haben viele dieser Lösegeldabwürfe für somalische Piraten gemacht, und glauben Sie mir – für einen ehemaligen sowjetischen Luftwaffenpiloten, der es gewohnt ist, Panzer aus seiner Maschine abzuwerfen, ist es ein Klacks, die Tür zu öffnen und eine Hundert-Kilo-Kiste voll Geld hinauszuschieben.«

Es ist ein faszinierender Kontrapunkt, der ein Licht darauf wirft, wie westliche Reedereien und ehemalige Sowjetpiloten, echte Bluechip-Konzerne und somalische Piraten koexistieren – wenn auch nicht unbedingt glücklich, so doch auf eine Weise, die die Geschäfte aller Beteiligten reibungslos laufen lässt. In meiner Naivität war ich immer davon ausgegangen, dass Regierungen, die verkünden »Wir zahlen kein Lösegeld an Kidnapper«, damit meinen, dass tatsächlich kein Lösegeld an Kidnapper gezahlt wird. Stattdessen meinen sie, dass natürlich ein Lösegeld gezahlt wird, was sie aber dem Privatsektor überlassen. Ein Sprecher von Lloyd's of London wollte mir jedoch nicht bestätigen, dass das Unternehmen diesen speziellen Abwurf finanziert hat, ohne mehr Details über das Schiff und seine Police zu kennen, doch kann man zweifellos davon ausgehen, dass sich solche Lösegeldübergaben an somalische Piraten für die Versicherungsbranche zum Routinevorgang entwickeln.

Es ist auch eine faszinierende Momentaufnahme der Realitäten unserer globalen Wirtschaft – ein verrücktes Kraftfeld einander abstoßender Gegensätze, das auch Mickey in der Luft hält. Wenn regelmäßig Transaktionen zwischen der vielleicht ehrwürdigsten und angesehensten Finanzinstitution der Welt und mit Kalaschnikows bewaffneten Halsabschneidern in Schnellbooten vor der somalischen Küste stattfinden, dann muss es eine Gruppe von Mittelsmännern geben, die für beide Seiten akzeptabel, universell anpassungsfähig, willens und in der Lage sind, diese Transaktionen abzuwickeln. Und das wird ganz sicher nicht UPS sein.

Die Verschiebung in Richtung privater Subunternehmer, die unter anderem dafür sorgt, dass Sicherheitsfirmen wie Blackwater und DynCorp im Irak Soldat spielen dürfen, hat auch dazu geführt, dass kleine Flugunternehmen, die niemandem Rechenschaft schuldig und schwer zu verfolgen sind, nicht nur beim Verteilen von humanitärer Hilfe, sondern auch bei internationaler Polizeiarbeit, Geiselbefreiung und Peacekeeping-Missionen eine immer wichtigere Rolle spielen. Nachdem die Neurekrutierung der US-Armee zwischen 2005 und 2006 regelmäßig hinter den Planzahlen zurückblieb, musste das Militär seine Vorgaben neu definieren, um einsatzfähig zu bleiben. Stephen Armstrong beschreibt in seinem Buch *War Plc*, einer Untersuchung des Aufstiegs der so genannten PMC-Branche (für Private Military Contractor) in Folge des Irakkriegs, wie die Top-Rekrutierungsboni auf 40 000 Dollar verdoppelt, das Alterslimit von 35 auf 42 angehoben und medizinische Standards und Regeln über Vorstrafen gelockert wurden. Trotzdem mussten immer mehr Bereiche, die nicht zum »Kerngeschäft« gehörten, outgesourct werden. Das Anliefern von militärischer Ausrüstung, Geld, Baumaterialien und allem möglichen anderen nach Afghanistan und Irak war bereits an private Unternehmen ausgeschrieben; jetzt

kamen nach und nach alle anderen Bereiche an die Reihe, solange bei den Jobs, die erledigt werden mussten, nicht die Gefahr
einer »Verwicklung« bestand, wie das US-Außenministerium es
nannte.

Wenn man genau hinschaut, ist Mickeys Welt die Welt, in der
wir alle leben. Es ist eine Welt, in der Blackwater, Halliburton,
DynCorp, Armor Group und die anderen privaten Militärunter-
nehmen in Afrika und im Nahen Osten jede Menge Geld verdienen, indem sie Dinge tun, die normalerweise Aufgabe nationaler
Armeen wäre.

Allerdings war diese Entwicklung des Outsourcings keine
Überraschung. Auch in der Luft setzte sich dieser Trend mehr
und mehr durch. Eine private Luftwaffe gab es in dieser Region
seit langem – oder genauer gesagt: Dutzende von privaten Luft-
waffen.

Natürlich muss die Drecksarbeit von jemandem gemacht werden, damit der Rest von uns den Nutzen davon hat. Und alle
Sonntagsreden über »zwielichtige« Fluglinien, die für Geld alles
machen, klingen ausgesprochen hohl. Mir scheint, dass dies ein
Punkt ist, den alle Beobachter, Listenführer und Weltpolizisten
gern übersehen. Nicht nur, dass einige dieser heimlichen Flüge
und Nachschublieferungen in Krisenregionen vielleicht aus völlig legitimen Gründen erfolgen. Gerade die von einigen Unternehmen an den Tag gelegte Bereitschaft, unkonventionelle Deals
zu machen; Dinge zu tun, die nicht immer streng nach Vorschrift
sind; Jobs von unbekannten Auftraggebern anzunehmen, ohne
Fragen zu stellen – also genau das, was Beobachter so vehement
verurteilen – ist doch der Grund dafür, dass auch die Guten sich
vertrauensvoll an sie wenden, wenn einmal eine *Mission Impos-
sible* gefragt ist.

Iain Clark formuliert es so: »Sie sind einfach unkompliziert,
wissen Sie? Wenn sie etwas machen können, dann machen sie's.
Sie reden nicht so viel Mist wie viele der westlichen Crews, bei
denen es immer heißt ›O nein, die Vorschriften sagen dies und

jenes, deshalb können wir das nicht machen‹ – manchmal nur, um Probleme zu machen. Die Russen sind ziemlich entgegenkommend, wissen Sie? So nach dem Motto ›Machen Sie sich keine Sorgen!‹« Egal mit wem man am Boden redet, sei es in Darfur oder Dubai, jeder bestätigt Clarks Worte – und sei es nur hinter vorgehaltener Hand – dass auch die kleinen, wilden Crews wie Mickey und seine Jungs ihren Platz haben. Tatsächlich ist es geradezu verblüffend, welche Loyalität und Bewunderung sie auslösen.

Bevor ich Clarks Büro verlasse, um mir durch die endlosen verlassenen Korridore, Sackgassen, Pfützen, heraushängenden Leitungen und verschlossenen Türen meinen Weg zurück ins Tageslicht zu suchen, wirft er mir über den Tisch eine Ausgabe des ugandischen Nachrichtenmagazins *Independent* zu. »Lesen Sie das«, sagt er. Ich nehme die Zeitschrift in die Hand. Die Titelgeschichte ist ein Bericht über die Hintergründe und die angeblichen Vertuschungsversuche der Regierung im Zusammenhang mit dem Absturz einer Il-76, die im März 2009 explodierte und in den Victoriasee stürzte. Angeblich war sie für einen anderen amerikanischen Subunternehmer auf geheimer Mission nach Mogadischu unterwegs gewesen. »Himmel, das macht mich wütend«, sagt Clark. »Ich meine, diese Burschen haben es wirklich auf die Russen abgesehen, auf die Crews und die Fluglinien.«

Jetzt, als wir uns verabschieden, zeigt sich dieser entspannte, ansteckend gut gelaunte Mann zum ersten Mal empört. »Ich habe Jewgeni Sacharow – sein Unternehmen hat diesen Flug abgewickelt – nie anders als absolut korrekt erlebt«, sagt er. »Aber lesen Sie mal diesen Artikel, da wird die Schuld bei seinen Flugzeugen gesucht. Ich habe nie gesehen, dass er pfuscht. Einige russische Fluglinien akzeptieren alle Dokumente, die man ihnen gibt – wenn sie gefälscht sind, dann ist es eben so –, aber ich hatte nie ein Problem mit Jewgeni oder seinen Flugzeugen.«

Als ich nach einer weiteren Durchsuchung wieder auf der anderen Seite des NATO-Drahts stehe und in die afrikanische

Nachmittagssonne blinzle, erscheint mir Clarks leidenschaftliches Eintreten für die Crews, die ich kennengelernt habe, ein wenig fehl am Platz. Denn während ich darauf wartete gefilzt zu werden, habe ich den Artikel im *Independent* noch einmal gründlich durchgelesen. Und ich glaube nicht, dass er auf die Crew oder die Airline zielt. Der wahre Schurke in diesem Stück ist ein ganz anderer. Und wie die Mafia selbst, ist er viel subtiler und schwerer zu fassen als irgendein einzelner Mann.

Das Ende der Il-76 und der Männer an Bord war besonders grausam, weil es sie so plötzlich und so vollkommen ereilte. Anders als Scharpatow, anders auch als Starikow und Barsenow, wusste diese Crew gar nicht, wie ihr geschah. Und sie hatten nie eine Chance, ihr einziges As aus dem Ärmel zu ziehen: ihre übernatürliche Geschicklichkeit am Steuerknüppel einer alten Iljuschin aus den 70er Jahren.

Die Maschine hob ohne Probleme vom berüchtigt schlüpfrigen Asphalt Entebbes ab, ihr Ziel war Somalia. Es war 5:14 Uhr morgens, die dämmrige Luft hatte ihre Milde noch nicht verloren. Das Radar war wieder einmal ausgefallen. Die Anlage war erst kürzlich komplett überholt worden, aber das neue, modernere System hatte auf mysteriöse Weise nach nur vier Monaten den Dienst quittiert. Die Oberfläche des großen Sees war glatt, nur Vögel und früh aufgestandene Fischer durchbrachen die Stille, in die das riesige Flugzeug aufstieg. Die Männer an Bord waren müde, aber sie waren Profis, und Mogadischu war eine Strecke, die einen immer dazu brachte, sich zu konzentrieren, zu fokussieren. Angespannt, aber nicht zu angespannt. Nichts, mit dem sie nicht fertig werden würden. *Nitschewo.*

In diesem Moment öffnete das Universum seinen Rachen und verschlang die Männer und ihr Flugzeug mit Haut und Haaren.

Mit einem funktionierenden Radar hätte der Lotse im Kontrollturm sehen können, wie das Flugzeug plötzlich vom Bildschirm verschwand, gerade einmal neun Kilometer über dem See. Es gab sogar Augenzeugen – jene Fischer, von denen zwei fast von Flugzeugteilen getötet worden wären, als die Maschine explodierte und mitten in der Luft zerbrach. Einer sah, wie Feuer aus der linken Seite des Flugzeugs kam, bevor es explodierte. Einem fiel auf, dass die Beleuchtung des Flugzeugs einen Sekundenbruchteil vor der Explosion erlosch. Aber es ging alles so schnell, sagten alle. In einem Wimpernschlag war die Il-76 »in der Mitte zersprungen wie eine Eierschale«, wie es ein amerikanischer Bergungstechniker später formulierte – und sie stürzte brennend in den See.

Dort liegt sie noch immer, begraben unter zwölf Metern Lehm und Schlamm, diese wiederum unter vielen Metern Wasser, buchstäblich im Bett des Sees. Röntgenaufnahmen der Erde zeigen den Rumpf, der genau wie beschrieben in der Mitte zerbrochen ist, und vielleicht ein Stück vom Leitwerk, das nach oben ragt.

Das Fragezeichen bleibt bestehen. Zwar ist der Zeitungsartikel, den Iain Clark mir zuwarf, nicht gerade eine Lobeshymne auf die russischen Flieger oder der Charterflugline Aerolift, Jewgeni Sacharows früheres Unternehmen, doch für meine Augen liest er sich in erster Linie wie eine Anklage gegen ein Ökosystem.

Natürlich berichtet der Artikel über die angeblich unzureichende Wartung durch das Unternehmen, dass ein Flugzeug offenbar noch zwölf Jahre nach dem Ende der vorgesehenen Nutzungsdauer fliegen ließ; noch einseitiger werden Behauptungen über die Flieger in den Raum gestellt. Erstens habe der Navigator Jewgeni Koroljow eine gefälschte Lizenz benutzt. »Die Navigatorenlizenz Erste Klasse Nummer 000316, die Sie in Ihrem Besitz haben, wurde am 8. Oktober 1996 auf einen anderen Namen ausgestellt«, schrieb die ukrainische Luftfahrtbehörde auf eine Anfrage des *Independent*. »Bitte beachten Sie die Tatsache, dass Koroljows Foto über den Stempel geklebt wurde. Aus diesem Grund sollte das Dokument auf den Namen Koroljow als illegal betrachtet werden.« Zweitens habe der Kopilot Alexander Wotschenko seit seiner Zeit in der sowjetischen Luftwaffe in den

80er und 90er Jahren keine Il-76 mehr geflogen. Auch konnte nie geklärt werden, ob Kapitän Wiktor Kowaljow überhaupt jemals eine Pilotenlizenz besessen hatte. Und ja, es wird auch von Zeugen berichtet, die gesehen haben wollten, dass die Crew noch um drei Uhr nachts im Four Turkeys trank, bevor sie sich um vier Uhr zum Dienst meldeten. Doch der Artikel endet mit dem Ruf: »Menschenleben sind mehr wert als ein paar Extradollars Profit.«

Das Umfeld der Crew reagiert auf die Berichterstattung mit einem raschen Schulterschluss zur Ehrenrettung der Männer, der Flugbranche und des Flugzeugs. Iain Clarks Wut über den Artikel ist auch bei anderen herauszuhören, mit denen ich rede, auch bei Katja Stepanowa.

»Die Il-76 im Victoriasee war in sehr gutem Zustand – in sehr gutem!«, schimpft sie.

Sie war mit dem Navigator Jewgeni Koroljow befreundet und mit Alexander Wotschenko und Wiktor Kowaljow bekannt. Sie half ihnen bei der Eröffnung ihrer ugandischen Bankkonten und sie aß mit ihnen zu Mittag. Sie hatte nichts dagegen, dass die drei bei der Kontoeröffnung ihre, Katjas, Adresse angaben. An einem Septembertag 2010, eineinhalb Jahre nach dem Absturz, bekam sie per Post den aktuellen Kontoauszug für einen ihrer schmerzlich vermissten Freunde.

»Ich konnte nicht aufhören zu weinen«, erzählt sie. »Es war so traurig für mich. Überallhin bin ich mit ihm geflogen. Er hat mit sogar das Autofahren beigebracht …«

Die Fakten sprechen eine weniger eindeutige Sprache als es der Artikel suggeriert. »Jewgeni hatte eine Lizenz«, sagt sie. »Vielleicht hat er die Anerkennung seiner Lizenz für eines der afrikanischen Länder gefälscht, was ich bezweifle, denn wenn er das getan hat, wie konnte er dann vorher in Südafrika fliegen ohne erwischt zu werden? Ich bin oft mit ihm im Kongo geflogen, ja, ich saß eigentlich die meiste Zeit bei ihm, und er war im Cockpit mit meiner Freundin bei jenem Flug, als die Maschinengewehrkugeln sie über der Demokratischen Republik Kongo fast erwischten.«

Vielleicht, so wage ich zu vermuten – es wäre nicht der erste derartige Fall –, sind die Aufzeichnungen der ukrainischen Luftfahrtbehörde ebenso ungenau wie die in Uganda. Vielleicht ist auch der Druck – um nicht zu sagen die Notwendigkeit – für freiberufliche Flieger, möglichst schnell nach der Ankunft in einem neuen Land eine Crew zu finden, zu fliegen und bezahlt zu werden, so groß, dass einige in die Luft aufsteigen, bevor sie sich richtig organisiert und alle ihre Dokumente in Ordnung gebracht haben – so wie ein ansonsten gesetzestreuer Autofahrer bei uns ein paar Tage lang Auto fährt, während seine Kfz-Steuer noch »in der Post« ist. Und wenn dann etwas schiefgeht, dann sieht das in den Augen von Beobachtern, Behörden und Reportern, die es gewohnt sind, nach definitiven Antworten zu suchen, nicht gut aus.

Selbst Mickey schreckt vor einigen Sachen, die andere machen, zurück. Wenn man ihn nach Namen fragt, ist seine einzige Antwort, dass meine Vermutungen genauso viel wert sind wie die seinen. Er kommt auf die Il-76 am Grund des Sees zu sprechen. »Wer weiß, was den Absturz bewirkt hat? Sabotage? Terroristen? Fracht? Das Flugzeug? Vielleicht wissen wir noch nicht einmal, was an Bord war. Die Fracht, für die sie bezahlt wurden, ja. Was noch? Wahrscheinlich wusste die Crew nicht wirklich, was es war. Jeder dieser Gründe. Keiner weiß es.«

Doch trotz aller Zweifel an den Dokumenten der Crew und am Zustand der Maschine heben sich die Reporter des *Independent* ihre wirklichen Zorn für die Vertuschungsaktion nach dem Absturz auf – und für die politischen Machenschaften eines Systems, in dem solche Männer eine geheime, quasi-militärische Mission nach Somalia fliegen, dabei ums Leben kommen und anschließend noch als Sündenböcke herhalten müssen – und das alles nur, damit irgendjemandes Schmutzarbeit möglichst billig erledigt wird.

Sie verweisen auch auf einen weiteren, mindestens ebenso finsteren Schurken: ein illegales oder doch zumindest höchst diskretes Netzwerk heimlicher Geschäfte zwischen Regierung und Armee auf der einen und den Warlords, Terroristen, der Mafia und Piraten der kongolesischen Hügel auf der anderen Seite. Mickeys Team und vergleichbare Crews werden von diesem Netzwerk als oft ahnungslose, bestreitbare Handlanger, Maultiere und Sündenböcke benutzt – und die MONUC-Basis *(Mission de l'Organisation des Nations Unies en République démocratique du Congo)* der UNO in Entebbe ist ihr großes Feigenblatt.

Genau wie im Fall des somalischen Lösegeldabwurfs können die Flüge dieser Crews in die von Rebellen kontrollierten Hügel die geheime Geschichte hinter einigen der meistbeachteten Schlagzeilen der letzten Jahre erzählen.

Für die Beobachter illegaler Aktivitäten bedeutet dies, dass hier etwas abläuft, wogegen sie mit ihren Mitteln nichts ausrichten können, auch wenn Männer wie Peter Danssaert und Brian Johnson-Thomas den Ablauf dieser Machenschaften schon lange erkannt und schon oft gesehen haben – in Belgrad, in Uganda und in Afghanistan.

Das Problem ist folgendes: Die illegalen Aktivitäten, wie zum Beispiel die der Mafia, laufen ihrer Natur nach den Interessen des Staates zuwider. Wir denken in Kategorien von »Familien« und »Gangs« – Sizilianer in Smokings, die Angebote machen, die wir nicht ausschlagen können. Wenn jedoch der Staat selbst anfängt mitzumischen, so wie es Anfang der 90er Jahre in Russland, Ende der 90er in Serbien und in unserer Zeit in Afghanistan der Fall ist (wo Präsident Hamid Karsais innerer Zirkel, darunter sein Warlord-Bruder Wali, der am 12. Juli 2011 durch die Taliban getötet wurde, beschuldigt wird, den »Afghanistanismus« zu fördern – also Aufträge nach Gutdünken zu verteilen und die Staatskasse auszuplündern), kann niemand mehr sagen, wo die Grenze zwischen Wirtschaftspolitik und organisiertem Verbrechen verläuft. Das scheint auch auf Uganda zuzutreffen.

Ein UNO-Bericht aus dem Jahr 2002 mit dem Titel »Illegale Ausbeutung der natürlichen Ressourcen und anderer Reichtümer der Demokratischen Republik Kongo« fasst die Ausmaße dieses Schattenstaates privater Unternehmen und seine katastrophalen Auswirkungen zusammen:

> Das Netzwerk der Eliten, das aus Uganda heraus operiert, ist – anders als das Netzwerk, das aus Ruanda heraus operiert – dezentral und lose hierarchisch aufgebaut. Das ugandische Netzwerk besteht aus einer Kerngruppe von Mitgliedern, darunter bestimmte hochrangige Offiziere der *Ugandan People's Defence Force*, Privatunternehmer und ausgesuchte Rebellenführer/Administratoren. Das Netzwerk führt weiterhin Aktivitäten über Scheinfirmen durch. Das Netzwerk generiert Einkünfte mit dem Export von Rohstoffen, mit der Kontrolle der Einfuhr von Konsumgütern, mit Diebstahl und Steuerbetrug. Der Erfolg der Aktivitäten des Netzwerks in der Demokratischen Republik Kongo beruht auf drei miteinander verflochtenen Faktoren, nämlich militärische Einschüchterung, Aufrechterhalten einer öffentlichen Fassade in Form einer Verwaltung der Rebellenbewegung, und Manipulation des Geldbestands und des Banksektors mit Hilfe von gefälschtem Geld und anderer verwandter Mechanismen.

Alles verschwindet im gierigen Rachen des Netzwerks und in den Fiträumen der riesigen Frachtmaschinen. Holz aus geschützten Plantagen, Blutdiamanten, Koltan, ein Mineral, das von afrikanischen Exporteuren hoch geschätzt wird, weil es für die Handy-Hersteller unverzichtbar ist, Gold. Die einheimischen Metzger werden mit vorgehaltener Waffe gezwungen, Wildtiere zu häuten und die Felle an die Soldaten des Netzwerks abzugeben. Selbst lebendes Vieh wird den Hirten gestohlen, heimlich oder mit Gewalt. Und für ihre Mitwirkung genießen die Lieferanten, also die lokalen Warlords und Stammesführer, den Schutz der UPDF-Truppen, außerdem bekommen sie Treibstoff, Zigaretten und Waffen – natürlich steuerfrei.

Später am gleichen Abend gehe ich in eine Hotelbar und schaue ein wenig Fernsehen. Ich sehe eine Dokumentation über eine Frau, die ein Elefantenreservat leitet. Sie wird von Soldaten beschützt, weil die Gegend ständig von bewaffneten Wilderern heimgesucht wird und es Morddrohungen gegen sie gegeben hat. Sie beschwert sich, dass jedes Mal, wenn sie ihr bewachtes Hauptquartier im Reservat verlässt und in die Stadt oder ins Ausland fährt, das Gleiche passiert: »Es ist, als würden diese Wilderer mich irgendwie verfolgen und auf Schritt und Tritt überwachen, denn sie schlagen immer sofort zu, sobald ich weggehe.« Wenn sie zurückkommt, muss sie, wie sie sagt, regelmäßig feststellen, dass die von ihr angestellten Soldaten von schwerbewaffneten Wilderern überlistet wurden, die in das Reservat eingedrungen sind, einen Elefanten mit Kalaschnikows niedergemäht haben und mit dem Elfenbein verschwunden sind, bevor die Soldaten sie aufspüren und dingfest machen konnten. Die Soldaten halten sich in der Dokumentation bedeckt, sie kratzen sich am Kopf und geben der Frau gegenüber ihrer Verwunderung darüber Ausdruck, wie es die mysteriösen Wilderer immer wieder schaffen, sich ihrem Zugriff zu entziehen. »Sie müssen sehr clever sein«, sagt einer.

Und ich starre auf den Bildschirm und denke, kann es sein, dass nur ich es sehe? Es muss doch jedem hier ins Auge springen, dass da eine große, hässliche Frage in der Luft hängt. Doch die Frau sieht es nicht, sie verdächtigt nicht ihre eigenen Leute.

Das scheint mir das perfekte Sinnbild dafür zu sein, wie Behörden, NGOs und Polizei gleichermaßen in ihrem Versuch scheitern, den Schmugglern Einhalt zu gebieten. Im Angesicht einer Jagd nach Profit mit allen notwendigen Mitteln ist jeder, der in moralischen Kategorien von Recht oder Unrecht denkt, jeder,

der nach Kriminellen sucht, blind. Wie die Regierung, so die Wildhüterin: Das Undenkbare geschieht direkt vor ihrer Nase, mit der Hilfe ganz normaler Burschen, die sich ein paar Dollars verdienen, doch alle suchen immer nur nach dem Schwarzen Mann. Und die Flugzeuge kommen und gehen, für die UNO, die Luftfahrtbehörde, das Militär; für Hilfsorganisationen, für Unternehmen. Völlig respektable und untadelige Fluglinien sind gezwungen, mit Firmen zu konkurrieren, die alles machen, alles transportieren, für jeden arbeiten und ihre Preise künstlich niedrig halten, weil sie mit versteckter Fracht noch Geld nebenher verdienen.

Ein paar Wochen später wird in Kenia bei einer der seltenen Razzien eine nicht begleitete Lieferung von zwei Tonnen Elfenbein – 317 Elefantenstoßzähne – und 5 Nashorn-Hörnern beschlagnahmt. Die Fracht kam mit dem Flugzeug aus Entebbe nach Nairobi, in riesigen Kisten, deren Inhalt als frische Avocados deklariert war. Der Hauptverdächtige, Angestellter eines Frachtflugunternehmens, ist spurlos verschwunden.

* * *

Das Komische ist, dass ich einige von diesen Piloten kennengelernt habe, auf beiden Seiten der Trennlinie, und auch einige, die sich zwischen den Lagern hin und her bewegten. Sie waren keine schlechten Kerle – im Gegenteil. Auch sie bemühen sich, das Richtige zu tun, wo sie können. Also tun sie das, was sie tun müssen, um sich keinen Ärger einzuhandeln. So wie sie es in ihrer Zeit bei der Luftwaffe tun mussten, so wie wir alle es tun müssen. Sie verhalten sich unauffällig, arbeiten hart und machen genau das, was die Autoritäten von ihnen verlangen. Und sie fragen nicht zu Unrecht: Wenn das, was diese Autoritäten tun, was der Staat selbst tut, falsch ist – sollte dann nicht jemand Wichtiges etwas dagegen unternehmen?

Eine Woche später. Ich stehe innerhalb des Umfassungszauns

am Flughafen von Entebbe und schaue auf die Piste hinaus, auf der alle Passagier-, Militär- und von der UNO gecharterten Maschinen – und, wie man sagt, Tausende Tonnen undeklarierter Fracht – starten und landen. Zu meiner Linken befindet sich der zivile Flughafen. Zu meiner Rechten die militärische Airbase mit ihren Containern, die ordentlich gestapelt darauf warten, von Soldaten in die nächste Maschine nach Ostkongo verladen zu werden. Direkt daneben Reihe um Reihe von Zelten mit UN-Aufdruck. Willkommen in der Welt der fortgeschrittenen Globalisierung. Willkommen in der Welt, in der eine Mafia keine Mafia ist, sondern als ein Staat wiedergeboren wird. Willkommen an einem Ort, wo selbst das Illegale nicht illegal ist, wenn das »Netzwerk« es tut. Die UNO/ugandische Airbase ist nur für die militärische Nutzung bestimmt; aber der übliche Bestechungspreis, wenn man die Basis für einen kommerziellen Flug nutzen will, beträgt gerade einmal 300 Dollar.

Wenn andererseits das »Netzwerk« nicht will, dass etwas passiert – zum Beispiel, dass die Reporter vom *Independent* oder ich hier herumschnüffeln –, dann schicken sie jemanden vorbei, um dem umgehend einen Riegel vorzuschieben, ob auf legale Weise oder nicht. Und aufs Stichwort kommt hier ein olivgrüner Jeep den Umfassungszaun entlanggeschnurrt. Mein Pass wird überprüft, ein Anruf getätigt und ich werde hinauseskortiert.

Die adretten Reihen von UNO-Zelten, Hütten und Büros sind sehr nahe, aber trotz des Heulens der Triebwerke, obwohl die Beute vor ihren Augen ausgeladen wird, obwohl ein lebhafter Verkehr von Soldaten und Fliegern die Tore passiert, trotz der täglichen Berichte über den Schmuggelring in oppositionellen Zeitungen scheint niemand im UNO-Camp etwas zu bemerken. Es ist geradezu unheimlich. Doch das Netzwerk ist schließlich die Regierung. Und diese Leute sind ihre Gäste. Also sind sie, wie jeder Gast in jeder Mafia-Wirtschaft, schön brav. Halten sich an die Spielregeln. Machen ihren Pakt und handeln mit dem Teufel. Konzentrieren sich auf das große Ganze (das ist immer wichtig).

In der Zwischenzeit kommen die bewaffneten Schlägertypen mit den Sonnenbrillen vorbei, und während ich noch mit ihnen rede, trifft eine weitere Flugzeugladung schöner Dinge aus der Demokratischen Republik Kongo ein.

Nichts ist absolut und alles ist erlaubt, wenn die richtige Person sagt, dass es erlaubt ist. Hier draußen, weit weg von jener winzigen geschlossenen und bewachten Wohnanlage, die wir die Industrienationen nennen, hier draußen in der sengenden Abenddämmerung der Entwicklungsländer verblassen großes Recht und abstraktes Unrecht gegenüber Cash bar auf die Hand.

19

GET YOUR KICKS ON ROUTE IL-76

Zentralasien und der Kaukasus, 2009

Mickey macht viele »Pizza-Lieferungen«, wie er das nennt. Das sind improvisierte oder kurzfristig angesetzte Landungen und Umwege, manchmal zum Tanken, manchmal um Fracht einzuladen, manchmal auch nur für eine Stippvisite. Wir bleiben dann nur so lange am Boden, dass Mickey zum Terminal – das oft nicht mehr ist als eine Hütte oder ein Fleckchen Erde – hinüberrennen und auf das Flugzeug zeigen kann. Dann rufen zwei oder drei uniformierte oder hemdsärmelige Männer, fahren ihren blinkenden und piepsenden LKW rückwärts bis an das Flugzeug, kramen darin herum und fahren winkend wieder weg.

Diese Flüge erscheinen auf keinem Flugplan, deshalb kommen solche Zwischenlandungen für eine »Pizza-Lieferung« nicht selten ziemlich überraschend für den Kontrollturm, für die Fluglotsen und selbst für die Arbeiter, die gerade die Landebahn säubern oder die schlafenden Techniker, die völlig ahnungslos sind, bis sie plötzlich sehen, dass eine Il-76 über den Umfassungszaun auf sie zubraust. Mickeys Kunden, Chefs, Auftraggeber und Geschäftspartner wären ebenso überrascht, wenn sie davon wüssten.

Mickey ist nicht der einzige. Ein Mitarbeiter einer europäischen Sicherheitsfirma, der zur Unterstützung der Koalitionstruppen wiederholt mit diesen Firmen geflogen ist, berichtet, wie spontan viele dieser Missionen sind.

»Ich war in einer Il-67, die von einem Flughafen in Deutschland nach Afghanistan flog – zumindest dachten wir, dass wir auf dem Weg nach Afghanistan waren«, erinnert er sich. »Doch auf halber Strecke flogen wir auf einmal ohne Vorwarnung eine Kurve und landeten auf irgendeiner gottverlassenen Landepiste. Der Pilot selbst sprang aus dem Flugzeug und verschwand in der Wellblechbaracke, die dort stand. Fünf Minuten später war er wieder da, und da erfuhr ich dann, dass er, als wir in den Luftraum dieses speziellen Landes einflogen, einfach angehalten und für die Überfluggenehmigung bezahlt hatte. Mit seiner eigenen Kreditkarte! Es war, als würde man irgendwo sein Auto auftanken.«

Der Reporter Doug McKinlay dagegen erinnert sich an einen Vorfall während eines Hilfsflugs nach Nordafghanistan im Jahr 2002, im ersten, eiskalten Winter nach der Invasion. »Ich flog in einer Il-76, hatte mich auf einer Palette Tomaten ausgestreckt, die jemand als Hilfe rüberschickte«, erzählt er. Sobald sie in der Luft waren, musste er feststellen, dass er nicht der einzige Fluggast war, der nicht zur Crew gehörte. Als McKinlay es sich gerade gemütlich machen wollte, wurde er plötzlich begrüßt von »diesem gruseligen amerikanischen Pastor«, der auch mitflog. Der Pastor erklärte ihm, er wolle eine Tour durch die Flüchtlingscamps machen und ein Hilfsflug sei die einzige Möglichkeit, ihn und sein Kamerateam von Dubai aus dorthin zu bekommen. Schon die Art, wie er sich in erster Linie für sein Aussehen interessierte oder seine leidgeprüfte Assistentin herunterputzte, ließen nichts Gutes erwarten. Doch nichts konnte McKinlay auf den bizarren Auftritt des Pastors vorbereiten, als dieser versuchte, mit den Einheimischen in Kontakt zu kommen, denen zu helfen er sich vorgenommen hatte.

»Das Ganze war ein Zirkus«, erinnert sich der Kanadier. »Er stand auf einer Bühne vor diesen verhungernden Leuten, die sich den Hintern abfroren. Er hielt Kisten mit Nahrungsmitteln hoch und sagte ihnen durch das Mikrophon, dass jeder, der mehr über Jesus erfahren wollte, etwas zu essen haben könnte. Die Afghanen waren einfach nur verwirrt, aber er fragte immer wieder nach Handzeichen für Jesus, dann schrie er, das sei noch nicht genug, und seine Sicherheitsrowdys schlugen auf alle ein, die dem LKW mit den Lebensmitteln zu nah kamen.«

Um die surreale Szene vollkommen zu machen, war die Assistentin des Pastors »nur Haarspray, zu viel Make-up und hochhackige Schuhe, und das mitten in einem Flüchtlingslager«, erinnert sich McKinlay. »Für den Fall, dass die evangelikale Ansprache es in die Abendnachrichten des Lokalfernsehens zu Hause schaffen sollte.«

Auf dem Rückflug nach Schardscha konnten diese ungewöhnlichen Samariter selbst einen ersten Eindruck davon bekommen, wie flexibel eine Crew sein kann, die an Pizza-Lieferungen gewöhnt ist.

»Also über Usbekistan fing die Assistentin an, ein bisschen merkwürdig auszusehen«, sagt McKinlay, der sichtlich Freude daran hat, seine Geschichte zu erzählen. »Sie stöckelte zum Piloten und sagte, sie müsse die Toilette benutzen. Nun war das ein altes Flugzeug, sie hatten praktisch alles herausgerissen; als Toilette gab es nur einen Eimer. Außerdem hätte sie es vor einer Gruppe Journalisten, dem Pastor und acht weißrussischen Crewmitgliedern machen müssen. Also ging sie zurück und bettelte den Piloten an, und der sagte einfach nur ›o.k.‹, ging in den Sinkflug, fand einen Flugplatz, den er aus seinen Sowjetzeiten kannte, irgendwo draußen in der Pampa, und landete da auf einem Bierdeckel.«

Die altgedienten Flieger, der Pastor und seine Entourage sowie unser Reporterveteran aus Kanada schauten überallhin, nur nicht aus den Fenstern auf der rechten Seite des Flugzeugs, während die Assistentin in ihren Stöckelschuhen die Stufen hinunter und zu einem etwas entfernt gelegenen Betonbunker trippelte, den der Lademeister ihr gezeigt hatte. »Zwei Minuten später kommt sie wieder raus«, erinnert sich McKinlay lachend, »stolpert durch den Dreck und versucht, ladylike dabei auszusehen. Sie klettert die Rampe hoch und wir sind wieder weg. Dieses Flugzeug war maximal zehn Minuten am Boden. Aber bei der Menge an Treibstoff, die es kostet, dieses Ding vom Boden hochzubekommen, würde ich sagen, das war die teuerste Pinkelpause aller Zeiten.«

Die Geschwindigkeit und die Agilität unserer Belade-Halte, Zwischenstopps und informellen Supermarkt-Einkäufe verdeutlichen, warum solche Crews die perfekten Geschäftspartner für so viele Organisationen sind. Oft werden die Deals so schnell abgeschlossen und das Flugzeug so schnell beladen – um den Warenumsatz zu maximieren und die bürokratischen Hürden zu minimieren – dass Sergej die Fracht erst überprüft und ausrichtet (sofern er es überhaupt tut), wenn sie schon ihre Reiseflughöhe erreicht haben.

Wie jeder Langstrecken-Fernfahrer kennt auch Mickey die besten Orte zum Auftanken. Tatsächlich weicht er oft von der vorgesehenen Strecke ab, nur um an Orten aufzutanken, die auf den ersten Blick aussehen wie bessere Tankstellen; Orte wie Baku, die Hauptstadt der ölreichen früheren Sowjetrepublik Aserbaidschan.

Auf einem solchen Flug wird einem auffallen, dass diese boomende chaotische Ölstadt im Herzen vieler *Afganzy* und ihrer Geschäftspartner einen besonderen Platz innehat. Für Mickey ist es ein wenig wie jener Punkt, der auf alten Landkarten mit dem Vermerk »Ende der Welt« bezeichnet ist: der letzte Zipfel des Kaukasus, bevor man nach Zentralasien kommt. Hier gibt es Tausende von Quadratkilometern, auf denen wie Metronome aussehende Ölbohrtürme die schwarze Flüssigkeit aus dem Boden pumpen, und die Vororte schwimmen oft regelrecht in billigem Treibstoff. Bei unserm Landeanflug sah ich zerlumpte Männer, die ihre Eimer in glänzend schwarze Pfützen direkt neben der Straße tauchten, um damit ihre Lampen und ihre Traktoren aufzufüllen.

Die AvGas-Preise hier sind selbst nach den Maßstäben russischer Crews ausgesprochen niedrig und sorgen dafür, dass man eine 25 Jahre alte Super-Maschine geradezu lächerlich billig auftanken kann; besonders, wenn man auf einem Hilfsflug von Deutschland, Großbritannien oder Skandinavien hinunter nach Afghanistan, Irak, Dubai, Schardscha, Pakistan oder China ist.

Quittungen werden freizügig und gern auch aufgerundet ausgestellt. Doch eine Sache lässt Mickey weitaus zurückhaltender werden: der illegale Markt für das andere schwarze Zeug.

Baku liegt am Ufer des Kaspischen Meers, eines Binnensees, der mehr als 380 000 Quadratkilometer bedeckt. Hier kreuzen sich Wasserhandelswege, die Iran, Russland, das kaukasische Aserbaidschan und die ersten zentralasiatischen Staaten Kasachstan und Turkmenistan verbinden. Der von Wolga und Ural gespeiste See ist die Heimat der weltweit größten Konzentration von Stören, jener Fische, deren Kaviar Preise von bis zu 16 000 Dollar für ein einziges Kilo erzielen.

Baku ist ein Tummelplatz für Schmuggler, eine Stadt mit einer langen, dunklen Geschichte. Bereits zur Zeit des vorsowjetischen Exportbooms hatte das organisierte Verbrechen der Stadt legendären Status. Damals war einer der am meisten gefürchteten Vollstrecker ein junger, aufstrebender *biznesman*, Bankräuber, Kidnapper, Schmuggler, Fälscher und Killer namens Iosseb Bessarionis dse Dschughaschwili, der später unter dem Namen Josef Stalin weltbekannt wurde. Heute ist es eine chaotische Pufferzone zwischen den iranischen, russischen und türkischen Einflusssphären und, wenn man russischen Diplomaten glauben darf, zu einem aufregenden, furchteinflößenden Waffenschmuggler-Paradies herangewachsen. Doch es ist auch die Heimat einer der mächtigsten *Mafija*-Gruppen der früheren Sowjetunion, der Kaviar-Mafia. Obwohl von angeblich geschützten Tieren stammend, erfreuen sich die schwarzen Gourmet-Eier zunehmender Nachfrage von Neureichen in China, der arabischen Welt und Europa. Laut dem Washingtoner Artenschutzabkommen CITES (Convention on International Trade in Endangered Species) wird jedes Jahr illegaler Kaviar im Wert von mehr als 25 Millionen Dollar aus dieser Region in die Arabischen Emirate geflogen, wo es von Dubais allmächtigen Verbrechernetzwerken gekauft wird, die gern mit den organisierten Kriminellen Bakus Geschäfte treiben. Laut CITES wird der Kaviar danach zu Verteilerzentren in Asien, Nordamerika und Europa verschickt, wo er als legaler Kaviar weiterverkauft wird. Aus schmutzig wird sauber, so blütenweiß gewaschen wie ein Betttuch aus Schardscha.

Normalerweise würde so etwas der Flughafen-Security natürlich auffallen. Doch Flughafen-Security scheint nicht gerade Bakus größte Stärke zu sein. Auf meiner Rückreise von Kabul schlägt der moderne Pieper der Wächter an, weil ich ein wenig alte Munition aus dem nordafghanischen Bamiyan als Souvenir mitgenommen und in meiner Kleidung versteckt habe. Die Beamten halten mich an. Wir unterhalten uns ein wenig. Sie nehmen eines der Geschosse an sich und winken mich mit dem Rest zum Flugzeug durch.

So gelangt der Kaviar auf irgendwelchen Wegen sehr schnell in die Vereinigten Arabischen Emirate, das globale Drehkreuz für Flugzeuge, Geschäfte und Mickey. Von meinem Aussichtspunkt im gläsernen Bauch, wo ich während des Starts kauere, habe ich einen spektakulären Blick: Öltanker, glitzerndes blaues Wasser und alle Geschäftskontakte sind vor uns ausgebreitet. Wir kreisen über dem Stadtzentrum und über Bakus teurem Einkaufsdistrikt, wo unzählige ebenso exklusive wie leere Boutiquen all dem zurückströmenden Geld eine perfekte Waschmöglichkeit bieten. Und wir fliegen an den elegantesten Hotels der Stadt vorbei, dem Baku und dem Absheron. Hier verbrachten während der Kriege mit Russland tschetschenische Warlords ihren Fronturlaub, nachdem sie mit ehemaligen sowjetischen Frachtmaschinen über das türkische Nordzypern hergebracht worden waren. Dort bekamen sie, wie Russlands ständiger Vertreter bei der NATO Dmitri Rogosin berichtet, »aserbaidschanische Pässe, mit denen sie für kriminelle Geschäfte in die Türkei oder nach Russland reisen konnten, während andere, die keine Fernreisen mochten, vor Ort blieben und nebenher illegale Geschäfte und Drogenhandel betrieben, während Aserbaidschan das Transitland für Waffenlieferungen aus der Türkei wurde«.

Rogosin spricht von einem illegalen »Luftkorridor«, der

1995 zwischen Zypern und Tschetschenien eröffnet wurde, via
Aserbaidschan und Georgien, ein Wurmloch, durch das Waffen,
Soldaten und Cash teleportiert werden konnte. Route und Ziel
klingen irgendwie vertraut, und das Gleiche gilt auch für die
Männer: entwurzelte internationale Business-Typen, die sich in
Dubais Luxus-Einkaufsmeilen und klimatisierten Hotels her-
umtreiben. Dort treffen sie auf all die Crews und Kapitäne der
Flugzeuge aus Schardscha und der Import/Export-Branche aus
der früheren Sowjetunion, Serbien, Großbritannien, den USA,
Europa, China, Japan, Australien. In dieser »Kaviarmafia« gibt
es unzählige Geschichten von Frachtunternehmern mit wechsel-
hafter Vergangenheit.

Laut CITES koordinieren diese in Dubai sitzenden Mafiagruppen den Kaviarschmuggel, indem sie »Dokumente fälschen
und falsche Deklarationen einreichen, um von den Behörden vor
Ort Zertifikate für den Re-Export zu bekommen.« Durch große
Kapazitäten für verborgene Fracht eröffnet sich eine riesige und
schnelle Pipeline; mit der Nutzung Bakus als Stützpunkt auf
dem Weg zu blütenweißen Bestimmungsorten für Hilfslieferungen sowie nach Schardscha, Dubai und Westeuropa – ganz
zu schweigen von Fälschern aus Zentralasien, die in Märkten am
Straßenrand Diplomatenpässe und russische Führerscheine verkaufen – ist das Risiko phantastisch niedrig. Und der Gewinn –
ein Kilo, das bei einem kaspischen Wilderer 20 Dollar kostet,
bringt in New York zweieinhalbtausend Dollar ein – ist astrono-
misch.

So kann es nicht überraschen, dass Fehden, Morde und dop-
peltes Spiel weit verbreitet sind. Seit den 90er Jahren wurden
immer wieder Grenzer und Polizisten ermordet, die versuchten,
dem Handel Einhalt zu gebieten. Bei der tödlichsten Attacke
wurde ein neunstöckiges Apartmenthaus für Grenzsoldaten in
Kaspijsk bombardiert. 67 Menschen starben, 21 davon Kinder.
Vor ein paar Jahren stürmte ein hundert Mann starker Mob eine
Station der Küstenwache am Kaspischen Meer und befreite ge-

waltsam einige konfiszierte Kaviarboote. Offizielle sprachen im Zusammenhang mit dieser Aktion von einem »Dauerkrieg mit der Kaviarmafia«.

Es dürfte niemanden überraschen, dass einige Beobachter der Meinung sind, zwischen der Kaviarmafia und den Flugzeugen bestehe eine tiefere Verbindung als die zwischen Kunde und Kurier. Ein offensichtlich verbitterter Mann, der behauptete ein *avialegioner* zu sein, schrieb kürzlich einen Leserbrief an eine afrikanische Zeitung, in dem er einen russischen Geschäftspartner als jemanden denunzierte, der sehr enge Bindungen zur »schwarzen Kaviarmafia« in der früheren UdSSR unterhält. In dem Brief wurde behauptet, der Mann habe sich von Mafiamitgliedern Geld geliehen, um das Frachtflugzeug zu kaufen, das er betreibt. »Doch weil sie ein paar Jahre lang im Gefängnis saßen, zahlte der [Betreiber] seine Schulden nie zurück. Jetzt sind sie draußen und suchen [ihn], um ihr Geld zurückzubekommen.« Doch einige merkwürdige Punkte in dem Brief ließen nicht nur seine Glaubwürdigkeit, sondern auch seine Herkunft in einem zweifelhaften Licht erscheinen. So behauptete der Schreiber in seinem Brief, sein früherer Geschäftspartner sei nach Afrika umgezogen, um außerhalb der Reichweite seiner Gläubiger zu bleiben und »sich bedeckt zu halten« – allerdings schien in diesem Fall die am stärksten vom russischen Militärgeheimdienst unterwanderte russischsprachige Enklave in Schwarzafrika eine seltsame Wahl für ein Versteck zu sein. Die afrikanischen Telefonnummern, die der Briefschreiber mitlieferte, sind abgemeldete Handynummern oder Festnetzanschlüsse, die durchklingeln, bis das Besetztzeichen ertönt; die E-Mail-Adresse scheint inaktiv zu sein. Kein Wunder, dass die Zeitung, an die der Brief offenbar geschickt wurde, sich weigerte, ihn abzudrucken.

Ein Pilot in einem russischen Forum, dem der Brief zugespielt wurde, bezeichnet den Schreiber als »eine gut informierte Person mit lebhafter Phantasie und schlechter Erziehung«. Natürlich sind die Anschuldigungen von verbitterten ehemaligen

Angestellten und Geschäftspartnern mit Vorsicht zu genießen. Selbst wenn der Brief von der Person geschrieben wurde, mit deren Namen er unterschrieben ist, gibt es keine Beweise, dass es sich um mehr als den Versuch einer Rufmordkampagne handelt. Ich bat den Beschuldigten um einen Kommentar, doch obwohl er versprach zu antworten und ich mehrmals nachhakte, hörte ich nie wieder etwas von ihm. Und wenn ich ehrlich bin, kann ich es ihm nicht verübeln.

Sich bedeckt zu halten, ist in jedem Fall eine gute Idee, auch für jene auf der legitimen Seite der Frachtbranche – und das ist die große Mehrheit der hart arbeitenden Flieger und Unternehmer mit sowjetischem Background.

Manchmal lässt es sich jedoch selbst für Mickey nicht vermeiden, dass er unsichtbarer wird, als es ihm lieb ist. Auftragsflauten betrachten er und seine Crew mit einer noch in der Sowjetunion geprägten Furcht vor Hunger und Not. Dennoch sind sie eine Realität, die niemand ganz ausschließen kann, egal wie gut die Connections, Preise oder Networking-Fähigkeiten sind. Mit etwas Pech kann es manchmal Monate dauern, in denen die Besatzungsmitglieder versuchen, mit dem Rest des letzten Lohns über die Runden zu kommen, sich in irgendeiner abgelegenen Ecke der Dritten Welt oder in einer Wohnung in Uljanowsk mühsam durchzuschlagen, bis der nächste Job kommt. Kein Wunder, dass der Druck, Jobs anzunehmen, die nicht ganz koscher aussehen oder offensichtlich gefährlich sind, zunimmt.

Das ist der Punkt, an dem sich Mickeys und Sergejs unternehmerische Ader – ihre Pendelhändler-Instinkte, wie man ein Unternehmen im Unternehmen führt – auszahlt. Wenn sich etwas ergibt, wenn ein Deal platzt, wenn einfach keine Arbeit anliegt und wir Däumchen drehen, sind sie beschäftigt mit »Shopping« – allerdings nicht in den klimatisierten Einkaufsmeilen. Ende der 2000er Jahre in Kampala und Jinja vermittelten wir zusammen Deals für einen Zehnkilosack hiervon, eine Kiste davon, alles bar bezahlt, in einem rostigen alten Mercedes mit Pritschenanhänger geladen, zum Flugzeug gebracht, an Bord geschleppt, eingelagert und abgedeckt. Am nächsten Morgen nahm Mickey mich in Kampala zum Shoppen auf einen Markt unter freiem Himmel mit, schwer beladen mit abgefahrenen Autoreifen und Bolzen so groß wie Unterarme – »als Ersatzteile«.

Eingehüllt in den Rauch offener Grills breitet sich der heruntergekommene Markt für Flugzeugelektronik zu beiden Seiten einer ungenutzten Bahnstrecke neben der Landstraße aus. Zwischen in grellen Farben handgemalten Reklametafeln mit reißerischen, wenn auch nicht immer realistischen Darstellungen von Nokia-Handys, Krankheitssymptomen, Popstars oder Heineken-Dosenbier kippen die Händler auf solchen Märkten ihre Ware einfach auf den Lehmboden. Dennoch sind sie das lokale Pendant einer Vertragswerkstatt für die durchreisenden Piloten alter Antonows und Iljuschins. Gigantische abgefahrene Reifen bilden riesige Stapel. Anzeigeinstrumente und Armaturenblenden liegen bunt durcheinander auf Tischecken, Tragflächen- und Leitwerkklappen sichern die Leinwanddächer der Stände gegen Windstöße, weitere Bolzen, Schrauben und Unterlegscheiben, Muttern und Schellen glitzern zwischen ausgesuchtem Plunder (die Vorderhälfte eines VW-Campingbusses, in der Mitte durchgesägt; Dutzende »gefundener« Nummernschilder aus Südafrika, Nigeria und Kenia; aus einem Flugzeug herausgerissene Sitze).

»Alles ist sehr billig«, sagt Mickey, »aber nur, wenn du ihnen nicht sagst, wie dringend du es brauchst.«

Der Budenbesitzer erzählt, dass er einmal einen Flugschreiber hier hatte. Ich lache überrascht auf. »Wer will denn so etwas?«, frage ich ohne nachzudenken.

»Vielleicht gibt es jemanden, der seinen zurückhaben will«, antwortet der Händler, ohne mit der Wimper zu zucken.

Erst als ich später etwas über die große Unsicherheit lese, die viele Abstürze hier in der Region umgibt, und über den mehr oder weniger illegalen Status einiger dieser abgestürzten Flüge, wird mir klar, dass er durchaus nicht scherzt. Als Auftraggeber oder Eigner einiger der Flüge, die im Laufe der Jahre über Afrika ein vorzeitiges Ende nahmen, und bei denen die Gerüchte über Sabotage und Waffenschmuggel einfach nicht verstummen wollen, wäre ich vermutlich auch sehr daran interessiert, meinen Flugdatenschreiber zurückzubekommen, egal welcher Fischer ihn gefunden hat.

Die Improvisationskunst, die beim Reparieren alles benutzt, was gerade zur Hand ist, macht sich auch in anderen Bereichen bemerkbar. Wenn die Zeit knapp ist, essen wir, was immer an Bord ist, und einige von uns – allerdings nie Mickey und nie der Navigator – nehmen unsere Flaschen Bier, Coca-Cola oder Schnaps mit an Bord, um sie während des Fluges leerzutrinken. Aber in der Luft ist es nur Sergej, der wirklich Party macht – und dabei manchmal außer Kontrolle gerät – und sich alles hinter die Binde gießt, was er unter der Ladung finden kann, und der ab und zu auch vom Reinigungsalkohol trinkt.

Für den Lademeister kommt der Druck des Jobs in schnellerer Abfolge als für die meisten anderen. Er ist derjenige, der alle beschwatzen, Witze reißen und Leute umgarnen muss, von den lokalen Kuhhirten bis zu Milizionären, Flughafen-Zöllnern oder Gepäckarbeitern, damit sie der Besatzung beim Einladen helfen. Er ist derjenige, der im Kopf haben muss, wo alles verstaut ist und wer wovon weiß. Und wenn das zur Folge hat, dass Sergej mit allem, was er finden kann, bis an die Grenzen der Psychose Selbstmedikation betreibt, dann ist es so. Ich habe ihn auf der Landebahn schlafen sehen, im Schatten der Maschine, mit einem Joint in der Hand, und ich habe ihn trinken sehen, um den gelungenen Start zu feiern. Bei einem Flug stürzte er von einem Stapel Kisten, auf dem er gedöst hatte, und schlug sich den Kopf so schlimm auf, dass sich die Haut an seiner Schläfe wie eine Luke öffnete und der heiße, ölige Boden vor lauter Blut nach Schlachthaus zu riechen begann. Er trank reinen Alkohol und afrikanischen *waragi* oder »War Gin« – ein starker, selbstgebrauter Alkohol aus Yams oder Bananenpflanzen, der in Ostafrika regelmäßig ganze Dörfer umbringt. Während wir fluchten, ihn bandagierten und ihm Wasser einflößten, wachte Sergej gerade lange genug auf, um etwas zu murmeln und sich auf die andere Seite zu drehen. Erst kurz nach der Landung sprach ich wieder mit ihm, da machte er einen klaren und fitten Eindruck, auch wenn er blass, dünn und blutig wie ein Penner am Times Square aussah. Er griff verschämt an seine verbundene Wunde, als hätte ich ihm ein Kompliment über eine neue Frisur gemacht, und schien ehrlich erstaunt über mein Drängen, er solle einen Arzt aufsuchen. Nach einer Weile ließen die anderen ihn einfach in Ruhe. »Sergej ist eben Sergej«, murmelte Mickey, als ich mit ihm darüber sprach.

Wie nah Sergej an diesem Tag dem Tod gekommen sein mag, dämmert mir erst ein paar Monate später, als drei russische Flugzeugtechniker auf der indonesischen Insel Sulawesi sterben, nachdem sie stolpernd, sich übergebend und über Atemschwierigkeiten klagend aufgefunden worden waren. Toxikologische Tests bestätigen später, dass sie Methanol getrunken hatten – eine hochtoxische Form von Alkohol, die in Flugzeugen zum Reinigen benutzt wird. Tatsächlich kann es sein, dass Sergejs benommener Sturz von der Palette während des Starts sein Leben rettete. Im islamischen Hinterland Indonesiens, des Sudans oder Somalias, wo das Trinken von Alkohol illegal ist, ist der lebensgefährliche lokale schwarzgebrannte Schnaps eine Geißel der Flieger.

Ein hochrangiger russischer Diplomat und Afghanistankriegsveteran, der mit mir redet, aber anonym bleiben will, erinnert sich an Sowjetpiloten in den Kasernen von Kabul, die »dem Geist« zugetan waren. Bemerkenswerterweise fiel den sowjetischen Kommandeuren irgendwann auf, dass Piloten und Crews, die Flugzeugalkohol tranken, zwar oft unzuverlässig waren, aber nie Hepatitis oder Parasiten bekamen, weil sie ihn anstelle von Wasser tranken, das in Afghanistan oft keimverseucht war. Viele waren fest davon überzeugt, dass Methanoltrinker unterm Strich ihr Leben verlängerten. Dennoch: Unfälle, Leberschäden oder Überdosierung hatten zur Folge, dass dieses Stärkungsmittel Tausende das Leben kostete.

Und so trinkt Sergej. Und ich für meinen Teil kann beim besten Willen nicht nachvollziehen, was dieses Leben für Männer jenseits der 50 auf Dauer so anziehend macht und warum sie das Risiko brauchen. Schon ihr Überleben scheint mir auf Dauer ein Widerspruch in sich zu sein, eine Art Selbsterhaltungsclub der Kamikazeflieger, der ultimative Survivalkurs für Männer, die den Tod überhaupt nicht zu fürchten scheinen. Was mir ziemliche Sorgen bereitet, denn ich bin ein leidenschaftlicher Angsthase mit einer gesunden Aversion gegen jede Art von Gefahr. Manchmal bringen die Aussicht auf einen hohen Lohn und dieser unerschütterliche Glauben an das eigene Weiterleben Mickey und seine Crew dazu, Himmelfahrtskommandos ersten Ranges anzunehmen.

Eines Tages fragt mich Mickey eher nebenbei, ob ich gegen eine kleine Gebühr auf einen Trip nach Modadischu mitfliegen will, wenn er wieder dorthin kommt. »Mogadischu sehen und definitiv sterben«, so hatte ein russischer Pilot im Gespräch mit mir gewitzelt. Somalias Hauptstadt hat offiziell den Status, der korrupteste, gesetzloseste und gefährlichste Ort der Welt zu sein, wird kontrolliert von Piraten und belagert von den islamistischen Guerillas von Al-Shabaab – und ist ein Friedhof von abgeschossenen Il-76. Selbst Jewgeni Sacharow von Sowjet Air Transport nennt es die gefährlichste Stadt von allen. »Bei Operationen in sehr gefährlichen Ländern wie Somalia«, sagt er, »wissen die Leute, worauf sie sich einlassen. Wir bezahlen sehr viel Geld an die Crews, die dorthin fliegen.«

Doch glaubt man Mickey, gibt es abgesehen von der Sache mit dem Geld noch eine andere Seite, die Mogadischu zu einem wirklich furchterregenden und aufregenden Flugziel macht. Diesmal klappt es nicht mit dem gemeinsamen Flug. Die UNO hat offiziell die Kontrolle über alle Flüge dorthin übernommen, und in dieser Woche hat die Crew keine UNO-Aufträge. Dabei ist es ein offenes Geheimnis, dass amerikanische Sicherheitsfirmen mit Iljuschins schwarze Operationen für die Somalis durchführen, und ebenso, dass es regelmäßig illegale Flüge mit Waffen für Al-Shabaab gibt. Was und wer sonst noch ins Land hinein oder herauskommt, kann sich jeder selbst ausmalen. Doch Mickey sagt mir, ich solle es auf keinen Fall verpassen, wenn ich die Chance bekomme. »Es ist«, versichert er mit dem schiefen Grinsen des Connaisseurs, »etwas ganz Besonderes.«

Das gilt, wie sich zeigte, allerdings auch für seine speziell auf Mogadischu zugeschnittene Anflugmethode, die noch furchteinflößender ist als der verrückte Sturzflug auf das schießfreudige Kabul. Oder selbstmörderischer. Auf Flügen nach Somalia, wo Piraten aus ihren Booten Maschinengewehrsalven abgeben und die lokalen Al-Shabaab-Milizen mit Boden-Luft-Raketen schießen, hat Mickeys Bande gelernt, in geringer Höhe über das Wasser hereinzustürmen, auf »deutlich unter« tausend Fuß zu sinken und über die Gischt geradewegs auf die salzige Landebahn des direkt am Ufer gelegenen Flughafens zu springen.

Es ist der Alptraum eines jeden Navigators. Dmitri kauert dort unten in seiner Glasblase unter dem Rumpf und bekommt eine endlos lange Kamerafahrt über den hellblauen Ozean präsentiert, während Fischschwärme, Boden-Luft-Raketen und noch mehr Fischschwärme unter ihm vorbeirauschen. Verrückt, sagt er, wie segensreich sich die Anwesenheit der Piraten auf die lokale Meeresfauna ausgewirkt hat. Sogar die japanischen Hightech-Supertrawler haben mittlerweile Angst vor Kidnapping, bleiben weg wie alle anderen auch. Ein wunderschöner Anblick, »wie der Garten Eden«. Der Navigator lenkt sich mit solchen Gedanken ab, an was soll er auch sonst denken? Die ganze Crew weiß, dass Mickey auch diesmal wieder den gesamten Anflug absolut fehlerfrei hinbekommen muss – und dass sie Glück brauchen.

Wenn Mickey eine Erinnerung daran benötigt, dass er bei seinen Starts und Landungen in Mogadischu absolut konzentriert sein muss, dann braucht er nur daran zu denken, dass zwei von Freunden gesteuerte Il-76-Maschinen während der Schlacht von Mogadischu innerhalb weniger Tage abgeschossen wurden.

Am 9. März 2007 flog die Crew einer weißrussischen Il-76 von Entebbe aus nach Mogadischu. An Bord eine streng geheime Fracht der Afrikanischen Union, deklariert als Hilfsgüter. Die Maschine war keine drei Kilometer von der Landebahn entfernt im Anflug auf den Flughafen von Mogadischu, als sie von einer Rakete getroffen wurde, die ein paar Hundert Meter vor der Küste aus einem kleinen Boot abgefeuert worden war. Sie schlug ein Loch in die linke Rumpfseite und beschädigte das Fahrwerk. Die Rakete hätte explodieren und Geschosssplitter durch das Flugzeug schleudern sollen, doch mysteriöserweise wurden weder Crew noch Passagiere verletzt. Der Grund war unbestätigten Berichten zufolge, dass die Rakete die Panzerung eines nicht deklarierten geheimen Frachtgutes traf, von dessen Existenz nicht einmal die ugandischen Soldaten an Bord etwas wussten – ein Panzer, der zwischen der Ladung im Frachtraum versteckt war. So fing die Maschine lediglich Feuer, doch der Pilot schaffte es, sie sicher auf den Boden zu bringen. Während sich das Feuer ausbreitete, brachen Crew und Passagiere die Notausstiegsluke auf. Ihre Schnelligkeit rettete ihr Leben – das einzige Feuerwehrauto des Flughafens brauchte mehr als eine Stunde, bevor es am Brandort ankam, da Treibstoffknappheit herrschte und ein Flughafenangestellter zuerst losrennen und einen Kanister Benzin organisieren musste.

Zwei Wochen lang stand die angeschlagene, 18 Jahre alte Il-76 verkohlt und verbeult auf der Piste. Doch genau wie bei jener Maschine, deren Besatzung von der Malaria dahingerafft wurde, waren auch hier Kräfte am Werk, die die Maschine wieder in die Luft bringen wollten, auch wenn sie irreparabel beschädigt war. Zumindest Teile davon, denn noch war sie zu wertvoll, um sie schon komplett abzuschreiben. Allein ihre vier Solowjow-Triebwerke würden Hunderttausende von Dollars bringen, wenn man sie noch verkaufen konnte. Also schickte der Eigner des Flugzeugs am 23. März 2007, nur zwei Wochen nach der Notlandung der ersten, eine zweite Il-76-Maschine auf den Weg, die Ingenieure und die entsprechende Ausrüstung an Bord hatte, um das tote Flugzeug auszuschlachten.

Die zweite Il-76-Crew, alles Weißrussen, einige davon aus Mickeys alter Basis Wizebsk, landete und setzte das Mechanikerteam ohne Zwischenfälle ab. Doch jemand hatte sie beobachtet. Kurz nach dem Start, in einer Höhe von nur 3000 Metern, meldete der Pilot »ein Problem« mit Triebwerk Nummer zwei. Als er versuchte, zum Flughafen zurückzukehren, wurde das Flugzeug von einer zweiten und dritten Boden-Luft-Rakete getroffen. Die Tragfläche explodierte und fiel ins Meer, während das Flugzeug als Feuerball ein Stück die Küste entlangtrudelte und schließlich auf eine Farm stürzte. Zeugen fanden zerquetschte Farmtiere, Leichen und Wrackteile in einem Umkreis von 1,5 Hektar verstreut. Zehn der elf Besatzungsmitglieder waren sofort tot, der elfte wurde gefunden, als er an der Absturzstelle umherstolperte. Er starb noch am gleichen Tag. Berichte gehen davon aus, dass die Raketen aus einer Farm in der Nähe des Flughafens und von einem kleinen Boot aus abgeschossen wurden, was darauf hinweist, dass es sich um einen koordinierten Angriff handelte. Somalische Truppen riegelten das Gebiet rasch ab – nicht, um die Piraten zu erwischen, die das Flugzeug abgeschossen hatten, sondern um die Absturzstelle zu »säubern«. Innerhalb von Stunden hatten sie das Wrack zerlegt und eine Meldung herausgegeben, es seien doch keine Raketen abgefeuert worden. Man wisse nicht, was mit der Il-76 geschehen sei.

Zu Hause in Weißrussland säumten die Trauernden die Straßen, um die Leichen der toten Flieger zu empfangen. Als Mickey davon erzählte, war er sichtlich gerührt von der Tatsache, dass die weißrussischen Flieger aus Wizebsk stammten und einige von ihnen in seine alte Garnisonsstadt zurückgebracht wurden, um dort beerdigt zu werden. Ich war selbst ziemlich schockiert –

ich hatte die Maschine und ihre weißrussische Besatzung vor ein paar Jahren in Kabul kennengelernt und ein paar Minuten lang mit ihnen gesprochen. Doch Guerillas mit Raketen und Piraten mit Granatwerfen sind schon lange ein Berufsrisiko bei Somalia-Flügen.

Information ist alles für Mickeys Crew: wer schießt, wer bezahlt, wer war schon da, wer ist zurückgekommen. Diese Jungs sind informationssüchtig und das macht sie zu unheilbaren Klatschbasen. Ich sage ihnen, dass sie großartige Reporter abgeben würden: Sie kommen mit jedem ins Gespräch, ob obdachlose alte Damen, Polizisten, Soldaten oder Kriminelle. Wo Empfang ist, sprechen sie hastig in ihr Handy, oder sie beginnen eine Unterhaltung vor dem Start und setzen sie in der Luft mit dem Funkgerät fort. Sie leben von Punkt zu Punkt, nicht von Tag zu Tag, und vermessen unser Leben in Stapeln und Kisten – dem schwankenden, festgezurrten Strichcode des unabhängigen Händlers.

Die Crew kann hypernervös werden, wenn sie länger am Boden ist als zum Ein- oder Ausladen. Jeder, der mit Hilfsflügen zu tun hat, sagt einem, dass es ein Rennen gegen die Zeit ist, und jeder in der Frachtbranche wird nicht müde zu betonen, dass Zeit Geld ist. Für die Burschen, die das Zeug transportieren, ist es von beiden Seiten die gleiche Litanei – gleiches Spiel, anderes Logo.

In mancher Hinsicht ist es frustrierend, mit Mickey zu reden, weil er selbst die beiläufigsten kleinen Fragen lediglich zurückspielt. Allein herauszufinden, woher er stammt, dauerte eine Ewigkeit, weil seine instinktive Reaktion auf alles darin besteht, mit den Schultern zu zucken, etwas Vages wie »aus der UdSSR« zu murmeln oder mich mit einer Halbwahrheit abzuspeisen. Gespräche über Zielorte, Frachtgüter oder Freunde und Familienbande kommen nicht aus den Startlöchern. Einmal erklärte ich ihm entnervt, dass der simple Grund für meine vielen Fragen die Tatsache war, dass er mir einfach nichts sagte. Mickey zuckte mit den Schultern, bot mir eine Zigarette an, dann rief er Dmitri etwas zu und fing an, mit ihm zu reden.

Ich gebe zu, rückblickend kann ich nicht verstehen, warum mich das so überraschte. Am 12. Dezember 2009 stürmte die Polizei am Flughafen von Bangkok, offenbar aufgrund eines Tipps, eine Il-76. Das Flugzeug machte einen Tankstopp auf einer bizarren Strecke, die es planmäßig von Nordkorea, mit einem Waffenembargo belegt, knapp 30 000 Kilometer im Zickzack um die halbe Welt führen sollte, mit Stationen in der Ukraine, im Irak und in Thailand. Diesmal traf der mysteriöse Tipp genau ins Schwarze. Als die Polizei die Maschine auseinandernahm, fand sie eine große Menge Kisten, die als »Maschinenteile für die Ölindustrie« deklariert waren, tatsächlich aber 32 Tonnen Raketenwerfer, Bomben, Boden-Luft-Raketen und andere militärische Hardware, Waffen und Munition enthielten. Das war ein dicker Fisch: ein embargobrechender Flug mit einer illegalen Waffenlieferung aus Nordkorea. Die Crew wurde verhaftet, das Flugzeug beschlagnahmt, die Fracht konfisziert. Für die thailändische Polizei war die Aktion ein totaler Erfolg.

Doch damit hatte der Jubel ein Ende und Verblüffung und Frustration setzten ein. Denn nun stießen die Ermittler auf die gleiche Unbestimmtheit, die mich im Umgang mit Mickeys Crew in den Wahnsinn treibt.

Der Mann, dessen Crew die Il-76 flog, war ein Kasache aus Schymkent namens Alexander Sykow. Das Frachtflugunternehmen East Wing wurde zeitweise fälschlich verdächtigt, den Flug durchgeführt zu haben, doch Sykow wies sofort jegliche Verantwortung für die Lieferung von sich. Sykow und seine Frau – die, wie sich zeigte, über ihr in Schardscha sitzendes Unternehmen als juristische Besitzer der Il-76 registriert war – bestritten unisono, Kenntnis von dem Flug oder seinem Zweck zu haben. Sie behaupteten, nichts von irgendwelchen Waffen zu wissen und erzählten Reportern sogar, dass diese Männer zwar für Sykow arbeiteten, jedoch zur Zeit des Fluges alle im Urlaub gewesen seien, den sie ein paar Wochen zuvor gemeinsam gebucht hätten. Als Reporter von Associated Press vor einem Besuch der Anlage, in der die Männer gewohnt hatten, Sykow persönlich ans Telefon bekamen, sagte er ihnen, er habe keine Ahnung, wie er herausfinden sollte, wer diesen Flug für wen gechartert hatte, und warf mit der Aufforderung »sucht Sie doch selbst« den Hörer auf die Gabel.

Doch als die Freunde und Familienmitglieder der verhafteten Crew aufgespürt waren, machten diese keinen Hehl aus ihrer Verärgerung. Sie waren unübersehbar davon überzeugt, dass die Crew – die schon lange genug für East Wing arbeitete, um in der Gegend als *Sykowzy*, also »Sykowiten« bekannt zu sein – definitiv im Auftrag von East Wing unterwegs war, als man sie in Bangkok festnahm. Die Besatzungsmitglieder ihrerseits gaben an, sie seien davon ausgegangen, dass ihre Fracht aus den Dingen bestand, die in den Frachtpapieren standen: Bauteile für die Ölindustrie. Darüber hinaus galt: »nicht fragen, nichts sagen«.

Und dann wurde die Sache *wirklich* verrückt.

Je mehr die Ermittler herauszufinden versuchten, wer hinter dem Flug steckte oder wer den Auftrag erteilt hatte, desto mehr bekamen sie das Gefühl, in einem Spiegelkabinett herumzulaufen. Flieger, Charteragenten, Zollbeamte und Beobachter recherchierten und landeten bei allen möglichen Firmen, deren Namen auf verschiedenen Dokumenten und Zertifikaten im Zusammenhang mit dem Flug auftauchten. Doch jedes einzelne davon stellte sich als Sackgasse heraus. Kontaktpersonen erklärten, nie etwas von der Maschine, dem Flug oder dem Eigner gehört zu haben. Telefonnummern führten zu toten Anschlüssen. E-Mails kamen zurück. Leute, die in den Dokumenten genannt wurden, bestritten jede Verantwortung für die Schmuggelware. Das Flugzeug war über mehrere Stufen über eine Reihe von Strohfirmen geleast und gechartert worden, letzten Endes an ein Unternehmen, das gerade einmal einen Monat vor dem Flug in Spanien gegründet worden war. Der Besitzer erwies sich nach langer Suche als fiktiv. Dann ein weiterer Schlag: Das nordkoreanische Unternehmen, das die Waffen geliefert zu haben schien, existierte ebenfalls nicht.

Einige Tage später wurde die Crew still und leise aus dem Gefängnis in Bangkok freigelassen und ohne Anklage nach Hause geschickt. Schließlich gab es keine Anhaltspunkte dafür, dass sie gewusst hatten, was sie da transportierten. Selbst erfahrene Beobachter wie Brian Johnson-Thomas schütteln rückblickend den Kopf. »Das roch nach einem abgekarteten Spiel«, sagt er. »An der Sache ist etwas faul, angefangen bei dem Tipp bis hin zu der Tatsache, dass der Bursche, der hinter allem stecken sollte, nicht existiert. Ist da eine verdeckte Operation schiefgelaufen, vielleicht etwas Größeres? Wir müssen abwarten.«

Während die Festnahme und die anschließende interkontinentale Schnitzeljagd in ihrer Ergebnislosigkeit sicherlich beispiellos sind, gibt es doch auch vieles an diesem Fall, das eigentlich ziemlich typisch – geradezu lehrbuchmäßig – für graue Operationen ist. »Wir befinden uns in einer Phase, in der es nicht mehr um illegal oder legal geht«, sagt Moisés Naím. »Es geht darum, dass bestimmte Aktivitäten mit anderen, vollkommen legitimen Operationen eng verwoben werden, und zwar so stark, dass es schwer ist, sie zu entdecken, und noch schwerer, Gesetze gegen sie zu erlassen.«

Es gibt, in diesem Fall ebenso wie auf vielen derartigen Flügen, reichlich Raum für Zweifel, für Dementis. Für viele Kunden ist das vollkommen in Ordnung. Niemand will in dem Ameisenhaufen wühlen, aus Angst davor, was er auslösen könnte. Im Moment sieht es so aus, dass die Frachtflugunternehmen ihre Aufträge und die Piloten ihren Nebenverdienst haben, die Flughäfen verdienen Geld, alle sind zufrieden. Wie der mit Brian Johnson-Thomas befreundete Pilot, den man als wohltätigen Zeitgenossen betrachtete, weil er den NGOs anbot, auf bestimmten Routen kostenlos für sie zu fliegen. Mickeys großzügige Konditionen sind für die Hilfsorganisationen ein geschenkter

Gaul. Es ist verständlich, dass bei derart günstigen Preisen viele zögern, seine Motivation genauer zu hinterfragen.

Es liegt in der Natur des Frachtgeschäfts – nicht nur bei humanitären Flügen in Notstandsgebiete, sondern genauso bei »Just in Time«-Lieferungen für kommerzielle und militärische Logistik, ganz abgesehen von den halsbrecherischen Zeitplänen mit viel zu vielen Flügen und zu kurzem Zeitrahmen, die das tägliche Brot vieler Einmannunternehmen überall auf der Welt sind – dass der Warenumschlag manchmal erschreckend schnell vonstattengehen muss und die Kontrollen oft auf komische Weise nachlässig sind.

Manchmal kommen selbst die frechsten blinden Passagiere und verrücktesten Frachtlieferungen durch. Nachdem der Tsunami von 2004 über 30 Meter hohe Wellen in Küstenstädte von Indonesien, Thailand und Malaysia bis nach Sri Lanka und in Länder auf der anderen Seite des Indischen Ozeans geschickt und über 230 000 Menschen getötet hatte, waren die Veteranen des »A-Teams« aus dem Ostblock die ersten, die mit Hilfsgütern und Material für den Wiederaufbau am Ort der Katastrophe eintrafen, der zu dieser Zeit der Hölle auf Erden glich.

Als die Rebellen der Tamil Tigers in Sri Lanka im März 2007 ihren ersten Luftangriff starteten, berichtete die Londoner *Times*, dass das kleine Kampfflugzeug der Tigers unter Ausnutzung der laxen Kontrollen während der Hilfsaktionen nach dem Tsunami ins Land geschmuggelt worden sei – als Bausatz.

Und es blieb auch noch genug Zeit, um jede Menge »Extrafracht« aufzusammeln und nach Hause zu schmuggeln. John MacDonald erinnert sich, wie er einmal von einem Wodka trinkenden blinden Passagier fast zu Tode erschreckt wurde, während er als Flight Manager für die Schwärme von Iljuschins und Antonows arbeitete, die damals den Himmel über dem Katastrophengebiet verdunkelten.

»Während dieser Zeit gab es in Südwestasien diese Il-76-Maschinen und außerdem zwei Antonow-12-Maschinen. Sie wurden dort hinausgeflogen; sie sollten in Kuala Lumpur stationiert sein und Hilfe und Nachschub überall in die Region fliegen«, berichtet er. »Ich rannte in diesen Flugzeugen herum, rannte einfach herum wie verrückt, fand heraus, wem sie gehörten, nur um sicherzugehen, dass sie o.k. und sicher waren. Also ging ich in dieses eine Flugzeug, und die Kabine für die Crew ist in diesen Dingern nicht besonders groß, und ich konnte dieses unmenschliche Geschrei hören. Ich ging durch die Tür des Frachtraums und das furchtbare Geschrei wurde noch lauter. Ich hob den Blick und sah in der Dunkelheit einen riesigen Käfig, der 1,30, vielleicht 1,50 Meter hoch war und vom Boden bis zur Decke der Kabine reichte. Darin saß ein riesiger tropischer Vogel, dem die schon die Hälfte der Federn ausgefallen war, und flatterte und krächzte. Diese Burschen waren in Westafrika gewesen und in der Woche vor dem Tsunami hatte der Pilot den Vogel dort irgendwo auf dem schwarzen Markt gekauft. Er dachte, er würde in der nächsten Woche nach Hause fliegen, und er könnte ihn seiner kleinen Tochter schenken. Doch als die Katastrophe kam, gab es zu viele Aufträge für Hilfsflüge, die sie nicht ablehnen konnten. Sie flogen um die halbe Welt und hatten die ganze Zeit diesen mannsgroßen Vogel dabei. Sie fütterten ihn mit Wodka und Brot, seine Federn fielen aus und er schrie die ganze Zeit mit dieser unirdischen Stimme. Es war kilometerweit zu hören.«

Er lacht, als er die ganzen Checks und Landung aufzählt, die sie mit dem kreischenden Passagier an Bord absolviert haben mussten.

»Schauen Sie sich nur die Karte an und die Reichweite der Maschine – sie machten all diese Flüge von Westafrika nach Malaysia, es dauerte ewig, von Pointe-Noire nach Nairobi, dann Addis Abeba, dann die Emirate – vielleicht Schardscha – dann irgendwo in Indien, dann noch ein Halt irgendwo anders, dann rüber nach Kuala Lumpur. Und all das mit dem schreienden und flatternden Riesenvogel. Niemand sah etwas. Und nicht nur das – Sie müssen bedenken, dass auch die Crew in diesem Flugzeug schlief und aß – ein Irrenhaus. Jeder, der schon einmal in einem dieser Flugzeuge war, weiß, dass es schon an guten Tagen riecht wie auf der Rückbank eines Moskauer Taxis: Körpergeruch, Schmieröl und wer weiß was noch alles, und obendrein haben Sie noch diesen riesigen, kahlen Alkoholikervogel.«

Einige dieser Crews haben oft Tiere an Bord. Sie sind ein hübscher Nebenverdienst, wenn man es schafft, sie lange genug am Leben zu halten, um sie abzugeben. Doch diese Extrafrachten können auch unvorhergesehene Konsequenzen haben. Ein Jahr, nachdem es mehrere Ausbrüche der Vogelgrippe in Ländern gegeben hatte, die vorher als »sauber und abgeschirmt« galten, identifizierte die internationale Artenschutzorganisation TRAFFIC, die den Handel mit gefährdeten Tierarten überwacht, den wirklichen Schuldigen.

»Die offizielle Version, dass es Zugvögel waren, ist Unsinn«, erklärt Richard Thomas von TRAFFIC. »Es ist kein Zufall, dass in Nigeria, wo der Import von Hühnern wegen der Vogelgrippe verboten war, eine angeblich abgeriegelte und zertifizierte Farm, die neben dem Flughafen lag, der Ort des Ausbruchs war. Die Einfuhr war verboten, aber natürlich wurden dann kranke Vögel an Bord dieser Unmengen von riesigen, unmarkierten Flugzeugen eingeführt.«

Ihre Laisser-faire-Haltung gegenüber »Huckepack«-Frachten bei Hilfstransporten für die Tsunamiopfer oder Peacekeeping-Missionen der UNO hat diese Maschinen zu Legenden gemacht, selbst innerhalb der UNO.

»Ich kann nicht anders, ich vermisse sie«, sagt ein Pilot, der während des Angolakrieges Anfang der 90er Jahre flog. »In Luanda flog mein Kollege für die UNO«, erinnert er sich. »Er wollte einen afrikanischen Graupapagei für die Pilotenunterkunft haben, also ging er zu der Il-76-Besatzung hinüber, die auch für die UNO flog, um sie zu bitten, dass sie auf ihrem nächsten Trip in den Nordosten Angolas im Lauf der Woche einen Graupapagei für ihn kauften. Nun, sie luden ihn ein und boten ihm einen Wodka oder zwei an – und das war *um 10 Uhr morgens.* Mein Freund lehnte den Wodka dankend ab und zeigte ihnen sein Walkie-Talkie; er sagte, er habe Bereitschaft und bat sie, ihm von ihrem nächsten Trip einen Papagei mitzubringen. Die Unterhaltung wurde lebhaft und es floss mehr Wodka, dann hörte das Trinken schlagartig auf, die Il-76-Crew stand auf und ging hinaus. Mein Freund fragte, ob es eine ungünstige Zeit sei und entschuldigte sich, dass er ihre Freizeit im UNO-Camp gestört hatte. Der Kapitän drehte sich um und sagte: ›Kein Problem – wir fliegen jetzt und holen den Vogel!‹ Und das taten sie wirklich. Um 18 Uhr war ein afrikanischer Graupapagei im Haus!«

Die Geschichten sind legendär – Vögel, Panzer, Schweine, Hubschrauber, Statuen von Popstars, Klaviere, ganze Weinkeller, Menschen, gefälschte Uhren, Waffen, Drogen – es gibt nichts, das nicht schon einmal bei einem vollkommen legitimen Hilfsflug (der von jemandem bezahlt wurde, der keine Ahnung hatte, was da zusammen mit seinen lebensrettenden Gütern ins Land oder hinaus gelangt) als Huckepack-Fracht unterwegs war und den Nebenverdienst der Crew sicherte.

Doch jenseits der vergnüglichen Anekdoten gibt es Hinweise darauf, dass diese lässige Haltung – und das »schwarze Loch« an einigen afghanischen und schwarzafrikanischen Flughäfen – zumindest teilweise deswegen Erfolg haben kann, weil die Menschen, die wir normalerweise als die »Guten« betrachten würden, nicht bereit sind, ihr einen Riegel vorzuschieben.

Denn schließlich dienen manchmal selbst humanitäre Hilfsflüge in Mickeys Il-76 nicht nur als Tarnung für illegale Extra-Fracht, die die Crew selbst mitnehmen will, sondern für streng geheime »schwarze Missionen« im James-Bond-Stil – von Regierungen wie unserer eigenen.

Nicht nur die Bösen suchen den Anstrich von Legalität unter dem Deckmantel eines UNO-Auftrags oder einer humanitären Mission – das Gleiche tun auch die Leute, die wir normalerweise für die Guten halten. Und das bedeutet, dass jemand sehr Mächtiges ein Interesse daran hat, für das, was Mickeys Crew tut, die bestmögliche Tarnung bereitzustellen – und dass einige der »illegalen« Frachten, die wir alle aufzuspüren versuchen, in Wirklichkeit Teil eines Systems von hochkomplexen, sorgfältig geplanten Operationen im Auftrag unserer Regierungen sind.

Es gibt schon lange Berichte über nicht deklarierte Passagiere, die mit der Hilfe lockerer Crews oder findiger Fluglinien in Krisengebieten auftauchen oder daraus verschwinden. Von Diplomaten und UNO-Offiziellen ist bekannt, dass sie, wenn sie in größeren Gruppen reisen müssen, in eigens zu diesem Zweck komfortabel ausgestatteten Il-76-Maschinen inkognito fliegen. Die Fotos sind auf der UNO-Webseite zu bewundern, nachdem der Flug vorüber ist; aus Sicherheitsgründen bleiben die Details vage, bis sie wieder gelandet sind. Auch ich war bei den meisten meiner Flüge nicht deklariert. Ich verhandelte direkt und ausschließlich mit den Crews und bezahlte sie für die Umstände, anstatt über offizielle Kanäle, Airlines oder Leasingfirmen zu gehen. So ist es einfacher. Aber jetzt ist klar, dass der gelegentliche Flug mit illegaler Fracht und der gelegentliche Skandal wegen der »außerordentlichen Überstellung« verdächtiger Taliban-Kämpfer nur die Spitze des Eisbergs sind, wenn es darum geht, dass Regierungen sich selbst an die Spezialisten für schwarze Frachten aus der ehemaligen Sowjetunion wenden mit Jobs, die sie erledigt haben möchten. Laut Igor Salinger war Damnjanovićs und Đorđevićs Unglücksflug aus Belgrad unter dem wachsamen Auge des Milošević-Regimes bei weitem nicht der einzige Tanz, den die Frachtcharterbranche des früheren Jugoslawiens mit den Regierungen der Welt tanzte. »Es gab eine Reihe von Flügen aus Bosnien für amerikanische Rüstungsunternehmen.« Er lächelt. »Und wir wissen beide, dass man sich in Bosnien nicht in die Hose pinkeln kann, ohne dass die CIA in Langley darüber informiert wird.«

Im Jahr 2007 kam ein Expertenbericht der UNO, der auch an

den Sicherheitsrat weitergeleitet wurde, sogar zu dem Ergebnis, dass die sudanesische Regierung in Khartum Antonow-26-Maschinen gechartert, in UNO-Farben gestrichen und anschließend dazu benutzt hatte, geheime Waffenvorräte zu den Dschandschawid-Rebellen zu transportieren, die sie dazu benutzten, Dörfer in Darfur zu terrorisieren.

Wie sich zeigte, waren diese verkleideten Frachtriesen von Präsident Umar al-Baschirs sudanesischem Regime sogar gelegentlich für geheime Bombenangriffe gegen die Zivilbevölkerung eingesetzt worden.

»Die erstaunlichste Enthüllung«, so schrieb die *Times*, »war der Einsatz dieser weißgestrichenen Militärflugzeuge durch die sudanesischen Streitkräfte in Darfur. Am 7. März [2007] wurde eine An-26 auf dem militärischen Teil des Flughafens von Al-Faschir, der Regionalhauptstadt von Darfur, fotografiert. Die Maschine, die von Soldaten bewacht wurde und neben der Bomben aufgestapelt waren, hatte einen weißen Anstrich und trug auf der Oberseite der linken Tragfläche die schablonierten Initialen ›UN‹. Ein weiteres sudanesisches Militärflugzeug war auf die gleiche Weise getarnt. In dem Bericht war zu lesen, dass bei mindestens drei Gelegenheiten im Januar weiße Antonows benutzt wurden, um Dörfer in Darfur zu bombardieren.«

Doch Waffentransfers haben bisweilen hässliche Nebenwirkungen. Wie Starikows Il-76, wie die zahllosen Flüge, die über dem Kongo oder Angola spontan in Flammen aufgingen, trudelten, in der Luft pulverisiert wurden, haben diese scheinbar harmlosen humanitären Hilfstransporte eine seltsame Neigung zu explodieren – fast als wären hochexplosive Frachten an Bord statt der Reifen, sanitären Ausrüstung, Nahrungsmittel oder Zelte, die auf der Ladeliste stehen.

Und jedes Mal, wenn einer dieser Flüge abstürzt, ist es wieder wie in Surčin. Ich recherchiere ein wenig weiter über Katja Stepanowas Freund, den Navigator. Und je mehr ich herausfinde, desto mehr sieht es aus, als wäre das Gerede von unvollständigen

Papieren, gefälschten Lizenzen, Alkoholkonsum und so weiter – ob absichtlich oder nicht – nichts weiter als eine sehr willkommene Ablenkung. Es sieht immer stärker so aus, als hätte nichts, was die Crew tat oder nicht tat, sie retten können. Und so hat Stepanowa vielleicht auch Recht, wenn sie sagt, dass die Il-76 in einem Top-Zustand war. Doch wenn das Flugzeug in Ordnung war und die Crew gar nicht wusste, wie ihr geschah, was ist dann da oben explodiert?

Das ist eine Frage, der die Ermittler außerordentlich gern aus dem Weg zu gehen scheinen. Sie stellen lieber Fragen über Dokumente und den Lebenslauf des Piloten als Fragen über die Art der Ladung. Tatsächlich behaupteten die ugandischen Behörden und der Besitzers der Maschine anfangs, sie habe Geräte zur Wasserreinigung und Zelte für die Truppen der Afrikanischen Union in Somalia transportiert. Doch dann kamen immer mehr Wrackteile an die Oberfläche – buchstäblich und metaphorisch. Und mit ihnen tauchte noch etwas anderes auf: Behauptungen, das Flugzeug habe burundische Soldaten einer Friedensmission an Bord gehabt und Männer eines vom Pentagon neuerdings favorisierten »privaten Militärdienstleister« mit Namen DynCorp, um den es damals gerade eine Kontroverse wegen seines Vorgehens beim Ausführen von Missionen im Auftrag des Pentagon im Irak gab.

Wenn eine geheime militärische Fracht an Bord war – vielleicht so geheim, dass nicht einmal der Flugzeugbesitzer Jewgeni Sacharow und vielleicht auch nicht der Pilot wussten, was es war –, könnte das den Absturz verursacht haben?

Diese Schlussfolgerung findet viele Befürworter in den Kreisen der Piloten in der Region. Einige – zu denen auch Stepanowa und der Veranstalter des Fluges, Sacharows früheres Unternehmen Aerolift, zu gehören scheinen – gehen noch weiter und behaupten, der Flug sei von militanten Somalis sabotiert worden, denen Ugandas Unterstützung der dortigen UNO-Friedensmission ein Dorn im Auge ist. Sie weisen darauf hin, dass die Peacekeeping-Operationen schon oft in Entebbe sabotiert wurden. Es gab häufig organisierten Angriffe gegen Friedensmissionen in der Region und auf die Bombenanschläge von Islamisten der somalischen Al-Shabaab im Juli 2010 gegen eine Reihe von Veranstaltungsorten in Kampala, an denen die Spiele der Fußballweltmeisterschaft live übertragen wurden.

Eines ist sicher: Nach jeder Explosion eines Frachtflugs ist es für alle Beteiligten – außer für die Toten – am bequemsten, sich auf die Crew und die Möglichkeit menschlichen Versagens als Ursache zu konzentrieren. Von den Versicherungsansprüchen bis hin zu Geheimhaltungsfragen – alles wird einfacher, wenn es die Crew war, die den Absturz verschuldet hat, nicht das Flugzeug oder die Fracht. Und ironischerweise sorgt der Druck der ugandischen Armee auf die Luftfahrtbehörde, Flüge freizugeben, während sie schon abheben, nicht nur dafür, dass ihre Fracht nicht inspiziert werden kann, sondern es wird dem Bodenpersonal auch unmöglich gemacht, sonstige Unregelmäßigkeiten zu finden. Wie zum Beispiel eine Bombe.

Es gibt zu viele offene Fragen, um die Sache auf sich beruhen zu lassen. Also beschließe ich, in Begleitung eines Mannes, der als einer der ersten vor Ort war, selbst zur Absturzstelle zurückzukehren.

Ein Jahr nach dem Absturz suchen immer noch Boote die endlosen Wasser in der Nähe des Ufers ab, die Magombe genannt werden, und in die Teile des Rumpfes und der Triebwerke stürzten.

»Magombe heißt eigentlich ›Tod‹«, sagt der in Entebbe wohnende Investigativreporter für den nationalen *Daily Monitor*, Martin Ssebuyira. Er zeigt auf den Punkt, ein paar Kilometer draußen im See, wo die Überreste der Il-76 liegen. »Dieser Bereich des Sees hat schon seit Jahrhunderten diesen Namen. Ich glaube, nichts Gutes geschieht dort. Fischerboote kommen manchmal nicht von dort zurück, also meiden ihn die meisten.«

Ssebuyira ist ein drahtiger Ugander Anfang 20. Er spricht

mit leiser Stimme und ist durchaus nicht der Typ eines abgebrühten Privatdetektivs, der sich als Geheimpolizist ausgibt, um einen Platz in einem der hastig zusammengetrommelten Boote zu ergattern, damit er die Absturzstelle aus nächster Nähe sehen kann. Aber genau das ist es, was er tat. Der Reporter aus Entebbe wurde von der Absturzstelle vertrieben, als nachts die Boote der UPDF und ihre Suchscheinwerfer auf den See hinauskamen. Aber anders als die anderen Reporter kam er zurück, verbarg seine Kamera unter der Jacke, wo sie aussah wie das Pistolenholster eines Zivilpolizisten, und gelangte mit einem Bluff auf eines der Boote. Er war einer der ersten an der Stelle, wo die Maschine im Wasser aufgeschlagen war.

»Es waren Hände im Wasser, immer wieder fanden wir Leichenteile«, sagt er. »Eine Menge Dinge. Und die schwimmenden Wrackteilen zeigten eindeutig, dass diese Flugzeug nicht einfach abgestürzt war. Aber das war die Geschichte, die verbreitet wurde! Einer der Fischer sagte, er hätte an dem Flugzeug in der Luft Feuer gesehen. Danach wurde er von der Polizei mitgenommen. Dann kamen Boote und patrouillierten am Seeufer. Keiner der Anwohner durfte mehr fischen.«

Ssebuyira reichte seine Berichte ein. Weitere Zeugen tauchten auf, neue Beweise kamen ans Licht. Langsam änderte sich die offizielle Version der Geschichte. Außer der Crew seien noch sieben »andere« bei dem Absturz getötet worden. Später hieß es, es habe sich um Soldaten gehandelt, Militärpersonal auf einem ganz normalen Flug, die sich einer burundischen Friedensmission anschließen sollten. Dann kam die DynCorp-Geschichte ans Licht.

Die Gründe für den Absturz sind jedoch bis heute geheimnisvoll geblieben. Nicht etwa, weil es so wenige gäbe, sondern im Gegenteil: Es gibt zu viele – und jedenfalls mehr als genug, um bei Ssebuyira und anderen, etwa den Auslandsrussen und ihren Familien, den Verdacht zu nähren, dass es sich um eine Vernebelungsaktion handelt. Doch wer steckte hinter der Vernebelungsaktion, wenn es denn eine war? Die ukrainische Luftfahrtbehörde zog die Qualifikationen des Navigators in Zweifel, und die Nachrichtenredakteure von der oppositionellen Zeitung *Independent* erfuhren von ihrem Informanten, dass auch die Luftfahrtbehörde der Russischen Föderation bei ihrem Versuch, die Papiere des toten Piloten ausfindig zu machen, eine Niete gezogen hatte. Ihr Bericht schloss einfach: »Vielleicht hatte Kowaljow keine Pilotenlizenz.« Doch trotz der Zweifel an den Fähigkeiten der Crew und am Zustand des Flugzeugs, trotz der Hinweise auf Aktivitäten von Rebellen in der Region, kam langsam eine andere Geschichte ans Licht.

Die riesige Explosion an Bord wurde ganz offensichtlich nicht durch irgendein Missgeschick mit Wasserpumpen, Reinigungsgeräten oder anderen harmlosen Hilfsgütern ausgelöst. Und die »Peacekeeping-Subunternehmer« von DynCorp auf dem Weg nach Mogadischu flogen auch nicht nur per Anhalter mit. Das Wasser brannte so heftig und so lang, dass selbst das Militär Abstand hielt. Etwas da unten machte ihnen Sorgen. Und angesichts des hochexplosiven Charakters dieses Vorfalls dauerte es nicht lang, bis jemand dahinterkam, was es war.

»Sie transportierten keine Hilfsgüter« schnaubt verächtlich ein Pilot, der behauptet, die Männer gekannt zu haben. »Sie transportierten eine Ladung für die Privatarmee des Pentagons nach Somalia. Dann explodierte die Maschine, bevor sie auf dem Wasser aufschlug. Das war ein verdammt großer Knall. Und jetzt verhaften sie jeden, der in die Nähe kommt oder der den Blitz am Himmel gesehen hat. Man muss kein Genie sein, um hier eine Vertuschungsaktion zu erkennen.«

Da es keine Beweise und keine transparente Untersuchung gab, breiten sich solche Theorien aus. Und jetzt, da das Flugzeug unter 12 Metern Schlamm am Grund eines der großen afrikanischen Seen liegt, ist es wenig wahrscheinlich, dass wir jemals die genaue Ursache erfahren werden.

Dennoch hofft Mucoori noch immer, dass etwas Gutes dabei

herauskommt, und sei es auch nur um der Crew willen. »Hoffentlich«, so schrieb er in seinem Bericht, »bedeutet das, dass die Hilfsorganisationen und großen Logistikunternehmen damit anfangen werden, seriöse Fluglinie zu nutzen anstatt einfach auf die billigste Option zu setzen und die Cowboys zu füttern.«

Doch solange selbst Bluechip-Partner des Pentagons bereit sind, zwielichtige Flugzeuge zu nutzen und über deren Fracht zu lügen, ganz zu schweigen davon, dass das Etikett »humanitäre Hilfe« als Feigenblatt für irgendwelche militärischen Güter missbraucht wird, ist plötzlich jeder Polizist auch ein Verbrecher.

Tatsächlich behaupten jene, die Wiktor But seit vielen Jahren kennen, dass er ebenso oft für große Regierungen und ihre Freunde Waffen schmuggelte wie für die Leute, die sie verurteilen – und dass das der wahre Grund dafür ist, warum man ihn so lange gewähren ließ, warum so viele Untersuchungskommissionen wieder abgezogen wurden und warum den Abteilungen, die seine Aktivitäten überwachten, regelmäßig die Mittel gestrichen wurden.

Untersuchungen werden in aller Regel halbherzig durchgeführt oder zu schnell beendet. Gründe werden vertuscht. E-Mails – von mir und von anderen – an Ermittlerteams, an Regierungen, an Flugaufsichtsbehörden, werden nicht beantwortet. Rückrufe bleiben aus. Die Kongo-Operation der UNO gibt eine Telefonnummer in Kinshasa an, doch obwohl ich sechs Monate lang jeden Tag dort anrief, wurde nicht einmal abgehoben. Selbst das Büro des UNO-Generalsekretärs weicht meiner Frage aus, wie es sein kann, dass die UNO-Basis in Entebbe hinsichtlich der zusätzlichen Frachtflüge ins Land und hinaus so ahnungslos ist. Man könne mir nicht sagen, »wann wir eine Antwort für Sie haben werden und ob wir überhaupt eine haben werden.« Afrika ist chaotisch, das sagen alle Parteien, und es besitzt eine sanfte, für alle Seiten bequeme Unbestimmtheit, deren Nutznießer im kleinen Maßstab Mickey und seine Männer sein mögen. Doch es gibt andere, die viel, viel mehr davon profitieren. Zwar hat jeder

Beteiligte ein Interesse daran, im Unklaren zu lassen, ob und wie stark er diese geheime Pipeline nutzt, doch es gibt Männer wie die Redakteure der Zeitung *Independent*, die weiterhin auf mehr Transparenz drängen, Männer wie den Piloten Wiktor und den Navigator Jewgeni Koroljow, die weiterhin sterben, und es gibt den in der Sowjetunion gefertigten Stahl, der weiterhin über die Köpfe der Menschen donnert.

TEIL SECHS

DIE LETZTE REISE
Ostafrika und Russland

20

DIE GEISTERFABRIK
Russland, 2008

Falsche Namen und geliehene Ausweispapiere sind Teil des Plans, sowohl für mich, während ich Mickey begleite, als auch für die Mannschaften selbst. Manchmal kommt es mir vor, als liefe ich in einem seltsamen Traum durch die Welt, in dem Menschen wie Flugzeuge andauernd ihre Gesichter, Namen und Leben ändern. Es gibt geflüsterte Gerüchte, über Absturzstellen, an denen mehr Körper geborgen werden als Menschen an Bord des Flugzeugs waren. Über Flugzeuge, die abstürzen, nur damit die Ermittler herausfinden, dass sie bereits abgestürzt waren, vor Jahren schon so beschädigt, dass an Reparatur nicht mehr zu denken war. Die ganze Geschichte fängt an mir vorzukommen wie eine rätselhafte Schauergeschichte und fiebrige Phantasie.

Es gibt natürliche, weltlichere Erklärungen. An den meisten afrikanischen Checkpoints reicht es aus, einen Dollarschein hervorblitzen zu lassen, damit niemand mehr nach Name oder Pass fragt, und geliehene Ausweispapiere (die mich in einen massigen Russen mittleren Alters verwandeln) tun ihr Übriges.

Als der Filmemacher Hubert Sauper in einer Il-76 der Route dieser Crews um die afrikanischen Seen folgte, schrieb er:»Um mit den Frachtflugzeugen mitfliegen zu können, mussten wir uns als Piloten und Lademeister verkleiden und uns falsche Ausweise zulegen. In Dörfern wurden wir fälschlicherweise für Missionare gehalten, und in Fischfabriken fürchteten die Verantwortlichen, wir seien EU-Hygieneinspektoren. In den schicken Hotelbars mussten wir australische Geschäftsreisende werden, oder harmlose australische Touristen aus dem Busch, die ›Fotos machten‹‹. Er tauchte so erfolgreich ein in diese Welt, dass er es weltweit als Entführungsopfer in die Schlagzeilen brachte, da die amerikanische Botschaft schlicht den Überblick darüber verloren hatte, wo er sich gerade befand.

Selbst für die, die ihn kennen, macht Mickeys kultivierte, vielschichtige Art alle Versuche, ihn aufzuspüren zu einem zeitraubenden und oft unmöglichen Unterfangen. In den Jahren zwischen unserer Treffen, als ich Reisen nach Russland, Afrika und sonst wohin vorbereitete, um Mickey zu jagen, ist es mir fast unmöglich, Kontakt mit ihm aufzunehmen, weil seine SIM-Karten andauernd wechseln und selten länger als einen Monat halten, und weil Kunden, Charter-Agenten und Chefs selten mehr Ahnung haben als ich, wo er zu finden sein könnte. Selbst wenn ich weiß Hotel, in welchem Hotel er ist, weiß die Rezeption nicht, ob er da ist oder nicht, da er beim Einchecken unterschiedliche Namen und Ausweise benutzt.

Aber während Mickey aus Gewohnheit und Notwendigkeit so ist, erheben viele Betreiber, die weiter oben in der Nahrungskette sind, die Undefinierbarkeit zur Kunstform. Einer der mysteriösesten Fälle in den Akten der Geheimdienste handelt von einer Frau. Geheimdienstmitarbeiter kennen sie schlicht als »Tatjana« und werden, bei ihrer Berufsehre gepackt, von ihr heimgesucht wie von Keyser Söze.

Man vermutet, dass sie eine der engsten Gehilfinnen nicht nur von Wiktor But ist, sondern auch von anderen internationalem Schmugglern, die im Dreieck Moskau-Vereinigte Arabische Emirate-Afrika südlich der Sahara operieren. Erstmals auf der Bildfläche erschien sie in den aufregenden Anfangstagen des Wilden Ostens, im Belgrad Miloševićs. Seitdem hat sie einen sagenhaft guten Riecher für unmittelbar bevorstehende Kriegsausbrüche bewiesen und neigt dazu, immer dann aufzutauchen, wenn der zweite Reiter der Apokalypse in die Stadt einzieht, so beispielsweise bei einer Tour durch Westafrika, die 1999 in Monrovia/Liberia begann, gerade als die ersten Schießereien ausbrachen.

»Tatjana« ist ein seltsames halb-mythisches Wesen, selbst für die, deren Beruf es ist, Datenspuren zu verfolgen. Oft wird berichtet, dass sie gesichtet worden sei, doch noch nie wurde sie aufgespürt. Obwohl Tatjana immer ihr Vorname ist, ist ihr Nachname bei fast jeder Unterschrift, die sie hinterlässt, ein anderer.

Sie ist dafür bekannt, immer da aufzutauchen, wo Schmuggler von Waffen und »grauer« Ladung, darunter But, neue Geschäftstätigkeiten aufnehmen und eine Art Anwalt oder zumindest Ratgeberin in Rechtsfragen für But zu sein. Ihr Geburtsdatum erscheint immer als das gleiche, obwohl auf jedem ihrer Ausweispapiere ein anderes Jahr angegeben ist, wie Geheimdienstmitarbeiter in einem Bericht von 2010 zitiert werden, welcher vom abgesetzten Herrscher von Ra's al-Chaima in Auftrag gegeben wurde und suggeriert, dass das Emirat ein »Schurkenstaat« sein könnte und ihm terroristische Verbindungen zum Iran vorwirft.

Laut Douglas Farah und Stephen Braun bestand und besteht, auch während Wiktor Burs im Gefängnis sitzt, Tatjanas Rolle darin, neue Geschäftsfelder für seine Organisationen zu analysieren, als seine Vorhut juristische und finanzielle Recherchearbeit zu leisten und den Papierkram zu erledigen, um dann wieder in ihr Moskauer Büro zurückzufliegen. Und während einige sagen, sie sei Ende zwanzig, arbeitet eine Frau, die Tatjanas Beschreibung entspricht, seit einem Jahrzehnt oder länger für Buts Unternehmen und die anderer bekannter Schmuggler.

»Sie wurde erstmals durch europäische Geheimdienstmitarbeiter identifiziert«, steht im Ra's al-Chaima-Bericht, »die Buts Aktivitäten in Europa und Afrika überwachten«, und nahm an Vertragsverhandlungen teil, kurz bevor die Lieferungen in Belgrad, Liberia, Dubai, Sierra Leone, Südafrika, Thailand, dem Kongo, Belgien und dem kleinen Emirat Ra's al-Chaima selbst eintrafen. Wenn »Tatjana« jetzt wirklich Ende zwanzig ist, dann wäre sie bei ihrem Auftritt in Belgrad eine sechzehnjährige juristische Sachverständige gewesen.

Laut Farah und Braun fiel es den Geheimdiensten und Ermittlern ungewöhnlich schwer, ihre vollständige Identität endgültig festzustellen. So schwer sogar, dass die einzig plausible Erklärung für die Fahnder, die Tatjanas Aktivitäten überwachen, lautet, das »sie« in Wirklichkeit zwei oder noch mehr Menschen ist – mit offenbar beinahe identischem Aussehen und dem gleichen Fachwissen, vom selben Büro unter demselben Namen, mit denselben Ausweispapieren, Pass und Stellenbezeichnung, die gleichzeitig oder auch zu unterschiedlichen Zeitpunkten an verschiedene Orte geschickt werden. Tatjana kann folglich nach Belieben verschwinden, nur um tausende Kilometer weiter unmöglich wieder aufzutauchen, in einem anderen Krisengebiet, Sekunden später; oder sozusagen auch die Uhr zurückdrehen. Sie ist heute jünger, als sie war, als sie die letzten juristischen Fragen im Belgrad der Neunziger oder im Liberia der frühen Zweitausender Jahre klärte.

Brian Johnson-Thomas hat einen noch spannenderen Hinweis auf diese Frau, die ihre Gestalt verändern kann – einen, der zeigt, wie mächtig dieses Verwischen von Rollen ist. »Soweit ich weiß, ist Tatjana die Tochter eines Generalmajors des alten KGB und die Schwester eines der ›Ratgeber‹ Putins«, sagt er. »Was natürlich Wiktor Buts Behauptung mir gegenüber stützt, dass auch er selbst höheren Stellen gewissermaßen Rechenschaft schuldig ist.«

Allen Gerüchten und Unterstellungen zum Trotz bleibt jedoch festzuhalten, dass es keine harten Beweise für jedwede Art von Verbrechen gibt; lediglich Frustration über das scheinbar immer größer werdende Mysterium der Identität dieser Frau. Für jemanden aus dem Westen erscheint es unglaublich. Kann es wirklich, selbst heute, so simpel sein, einfach so mit seiner Identität zu tricksen und damit durchzukommen? Verschwommenheit derart zu kultivieren, dass CIA, Interpol und MI5 zum Narren gehalten werden? Es gibt nur eine Möglichkeit, dies herauszufinden. Und für mich bedeutet das, nach Russland zurückzukehren, wo alles begann.

Jekaterinburg, Mickeys Heimatstadt, ist das Herzstück von

Russlands militärisch-industriellem Komplex, wo der Vorrat an Waffen, Schützenpanzerwagen und Munition, die er um die Welt fliegt, hergestellt wurde und immer noch hergestellt, gelagert, abgezweigt und verkauft wird. Die Ersatzteilfabriken und Werkstätten halten die vielen Il-76 und Antonows am Fliegen, jenseits der Lebensdauer, die selbst ihre Erbauer sich für sie vorstellen konnten. Im Übrigen war Jekaterinburg auch Ausgangspunkt für die russische *Mafija*-Apokalypse der 1990er.

Jekaterinburg ist der Ort, an dem Wladimir Starikows dem Untergang geweihte Crew auf dem Weg nach Belgrad ein letztes Mal anlegte. Nicht weit von hier, kurz nachdem sie im Jahr 2000 in einer dramatischen Aktion in Moskau vom FSB hochgenommen wurden, ließen flüchtige East Line Mannschaftsmitglieder ihre mit Schmuggelgut geladene Il-76 auf der Landebahn zurück zurück und verschwanden spurlos.

Es ist ein Ort, den Flieger ansteuern, um vom Erdboden zu verschwinden. Gary Powers U2-Spionageflugzeug wurde hier 1962 unter ungeklärten Umständen abgeschossen – selbst heute, einundfünfzig Jahre später und zwei Jahrzehnte nach Ende des Kalten Krieges, halten CIA und National Security Agency die Flugdaten für so heikel, dass sie sich weigern, sie freizugeben.

Bis heute ist Jekaterinburg ein Ort, der für die Angewohnheit seiner Bewohner bekannt ist, einfach zu verschwinden – sie werden zu Flüchtigen, Verschwundenen oder Leichen. Und im Sommer 2007 ist es der Ort, an dem kurz meine Bekanntschaft mit Mickey wieder aufflackert.

Ich bin den gesamten Weg von Moskau via Tatarstan und Baschkortostan mit dem Auto gefahren um ihn zu sehen, mit einem heimlichen Rechercheprojekt huckepack. Ich will vermeiden, dass die Sonne untergeht, bevor ich die Grenzen der Stadt erreiche, und die östliche Flanke des Ural ist bereits dunkel. Ein geplantes Treffen mit einem von Mickeys alten Frachtflugkameraden in Kasan ist bereits geplatzt, auch weil ich selbst auf verdeckter Mission bin und versuche, diese verbotenen Treffen im

Rahmen eines anderen journalistischen Projektes unterzubringen, das mich, wie sich herausstellte, mehrere hundert Kilometer von dem Ort wegführte, an dem ich hätte sein sollen. Dennoch ist meine Hoffnung immer noch groß, Mickey nach einigen Jahren Pause wiederzusehen. Während ich auf der kurvigen Straße die Hänge hinunterfahre, verwandelt die tiefe, rote Sonne die Trans-Ural-Schnellstraße in einen Fluss aus Feuer. Vor mir liegt Jekaterinburg, vormals Swerdlowsk, davor wiederum Jekaterinburg – und dazwischen ein sorgfältig bearbeiteter weißer Fleck auf sowjetischen Landkarten. Der Ruf des Urals als gigantische sowjetische Version der Area 51 ist vor allem einer Mauer aus Geheimissen geschuldet, die über Jahrzehnte ganze Dörfer, Städte, Berge und Wälder verschluckt hat, geheime Stützpunkte und »verschwundene«, tote oder missgestaltete Menschen. Der Zugang zur Gegend war allen Ausländern und vielen Russen bis 1992 verboten, und viele überraschenderweise weiße Flecken auf örtlichen Karten sind bis heute tabu.

Den ganzen Kalten Krieg hindurch war der Ural das Herz des sowjetischen »nuklearen Archipels« (zusammen mit dem benachbarten Tscheljabinsk, das hier unter Tankograd, »Panzerstadt«, bekannt war. Wichtigster Arbeitgeber 1991: seine geheime Chemiewaffenfabrik); ein Ort mit sogenannten »Geisterfabriken« – Waffenanlagen und verdeckte Waffenstützpunkte, die als Autofabriken, Gießereien und Bauernhöfe getarnt waren.

Aber diese Phantomfabriken produzierten auch ihre eigenen Geister, eine Stadt voller Menschen, deren wahre Tätigkeit vor Familien, Freunden und selbst Kollegen geheim gehalten werden musste. Vertuschung ist das, was Jekaterinburg schon immer konnte wie sonst niemand, und das in industriellem Ausmaß. Als Moskau 1941 durch den deutschen Vormarsch in Bedrängnis kam, wurden die meisten staatlichen Einrichtungen hierher verlegt, hinter die hochaufragenden Grenze des Urals, von der Waffenproduktion über geheime Regierungsbunker und Chemieanlagen bis hin zu den Kunstschätzen der Leningrader

Eremitage. Nach dem Krieg blieben die Industrieanlagen, wo sie waren. Als hier 1957 der weltweit schlimmste Nuklearunfall vor Tschernobyl passierte, sorgte eine totale Nachrichtensperre und die von der Armee überwachte Quarantäne dafür, dass jahrzehntelang niemand außerhalb der betroffenen Täler, Städte und Wälder davon erfuhr. Noch heute warnt der Reiseführer *Lonely Planet* potentielle Picknicker, dass das damals um den Karatschai-See und den Techa-Fluss ausgetretene radioaktive Material einen Menschen innerhalb einer Stunde umbringt.

Als 1979 aus einem Biowaffenwerk, das als Fabrik in einem südlichen Wohnvorort getarnt war, waffenfähiges Anthrax in die Umgebung austrat, tauchten Männer in Schwarz auf und errichteten eine Absperrkette (um das herum, was die sowjetischen Behörden inzwischen als »der Schlachthof, an dem die Ursache für den Ausbruch der Lebensmittelvergiftungen zu finden war« bezeichneten). Für die darauffolgenden Tage verschwand die Stadt ganz einfach aus der Berichterstattung und der Öffentlichkeit. Wie bei der dramatischen Geiselnahme in einem Moskauer Theater 2002 wurden selbst die Rettungskräfte von den Aufräumkommandos des KGB im Unklaren gelassen. Bis heute glauben die meisten Einheimischen, dass verseuchtes Fleisch die Ursache war und kein Unfall in einem Labor, in dem antibiotikaresistente Beulenpestbazillen direkt neben Silos mit Anthrax und Pockenstämmen gelagert wurden, die ausgereicht hätten, um ganze Nationen auszuradieren.

Selbst das Stadthaus, in dem die Bolschewiken die Romanows erschossen, wurde »beseitigt« – eingerissen auf Anweisung eines aufstrebenden Lokalpolitikers namens Boris Jelzin, Spezialist in Sachen verschwindende staatliche Mittel, der als russischer Präsident und Freund des Oberkommandierenden Jewgeni Schaposchnikow Mickeys berufliche Neuorientierung hin zur Karriere als Freischaffender beaufsichtigen sollte.

Als er 1991 durch Umsturzversuche gefährdet war, ernannte Präsident Jelzin Jekaterinburg zu seiner Plan B-Hauptstadt –

ein geheimer Bunker, in dem sein Kabinett hätte verschwinden können, falls es in Gefahr geraten wäre. Heutzutage beruht der Ruf der Stadt jedoch auf der Explosion krimineller, mafiöser und halblegaler Wirtschaftsaktivitäten in den frühen 1990ern, die bis heute Einfluss auf Länder, Volkswirtschaften, Kriege und Politik in der ganzen Welt haben. Hier hat die *Mafija* ihre eigenen Clubs, Stadtviertel, Sportmannschaften, selbst Friedhöfe.

Aus den vom Mob kontrollierten Werkhallen entschwanden Iljuschin- und Antonow-Motoren für die Wanderflieger in Afrika, Zentralasien und im Kaukasus. Hier stationierte Chemie- und Atomwaffen, freigesetzt in den Wirrungen des wirtschaftlichen Zusammenbruchs zogen potentielle Käufer aus Iran, Pakistan und Mitteleuropa an. Geschäftsmänner zählten eins und eins zusammen, gründeten Fluggesellschaften und suchten in den ortsansässigen Garnisonen nach Talenten.

Es ist eine lange Fahrt von Moskau, und als die Sonne untergeht, kann ich es kaum erwarten, in mein Hotel in der Stadt zu kommen. Mein Plan ist es, immer weiter zu fahren, mich gerade so an die Geschwindigkeitsbegrenzung zu halten, dass ich mir schmiergeldhungrige Polizisten vom Leibe halte. Aber als ich talwärts kurve, geschieht etwas, das zeigt, wie unbedeutend Identität hier sein kann, selbst in Russland, nur einige Kilometer entfernt von dem Ort, an dem Mickey aufwuchs.

Gleich neben der schmalen Straße, die den Ural hinunterführt, befindet sich eine Fata Morgana geschäftigen Treibens: magere, jaulende, mit Seilen angebundene Hunde, Käufer und Verkäufer, bunt bemalte Verkaufsstände, der würzige, graue Rauch von über dem offenen Feuer gegrilltem Kebab. Allerdings ist dies keine Fata Morgana. Hier gibt es orientalische Gesichter, mit Rostschutzfarbe gestrichene, an Waagen gekoppelte Autos mit usbekischen Nummernschildern, kranke Hühner, leuchtend bunte Plastikfußbälle, Spielzeug, Raubkopien, Honig in Gläsern und ramponierte Tanks voller Benzin. Meine Reisegefährten und ich halten an diesem behelfsmäßigen zentralasiatischen Basar, mit dem Bedürfnis, uns zu strecken und nach etwas Essbarem. Aber noch mehr gelüstet es uns nach menschlichem Kontakt, danach, jemand anderen als uns selbst zu hören, zu sehen und zu riechen. So wie ich angestarrt werde, verstehe ich, dass ich an diesem Ort als absurd ausländische Figur erscheine.

Plötzlich, ohne dass mir richtig klar ist, wie, spreche ich in schlechtem Russisch mit Zayna – aus Gründen, die noch deutlich werden, bittet sie mich, nicht ihren wahren Namen zu nennen – ein Mädchen aus Usbekistan, das als Teil dieser maroden Karawanserei im Sommer durch das leere Herz Russlands zieht. Ich erzähle ihr, warum ich hier bin, sie führt mich in den schattigen, hinteren Teil eines Zeltes und öffnet einen Schubkasten. Er ist voller russischer Führerscheine, gefälscht und blanko, sowie Laminierfolie und einer kleinen Kamera. Sie schaut auf die Ansichtsexemplare, die darüber aufgereiht hängen. Einer für den Exiloligarchen Boris Beresowski, der jetzt in London lebt, einer für Präsident Putin selbst, einer für Osama bin Laden (patronymischer Mittelname: Terroristowitsch). Ebenfalls einer für Lenin, der jetzt offenbar in Moskau gemeldet ist und keine Punkte im Verkehrszentralregister hat. Ausweispapiere kosten fünf Dollar. Als ich zurück zu meinem Wagen laufe, befinde ich mich im Besitz von fünf neuen, völlig unterschiedlichen russischen Führerscheinen und Personalausweisen: genau wie But und Minin.

Für den Fall, dass sie gefunden werden, überlege ich mir eine Ablenkungstaktik. Ich füge frech ein paar Prominentennamen hinzu, um, falls es denn dazu kommen sollte, der Polizei gegenüber als dämlicher Tourist mit einem für ihn völlig neuartigem Souvenir auftreten zu können. Laut einem der Ausweise bin ich O. bin Laden, Moskauer Einwohner. Als abends in meinem lausigen Hotel die Empfangsdame danach fragt, halte ich ihr kurz einen meiner Ausweise hin. Zu meinem Erstaunen komme ich damit durch. Nicht die geringste Reaktion. Bis heute bin ich mir nicht sicher, ob ich sie hereingelegt habe oder ob sie mich durchschaut hat, es ihr aber schlicht und einfach völlig egal war, wer

ich bin. Die Nummer wird einfach aufgeschrieben und im Gäste-
registrierungssystem gespeichert. Ich komme nicht umhin, daran
zu denken, wie Iain Clark die russischen Operatoren in Afrika
verteidigte: »Sie werden einfach die Ausweispapiere nehmen, die
man ihnen in die Hand drückt, und wenn die gefälscht sind, dann
ist das eben so.«

Und das war nur ein Fünf-Dollar-Schnäppchen. Wäre es Teil
meines unternehmerischen Konzepts gewesen, hätte ich wesentlich mehr Zeit und Geld investiert, um das Beste zu bekommen.
Nebenbei gesagt sind Ausweispapiere immer nur so gut wie die
die Bereitschaft der überprüfenden Person, sie anzuerkennen.
Für Tatjana wie für Mickey, die es immer nur mit der Bürokratie
und unterbezahlten Beamten in Drittweltländern zu tun haben,
gehört es zum Alltag, durch diese Tür hindurch zu schlüpfen.
Die Regel besagt, dass der Name hier, hier und hier eingetragen
werden soll? Selbstverständlich habe ich einen Namen – warum
nicht gleich zwei oder drei davon nehmen?

Charteragent John McDonald lacht, als wir über Mickeys
»alles-ist-möglich«-Herangehensweise an Papierkram sprechen.
»Sehen Sie zu, dass er Ihnen von den Rechnungen erzählt!«, johlt
er. »Wenn Ihnen nach Geisterpapierkram ist, dann hat er was für
Sie!«

Schließlich treffe ich Mickey bei einem zeitigen Wodkafrüh-
stück im Stadtzentrum wieder, er ist gerade mit ein paar Sachen
für seine Mutter und seine Schwester zurückgekommen. Die
Kantine ist freudlos, mit Resopalbänken und Schnellimbiss-
Stühlen, die nur schlecht zu seiner Golemstatur passen. Er ist
etwas grauer, als ich ihn in Erinnerung habe, aber in guter Ver-
fassung, entspannt und sogar gesprächig. Ich zeige ihm meine
neuen russischen Führerscheine und wir diskutieren, warum sie
schlecht gemacht sind und warum ohnehin nichts gut sein muss
an den meisten Orten dieser Welt, in den meisten Situationen.
Und dann, nachdem er noch einen weiteren Drink bestellt hat,
erklärt er mir seine Fakturierungsmethode.

»Du willst, dass ich dir eine Ladung im Wert von zehntausend Dollar bringe. Ich stelle dir eine Rechnung über zwanzigtausend. Deine Firma erhält die Rechnung und bezahlt. Wir beide stehen an der Landebahn, oder wir sitzen auf einem Stuhl unter einem Baum oder in einer Hütte, trinken ein Bier und rauchen eine Zigarette. Wir ruhen uns aus, reden übers Geschäft, und dann gebe ich dir fünftausend Dollar und stecke die anderen fünftausend in meine eigene Tasche. Dann trinken wir auf den Erfolg.«

Natürlich musst du das alles ein bisschen verteilen, sagt er – man muss seine Kollegen bei Laune halten – und so profitiert jeder davon, außer dem offiziellen Käufer, für den du arbeitest. Aber andererseits ist der vielleicht eine Ölfirma, die UNO, irgendeine Regierung oder Hilfsorganisation, in jedem Fall jemand, der tief in die Tasche greifen kann und es so sehr gewohnt ist, über den Tisch gezogen zu werden und mehr zu zahlen, als den handelsüblichen Preis, dass er denkt, das *sei* tatsächlich der handelsübliche Preis. Die Namen auf den Rechnungen können sich natürlich ändern, sagt Mickey. Sie können die Firma, für die er fliegt, bezahlen, oder irgendeine der verschiedenen Firmen, die entweder ihm oder dieser Muttergesellschaft gehören. Kommt drauf an, was es ist, wofür er ist und wer davon wissen muss.

Wir reden über Jekaterinburg, das Nachtleben, die Krankheit seiner Mutter; über die Geisterfabriken und wie es war, damals, als scheinbar jeder für eine andere hochgeheime Militäranlage arbeitete. Mit einer langsamen, rheumatischen Bewegung seiner Schulter, während er seine schlaksige Gestalt auf dem festgeschraubten Plastikstuhl verdreht, erklärt er mir, dass, genau wie bei den Jobs, die er jetzt fliegt, das ganze Geheimhaltungsding übertrieben ist. »Es war normal. In London oder sonst wo, wenn man Leute, die fürs Militär arbeiten, fragen würde, was sie in ihrem Job machen, geben sie dir auch eine andere Antwort. Geheimnisse sind Teil des Lebens. Und trotzdem weißt du, was sie tun. Leute reden.«

Bevor wir uns verabschieden, will er mich durch die Stadt führen, aber ich habe noch weitere Spuren, denen ich folgen muss. So sage ich ihm, dass wir uns unterwegs wiedersehen, und denke dabei an Kasachstan, seine nächste Station. Wie sich zeigen wird, werden es wieder drei Jahre, hunderte erfolglose Telefonanrufe und tausend Kilometer weiter südlich, aber so ist das mit Leuten wie Mickey.

Mark Galeotti glaubt, dass Mickeys, Tatjanas und selbst Buts Fähigkeit, spurlos von der Bildfläche zu verschwinden und in andere Rollen und Identitäten zu schlüpfen, mehr ist als nur der berechnende Wunsch, andere in die Irre zu führen.

»Das ist nichts, was aus der Situation heraus geboren wird«, sagt er. »Es ist ein Reflex. Sie müssen bedenken, dass es sich dabei um eines der Glanzstücke des alten sowjetischen Systems handelt. Auf dem Papier war es hierarchisch, geordnet, rational und alles war dort, wo es hingehört. In Wirklichkeit war es alles, nur das nicht. Wenn Russen in einem genial sind, dann darin, die Leute, die sie regieren, an der Nase herumzuführen, und das bei jeder Gelegenheit.«

»Für viele Menschen ist das zur zweiten Natur geworden. Du weißt, dass du dem System nicht traust, und du suchst permanent nach Möglichkeiten, das System zu bescheißen, weil das der einzige Weg ist, etwas zu bekommen. Jeder ist auf dem Schwarzmarkt unterwegs. Jeder sieht zu, wie er mit kleineren Regelverstößen davonkommt. Es tut nichts zur Sache, ob du Funktionär der Kommunistischen Partei oder sonst wer bist, jeder operiert *na lewo* – ›auf der Linken‹, unter der Hand. Und ab einem gewissen Punkt sind bestimmte Instinkte tief verwurzelt. »Du traust den bestehenden Mächten nicht – es tut nichts zur Sache, wer oder was sie sind, das ist einfach nur dein Instinkt. Und deshalb wirst du automatisch alles so amorph, so unsichtbar wie möglich gestalten. Rechtlich gesehen heißt das, wenn es hart auf hart kommt, kann nie jemand wirklich beweisen, dass du irgendwo bist. Du kannst immer behaupten, nichts sei eindeutig.«

Ihr geisterhaftes Ich begleitet diese Männer durchs Leben, aber oft treten sie erst dann zutage, wenn sie abstürzen, und plötzlich werden die Dinge binär: die zweifelsfreie Identifizierung, die Ermittlung von Ursachen, Versicherungsbescheide und -auszahlungen verlangen nach Fakten: schwarz oder weiß, tot oder lebendig, Name, Geburtsdatum, Zahnarztunterlagen. Aber manchmal scheint es, als seien die Männer verschwunden und die Geister alles, was übrig bleibt. Ich muss an eine andere Mannschaft denken, Freunde von Katja Stepanowa, die 2005 beim Absturz ihrer Antonow 12 in Uganda starben. Selbst die Black Box, die die Flugdaten aufzeichnen sollte, war leer. Die Magnetschicht auf den Bändern hatte sich in Luft aufgelöst.

21

DER TOD UND DIE STEUER
Von Entebbe nach Jekaterinburg, 2010

Der Wind wird stärker, in seinen warmen Luftströmen befördert er Sandwirbel und Grasbüschel. Am nebeligen, überwucherten hakenförmigen Ende dieses stillgelegten Luftstützpunktes tief im Inneren des afrikanischen Busches, zwischen rostenden Hubschraubern und einem Friedhof für Zementmixer, knallt und blinkt der riesige Eisenvogel, während er abkühlt. Nächtliche Geräusche dringen durch die metallene Haut des Flugzeugs: Motorräder, scheppernde Zauntüren, Gewehrfeuer, Hunde. Der Wind trägt, je nach Richtung, mal mehr und mal weniger deutlich die Fernsehübertragung eines Fußballspiels und die beunruhigenden Schreie der Nachtvögel, die wie Menschen in Not klingen, herüber. In der Ferne fährt ein Treibstofflaster rückwärts, und ein oder zwei Mal kreuzt ein anderes Flugzeug den Himmel.

Im Inneren ist der stechende Drogengeruch allgegenwärtig. Alles ist so voll, dass du in eine Dose pissen und zum Scheißen raus musst, zu den kleinen, roten, malariaübertragenden Moskitos, die dich aussaugen. Oder du lässt es sein. Und es gibt keine Duschen, aber das ist unerheblich, da ich seit vierundzwanzig Stunden meine Kleider nicht gewechselt oder wenigstens meine Schuhe ausgezogen habe, und jetzt zweifle ich, ob ich das überhaupt will. Es hat auch sonst niemand die Schuhe ausgezogen, soweit ich weiß, außer einem Lademeister, der erst spät als Ersatz eingesprungen ist und den ich noch nie zuvor gesehen habe – ein junger, fast schon ein bisschen hipper Ukrainer mit iPod und rasiertem Kopf namens Alex, der trotzig in

Jesuslatschen schlüpft, wenn er nach »drinnen« kommt. Auch Sergej hat das immer getan. Alex hat einen Morgenrock über seinen Jogginganzug geworfen und sieht aus wie ein Psychiatrieinsasse, grunzend und fluchend über schlecht stapelbare und durcheinanderfallende Ladung, während er mit den Haltegurten kämpft. Hier steht er nun, mit großen Augen, bleich und schwitzend, auf dem Weg nach hinten mit einem Bündel Lumpen, während seine nicht eingestöpselten Kopfhörer lose von seinen Ohren hängen.

Er zeigt auf den Berg loser Kartons. »Ich glaube, wir kriegen das hin«. Dann befeuchtet er seine Lippen. »Ja, wir kriegen das hin«. Als er sieht, wie ich die Stirn runzele, streckt er mir seine Hand entgegen. »Hundert Dollar?« Aber keiner von uns hat hundert Dollar.

Man sagt, dass nichts im Leben sicher ist, außer der Tod und die Steuern. Und mit seinem Geschäft, in dem nur Bares zählt, hat Mickey die Steuern ziemlich gut im Griff. Aber je älter er wird, desto mehr Sorgen mache ich mir um ihn. Die Flugzeuge altern, und die Ladungen sind zunehmend jenseits dessen, was die Physik zulässt, selbst für Männer wie ihn, die sich für Physik nicht interessieren. Spektakuläre Rettungen in letzter Sekunde und Gelegenheiten, bei denen man gerade noch mal davongekommen ist, bleiben grundsätzlich besser im Gedächtnis haften als Leichen im Straßengraben, und wie sie alle ist auch Mickey überzeugt, dass er immer Glück haben wird. Ich glaube, ein Teil von ihm hat angefangen, den Mythos zu glauben. Die überlebensgroßen Gestalten, die schizoiden Comic-Karikaturen, die einen auf den Seiten der Berichte über die Schmuggler anspringen und denen man in den Erzählungen anderer Buschjockey-Piloten begegnet, sind sehr schillernd – eine Combo bestehend aus James-Bond-Bösewichtern und Figuren aus dem *Scharlachroten Siegel*. Das war zunächst alles, was ich sah, damals in Belgrad und wo immer ich hinschaute. Bis ich Mickey traf. Dann, wenn man Schicht für Schicht abträgt, bleibt eine Handvoll Malocher und das muffige, segeltuchverkleidete Innere einer Iljuschin 76 bei Nacht. Die Dinge sehen dann ganz anders aus. Weniger glamourös.

Zurück in London erhalte ich einen Anruf meines anonymen Informanten, ebenfalls ein Pilot. Er ist mit diesen Männern in den Hangars von Schardscha herumgegeistert und hat gesehen, wie sie den Kult des »wir behelfen uns irgendwie und flicken« auf die Spitze treiben – und darüber hinaus. »Ich war Teil von Mannschaften, die in den meisten Orten keine Verträge für technische Unterstützung hatten, aber Probleme gab es trotzdem keine«, sagt er. »Wenn ein Reifen gewechselt werden muss, gibt es immer einen Typen vor Ort, der einen Reifen wechseln kann, und einige Crews haben die Gabe und ziehen es vor, ihre Probleme selbst zu lösen. Das ist nichts für alle, aber wenn Sie jeden Tag mit Ihrem 61er Ford Escort zur Arbeit fahren und irgendwann ein technisches Problem haben, dann kennen Sie sich nach ein paar Jahren unter der Motorhaube aus, und genauso ist es auch mit diesen Flugzeugen. Bei modernen Fliegern, mit der ganzen Elektronik, ist das wesentlich schwieriger. Aber die Il-76 und die An-12 sind sehr robust – die halten eine ganze Menge aus. Man kann immer noch Isolierband benutzen, und sie werden nie ein echtes Risiko eingehen, bei dem ihnen klar ist, dass sie ihr Leben aufs Spiel setzen. Bei diesen alten russischen Flugzeugen geht es hauptsächlich um Mechanik, etwas, was man immer reparieren kann, wenn man nur ein wenig Phantasie hat. Es ist wie in den frühen Pionierzeiten der Luftfahrt, wissen Sie, sie fliegen mit der de Havilland in die Arktis, es passiert etwas und dann müssen Sie einen Propeller von Hand flicken. Das sieht dann nicht schön aus, aber Sie kommen damit nach Hause. Diese Leute haben immer noch den Pioniergeist aus den Anfängen der Luftfahrt. Sie reparieren notdürftig und sehen zu, dass Sie bestmöglich nach Hause kommen.«

Nachdem ich aufgelegt habe, denke ich das erste Mal seit Wochen an Starikow und Barsenow, die mithilfe einer in Aussicht gestellten Bonuszahlung überredet wurden, trotz defekter

Elektrik zur letzten Etappe ihrer Route nach Malta abzuheben. Aber dann erinnere ich mich an Mickeys Worte vom Tag unserer ersten Unterhaltung: »Der Lebensstil bringt genauso viele von uns um, wie es die Flugzeuge tun.«

Kein Wunder also, dass Jewgeni Sacharow klagt, dass es zu wenige altgediente Piloten gibt, die die jüngere Generation ausbilden könnte: Sie sind die am wenigsten öffentlich bekannte vom Aussterben bedrohte Art Afrikas. Ein anderer Pilot schreibt in einem Internet-Forum, halb im Scherz: »Ich bin jedes Mal erstaunt, wenn wieder einer dieser Piloten abstürzt. Erstaunt darüber, dass tatsächlich noch einer übrig war, der abstürzen konnte.«

Etwas an alldem ist unsagbar traurig, als sei das Risiko irgendwie Teil eines göttlichen Plans für diese Männer; als würden das Geschäft, in dem sie arbeiten und ihr Untergang – der Tod und die Steuern – am Ende auf dasselbe hinauslaufen, derselbe Schatten sie verfolgen und so lange nach ihnen schnappen, bis ihnen das Glück, das Durchhaltevermögen oder das Klebeband ausgeht. Oder bis sie, eines Morgens irgendwo auf einer Startbahn unter Granatenbeschuss, auf ihren leckenden Kerosintank und die blinkenden Warnleuchten schauen und einfach beschließen, allen blinkenden Warnleuchten zum Trotz, jetzt endlich nach Hause zu wollen.

Zum ersten Mal begreife ich, wie ermüdend es sein muss, hin und hergerissen zu sein zwischen der aufregenden, oft lukrativen Unabhängigkeit mit eigenen Firmen und ihrem Status auf dem Papier, als jederzeit austauchbare, billige Arbeitskräfte, deren Lebenserwartung in Flugstunden gemessen wird. Es ist ein seltsames Doppelleben, sie sind sowohl Herren ihres eigenen Schicksals als auch Diener der Ansprüche anderer. Beides kann relativ bequem und viele Jahre lang nebeneinander existieren: Die Mickey AG, der unabhängige Händler im Pendelverkehr, teilt sich ein fliegendes Zweihundert-Tonnen-Büro mit Mickey, dem Angestellten. Sie sind einerseits nur Kuriere und Handlanger, andererseits sind sie Könige, die mit den zusätzlichen fünfzehn Tonnen oder mehr per Flug ihr eigenes, und nur ihr eigenes, Import-Export Geschäft betreiben. Seitdem ich ihn kenne, wenn auch mit Unterbrechungen, war ich oft knapp davor, ihn zu fragen, ob er sich jemals gewünscht hat, den anderen Weg eingeschlagen zu haben, ein anderes, beständigeres Leben zu führen, sesshaft zu werden und … Aber zu meiner Schande (oder vielleicht sollte ich stolz darauf sein) erscheinen mir die Worte einfältig, sobald sie mir in den Sinn kommen und ich kneife. Ob er sich je wünscht, etwas geworden zu sein – Buchhalter? Arzt? Werbetexter? Hat er je über Versicherungen nachgedacht? Mein Gott. Ich weiß, was ich 1992 gesehen habe, und es war keine Nation voller Leute, die sich Zeit nahmen, über die Sicherheit und Zukunftsaussichten ihrer Berufswahl nachzudenken. Wenn ich Mickey wäre, und jemand wie ich fragte mich, ob mein beruflicher Werdegang klug gestaltet war, würde ich ihn über der Arabischen Halbinsel ohne Fallschirm aus dem Flugzeug werfen.

Für mich ist das das Merkwürdige an der ganzen Branche, an But, Minin und allen anderen. Wir wollen Antworten. Ist Wiktor sauber oder nicht? Ist er der Händler des Todes oder, wie er behauptet, der ideale moderne Geschäftsmann? Unternehmer, Krimineller, missverstandener Visionär oder Marionette? Unschuldig oder ein durchtriebener Lügner? Oder vielleicht insgesamt richtiger, wenn auch weniger eindeutig, vielleicht etwas dazwischen. Irgendetwas zwischen schwarz und weiß, genau wie das Waffengeschäft, dem er nachgeht.

Wiktor Anatoljewitsch But, geboren 1967, heute nur noch ein knochiger Schatten des protzigen, etwas korpulenten Machers, der 2008 in einem thailändischen Hotelzimmer verhaftet wurde, dümpelt jetzt in einem amerikanischen Gefängnis vor sich hin. Er ist in einen Overall gekleidet, erträgt die Einzelhaft und hört die Stimme Russlands, einen russischen Auslandsradiosender. Als Vegetarier leidet er, sagt er, unter einem Mangel an

Obst, Gemüse und Tee – im Gefängnis gibt es lediglich heißes Wasser. Er sieht alt und besorgt, unfrisiert und gebeugt aus in seinen Gefängnisketten. In seinem Gebaren und seiner Haltung beginnt er, Mickey zu ähneln. Jenseits aller politischen Selbstdarstellung haben einige, die ihn getroffen haben, selbst die auf der »anderen Seite«, ihre Zweifel, dass er je mehr war als ein Trottel, die Schachfigur anderer Leute. »Wiktor But war nicht der große Händler des Todes, wie es die Regierung, die Berichte und die Amerikaner behaupten«, sagt der Ermittler Brian Johnson-Thomas. »Er hat womöglich mit ein *bisschen* Tod gehandelt, das müssen die Gerichte herausfinden. Aber ihn so zu nennen, ihn als den Händler des Todes zu bezeichnen, wie Peter Hain es getan hat, das ist absurd.«

Ein anderer Insider klingt während eines vertraulichen Telefongesprächs genau wie But selbst und die russische Regierung, als er ganz einfach sagt: »Die CIA, Interpol, der MI5 – sie haben so viel Zeit damit verbracht, gegen ihn zu ermitteln – und was Besseres als das haben sie nicht hinbekommen?«.

Selbst als der Prozess näher rückt, erscheint der Mann irgendwie kleiner als der finstere Branchenriese aus den UNO-Berichten, Artikeln und Anklageschriften. Er gibt eine stoische, sympathische Figur ab, die die Trennung von Familie und Heimatland aushalten muss, die Einzelhaft und die Widrigkeiten, denen eine feindlich gesinnte Regierung ihn aussetzt. Aber selbst jetzt, inmitten der menschlichen Tragödie, ergeben sich Augenblicke wie aus einer schwarzen Komödie, als das über die Jahre aufgebaute Mr.-Big-Image auf die ganz und gar banale Wirklichkeit trifft.

Der But-Beobachter und Blogger Alexander Harrowell hat sich kürzlich gefragt, ob das Flugzeug, das auf dem Weg nach Smolensk verschwunden ist, womöglich wieder aufgetaucht sein könnte. Seine Nachforschungen haben ihn zu einer besonders ramponierten Il-76 geführt, die, wo sonst, in der Arabischen Wüste auf dem Boden steht. Ein Foto auf seiner Website ist überschrieben: »TL-CAN, Seriennummer 53403072: ehemals Centrafican Airlines, verrottet jetzt in Umm al-Quwain.« In dem kleinen, schwach besiedelten Emirat ist das Flugzeug zur sandigen Reklame für das Palma Beach Hotel mutiert – sein Rumpf ermahnt Vorbeifahrende, die angegebene Nummer zu wählen für den Fall, dass sie ausprobieren wollen, was das Hotel als seine »stilvolle Einrichtung und Anlage, die Freude bereitet« bezeichnet.

But selbst hat seine Website in ein Dokumentenarchiv verwandelt, von dem er behauptet, es beweise seine Unschuld. Sie enthält Ausschnitte gegen ihn gerichteter Anklageschriften und von UN-Berichten, in denen er entweder vorkommt oder aber, wie er sagt, nicht vorkommt, um so seine Behauptung zu untermauern, dass dies alles ein abgekartetes Spiel sei. Während ich dies schreibe, ist die Seite immer noch aktiv, auch wenn ihn der post-Wikileaks-Zeitgeist erfasst zu haben scheint und er behauptet, die US-Regierung hätte »Google befohlen, die Seite lahmzulegen«. Und in der Tat ist es eine interessante Frage, ob Buts Zeugenaussage, nachdem er zu Beginn seines Prozesses auf »nicht schuldig« plädiert hat, ein weiterer Gradmesser dafür seien wird, wie transparent die US-Regierung und andere ihr staatliches Handeln *tatsächlich* gestalten wollen. Falls er dazu kommt, sie zu erzählen, kann sich durchaus herausstellen, dass Buts Geschichte eher einer Büchse der Pandora gleicht als der kontrollierten Herausgabe belastender Beweise, die sich seine Ankläger erhoffen.

Währenddessen harrt Buts Ehefrau Alla in Russland aus und verteidigt die Sache ihres Mannes. Wenn sie versucht, ihn im Gefängnis zu besuchen, erfährt sie von Seiten Amerikas einen Empfang, der merklich an den Kalten Krieg erinnert. Anderswo nimmt das Untergrundgeschwätz zu. Wird es einen Deal geben? Einen Gefangenaustausch – womöglich am Wiener Flughafen, der bevorzugte Ort beider Seiten für den letzten Austausch von Spionen? Oder wird Wiktor But aufstehen und seinen bislang größten Zaubertrick versuchen – konturlos und unwirklich zu verbleiben vor Strafverfolgern und Fernsehkameras?

Was immer bei seinem Prozess herauskommt, es bleiben Fragen zu seinem Grad an Einfluss. Und zu den »großen Kräften«. Wie Ilja Neretin sagte:»Wenn Wiktor But ein Prinz ist, müssen wir uns fragen, wer die Könige sind.«

Buts Geschäftspartner Richard Chikakli bleibt untergetaucht, während ich dies schreibe, vermutlich in Russland. Ab und zu veröffentlicht er Videotagebücher im Internet, über seine missliche Lage, seine Unschuld und mysteriöse Einbrüche in seine Wohnung. Seine Finanzmittel wurden eingefroren und eine neue Anklageschrift der US-Regierung soeben veröffentlicht, diesmal wegen der Verletzung von Sanktionen, die 2005 gegen ihn verhängt wurden. Wie But hat auch er eine Website, auf der er energisch nicht nur seine Unschuld, sondern auch seine Bedeutungslosigkeit beteuert.»Wiktor ist nur ein Mensch, und ich bin mir ziemlich sicher, dass er ein Niemand ist«, erzählt er im Sommer 2010, während er auf das Ergebnis des Auslieferungsverfahrens wartet, als dessen Resultat But in Amerika vor Gericht gestellt werden sollte. Unter seinen Augen sind schwarze Ringe. Ich gewinne den Eindruck, dass er sich selbst gerne von But, dem Gerichtsprozess und der ganzen Geschichte befreien würde. Ganz offensichtlich ist er ein aufgewühlter, verängstigter Mann, der niemandem mehr traut. Erst behauptet er, Wiktor Buts Schuld oder Unschuld werde »vor Gericht festgestellt« werden, dann sagt er, dass kein Prozess, der ihm in den USA gemacht wird, je fair sein könne. Gerade hat er einen Brief an Barack Obama geschrieben, in dem er gegen seine Behandlung aufbegehrt und sich über die, wie er es sieht, unablässige Verfolgung durch die Bush-Cheney-Regierung beklagt.

Meine Interviewanfrage rief eine schriftliche Antwort per E-mail hervor – mit einem PDF-Anhang, der noch einmal die gleichen Antworten als schreibgeschütztes Dokument enthielt, für den Fall, dass ich versuchen sollte, den Inhalt der E-Mail zu verändern oder falsch wiederzugeben. Er endet im Ton eines desillusionierten Mannes, der ungerechtfertigterweise gejagt wird –

oder kann es sein, dass es der Ton eines Mannes ist, der erst während des Spiels gemerkt hat, dass er und But keine Könige sind, noch nicht einmal Prinzen, sondern kleine Fische? »Politik bleibt Politik, und die Gejagten von heute können morgen Helden sein, und umgekehrt«, sagt Chichakli. Ich erinnere mich an Peter Danssaerts sarkastisches Lachen, als er sagte, dass Schmuggler, »wenn sie im Staatsauftrag handeln, dasselbe legal tun, was sie auch illegal tun.«

Chichakli schließt mit der Andeutung, dass Dinge mehr sind, als es scheint. »Während wir uns unterhalten«, endet er kryptisch, »wird ein Kuhhandel in dieser Angelegenheit geschlossen, wir müssen nur abwarten, bis deutlich wird, welche Kuh gehen musste.« Und dann ist er weg. Ich maile ihm erneut, aber Stille ist eingekehrt.

Ich habe schuldige Männer an Haken zappeln sehen, und unschuldige ebenso. Und zum ersten Mal kommt es mir in den Sinn, um wie viel schlimmer es sein könnte, an einem Haken zu zappeln, wenn du weder schwarz noch weiß bist, sondern grau; wenn du auf ewig überzeugt bist, dass der Mann, den sie beschreiben, zwar deinen Namen trägt und deine Lebensgeschichte hat, aber in Wahrheit überhaupt nicht du bist. Es klingt wie im Fegefeuer und vielleicht ist es für But und Chichakli genau das.

Der Party-hungrige Leonid Minin erscheint seinerseits nicht mehr so beeindruckend. Nachdem er, wie But, nach zwei Jahren aus einem thailändischen Gefängnis entlassen wurde, wirkte er kleiner und dünner, und schämte sich gerüchteweise für die Berichterstattung über seine Verhaftung. 2006 versuchte er erfolglos, gegen das Einfrieren seines Vermögens wegen Verbindungen zu dem mittlerweile ehemaligen Präsidenten von Liberia, Charles Taylor, vorzugehen. Als der Richter des Gerichts Erster Instanz der Europäischen Gemeinschaften 2007 das erste Urteil verkündete, hielt er Namen, Geburtsdatum und Staatsangehörigkeit des Klägers fest:

Leonid Minin (alias (a) Blavstein, (b) Blyuvshtein, (c) Blyafshtein, (d) Bluvshtein, (e) Blyufshtein, (f) Vladimir Abramovich Kerler, (g) Vladimir Abramovich Popiloveski, (h) Vladimir Abramovich Popela, (i) Vladimir Abramovich Popelo, (j) Wulf Breslan, (k) Igor Osols). Geburtsdatum: (a) 14. Dezember 1947, (b) 18. Oktober 1946, (c) unbekannt. Staatsangehörigkeit: Ukrainisch. Deutsche Pässe (Name: Minin): (a) 5280007248D, (b) 18106739D. Israelische Pässe: (a) 6019832 (6/11(94-5/11/99), (b) 9001689(23/1/97-22/1/02), (c) 90109052 (26/11/97). Russischer Pass: KI0861177; Bolivianischer Pass: 65118; Griechischer Pass: keine Angaben. Inhaber von Handelsgesellschaften für exotisches Tropenholz.

Anschließend weist das Gericht die Klage zurück und verpflichtet ihn, sowohl seine eigenen Kosten als auch die der Kommission zu tragen. Beim Lesen seiner Stellungnahme, so kurz sie auch sein mag, komme ich nicht umhin, ein wenig Mitleid mit ihm zu empfinden. »Der Kläger fügt hinzu, dass all seine finanziellen Mittel in der Europäischen Gemeinschaft nach der Einführung der Richtlinie 1149/2004 eingefroren wurden, so dass er sich nicht einmal um seinen Sohn kümmern oder seiner Tätigkeit als Geschäftsführer eines Holz-Import-Export-Unternehmens nachgehen konnte.« Vielleicht war das Pathos Absicht; vielleicht ist er mit zwei Jahren Gefängnis und dem ruhigen Kleinbürgerleben in Israel glimpflich davongekommen. Dennoch war es nicht das Leben, das er einst in Odessa, in Mailand oder Afrika oder in irgendeinem der anderen Länder genoss. Wie But war er ganz offensichtlich hochintelligent, begabt, und, nun ja, er wusste sein altes Leben zu genießen. Aber falls es irgendjemanden gab, der über verpasste Karrieremöglichkeiten nachgrübelte, über die Weggabelungen, die ihn hierhergeführt hatten, dann frage ich mich, ob er es war. Er ist verschwunden – einige Journalisten sagen, dass er in Kiew ermordet wurde, andere, dass er wohl auf und davon ist und in Israel lebt. Niemand weiß hundertprozentig Bescheid.

Tomislav Damnjanović scheint noch nachhaltiger verschwunden zu sein als Minin, seitdem die *New York Times* 2007 seine Arbeit für das Pentagon ans Licht brachte. Hugh Griffith vermutet, dass er immer noch irgendwo in der Branche unterwegs ist. Peter Danssaert hingegen schätzt, dass es allen zu heiß ist, mit ihm zu tun zu haben, zumindest vorübergehend. Während ich dies im Frühjahr 2011 schreibe, geistert ein Bild von einem Mann, der ihm sehr ähnlich sieht, noch immer durch eine MySpace-Seite in seinem Namen. Dort ist er als »männlich, 56, Serbien« aufgeführt, aber die Seite ist ungenutzt, und sein einziger Freund ist der Kundendienst-Avatar von MySpace. Als Miloš Vasić fünfzehn Jahre nach der Untersuchung des Absturzes von Belgrad, die er immer noch als seinen »größten Augenblick« bezeichnet, mit mir spricht, fällt es ihm schwer, sich überhaupt an den Mann aus dem ganzen Theaterstück zu erinnern, den er den »Vermittler« nennt.

Igor Salinger hat eine Weile lang versucht, mich über einen Mittelsmann mit Tomislav Damnjanović in Kontakt zu bringen, aber der Mittelsmann konnte ihn entweder nicht ausfindig machen oder er wollte nicht ausfindig gemacht werden. Ein ehemaliger Angestellter von Damnjanović sagte Salinger, dass es ihn nicht überraschen würde, wenn er jeden Augenblick in Schardscha wieder auftauchen würde.

Ich will ihn trotzdem finden; es schien ihm einst nichts auszumachen, damals bevor Wiktor But hochgenommen wurde, offen mit dem Typen von der *New York Times* zu sprechen, trotz einiger Gedächtnislücken und seinem Eindruck, dass das alles offiziell bekannt war. Monatelang jage ich den Schatten. Aber es ist, als hätte er sich in Luft aufgelöst. Ich erzähle es Danssaert, der nur mit einem grimmigen Lachen sagt: »Natürlich. Er ist ein ganz kleiner Fisch.«

Selbst Miloš Vasić, der ihn nach dem Absturz in Surčin in seinem Artikel erwähnt, zögert. »Tut mir leid, ich kann nicht … der Name sagt mir nichts«, seufzt er schließlich. Dann ist auch er weg, und mich überfällt das beängstigende Gefühl, dass ich verrückt geworden bin und der Mann, den ich Tomislav Damnjanović nenne, nicht echter ist als die Worte, die ich gerade auf den flackernden Bildschirm schreibe.

Alles, was mit diesen Männern zu tun hat, bereitet mir ein unbehagliches Gefühl. Oder wie Moisés Naím sagte: »Stellen Sie sich nur vor, wenn es gelungen wäre, damals, als es darauf ankam, Strategen wie ihnen sinnvolle Führungsaufgaben oder Betätigungsfelder anzubieten, im Auftrag unserer eigenen Regierungen!«

Arthur Kent ist ein altgedienter Journalist des kanadischen Fernsehens und hat über den ersten Golfkrieg berichtet hat. Während des sowjetisch-afghanischen Krieges flog er ins Geschehen nach Afghanistan und berichtet heute über die afghanischen Heroinverbindungen für seine eigene, unabhängige Nachrichtenagentur Sky Reporter. Er geht weiter: »Die Ironie ist die, würde man Leuten wie [Minin oder] Ihrem Freund Mickey die Verantwortung übertragen und ihnen sagen ›das Ziel ist der vollständige Erfolg und Friede mit den Afghanen, und außerdem werdet ihr einen Haufen Geld verdienen‹, dann wären sie wesentlich erfolgreicher als Karsai, die NATO, die UNO und Obama. Weil sich diese Leute nämlich einreden, sie seien anständig und gottesfürchtig und ehrlich, aber es ist ihre Unfähigkeit, Dinge zu überwachen und ordentlich zu prüfen, die es den Bösen erlaubt, unglaublich viel Geld zu verdienen, ohne aber dabei die Gelegenheit zu bekommen, selber auch etwas beizutragen!

Alle anständigen Freibeuter, die *ich* kenne, fänden es großartig, wenn die Umstände für die einfachen Leute besser würden. Sie wollen *nicht ausschließlich* auf Kosten anderer Geld verdienen. Sie wollen, klar, *mehr* Geld als andere Leute verdienen, aber viele Freibeuter, die ich kenne – Schmuggler und Schwarzmarkthändler –, sind trotzdem kritisch, selbst während sie auf dem Schwarzmarkt erfolgreich sind. Sie zeigen trotzdem mit dem Finger auf eure Politiker und sagen ›Mann, das ist so eine Scheiße, was da gerade passiert‹.«

Vielleicht hat er recht. Vielleicht brauchen wir heutzutage mehr Pragmatiker. In Zeiten des Extremismus wie diesen sind es vielleicht gerade Mickeys Leute, mit ihrer »Nichts ist unmöglich«-Grundeinstellung und ihrem Idealismus, die am ehesten unsere Hoffnung auf Wiederaufbau erfüllen können, trotz – oder gerade wegen – der Eigenschaften, die sie mitbringen.

Aber das ist noch nicht alles, und es lässt mir einfach keine Ruhe mehr. Ich habe immer noch das Gefühl, dass uns allen etwas sehr, sehr Großes entgeht.

Vielleicht ist es, wie bei Mickey, das ständige Gefühl dass But, Minin und der Rest dieser sogenannten Kriegsherren nur Teil eines größeren Ganzen sind, dass ihr Champagner-Lebenswandel und ihre Aushängeschild-Stellung letzten Endes zum Teil nur konstruiert ist, um uns glauben zu lassen, dass sie die Zahnräder in der Maschinerie des illegalen Waffenhandels sind; so wie wir glauben sollen, dass Fundamentalismus wie Osama bin Laden aussieht und Mickey wie Han Solo. Vielleicht sind But und Minin einfach nur Männer, die versuchen, den tödlichen Druck auszuhalten – ein Druck, bei dem einige dafür sorgen, dass es sich für sie rentiert, ihn auszuhalten.

Ein Kommentar in einem Piloten-Chatroom am Tag nach dem Absturz in Entebbe, bei dem Jewgeni Korolew ums Leben kam, lautete: »Wenn dieses Flugzeug überladen war, hoffe ich, dass der fürs Kaufmännische zuständige Kerl lange, lange Zeit nicht schlafen können wird.«

Mickey erzählt, dass er nie abgestürzt ist (Bruchlandungen zählen nicht, genauso wenig wie umgeflogene Telegraphenmasten, Teile, die vom Flugzeug fallen oder sofortiges Umdrehen nach dem Start mit Triebwerksproblemen). Aber dieses Leben hat dennoch sichtbare Narben bei ihm hinterlassen. Selbst die jüngeren wie Dmitri oder Teilzeit-Rekruten wie Pawel, ein in Afrika ausgebildeter Kopilot, den ich nur einmal getroffen habe und der die Grundschule besucht haben muss, als Mickey seine Flugabwehr-raketen-Feuertaufe über Afghanistan bestand, sehen andauernd ausgelaugt aus, bleich trotz ihrer Bräune von der Sonne Afrikas und des Nahen Ostens.

Sie rauchen viel zu viel – so, wie sie zu viel trinken, so wie Sergej sein ostafrikanisches, von der Regierung ausgegebenes Gras liebt –, um sich zu entspannen, um mit Fremden und untereinander eine gemeinsame Ebene zu finden, nach zwanzig Jahren als leicht zu treffendes, fliegendes Ziel. Nächtliches Radiogequassel, und all die wilden Nächte in Entebbe und Schardscha fangen an, Sinn zu ergeben. Woche für Woche in dasselbe Restaurant, die gutherzig übergebenen Geldbündel, die örtliche »Ehefrau«, das Trinken, die Drogen, die wilden Partys in schäbigen Herbergen mit Sechserzimmern, all das verdeckt die gähnende Leere, die Abwesenheit echter Familie.

Es ist eine Leere, die sonst nur von Mickeys zerknitterten, kartongerahmten Bild seiner beiden Töchter und seinen Sorgen um seine alte Mutter daheim in Westsibirien gefüllt wird, von den verbalen Spitzen gegen Dmitris ukrainische Exfrau und von Sergejs spitzbübischem Blick, als ich frage, ob Alex' ugandische »Ehefrau« wirklich seine Frau ist.

Sergej erzählte mir einst mit mattem Lächeln, dass sie natürlich alle Familien haben, aber sich daran gewöhnt haben, abwesend zu sein. Das Leben in der Armee war nicht angenehm für die Partnerinnen, mit all den Einsätzen und »von so etwas wie dem Afghanistankrieg zurückzukommen ist noch schlimmer«. Nicht jeder ist geschieden, sagt er. Aber genau wie Bohrinsel-arbeiter sind sie gezwungen, Abwesenheit und Gehaltsauszahlungen zur Grundlage beständiger Beziehungen zu machen.

»Es ist ein anderes Leben«, sagt er nickend. »Wenn du für den Zeitraum von ein paar Monaten wo stationiert bist, ziehen sie manchmal mit um. Aber dann sind sie ganz alleine, ohne Job und ohne Familie um sie herum, und für die Kinder, na ja …«

Er schüttelt den Kopf. Mickey ist der gleichen Meinung – das ist kein Leben für Kinder.

Die Mannschaft schläft einfach so im Flugzeug, manchmal, vielleicht zu oft, wann immer sie unterwegs weg sind und es eine Möglichkeit gibt, das Geld, das sie für eine Unterkunft bekommen, selbst zu behalten; wenn sie am Ende der Welt sind, wenn sie spät dran sind und das ganze verdammte Flugfeld abgesperrt, und dunkel ist, bis sie ankommen, wenn es zu gefährlich, zu teuer oder einfach nur zu aufwändig ist, ein Zimmer zu finden, oder wenn derjenige, für den sie fliegen, für nichts anderes sorgt.

»Wir bekommen Spesen für jeden Zwischenstopp«, sagt Alex, der Ukrainer. »Fünfundsiebzig oder hundert Dollar fürs Hotel, etwas oben drauf fürs Essen. Aber es ist besser, das Geld zu behalten.«

»Scheiß auf sie«, knurrt ein anderes Besatzungsmitglied. Für alle außer dem Piloten und dem Navigator des Tages ist es »wunderbar möglich«, trotz Panzerfaustfeuer und Sturm auf der Tragfläche zu schlafen, sobald man sich daran gewöhnt hat. Außerdem spart man auf diese Weise Zeit, so dass der Lademeister und ein paar weitere Besatzungsmitglieder am Zielort vor dem Heimflug mehr Gelegenheiten haben, »nach mehr Geschäften zu suchen«, sagt er lachend, oder »für Damenmissionen«.

Brian Johnson-Thomas' Augen leuchten vor Bewunderung, als er an eine Mannschaft zurückdenkt, die es, obwohl sie Geld für ein schönes Hotel in den Emiraten bekam, vorzog, Sinnvolleres zu tun und bis zum Morgengrauen einkaufen zu gehen. Er war 1993 zuständig für einen humanitären Transport des Internationalen Roten Kreuzes von Schardscha nach Mogadischu, und hatte soeben der Mannschaft einer neulich privatisierten Il-76 ihr Geld gegeben, den Lohn plus fünfundsiebzig Dollar Tagespauschale.

»Wir waren in Schardscha, kamen gerade zurück von einem humanitären Frachtflug nach Mogadischu«, erinnert er sich, »und ich hatte ihnen bei der Landung in Schardscha ihre fünf

Tagespauschalen pro Mann ausgezahlt. Danach trennten wir uns und ich fuhr in mein Hotel, um zu duschen, genoss die Klimaanlage und dachte an Zuhause, als die Rezeptionistin anrief. ›Soll ich den Lastwagen auf ihre Zimmerrechnung setzen, Sir?‹, fragte sie.

Ich sagte ›Lastwagen? Was zum Teufel? Welcher Lastwagen?‹ Also zog ich mich an und rannte im Sturmschritt runter, und es stellte sich heraus, dass die Crew, anstatt in einem Hotel einzuchecken und sich zu erholen, zu schlafen, zu essen oder sich zu erfrischen, augenblicklich zu den duty-free-Shops gefahren war und ihre gesamten Tagespauschalen – Hotelgeld, Spesen, *alles* – für Waschmaschinen, Fernseher, Mikrowellen und Luxusausstattung ausgegeben hatte, von denen sie hoffte, sie mit Gewinn weiterverkaufen zu können. Sie mussten einen Lastwagen mieten, um alles zurück zum Flugzeug zu schaffen und fingen an, die Geräte in dessen Bauch zu verladen – und natürlich hinterließen sie mir die Kosten für den Lastwagen. Danach gingen sie im Flugzeug schlafen. Ich meine, da war die ganze Wagenladung an brandneuem Zeug drin.

Ich fragte ›Wie zur Hölle wollt ihr all das plus die Fracht in diesem Flugzeug unterbringen‹? Die Il-76 hat nur einen kleinen Laderaum, und es konnte einfach nicht alles reinpassen. Es war unmöglich! Also lachte ich nur, ›Viel Glück damit‹. Aber wie kaum anders zu erwarten stiegen zwei der Ladearbeiter in den frühen Morgenstunden da runter, und bis zum Abflugzeitpunkt war wie immer das gesamte Zeug auf wundersame Weise verschwunden.«

Über diese Geschichte lacht selbst Mickey: ein kurzes, keuchendes Schütteln, dann befeuchtet er das Zigarettenpapier mit der Zunge. Ich beobachte ihn aus den Augenwinkeln während wir rauchen. Die großartige erste Generation der ehemals sowjetischen Flieger nähert sich dem Rentenalter, aber, wie Jewgeni Sacharow sagt, es sind kaum noch welche übrig, um die nächste Generation auf den Antonows und Iljuschins auszubilden. Piloten wie Mickey können als Ausbilder immer noch gutes Geld verdienen, wenn sie wollen – sehr gutes Geld, da ihre Anzahl schwindet. Aber sie schwindet schnell, und die Sorge ist, dass es zu wenige Lehrlinge für Zauberer wie ihn geben wird. Es mag natürlich sein, dass die alten sowjetisch-afghanischen Armeeflugzeuge auseinanderfallen, aber die Iljuschin-Werke haben gerade ein neues Modell angekündigt. Dennoch werde ich den Gedanken nicht los, dass ich ein vorübergehendes Phänomen betrachte.

Die Plastikfolie um einen Karton Heineken wird aufgerissen. Zigaretten und fürchterlich überzuckerter ugandischer Kuchen werden herumgereicht, aber niemand sagt viel, und nach einer schnellen Runde um das Flugzeug mit Mickey unter aussichtslosen Versuchen meinerseits, ihn in eine Unterhaltung zu verwickeln, während er abwesend nichts Bestimmtes überprüft und durch das Gras läuft, gehen wir zurück nach »drinnen«. Irgendwo ist ein Radio, es läuft ein arabischsprachiger Sender.

»Es hilft beim Einschlafen«, sagt Dmitri mit einem entwaffnenden, halben Lächeln. Es ist das erste Mal, dass dieses Gesicht keinen finsteren Ausdruck hat. »Wir hören uns sonst immer nur gegenseitig und führen Gespräche über die Arbeit. Nicht so interessant.« Einer der anderen Typen, mit denen er früher geflogen ist, hat im Hotel immer die ganze Nacht das Fernsehen laufen lassen. Das hat sie alle wahnsinnig gemacht.

Das Radio plaudert mit sich selbst, bis jemand es leiser dreht, aber nicht ausstellt. Es ist unerwartet rührend zu sehen, wie sie ihre Matratzen auslegen und ihre Schlafanzüge auspacken. Ich habe nichts dergleichen dabei, und so lege ich einfach nur meine Tasche unter meinen Kopf und starre ins Innere unserer riesigen Blechbüchse. Meine Gedanken bewegen sich mit tausend Meilen pro Stunde und ich kann nichts tun, um sie zu bremsen. Man sagt, neuerdings habe auch der Sudan, wie Angola, Iran und der Großteil Europas, diese alten Flugzeuge verboten, die Antonows und Iljuschins, die sich seit zwei Jahrzehnten durch den Himmel arbeiten. Aus der Gerüchteküche der *avialegioner* dringt, dass Schardscha, der Nährboden schlechthin der Branche, als Nächstes dran sein wird.

Ich lege den Arm über mein Gesicht und drehe mich um, versuche das Gefühl loszuwerden, dass alles immer näher kommt, und plötzlich verstehe ich, wie einsam man sich fühlen kann, wenn man den Himmel durchwandert, selbst mit Kameraden. Ich verstehe, warum sie trinken und warum sie, trotz allem, weitermachen. Völlig unvermutet – vielleicht nur, um hier draußen den beruhigenden, gewohnten Klang meiner Mittelklassestimme zu hören – sage ich auf Englisch zu Mickey, dass sie mich an Kosmonauten in einer Raumstation erinnern. »Wir legen mehr Kilometer zurück«, sagt er und lächelt. In dem schonungslosen, gelblichen Licht sieht man ihm sein wahres Alter an.

Ich bin ebenfalls müde – zu müde, um weiterhin zu versuchen, mich auf unserem unbeholfenen Mix aus Pidginsprachen zu unterhalten, ihr stockendes Hollywoodenglisch und mein dürftiges, eingerostetes Russisch. Als ich versuche, mich wieder hinzulegen scheint Daheim weit, weit weg und tief drinnen bekomme ich eine schwache Ahnung, warum Starikow, Matwejenko, Scharpatow und all die anderen zu einem letzten Sprung gen Himmel ansetzten. Nach einer Weile verschwimmen die anderen Gründe, aus denen du fliegst, und es bleibt nur eine Sache über. Und so wie sie, will auch ich wirklich zurück nach Hause.

22

Im Internet tauchte 2009 ein Stück Film auf. Aufgenommen aus dem Fenster des Kontrollturms zeigt es eine augenscheinlich massiv überladene Il-76, die in das Gras vor dem Anfang der Startbahn rollt, um dadurch so viel Anlauf zum Abheben wie möglich nehmen zu können. Im Film kann man die Stimmen der australischen Beobachter hören, deren Besorgnis, dass das Flugzeug es nicht schaffen könnte, zunehmend wächst. Als es schließlich abhebt – als es die Startbahn bereits verlassen hat – sagt eine Stimme »ich habe nicht mehr genug übrig, um den Crash zu filmen«. In einem anderen Clip bemerken die Zuschauer, dass es »nur die Erdkrümmung ist, die den da in die Luft bekommen hat.«

Aber während es für Außenstehende jedes Mal wie ein Wunder aussieht, wenn ein solches Flugzeug abhebt, gibt es in Wahrheit einen besonderen Trick, um ein selbstmörderisch überladenes ex-sowjetisches Schlachtross wie dieses rechtzeitig in die Luft zu kriegen. Und, sagt Mickey ohne einen Anflug von Humor, »normalerweise funktioniert es«.

Ich habe ganze Flüge verkrampft und versteinert hinter mich gebracht, mein ganzer Körper steif und mit der absoluten Gewissheit, dass mein Ableben in einem Feuerball unmittelbar bevorsteht. Ich bin nach der Landung wie ein seekranker Seemann über den Asphalt gewatschelt und habe in der Kabine meine Arme hochgerissen, als wir nur ein paar Zentimeter an einem Tankwagen vorbeiflogen. Aber ich bin immer noch da, und vielleicht ist er ja so gut, wie alle sagen. Und wie er behauptet, ist es genau wie Schwimmen statt Rennen: es dauert einfach alles ein bisschen länger, und Erfahrung macht sich bezahlt. Du weißt, was kommt, und fängst an, es zehn Minuten, bevor du es siehst, zu vermeiden. Auf diese Weise kannst du tun, was du willst – 10, vielleicht sogar 20 Prozent Übergewicht. Als er das sagt, lächelt er halb, und während des Bruchteils einer Sekunde entsetzlicher Klarheit weiß ich, dass er darüber nachdenkt, ob auch 21 Prozent machbar wären. Natürlich unter ganz bestimmten Umständen.

Das erklärt auf jeden Fall, warum es ihm so nützlich war, das afghanische, zentralasiatische und kaukasische Terrain zu kennen; und warum Jewgeni Sacharow solchen Wert darauf legt, dass seine Piloten ihre zehntausend Flugstunden in Angola oder einem sonstigen bestimmten Ort haben. Wenn du dein Flugzeug bis an seine Grenzen und darüber hinaus bringst, gibt es nichts, was das Wissen über deinen Zielort ersetzen kann. Es erklärt auch Mickeys Angewohnheit, nicht nur die Startbahn oder das Rollfeld ausgiebig zu nutzen, sondern auch das Gras, die nackte Erde, den Platz vor Lagerhallen und jede andere ebene Fläche, die dazu dienen kann, den Anlaufweg zum Start zu verlängern. Wie mir ein Fluglotse in Entebbe johlend erklärte: »Man hört von all den Zäunen, Straßenlampen, und Telegraphenmasten, die beim Start mit den Tragflächen aus dem Boden gerissen werden. Was man nicht hört, ist, dass sie in den meisten Fällen das *verdammte Flugzeug einfach nur rückwärts gerichtet* haben, als es passiert ist!«

Uns passiert nichts. Wie Mickey sagt, »Erstens. Du musst dein Flugzeug kennen.« Und nach drei Jahrzehnten ist er mehr oder weniger mit der Il-76 verheiratet und weiß genau, was er ihr zumuten kann.

Trotzdem stört mich etwas. Wenn man Mickey zuhört, wird er erzählen, dass es sein Vogel ist; er entscheidet, was geladen wird und was nicht. Aber mir wird immer klarer, dass Mickeys Gründungsmythos, er habe eine Il-76 »befreit«, nach Kasachstan geflogen und sein Unternehmen gegründet, nicht die ganze

Wahrheit darstellt. Man gewöhnt sich natürlich daran: Selbst der berüchtigte Wiktor But, gegen den so ausführlich ermittelt wurde, kann diese Frage beantworten, indem er die Arme ausbreitet und geheimnisvoll erklärt: »Obwohl ich nie einen einzigen Investor hatte, war es nie ein Problem, das Geld aufzutreiben«, – für ihn als Luftwaffensoldat. Das, was nicht zusammenpasst, fängt an, wie eine richtig große Sache auszusehen. Und ich bin natürlich neugierig. Als mir also gestern Abend nach meinem letzten Versuch, den Punkt anzusprechen, klargemacht wurde, dass ich keine Chance hatte, diese Thematik weiter zu verfolgen, ohne unsere freundliche, aber zerbrechliche Beziehung zu zerstören und mit einer Tasche und ohne Mitfluggelegenheit auf dem Asphalt zu landen, beschloss ich, ein paar Nachforschungen anzustellen.

»Wenn man die Sache aus dem kaufmännischen Blickwinkel betrachtet, ist es für eine Fluggesellschaft unmöglich, ohne ein Netz aus Handelsverträgen zu überleben« sagt ein Frachtpilot, der über ein Jahrzehnt lang Wiktor Buts loses Netzwerk aus Flugzeugen und Mannschaften durch die Welt verfolgt hat, und der die Hangars und Flieger von Schardscha gut kennt. »Die Mannschaft sieht sich oft als unabhängig weil – und das kommt ziemlich häufig vor – ein Flugzeug eine vollständige Mannschaft mit vielen Leuten hat, viele Piloten, mehr Lademeister, als du Finger an einer Hand hast. Und sie arbeiten, fliegen und leben mit dem Flugzeug und von ihren eigenen Verträgen. Aber irgendwie sind sie alle Teil von etwas Größerem.«

»Es ist komplizierter, als alle meinen«, sagt Peter Danssaert. »O. k., man sollte glauben, dass es eindeutig jemandem gehört, aber um Ihnen ein Beispiel von einer anderen Il-76-Crew zu geben, gehört der Rumpf einer Person, aber die Triebwerke gehören jemand anderem. Also ›mieten‹ sie die Triebwerke von der anderen Partei, um diese Il-76 fliegen zu können!«

»Es ist nicht nur so, dass die Mannschaften ihre Flugzeuge nicht besitzen«, sagt Johnson-Thomas, »auch ihre ›Partner‹ oder Arbeitgeber oder die Leute da drüber tun das nicht. Fast jede einzelne Il-76 auf der Welt wird letztendlich von drei Personen kontrolliert, und die sind alle weit, weit oben in der Hierarchie von Ländern der ehemaligen Sowjetunion. Und sie sind mächtige Männer, deren Namen Sie nie zu hören bekommen werden.«

Diese Einschätzung teilt auch eine andere Quelle, die sogar weitergeht und meint, dass diese drei Männer letztendlich drei Ländern entsprechen – Ukraine, Russland und Weißrussland – und dass es sich mehr oder weniger um Männer auf der gleichen Ebene handelt, auf der die Flugzeuge auch vor dem Zusammenbruch der Sowjetunion kontrolliert wurden. Es scheint seltsam, bis ich mich an Russlands ausnahmslos staatseigene Waffenwirtschaft erinnere, Rosvooruschenie (später umbenannt in Rosoboronexport), in der niemand anderes als Marschall Jewgeni Schaposchnikow in seinem späteren Leben eine Ratgeberrolle einnahm; und daran, dass einer der größten Betreiber von Il-76s auf den UNO-Listen mit bevorzugten Dienstleistern ein weißrussisches Unternehmen namens TransAviaExport ist; in Staatsbesitz und dennoch wie all die anderen da draußen auf den mörderischen Marktplätzen Afrikas, Asiens und des Nahen Ostens unterwegs. Die beiden Il-76, die über Mogadischu abgeschossen wurden, hatten ihm gehört.

In der Tat ist selbst für Insider unklar, in welchem Maße diese staatlichen Unternehmen mit den kleineren Fischen konkurrieren oder zusammenarbeiten – und was für eine Beziehung sie zu Männern wie Mickey pflegen, oder auch zu Berühmtheiten wie Wiktor But. Mark Galeotti, Experte für die russische Mafia, hat ebenfalls versucht, den Spuren zu folgen. Das hat dazu geführt, dass er irgendwann vor sehr großen, streng bewachten und definitiv verschlossenen Türen stand.

»Ich bin auf ein Muster gestoßen, in dem es aus übergeordneten unternehmerischen Überlegungen praktisch ist, einen ›zahmen‹ Selbständigen zu haben«, sagt er, »für den Fall, dass jemand reinkommt, dessen Ladung man aus politischen oder branchenbezogenen Gründen nicht wirklich selber transportieren sollte, man aber auch nicht nein zum Kunden sagen will. Da sie diese zahmen, an sie gebundenen ›selbständigen‹ Unternehmer haben, können sie sagen ›Nun, wir können das nicht anfassen – aber wir kennen jemanden, der es kann.‹ Und darum wird man sich handelseinig. Manchmal gehören die Männer ihnen, manchmal gibt es da auch einfach nur Geschäftsbeziehungen, und die großen Jungs reichen ihre Aufträge an eine kleine Gruppe halb-selbständiger Unternehmer weiter. Eine andere Form der Eigentumsverhältnisse liegt allerdings vor, wenn die ›Hypotheken‹ dieser sogenannten Selbständigen dem organisierten Verbrechen gehören. Die meiste Zeit werden sie ganz normale Handelsaufträge ausführen, aber ab und zu klingelt dann ihr Handy und es heißt ›Wir haben jemanden, den wir ganz schnell von irgendwo ausfliegen wollen‹, oder ›Es gibt da eine Ladung, von der wir sicher sein wollen, dass sie in Taschkent ankommt‹«.

Galeotti hält inne und grübelt, während das Heulen einer New Yorker Sirene durch sein Fenster in die Wohnung dringt. »Und, wie gesagt, für militärische Geheimdienste sind viele dieser Crews Waffen, die sich notfalls leugnen lassen«.

Er unterbricht sich. Am Ende der Aufstellung angelangt pfeife ich erstaunt durch die Zähne, verblüfft über die Liste potentieller stiller Partner in Mickeys Branche. Durchaus die üblichen Verdächtigen – Oligarchen, die *Mafija*, hochrangige Befehlshaber in irgendwelcher der neuen, der Asche des sowjetischen Militärs entstiegen Armeen auch immer, der ehemalige KGB, jetzt russische, ukrainische, weißrussische Geheimdienste. Für einen kleinen, unbedeutenden Unternehmer ist das ein ziemliches Netzwerkereignis.

Wen hat also Mickey ausgewählt? Oder, anders herum, wer hat ihn ausgewählt?

Zu lange über diese Art Frage nachzudenken kann einem eine ordentliche Dosis Angst verschaffen, egal wo man sich befindet. Ich würde aufs entschiedenste davon abraten darüber nachzudenken, wenn man sich gerade in der Cannabis-gefüllten Kabine einer alten, rappelvollen Il-76 in unbekannten Besitzverhältnissen befindet, mit unzähligen selbst vorgenommenen Reparaturen und Situationen, die beinahe ins Auge gegangen wären. Es ist vor allem nicht die Art Frage, auf die man sich konzentrieren sollte, wenn der Kopf noch voller Alkohol vom Vorabend ist und man einen Ausdruck der Datenbank der Absturzursachenberichte zur Il-76 des Aviation Safety Network in seiner Tasche hat, während das Flugzeug abhebt, lange nicht so steil wie notwendig, am Himmel ratternd und schwankend.

Hoch genug zu sein, um über einen Lastwagen fliegen zu können ist die eine Sache, aber die heiße Luft, die von der Straße aufsteigt, verursacht Aufwinde, die sich in dieser Höhe anfühlen, als würde jemand mit riesiger Faust beide Tragflächen umfassen und uns schütteln um zu sehen, was passiert. Mickey hat mir beigebracht, immer nach vorne zu schauen, durch dieselbe Scheibe, durch die auch er schaut. Aber gegen meinen Willen schaue ich nach unten. Und während ich das tue, geschieht etwas Unerwartetes.

Während wir durch wogende Wolken fliegen und in zweiundreißigtausend Fuß Höhe in der Abendsonne unsere Flughöhe erreichen, schießt mir etwas anderes durch den Kopf. Nennen Sie es Mickeys Vogelperspektive – entweder ist es das oder aber alles, was ich in den letzten paar Jahren erlebt habe, es zieht vor meinen Augen vorbei. Denn der Lärm der Triebwerke in meinen Ohren hat aufgehört, und plötzlich ist alles sehr, sehr still. Was ich dort unten sehe, ist folgendes, verstreut zwischen den Wolken und Flüssen und Wüsten und verschmiertem Plexiglas.

Dort drüben in Moskau ist Andrej Soldatow, der Crews wie Mickeys auf ihren Flügen von und nach Afghanistan und in den Kaukasus »beschützt« und laut darüber nachdenkt, ob die Regierung nicht insgeheim will, dass ein Teil des Heroins durchkommt. Bei ihm ist der ehemalige Duma-Minister Anatoli Tschubais, in seinem ganz persönlichen kleinen Fegefeuer gefangen, der auf ewig jedem, der ihm zuhört, erklärt, dass er keine Wahl hatte: entweder ein krimineller Übergang zum freien Markt oder gar kein Übergang.

Dort drüben, zur Linken, genau über London, ist Brian Johnson-Thomas beim Bier mit Wiktor But, sie reißen Schwiegervaterwitze und reden darüber, dass »alle Il-76s dieser Welt letztendlich drei Männern gehören, die so weit oben sind, dass du und ich nie ihre Namen erfahren werde«.

Ich kann auch Mark Galeotti sehen, weit weg in New York. Er erklärt, wie Mafia und Staat zusammen und füreinander arbeiten, wie am Ende üblicherweise die einen oder die anderen der beiden dafür sorgen, dass das Geld bei den Piloten ankommt. Da ist Leonid Minin, wegen Schmuggels angeklagt und von einem italienischen Gericht mangels Zuständigkeit freigesprochen, der sich bei den Gerichten darüber beschwerte, wie sehr doch die Branche gelitten habe, bevor er für immer zum Schweigen gebracht wurde. Da ist der UNO-Mann in Uganda, der zusieht wie die Beute kommt und geht.

Richard Chichakli, gerade außerhalb des Blickfeldes, lässt die Jalousien herunter und berichtet seiner Webcam, wie er von großen, schattenhaften Mächten verfolgt wird. Und da ist sein alter Tummelplatz: der Flughafen von Schardscha, so wie immer, glitzernd vor Geld und Verheißung. Wie Sterne, die sich dort unten ausbreiten, kann ich die Sternbilder von Baku, Dubai, Kabul und Rangun, Tripolis, Korea, Teheran, Entebbe und Kinshasa hell leuchten sehen.

Die Il-76 ist voll wie ein fliegender Bauschuttcontainer, und fliegt sich auch wie ein solcher. Die Schwerkraft spielt mit uns wie ein Killerwal mit einem Seehund zwischen seinen Kiefern: Sie kommt und geht, packt uns plötzlich und zieht uns nach unten, bevor sie uns wieder hochwirft. Ich schwöre, dass die Tragflächen so sehr zittern, dass sie regelrecht flattern. Das gesamte Flugzeug schwankt wie betrunken, alle sind angespannt und still, während wir da hindurchfliegen. Selbst Alex hängt an seinem

Ladegurt. Es ist immer das gleiche. Alle fühlen es. Vielleicht sind diesmal wir an der Reihe, die Schlagzeilen über Flugzeugabstürze zu liefern.

Aber nicht ich, nicht dieser Flug. Ein seltsames, opiumartiges Frösteln geht über meine Haut. Die Härchen auf meinen Armen haben sich aufgestellt, ein dämliches Grinsen entsteht tief in mir drin, und in meinem ganzen Körper breitet sich die Gewissheit aus, dass alles gut gehen wird. *Schisn harascho*, wie Mikey sagen würde.

Weil ich jetzt das Geheimnis kenne, das letzte Geheimnis, den Trick hinter der größten, ehrgeizigsten, teuflisch einfachsten und auf brillante Weise effektivsten Illusion, die je jemandem gelungen ist. Ich. Unter all den Millionen, die es gesehen haben, die ihm verfallen sind, die ihre Handlanger geworden sind, ihre Opfer, ihre Helfer, ihre Zeichen, ihre Techniker, ihre Meisterillusionisten, über die ganze Welt verteilt. Ich weiß, was sie getan haben, und ich weiß, wie sie es getan haben.

Und wenn es schiefgeht, und wir jetzt dran sind, werden Sie von mir kein Jammern hören. Denn jetzt habe ich es gesehen, ich kann knapp zehn Kilometer aus dem Himmel fallen und glücklich sterben.

Wie nahe sich Mafia, das große Geschäft und Militärgeheimdienste in der Asche der implodierten Sowjetunion gekommen sind, hat alle überrascht – anfangs sogar die Mafiosi, FSB-Agenten und Oligarchen selbst. Alle mit Ausnahme der Arbeiter natürlich, die die Drecksarbeit erledigt haben.

Sie kamen aus der heimkehrenden Armee – die *Afghantsi* natürlich, aber auch die mehr als hunderttausend Soldaten, die nach ihrer Rückkehr von Stationierungen in Osteuropa feststellen, dass sie jetzt heimat-, mittellos und ohne Rente waren.

Aber sie kamen auch aus den Rängen der Arbeiter, aus den Fabrikhallen, die die Nacht hindurch brüllten und bebten, ein Korridor aus gelbem Licht, Eisen, Beton und chemischem Rauch, der die riesigen, smogverhüllten Industrievororte von Jekaterinburg und Tankograd erleuchtete. Dies waren die Männer, die die Maschinen bauten; Mickeys Klassenkameraden, seine am Boden verbliebenen Kollegen ohne Flügel, mit denen sie hätten fliegen können oder ohne seine Vogelperspektive. Auch sie waren verzweifelt. Und genau wie er hatten sie es jetzt ziemlich satt.

Heute erzählen ungewöhnlich gepflegte Friedhöfe die Geschichte. In der dröhnenden offiziellen Stille sind sie alles, was heute von dem verheerenden Ausmaß an Bandengewalt, Mord, Einschüchterung, Opportunismus und dem puren Kapitalismus zeugt, das die 1990er in Mickeys Heimatstadt brachten.

In den Wedenski-Hügeln zeichnen Reihe um Reihe polierter Marmorgrabsteine in riesigen, liebevoll detailreichen, an Tätowierungen erinnernden Gravuren ein Bild von den Bermudahemd und Bomberjacken tragenden *bratki* – »kleine Brüder« der Mafia – die in den Privatisierungsbandenkriegen der 1990er Jahre getötet wurden. Einer umklammert einen Mercedes-Schlüsselanhänger, die Hand eines anderen steckt tief in der Tasche seiner ledernen Bomberjacke in der klassischen Pose eines bewaffneten Räubers. Markenkleidung und Luxusgüter werden auffällig dargestellt. Es ist die klassische Sprache der vom Kapitalismus Enteigneten, von Los Angeles bis London: keine Ausbildung, keine Zukunftsaussichten, kein eigenes Zuhause, aber triefend vor Designerlogos, Statussymbolen und Gold.

Während der 1990er, während des erschütternden Todeskampfes eines bankrotten, taumelnden Staates, dem Mickey seine Freiheit verdankt, sahen auch diese Männer ihre Chance.

Die Schwerindustrie und Waffenproduktion, für die die Gegend – obwohl von der Regierung in einen Mantel des Schweigens gehüllt – so berüchtigt war, ging in die Knie, und das organisierte Verbrechen hielt Einzug. Einer der Industrieriesen, Uralmasch, war der größte Arbeitgeber der Region um Jekaterinburg. Als Ungeheuer, das Waffen, Militärtransporter, Chemikalien, Bergwerksausrüstung und schwere Geräte herstellte, war es verantwortlich für eine wahre Hitparade sowjetischer Waffensysteme, die den kalten Krieg prägen sollten – von der Howitzer M-30 bis zum T-34-Panzer, in neuerer Zeit Langstreckenraketen und Flugzeuge. Sein Verhältnis zu Russlands Militär und Geheimdienst war enger als das zwischen Anbieter und Kunde; es war letzten Endes der waffenproduzierende Arm der Roten Armee. Seine Angestellten wurden für ihr Können geehrt und galten als Elite unter sowjetischen Industriearbeitern.

Gefürchtet wurden sie zunehmend auch. Schon vor dem Auseinanderbrechen der Union hatten Uralmasch-Fabrikarbeiter ihre eigene kriminelle Bande gegründet, die Uralmasch-Jungs, deren magere und immer unregelmäßiger kommende Gehaltsschecks in den 1980ern und 1990ern zunächst ergänzt und dann in den Schatten gestellt wurden durch das Geld, dass sie durch Schwarzmarktaktivitäten, Schutzgelderpressung, Zuhälterei, Betrug und Erpressung verdienten. Und als dann das Unternehmen 1991 feststellte, dass es die Löhne nicht auszahlen konnte, boten die Uralmasch-Jungs *ihm* einen Kredit an, um ihm über die Runden zu helfen. Wer kann es der Unternehmensleitung zum Vorwurf machen, dass sie das Angebot annahm? Oder darüber erstaunt sein, dass dieser Kredit nicht frei von Bedingungen war?

Dies war der Weg zu einem halblegalen Status, der für die ehemalige Sowjetunion bald richtungsweisend wurde. Dies war eine Welt, in der harte Mafiamänner nicht nur Einfluss hatten, sondern rasch die größten Unternehmen des Landes übernahmen, ihnen vorsaßen und sie besaßen – darunter tausende, die angeblich dem Staat gehörten.

»Der wirtschaftliche Erfolg Uralmaschs als solcher legt nahe, dass die Uralmasch-Jungs die ersten waren, die eine lohnende Art fanden, Gewalt und Zwang zu nutzen, um Investitionen zu schützen und Eigentumsrechte zu garantieren«, schrieb Wadim Wolkow, Lehrbeauftragter am Institut für Politikwissenschaft und Soziologie an der Europäischen Universität in Sankt Petersburg. »Laut Polizeiinformationen steckten die Uralmasch-Jungs hinter rund zweihundert Unternehmen und zwölf Banken und kontrollierten teilweise neunzig weitere Unternehmen, von der Erdölverarbeitung bis hin zu Handynetzen, Autohandel und Brauereien.«

Mitte der 1990er veröffentlichte das Russische Zentrum für die Analyse von Wirtschafts- und Sozialpolitik seine ersten Zahlen über die Aktivitäten des organisierten Verbrechens in Russland. Das war eine erschreckende Lektüre: kriminelle Banden kontrollierten oder waren schlicht und einfach Eigentümer von vierzigtausend Firmen, darunter zweitausend angeblich staatseigene Unternehmen. Die deutsche und tschechische Polizei hatte in mindestens zwei Dutzend Fällen V-Männer eingesetzt und festgestellt, dass Gruppen des russischen organisierten Verbrechens wie die Uralmasch-Jungs, mit Zugang zu Waffenlagern, begannen, Bauteile von Atomwaffen nach Westen zu exportieren.

Die Behörden konnten oder wollten ihrerseits nichts tun, teilweise, weil sie jetzt an den Unternehmen des Mobs beteiligt waren. Hochrangige KGB- und dann FSB-Offiziere unterließen es, im Gegenzug für eine Beteiligung in irgendeinem Staatsunternehmen, das sie zerstückelten, die Aktivitäten des Mobs zu beeinträchtigen. Geheimdienstoffiziere erschienen nicht zur Arbeit, weil sie in ihrem »anderen« Büro waren, wo sie neu erworbene Armani-Anzüge trugen und über den Kauf eines neuen Flugzeugs verhandelten, um damit ihre Ware einfliegen zu können, ohne die Überfälle oder Straßensperren ihrer uniformierten Kollegen fürchten zu müssen.

Einen spannenenden Einblick in die damalige Denkweise innerhalb der russischen Geheimdienste lieferte 1999 der ehemalige FSB-Mann Aleksander Litwinenko, der später in London von einem Agentenkollegen beim Sushiessen mit radioaktivem Polonium ermordet werden sollte: »Unsere Geheimdienste befinden sich in einem Zustand des Verfalls, in dem es aufgrund von geschäftlichen Bindungen schwierig ist, den eigentlichen Pflichten nachzugehen.« Mit anderen Worten sind sie denselben Weg gegangen, den auch Uralmasch gegangen ist: Seitdem sie von Kapitalinteressen, profitablen Randgeschäften und politischen Zahlmeistern übernommen wurden, waren sie zu beschäftigt, *mit* den Bösen ins Geschäft zu kommen, um ihrer Aufgabe, sie aufzuhalten, weiter nachzugehen.

1994 bauten die Ural Transport- und Maschinenwerke vierundachtzig selbstfahrende Minenräumer und erhielten Geld von der Regierung, um das Projekt abzuschließen, obwohl kein einziger Käufer in den Büchern stand. Irgendwie würden diese Waffen den Weg nach draußen finden, wenn auch nicht durch die offiziellen Kanäle. Irgendwie würden sie verschwinden, um im grausamen Grenzland der Dritten Welt wieder aufzutauchen. Aber wie?

Für jeden, der über ein paar Verbindungen ins russische Bermuda-Dreieck verfügte, das jetzt komplett der Uralmasch-Jungs AG und ihren Teilhabern im FSB gehörte, bedeutete es eine Menge Geld, die Antwort auf diese Frage zu finden. Und das bedeutete Blut. Als die verschiedenen Lager innerhalb der Bande um die Macht kämpften, explodierte die Gewalt, explodierten Autos, Häuser und Postpakete. Männer in Sturmhauben schlossen Übernahmen mit Kalaschnikows ab; ehrgeizige Manager fielen plötzlich und unerklärbar von Hochhäusern und machten den Weg frei für das, was ein Schmuckhändler als »eine Staat-Mafiosi-Wirtschaft wie die in Nigeria, wo staatliche Einrichtungen mit kriminellen Strukturen fusionieren« bezeichnet hat.

Diese Gräber, der in der Morgensonne glitzernde glatte Marmor und der polierte schwarze Granit, sind alles, was von den Glücklosen übrig ist – diejenigen, die dem großen Zahltag nahe genug kamen, um einen Mercedes zu besitzen und Gucci-Slipper zu kaufen, bevor sie niedergeschossen wurden. Aber für die Glücklichen, die damit beschäftigt waren in den legalen Handel zu wechseln und sich als *biznesmen* ein neues Image zu geben, in sonnigen Gegenden Filialen zu eröffnen und sich mit entspannten Beamten zu umgeben, für sie sollten die Zahltage noch viel, viel lukrativer werden. Das Einzige, was sie brauchten, um global operieren zu können, war eine Logistikabteilung. Flugzeuge. Große Flugzeuge. Und erstklassige Mannschaften, Männer, die überall hinfliegen konnten und Arbeit brauchten. Wo aber sollte man solche Mannschaften finden?

In den frühen 1990ern sah der Zusammenbruch der Sowjetunion vom Westen aus betrachtet wie Chaos aus, und ich versichere Ihnen, dass er vor Ort noch wesentlich mehr nach Chaos aussah. »Für jemanden, der nicht in dieser Branche arbeitet, ist es fast unmöglich, das ganze Ausmaß der Geschehnisse zu erfassen«, sagt Dmitri Rogosin, russischer Botschafter bei der NATO, beim Tee im massiv gesicherten Gebäude der Botschaft in Brüssel. Ich nehme noch einen Schluck aus meiner Porzellantasse und halte die Untertasse vorsichtig fest, um auch ja keinen Tee auf den Plüschteppich zu schütten, der den Marmorboden im Vorraum seines Büros bedeckt. Großartig gerahmte Portraits epauletten-geschmückter russischer Generäle strahlen auf uns herab – den Botschafter, seinen Stellvertreter, mich, und unseren blassen, mageren und offensichtlich sehr nervösen jungen Dolmetscher. Obwohl ich etwas Russisch spreche und Rogosin etwas Englisch, scheint ihnen diese Angelegenheit offensichtlich zu wichtig, um Missverständnisse zu riskieren.

Rogosin selbst ist ein riesiger, auf entwaffnende Weise milch-gesichtiger Bär – selbstsicher, streitbar und stolz darauf, lustig und einnehmend, und ganz offensichtlich ist er ein aufgehender Stern. Er ist selbsternannter Nationalist, hat seine ersten Erfahrungen in den frühen 1990ern unter General Lebed gesammelt, und erzählt mir lächelnd, dass er aus der Luftfahrt kommt und sein Schwager einer der Direktoren der Iljuschin-Planungsbüros und des Werkshauptquartiers in Moskau ist. Zudem zählt er sich zu den Freunden Scharpatows, Pilot der 1995 von den Taliban abgefangenen Il-76.

Den Zusammenbruch der sowjetischen Luftwaffe hat er aus nächster Nähe beobachtet. Er zieht Parallelen zum Tumult der Russischen Revolution.

»Es ist zweimal passiert – 1917 und 1991«, sagt er. »Eine Armee nach der anderen, denen diese Männer angehörten, hörte auf zu existieren. Sie konnten nichts anderes. Natürlich hätten sie theoretisch in die zivile Luftfahrt gehen können – aber auch die schrumpfte. Und so versuchten sie, für sich eine Rolle in einem zerfallenen Staat zu finden. Und auch wenn nur sehr wenige einen kriminellen Weg einschlugen, möchte ich es nicht kriminell nennen, sondern lieber ›graue Wirtschaft‹.«

Die größte stehende Armee der Welt war zerschlagen worden, bekam keine Mittel mehr und hatte sich mehr oder weniger in Luft aufgelöst. Aber die Männer mussten von irgendetwas leben. Niemand konnte verstehen, wie die Lage so schnell so schlecht werden konnte. Ihre Familien lebten in Zelten. Der beinahe drohende Hungertod brachte Mickey und seine zurückgekehrten Kameraden an den Rand des zivilen Ungehorsams; es gab so gut wie keine Luftwaffe mehr. Einige Flugzeuge wurden eingemottet; viele Piloten, Ingenieure, Funker, Lademeister und Navigatoren brauchten dringend Arbeit.

Dann kam der Befehl und Verständnis für ihre aussichtslose Lage vom beliebten Jewgeni Schaposchnikow, Oberbefehlshaber der Streitkräfte und bald Repräsentant des Präsidenten der Russischen Föderation im Aufsichtsrat des staatlichen Waffenexportbetriebs Roswooruschenie. Die Luftwaffe stand für andere Aufgaben bereit, umgehend, Reisetätigkeit kein Problem. Das war also die »Befreiung«, und die ersten Aufträge für freie und geschäftstüchtige Männer bestanden darin, die vielen hundert Flugzeuge über Nacht umzulackieren. Die besten und klügsten Söhne der russischen, ukrainischen und weißrussischen Luftfahrtakademien und -regimente brachen wieder gen Himmel auf, als scheinbar freie Akteure. Sie waren nicht mehr in der Armee, trugen keine Uniform mehr. Sie konnten Jobs zu marktüblichen

Preisen annehmen oder ablehnen und weiter nach Dingen jagen, die ihnen über den Weg laufen könnten.

Es sah natürlich wie Chaos aus, als Mickey und die Jungs Waren durch die ganze Welt transportierten, Sanktionen verletzten, und die praktischerweise ausverkauften Waffenlager in praktischerweise ausverkauften Flugzeugen schmuggelten, auf diese Weise Rebellen und Regierungen mit Waffen versorgten und sehr, sehr viel Geld verdienten. Das Gesetz des Dschungels.

Wenn Sie aber die Vogelperspektive einnehmen, können Sie eine gewisse gespenstische Symmetrie erkennen.

Wiktor Buts geheime Flüge versorgten zunächst die afghanische Nordallianz mit Waffen. Und was ist, wenn er auch die Taliban versorgt hat? Es scheint fast, als ob diese freischaffenden Lieferanten mit Handel erreichen konnten, was der Roten Armee nie gelungen ist, nämlich alle Mudschaheddin-Fraktionen so zu bewaffnen, dass sie sich gegenseitig auslöschen! Und jedes Mal brachten sie dabei, im Tausch gegen die ganzen alten Waffen, Geld für die leeren Staatskassen mit nach Hause. Selbst der FSB hätte all das nicht besser planen können. Der Verdacht liegt nahe, dass der maskierte Überraschungsangriff auf Buts Haus in Südafrika – der so sehr an die Geheimaktion erinnert, bei der die Fluggesellschaft East Line hochgenommen wurde – eine Warnung war, die Linie nicht zu überschreiten. Und die »geheimnisvollen Kräfte«, von denen er sprach, die ihn erschießen würden, falls er den Mund aufmachte – wer waren sie? Sich Spekulationen hinzugeben ist immer verführerisch. Aber wir wissen, dass es nur Wiktor But war, ein einzelner Unternehmer, der ein falsches Spiel mit der Nordallianz spielte und dann einen Deal machte, um sein Flugzeug von den Taliban zurückzubekommen. Ohne Teil eines größeren Plans oder sonst etwas zu sein. Er kam auf mysteriöse Weise an das Geld, um die Flugzeuge freizukaufen. Na und.

Das war das Geschäft in Russland.

Dann gab es natürlich die Kriege in Afrika. Sierra Leone,

Angola, Liberia, Ruanda, die Demokratische Republik Kongo, Sudan, Somalia, Uganda, Tansania, alle voller Präsidenten und Rebellen, die nichts lieber wollten, als Diamanten, Gold, Coltan, Holz und andere wertvolle Rohstoffe bei Import/Export-Gaunern – unter ihnen der Besitzer der *Exotic Tropical Timber Enterprises* Leonid Minin und der pendelnde Händler Wiktor But – gegen die mittlerweile überflüssigen, gehorteten Waffen zu tauschen, die diese freischaffenden, fragwürdigen Unternehmer andauernd daherbrachten. Für die Uneingeweihten mag es aussehen, als habe man einen Weg gefunden, die leeren Staatskassen der ehemaligen Sowjetunion mit Geschäften unter der Hand wieder aufzufüllen, auf eine Art und Weise, die kein Staat legal versucht haben könnte. Aber wir wissen natürlich, dass jeder Mann alleine gehandelt hat. Man sagt uns, es habe keinen Masterplan gegeben. Das war das Geschäft.

Ich merke, wie sich in meinem Kopf Mauern auflösen. Als ich die Augen schließe, wird das abrupte Ende meines Austauschs mit Mickeys altem Oberbefehlshaber Marschall Jewgeni Schaposchnikow wieder lebendig:

»Marschall Schaposchnikow, wussten Sie von den Flügen mit Il-76-Flugzeugen, die Mitte der 1990er Jahre die Mudschaheddin in Afghanistan mit Waffen versorgt haben? Oder hatten diese Flüge je die offizielle (oder inoffizielle) Zustimmung der Regierung?«

»Kein Kommentar.«

Es ist, um W. B. Yeats falsch zu zitieren, als könnte jeder dieser Falken irgendwie immer noch die Befehle eines weit entfernten Falkners hören. Er war vielleicht nicht mehr Kommandeur, vielleicht hatte er als ihr Chef ganz alleine den Übergang in die Marktwirtschaft erfolgreich geschafft. Kann es sein, dass diese drei Männer – die ehemals hochrangigen Sowjets aus Weißrussland, der Ukraine und Russland, Männer, deren Namen wir nie hören, aber denen letzten Endes jede Il-76 am Himmel gehört – plötzlich am Tag der Unionsauflösung aufwachten, um festzustellen, dass sie jetzt auf wundersame Weise eine Mehrheitsbeteiligung in einer Flotte von vierzig Antonow-12-Flugzeugen hielten?

Grigori Omoltschenko, der ehemalige Chef der Ukrainischen Spionageabwehr, erzählte Peter Landesmann von der *New York Times*: »Schmuggler wie But werden entweder geschützt oder umgebracht. Die staatliche Kontrolle ist total.« Die großen Kräfte. East Line wurde acht Jahre nach dem Untergang der Sowjetunion hochgenommen, aber sie wurde vom FSB hochgenommen – oder war es die undurchsichtige »Reconciliation and Accord Foundation«, die Mannschaften, Unternehmen und Flugzeuge ausschaltete, die ihrem Monopol gefährlich wurden und die niemals identifiziert wurde, auch Jahre später nicht? Waren das geheime Staatsbusiness und das private Business ein und dasselbe, wie Litwinenko sagte, bevor auch er ausgeschaltet wurde? Weil der FSB und die Regierung auf die gleiche Weise Geld verdienen wollten, wie es die privaten Unternehmen taten? Viel Macht. All die Männer und Maschinen. Kein Wettbewerb. Keine Strukturen, keine Rückkehr, keine Verträge, und komm nicht zu uns, wenn dein Embargo verletzt wird. Fast zu perfekt.

Bei meinem Treffen mit Rogosin schneide ich das Thema an. Zugeknöpft spricht er über die Vorzüge der Männer, dann darüber, dass seine Memoiren, *Weltfalken. Notizen eines russischen Botschafters*, »viel Sprengstoff« enthalten für diejenigen im Westen, die sie lesen. Er bittet mich, die gerade fertiggestellte englische Übersetzung zu lesen. Vielleicht kann ich sie ja an interessierte Verleger weiterreichen. Plötzlich ist die Zeit um. Rogosin steht auf, umfasst meine Hand mit seiner riesigen rechten Pranke und wünscht mir viel Glück, während ich verzweifle, weil ich durch ihn nicht mehr über das Wesen dieses weltweiten Schattennetzwerks erfahren habe. Als wir auseinandergehen sieht er mich an und blinzelt. Und lächelnd sagt er auf Englisch: »Alle Russen haben gute Beziehungen.«

Meine Gedanken rasen jetzt. Reagan, Thatcher, Kohl, dann Bush, und schließlich jeder im Westen müssen sich vorgekommen sein, als hätten sie ein Reich des Bösen besiegt, einen Kalten Krieg »gewonnen«. Aber die sowjetische Luftwaffe ist nicht auseinandergefallen, sie hat sich gekrümmt, ihre Form verändert und sich reformiert. Sie sind immer noch da und fliegen, was immer geflogen werden muss. Lediglich ihre Vertragsbedingungen haben sich geändert. Gleiche Firma, neues Logo. All diese riesigen Flugzeuge, die der sowjetische militärisch-industrielle Komplex hervorgebracht hat, die genauso gut zivil wie militärisch genutzt werden können, mit Doppelregistrierung, bereit für alles, wann und wo immer, nur die Hoheitszeichen müssen ausgetauscht werden. Wie Mickey damals zu mir auf der Landebahn sagte: »Wir haben es nur umbenannt, aber so nannten wir das damals nicht«. Und mit dieser einfachen Schicht Farbe, mit dem Namenswechsel, wurde am Ende die ausgefeilteste Illusion, die es je gab, auf die Beine gestellt. Danach war alles einfach. Nachdem eine ganze Armee in tausende kleine und mittlere Unternehmen verwandelt worden war und man der NATO zum Sieg nach einem guten Spiel gratuliert hatte, schaute keiner mehr hin. Danach würde es ein Kinderspiel sein, dafür zu sorgen, dass der weltweit größte Vorrat an ausgemusterten Waffen auf magische Weise den Platz mit Milliarden Dollar in afrikanischen Blutdiamanten tauscht. Firmen wie Mickeys können Dinge tun, die kein Staat je in seinem eigenen Namen tun kann – auch keiner, der so mächtig ist wie Russland oder so strategisch agiert wie die Ukraine. Verdeckte Operationen, Waffenlieferungen, Drogenkuriertransporte, illegale menschliche Fracht, außerordentliche Auslieferungen, das Absetzen von Söldnern, all das wäre für die Streitkräfte undenkbar. Wer ordnete es an? Wer unterschrieb die Bestellungen? Wer genehmigte das Flugzeug? Man würde ihnen befehlen, aufzuhören. Aber bei undurchsichtigen, unorthodoxen kleinen Unternehmen im Unternehmen, tja, wer weiß da schon, was die tun?

Das war ein geheimer Staat, der seinen Geschäfte nach dem al-Qaida-Modell nachging: lose Verbindungen, keine Pyramiden, selbständige Unternehmer, die niemandem Rechenschaft schuldig sind. Im alten System gab es Fußsoldaten und Leutnants. Das neue System hat nur unternehmerisch tätige, einzelne Betreiber: Mickey.

Ich erinnere mich, was Dr. Mark Galeotti sagte, als wir über den Aufstieg der Mafia von Jekaterinburg sprachen.

»Die einzelnen Unternehmen mögen oft recht wackelig sein und von Fall zu Fall operieren. Die Unternehmer mögen gerissen sein und Köpfchen haben, aber Intellektuelle sind sie nicht. Sie haben keine Businesspläne oder unternehmerische Leitbilder. Trotzdem ist der gesamte Organismus und die Branche, die er repräsentiert, oft erstaunlich ausgeklügelt. Sie reagiert sehr schnell. Wozu die Dach-›Bande‹ da ist? Einfach, um die Spielregeln auf dem Feld festzulegen, um Streit zu schlichten, da Schießereien schlecht fürs Geschäft sind, um Sicherheit zu gewährleisten, und einen Markennamen, den die Leute respektieren.«

Dann denke ich an die Il-76, die in Bangkok mit Waffen aus Nordkorea am Boden festgehalten wurde. Das Auffliegen, der Aufruhr, dann nichts. Die Crew durfte nach Hause, nach Kasachstan und Weißrussland, ohne jede Andeutung bezüglich einer Anklage. Der Eigentümer der Firma, die das Flugzeug in Schymkent gechartert hatte, behauptete, dass die Männer Urlaub genommen hätten und *na levo* arbeiteten. Die Datenspur des Frachters führte die CIA zu einem Schwanz an Strohfirmen und schließlich zu einem Mann, der wie es schien, nie existiert hatte, außer auf dem Papier. Man kam nicht umhin, das zu bewundern.

Da sind große Mächte am Werk, genau wie Wiktor sagte, und sie hauen dich raus, wo immer du erwischt wirst – Kandahar, Bangkok, Darfur.

Wie sich herausstellte, war Outsourcing im Osten wie im Westen der Weg in die Zukunft. Ganze Armeen erstklassiger

Flieger, für die kein Job zu hart oder zu geheim war, so gut wie unauffindbar und pro Stunde bezahlt. Und während du dich ihrer bedienst, kannst du vielleicht sogar an Informationen darüber kommen, was sie für die Konkurrenz transportieren. Jewgeni Sacharow von Soviet Air Transport sagt heute: »Diese Ex-Luftwaffen-Crews *dachten* wie militärische Crews – der Befehl kommt, sie führen ihn aus.«

Am Ende ist dies, genau wie am Anfang, natürlich eine Erzählung von Geld. Das Geld ist es, was die Magie ermöglicht, die Zuschauer blendet, Hasen aus Hüten zaubert und wertvolles Schmuggelgut aus scheinbar leeren Frachträumen. Es demokratisiert sowjetische Regimes, demokratisiert auch Waffen, Macht und Drogen. Eine stehende Luftwaffe ist eine private Luftwaffe geworden, die denselben Aufgaben nach geht, aber frei von Ideologien ist – Piloten »kündigen« einen unbefristeten Vertrag, werden selbständig oder nehmen unbezahlten Urlaub und fliegen mit denselben Flugzeugen für dieselben Leute nach Angola; Leute, die jetzt keinerlei Verantwortung mehr für sie tragen.

Die Sowjetunion ist nicht in sich zusammengebrochen, weil sie ihre Meinung geändert hätte, sondern weil ihr das Geld ausgegangen ist. Die Wahrheit hinter dem Geheimnis ist, dass es keine Seiten gibt, es gibt kein richtig oder falsch, kein rechts oder links. Hat es nie gegeben. Es gibt nur Geld. Und genau wie das Geld werden auch Mickey und die Jungs einfach Angebot und Nachfrage folgen. Sie sind an sich nicht besser oder schlechter, moralischer oder unmoralischer als Investitionen, Versicherungen, Werbung, Geschäfte, Politik, Journalismus, Fliegen oder das Geld selbst.

Der größte Trick des Teufels bestand darin, die Menschheit glauben zu machen, dass es ihn nicht gibt. Kein Wunder, dass es den Beobachtern, Polizisten und Spionen schwerfällt, diese Männer aufzuspüren – sie mussten nach Plänen suchen, nach Kommandostrukturen und Datenspuren, nach Oberbossen. Diese Männer haben jedoch einen Weg gefunden, ohne all das auszukommen. Sie haben keinen Plan, keine Kommandostruktur, kein Glaubenssystem oder Regelwerk. Nur eines: Wenn genügend Leute sie haben wollen, und wenn Zeit und Ort danach verlangen, dann werden sie auftauchen. Die Sowjetunion gibt es nicht mehr. Es lebe die neue Union. Die ohne Name, ohne Hymne, ohne Währung, ohne Grenze.

Ganz leise und unsichtbar ist dies die Union geworden, in der wir alle leben. Es ist ein unsichtbares Imperium, mächtig in seiner Schwäche, unsichtbar in seinem flüchtigen Wesen, vor den Augen aller versteckt im öffentlichen Raum und auf den leeren Start- und Landebahnen dieser Welt.

Und wenn du glaubst, dass du sie kommen sehen kannst, oder weißt, was sie als Nächstes tun werden oder wer sie morgen sein werden, dann viel Glück …

Ich sitze im Flugzeug, spüre einen Ruck und noch ein Zittern, eine Explosion hellen, heiligen Sonnenscheins, der durch die Wolken und das verschmierte Cockpitglas dringt, und dann wird alles klar.

Alte Schmuggler sterben nicht, sie lassen sich in einem letzten Zaubertrick selbst verschwinden. Manchmal scheint es mir, als wäre Mickeys gesamtes Leben eine Aufeinanderfolge leiser Aufbrüche gewesen: zu Hause und die Familie in den Hügeln, seine Garnison, Afghanistan, die Luftwaffe, die Sowjetunion, und jeder andere Ort, der ihm zu geordnet, zu real erschien. Und als ich an ihn denke, erinnere ich mich mit völliger Klarheit an eine Gelegenheit und muss lachen.

Es ist das Jahr 2007 und ich stehe neben Mickeys Flugzeug. Es ist Juli und so heiß, dass der sichere Bereich um die Landebahn und die Minenfelder dahinter im Dunst zittern. Während wir umherschlendern und warten, dass unsere Freunde mit dem Papierkram auftauchen und ihre Zigarettenschachteln, ihren Whisky und sonst was mitnehmen, kann ich fühlen, wie die Haut in meinem Nacken in der Sonne Blasen bekommt. Mickey und die Jungs haben Hüte auf, Handtücher über den Schultern, langärmelige Jacken, was immer nötig ist, um die Sonne fernzuhalten. Und auch wenn sie damit aussehen wie Stadtstreicher, führt die Tatsache, dass ich das alles *nicht* habe, dazu, dass ich wie ein Brandopfer aussehe.

Wir sind soeben gelandet, aber die Warterei bringt mich um. Aus irgendeinem Grund müssen wir hier jemanden auf der Piste an der Flughafenumzäunung treffen. Mickey – mit seiner schlechtsitzenden Kapitänsjacke, deren Nähte an den Ellenbogen aufgeplatzt sind und die so abgenutzt ist und glänzt, dass sie anfängt auszusehen, als sei sie nass – blickt mit seinem enttäuschten halben Lächeln über das Rollfeld. McKinlay, der Kanadier, schlurft heran, ich kann hören, wie er grummelt. Aber die Mannschaft scheint erstaunlich kribblig, und niemand macht Anstalten, aus der verdammten Hitze zu gehen. Es wird nicht viel geredet. McKinlay und ich bieten an, in der Nähe zu bleiben, aber davon will Mickey nichts wissen. Er schickt uns weg. Wir machen uns über das vom Granatenfeuer beschädigte, rissige Rollfeld auf den Weg, die Hände voller Tüten und Kisten, und wählen sorgfältig unseren Weg zwischen den Grasbüscheln. Als wir in Richtung des erdigen Seitenstreifens gehen, um eine Abkürzung zu nehmen, ruft uns Mickey über den Lärm hinweg hinterher.

»He! Denkt daran …«

Wir bleiben stehen, drehen uns nach ihm um, er sieht über den schimmernden Asphalt sehr klein aus. Er hört auf zu winken.

»Setzt nie einen Fuß außerhalb des Rollfelds.«

Und damit ist er wieder weg.

Manche Piloten verschwinden in einer Rauchwolke an den Bergwänden. Andere verschwinden in den großen afrikanischen Seen, oder im tropischen Meer, und das Wasser und die vierzig Fuß dicken Schlammschichten und Steine, die sich über sie legen, lassen noch nicht einmal erahnen, dass sie oder ihre Flugzeuge je hier vorbeigekommen sind. Sie fliegen in den dichten Nebel, niedrige Wolken, dunkle Wälder, und werden nie wiedergesehen.

Manche nehmen sich einen Tag frei und werden von der Luft selbst verschluckt, der Mensch und das Zweihunderttonnenschiff entgehen endlich der trüben Anziehung der Erde, den Anforderungen der Bürokratie, den Polizisten, den tschetschenischen Verrückten mit ihren Panzerfäusten, den Schereien mit dem Geschäft, den Grenzbeamten, den Kunden und Bossen, dem Radar und den Mudschaheddin, dem FBI, der CIA, der Mafia, den Mittelsmännern und den Abgeordneten.

Andere wollen einfach nur nach Hause.

Nachdem ich das Angebot abgelehnt hatte, nach Mogadischu mitzufliegen, habe ich Mickey nie wiedergesehen. Eine Weile lang benutzte er seine anderen SIM-Karten. Dann läutete sein Telefon wieder ein paar Tage lang, aber er nahm nie ab. Dann war der Ton wieder weg, und ich hörte nur tote Luft im Hörer. Diejenigen, mit denen oder für die er flog, zumindest die wenigen, von denen ich so etwas wie Ahnung hatte, sagten, dass er nicht da gewesen sei. Vielleicht hat er der Branche den Rücken gekehrt, sagte einer, aber das glaubte ich nicht eine Minute lang. Mickey war nur wirklich glücklich, wenn er in der Luft war; am Boden wurde alles schmutzig. Einmal sagte er zu mir: »Sieh dir die Dinge aus der Luft an, oder werde verrückt und stirb betrunken.« Also begann ich, mir Sorgen zu machen. Nicht andauernd natürlich – schließlich kannte ich den Typen kaum – nur ein nagender Gedanke, aufgrund meines Gefühls, außen vor zu sein. Ich fing an, die Gerüchte zu verfolgen, und die Absturzstellen im Auge zu behalten. Ziemlich bald kam ich mir vor wie ein Naturforscher im Fernsehen, dessen markierter Elch nicht mit dem Tauwetter zurückgekommen ist.

Der Elch hat sich nie gezeigt. So wie ihr Leben ist auch ihr Tod Gerücht, Spuren führen in den Nebel. Dann, ungefähr einen Monat, bevor ich anfing, all die Notizen zusammenzusammeln, die schließlich zu diesem Buch wurden, hörte ich, dass Mickey für immer gelandet war: Es hatte nichts mit Fliegen zu tun, ein ganz gewöhnlicher Herzanfall, zu Hause in Russland, als er einige seiner Kumpel aus dem Krieg besuchte. Und das war's, so erfuhr ich, kein Drama, kein Absturz, kein Viagra, keine Mafia, keine nubischen Prinzessinnen oder Barschlägereien, keine Gebirgsflanken oder Seen, keine brennenden Triebwerke oder Raketen, keine Entführer von den Dschandschawid oder Warlords von den Taliban, einfach nur das, von dem ich so gerne glaube, dass er es das Leben an sich nannte. Kugeln in der Luft, Wodka am Boden. Auf die eine oder andere Art kriegen sie dich am Ende.

Letzen Sommer hat Sergej, der aufgeweckteste von allen, auch das Zeitliche gesegnet. Der Himmel nahm ihn sich, als er als Selbständiger mit einem anderen Flugzeug mit einer anderen Mannschaft unterwegs war. Unglücklich, sagen sie, aber selbst die größte Fingerfertigkeit kommt nicht ewig gegen die Schwerkraft an. Ich denke an ihn, wenn ich zu viel trinke und es bereue, und bei den seltenen Gelegenheiten, an denen ich Steine hüpfen lasse, wenn ihre kinetische Energie und Auftrieb langsam nachlassen und sie zu fallen beginnen. Ich bin sicher, dass er lachen würde, wenn er das wüsste.

Man sagt, Lev sei eines Tages einfach verschwunden, er ist einfach nicht zu einer Schicht aufgetaucht – der ewige Lieblingsausweg von Mannschaftsmitgliedern, die mehr Kohle jagen wollen. Als vermisst gemeldet, vermutlich beizeiten herausgekommen. Als das letzte Mal jemand von ihm gehört hat, brummelte er etwas davon, nach Thailand zu ziehen, mit kleineren Flugzeugen zu fliegen und Bars zu eröffnen, aber es scheint nicht, als ob er je damit angefangen hätte – da draußen ist es viel zu ruhig gewesen.

Der ewig angepisste Dmitri und irgendwelche Freunde oder Unbekannte, die einspringen, um die Mannschaft vollständig zu machen, könnten noch irgendwo da draußen sein und für jeden fliegen, der Arbeit hat. Ich habe tatsächlich mit Dmitri telefoniert, ein Mal, nachdem ich Afrika verlassen hatte. Nach all seinem kratzbürstigen Auftreten sollte am Ende er derjenige sein, der mich aufforderte, Kontakt zu halten. Ich hatte Glück und erwischte ihn während eines Heimatbesuchs. Die Zeiten seien ziemlich schwierig geworden, sagte er, alle entziehen den Antonows und Iljuschins die Landeerlaubnis, weil sie zu laut, zu alt und zu unregistriert sind; außerdem wollen jetzt alle anderen anfangen, auch mitzumischen.

Jewgeni Sacharow sagte zur gleichen Zeit das Gleiche: »Wissen Sie, wer uns den Somalia-Vertrag weggeschnappt hat? Weiße Südafrikaner. Wir hatten immer gute Preise, aber jetzt sind sie die Schnäppchenflieger in Afrika«. Der Fluggesellschaftsbesitzer wirkt abgespannt, aber ich komme nicht umhin zu denken, dass er beinahe erleichtert wirkt, als er, kurz bevor wir uns verabschieden, sagt: »Russische Piloten sind nicht mehr so attraktiv wie früher.«

Das Telefonat mit Dmitri war kürzer, als ich mir erhofft hatte. Er schien anders, jünger, irgendwie entspannter. Er sagte, er sei in Afrika ausgesetzt worden, wochenlang ohne Rückflugmöglichkeit, und hätte eingesehen, dass er nicht mehr lange so weitermachen kann. Er sagte, dass es vielleicht an der Zeit sei, ein paar Stunden als Ausbilder einzulegen. Dann rief eine Frauenstimme im Hintergrund, und er musste auflegen. So ist es auch mit meiner Verbindung in seine Welt.

Und die anderen? Nun, wenn Sie etwas hören, lassen Sie es mich wissen. Sie haben sich in Luft aufgelöst und zurückgezogen, zu weit entfernt, als dass ein Schreibtischjäger wie ich hoffen dürfte, sie im Auge zu behalten. Vielleicht sind auch sie nachts von einer Kugel erwischt worden, vielleicht auch nicht. Ich würde gerne glauben, dass sie es vielleicht geschafft haben, das gefährlichste Gewerbe auf diesem ungezieferbefallenen Planeten, in dem jedem alles egal ist, hereinzulegen und ihre letzte Landung hinbekommen haben. Das ist ein Ausdruck, den viele dieser Fliegerjungs aus dem Osten benutzt haben, wenn sie »in Rente gehen« meinten. Jetzt verstehe ich, warum. Sag »in Rente gehen« und du forderst dein Schicksal heraus, redest rauchende Triebwerke und sich bewegende Berggipfel herbei. In *Rente* zu gehen ist ein lachhaftes Ziel, *Landen* ist etwas, von dem sie wissen, dass sie es draufhaben.

Eine glückliche Landung wünsche ich also allen, die noch übrig sind. Ich stelle mir gerne vor, dass ihr alle zusammen bei einem Drink sitzt, am Rande eines Pools in Dubai oder auf einer Terrasse hinter dem Haus in Tatarstan, Thailand oder Gott weiß wo. Lebt ihr noch oder seid ihr tot? Ich nehme an, dass ihr beides sein werdet, bis ich euch aufspüre und es herausfinde. Und ihr wisst genauso gut wie ich, dass das nie passieren wird. Bis dahin schaue ich einfach nur in den Himmel – und die letzten freien Männer der Erde fliegen durch die riesigen, finsteren Räume außerhalb des Radars.

Es wird kalt. Hier ist der Februar bereits da, mit einem Ostwind, der bis in die Knochen geht. Es ist Zeit, hineinzugehen, dorthin wo Licht ist. Erst als ich das gelbe Licht an der Tür zu meinem Zuhause erreiche, wird mir klar, wie schnell es hier auf der nördlichen Halbkugel Nacht werden kann. Jetzt gerade kriecht ein kleiner Lichtpunkt, ganz weit droben, durch den Himmel gen Nordosten. Und es macht mir Freude zu denken, dass da oben, weit über der schwarzen Erde, jemand durch das Cockpitfenster schaut und an Daheim denkt.

Mickey, wenn du irgendwo da oben bist, wir sehen uns und trinken irgendwann mal kalten *Baltika* auf der anderen Seite.

Und Sergej, du hattest recht. Ich mache mir viel zu viele Sorgen.

ANMERKUNG DES AUTORS

Mickeys Welt mag frappierende Ähnlichkeit haben mit der Welt, in der wir leben, doch ist es eine Welt, die nicht nur ungeklärte Bereiche im nationalen und internationalen Recht, sondern auch unterschiedliche Auffassungen von Loyalität und Integrität in privaten, militärischen, juristischen und geschäftlichen Beziehungen unter einen Hut bringt. Während der Recherchen und beim Schreiben dieses Buches wurde mir mehr als einmal nachdrücklich verdeutlicht, dass das Offenlegen der Identität der hier dargestellten Personen in vielen Fällen nicht nur gravierende Konsequenzen (für sie und ihre Vermittelbarkeit), Prozesse (von ihnen angestrengt), ungewollter Aufmerksamkeit und sogar Strafanzeigen (gegen sie) nach sich ziehen könnte, sondern sie einer ernstlichen Gefährdung aussetzen würde.

Aus diesen Gründen – und in vielen Fällen wegen des Vertrauens, das diese Männer und Frauen mir geschenkt haben – wurden die Namen und Charakterzüge nicht nur der Männer, die ich hier Mickey und seine Crew genannt habe, verändert, vermischt und zusammengesetzt, sondern von allen Piloten. Darüber hinaus wurden genug körperliche, geschäftliche, geographische und biologische Merkmale verändert, um eine Identifizierung völlig unmöglich zu machen – und obwohl Mickey und Sergej inzwischen tot sind, habe ich aus Respekt vor ihnen, ihren Geschäftspartnern und der Welt, in der sie arbeiteten, auch in ihrem Fall an dieser Praxis festgehalten. Aus dem gleichen Grund (und weil Flugpläne archiviert und aufbewahrt werden) habe ich Daten und Orte für die Handlung rund um die Flüge und Flughäfen in fast allen Fällen geändert. Um es klar zu sagen: keiner der Männer, die dieser Pilot sein könnten, hieß Michail, Mischa, Mickey oder etwas in der Art. Sie stammten weder aus Sibirien noch aus Wizebsk, und die Gesichtszüge des wirklichen Mickey wurden so weit verändert, dass er nicht zu identifizieren ist. Wenn Sie also glauben, ihn, Sergej oder irgendeinen der anderen zu erkennen – aufgrund der physischen Beschreibung, des Namens, der persönlichen Geschichte, Flugdaten, Flugzeugdetails oder durch das Zusammensetzen von Flugzeiten und Orten – dann liegen Sie falsch. Jegliche Ähnlichkeit mit lebenden oder toten Personen ist rein zufällig.

Ansonsten habe ich im Text andere Namen nur dann geändert oder zurückgehalten, wenn der oder die Betreffende mich explizit darum bat, ein Pseudonym zu verwenden oder für einen Beitrag oder Teil eines Beitrags nicht namentlich zitiert zu werden. In einigen Fällen habe ich Namen geändert und/oder zurückgehalten, die ich in Gesprächen und Interviews, die vor längerer Zeit und teilweise für andere Projekte geführt wurden, erhalten habe – einfach weil ich der Meinung war, dass eine andere Vorgehensweise das Vertrauen der betreffenden Person missbraucht hätte.

Aus all diesen und weiteren Gründen – und hier bitte ich um Nachsicht bei allen Flugzeugfans – habe ich mich auch entschlossen, die genauen Modelle der Flugzeuge, auf deren Flüge ich das Privileg hatte, eingeladen zu werden, nicht zu nennen. Das gleiche gilt für die Aufträge, Nummern oder besonderen Kennzeichnen, anhand derer sie identifiziert werden könnten. Es wurden genügend Orte und Daten verändert, um sie sicher zu anonymisieren. Mit diesem Vorgehen soll nicht unterstellt werden, dass die Arbeitgeber, Kollegen oder Geschäftskontakte der Crews an den hier geschilderten Aktivitäten auf Unternehmensebene beteiligt waren oder auch nur zwangsläufig davon Kenntnis hatten. Aus juristischen Gründen wurden in vielen Fällen die Registrierungsnummern nicht genannt.

Es lohnt sich der Hinweis, dass der Begriff »russisch« von vielen Menschen, insbesondere in Afrika, Arabien und im Fernen Osten, aber auch von den Russen selbst (Jewgeni Sacharow nennt hier selbst ukrainische Antonows und in Usbekistan produzierte Iljuschins »russisch«) als übergreifende Bezeichnung für Menschen und Dinge aus den russischsprachigen slawischen Ländern der früheren UdSSR gebraucht wird. Diese Ungenauigkeit ist zwar bedauerlich, aber auch verständlich (fragen Sie jeden Waliser, Schotten oder – Gott bewahre – Iren, der im Ausland als Engländer bezeichnet wird), und in einigen bemerkenswerten Fällen wie etwa bei Wiktor But oder Leonid Minin wird diese Ungenauigkeit sogar von den Betroffenen selbst befördert.

Ich habe die gelegentlichen sprachlichen Missgeschicke meiner Interviewpartner korrigiert, das Stolpern über Wörter oder Wiederholungen eliminiert – mit dem Ziel, das Lesen zu erleichtern, nicht, um den Sinn zu verändern. Im persönlichen Gespräch ist die Konversation vieler Flieger beinahe so stark mit Pausen, Vokabelfragen und Malapropismen gespickt wie mein Russisch.

Eine letzte Bemerkung: Die Männer, die den Kern dieser Geschichte bilden, sind das, was früher »Sowjets« genannt wurde, aus dem simplen Grund, dass sie im Auge dieses speziellen Hurrikans standen und dass sie diejenigen sind, in deren Leben ich Einblick nehmen durfte. Sie sind Menschen – nicht besser oder schlechter als irgendjemand anders – und letzten Endes könnten sie ebenso gut (und oft sind sie es tatsächlich) Marokkaner, Südafrikaner, Chinesen, Holländer, Franzosen, Mexikaner, Italiener, Kongolesen, Brasilianer, Sie oder ich sein.

DANKSAGUNGEN

Mein Dank gilt den vielen Freunden, Fliegern, Beobachtern, Mitreisenden und Experten, die großzügig ihre Zeit und manchmal auch mehr gaben, selbst wenn sie dafür ihre persönliche Sicherheit riskierten. Meine Freundschaft und meine Dankbarkeit gehört den Crews, Mickeys Crew und ganz besonders Mickey und Sergej, wo immer sie auch sein mögen.

Mein besonderer Dank geht zuallererst an die Crewmitglieder, mit denen ich flog, trank und redete.

Dank an: Marschall Jewgeni Schaposchnikow, Peter Danssaert, Nikolaj Wiktorowitsch Kortschunow, Brian Johnson-Thomas, Miloš Vasić, Igor Salinger, Nigel Tallantire, Katja Stepanowa, Botschafter Dmitri Rogosin, Peter und Ira, Jewgeni Sacharow, Martin Ssebuyira, Ilja Neretin, Iain Clark, John MacDonald (und sein geheimer Freund), Moisés Naím, Ernest Mezak bei der Komi Memorial Commission of Human Rights (http://memorial-komi.org), Linda Polman, Andrei Soldatow, Mira Marković, Aaron Hewitt, Arthur Kent, Andrej Lowzow, Sharren (shazz) Glencross, Terry Bonner, Dr. Mark Galeotti, Richard Chichakli, Dominic Medley, Achmed Raschid, Dmitri Tarasewitsch, Tatjana Parchalina, TRAFFIC, Andrej Formin, Patrick Matsiko wa Mucoori, Peacock bei *Red Pepper*, Kigongo bei *New Vision*, Sarah Robson, Kevin O'Flynn, Oksana Smirnowa bei der *Moscow Times*, Branislaw, Planecrazi, Dr. Christopher M. Davidson, die Botschaft der Republik Weißrussland in London, Alexej Sajzew, Harun, Tricia O'Rourke, Jock, Andrew Hirsch, Dean Fitzpatrick, Savita Mandil, Rachel Butters, Boris, Zayna, Jamie, Gordana und Natalja, Ian Belcher, »Der Antonow-Mann«, Hugh Griffiths von SIPRI, Damian Clarke bei Olympus, »A« bei Iljuschin, die netten Jungs auf dem MONUC-Gelände (ihr wisst, wer ihr seid), die phantastischen und schwer fassbaren *Vreme*-Reporter, die mit Miloš Vasić an dieser Geschichte arbeiteten: Jovan Dulović, Ilja Vukelić (Belgrad), Branko Stošić (Moskau), außerdem Sergej Kusnezow (Jekaterinburg), der mit Miloš Vasić bei *Vreme* arbeitete und dessen glänzende Recherchen (neben Vasićs) die Basis für meinen Bericht des Absturzes von Surčin lieferten. Und die zahllosen Crews, Unternehmer , Zeugen, Rechercheure und das Bodenpersonal, die mir großzügig ihre Zeit schenkten, größere oder kleinere Beiträge leisteten und die mir vertrauten, dass ich ihren Input verantwortungsvoll nutze. Ich hoffe, dass ich sie nicht enttäuscht habe.

Ohne wen dieses Buch nicht möglich gewesen wäre: Peter Danssaert vom International Peace Information Service (IPIS) stellte mir an verschiedenen entscheidenden Punkten während der Entstehung dieses Buches großzügig seine Zeit, Hilfe und sein Wissen zur Verfügung, wofür ich ihm unendlich dankbar bin. Jane Mulkerins, Doug McKinlay (www.dougmckinley.com), Humfrey Hunter bei Hunter Profiles, Clare Conville, Jake Smith-Bosanquet, Susan Armstrong und Henna Silvennoinen bei Conville & Walsh, Ben Adams bei Bloomsbury USA, Ingrid Connell, Bruno Vincent, Stuart Wilson und Ali Blackburn bei Pan Macmillan, Jürgen Diessl bei Ullstein, Alan J. Kaufman, David und Linda Potter, Richard Hamilton, Laura Cope, Alisdair Donaldson, Jeremy Points, Jacqui Grice, Ron Piper und der mysteriöse Mr. E. Sie wissen, wer Sie sind. Vor allem ein ganz besonderer Dank an meine Frau Lila, deren Hilfe bei den unzähligen Interviews, die für dieses Buch geführt wurden, unschätzbar wertvoll war und deren Geduld und Vertrauen es möglich machten.

Die Familien der Crewmitglieder, die in Mogadischu starben

Das Unternehmen, das die Crew der Il-76 EW-78849 beschäftigte, die 2007 über Mogadischu abgeschossen wurde, hat einen karitativen Fonds eingerichtet, der dazu beitragen soll, die Familien der getöteten weißrussischen Besatzungsmitglieder zu unterstützen. Für Informationen, wie Sie einen Beitrag leisten können, besuchen Sie: http://transavia-export.com.

BIBLIOGRAPHIE

Weiterführende Literatur und Bücher, auf die ich mich beziehe:

Bücher

Obwohl mein Fokus und meine Schlussfolgerungen sich von den ihren unterscheiden, bin ich Douglas Farah und Stephen Braun für die Recherchen, die sie für ihr Werk *Merchant of Death* anstellten, zu tiefem Dank verpflichtet.

In ähnlicher Weise stehe ich in der Schuld von Dmitri Komissarow und Jefim Gordon und ihrer Reihe von exzellenten Kompendien über die Flugzeuge, ihre Geschichte, Spezifikationen, aber auch über die Heldentaten und Unglücke der Maschinen und ihrer Crews. Die (für mich) wichtigsten Bände sind unten aufgelistet.

Mein Bericht über den Absturz von Belgrad basiert auf der Arbeit der Zeitung *Vreme* – nicht nur der oben namentlich erwähnten Reporter, sondern der gesamten Organisation.

Alexeivich, Svetlana: *Zinky Boys: Soviet Voices from a Forgotten War.* London: Chatto & Windus, 1992.

Armstrong, Stephen: *War PLC: The Rise of the New Corporate Mercenary.* London: Faber & Faber, 2009.

Barrand, Jude und Dominic Medley: *Kabul.* (Bradt Mini Guides). Chalfont St. Peter: Bucks/Guilford, 2004.

Bowden, Mark: *Killing Pablo.* London: Atlantic Books, 2001.

Boyles, Denis: *African Lives: White Lies, Tropical Truth, Darkest Gossip, and Rumblings of Rumor – from Chinese Gordon to Beryl Markham, and Beyond.* New York: Ballantine/Random House, 1989.

Bulgakov, Mikhail: *The Master and Margarita.* London: Picador, 1989.

Collin, Matthew: *This is Serbia Calling.* London: Serpent's Tail, 2001.

Davidson, Christopher M.: *Dubai: The Vulnerability of Success*. London: C. Hurst & Co., 2009.

Farah, Douglas und Stephen Braun: *Merchant of Death*. New York: Wiley, 2007.

Feifer, Gregory: *The Great Gamble: The Soviet War in Afghanistan*. London: Harper Perennial, 2010.

Gilby, Nicholas: *The Arms Trade*. Oxford: New Internationalist, 2009.

Glenny, Misha: *McMafia: Seriously Organized Crime*. London: Vintage, 2008.

Goldman, Marshall: *Oilopoly: Putin, Power and the Rise of the New Russia*. Oxford: Oneworld, 2010.

Hatfield, James: *Fortunate Son: George W. Bush and the Making of an American President*. London: Vision, 2002.

Hobsbawm, Eric: *Bandits*. London: Abacus, 2001.

Hoffman, David E.: *The Dead Hand: The Untold Story of the Cold War Arms Race and Its Dangerous Legacy*. New York: Anchor/Random House, 2010.

Holdsworth, Nick: *Moscow: The Beautiful and the Damned*. London: Carlton Books, 2003.

Klebnikov, Paul: *Godfather of the Kremlin*. New York: Harcourt Inc., 2000.

Klein, Joe: *The Natural: The Misunderstood Presidency of Bill Clinton*. New York: Doubleday, 2002.

Kommisarov, Dmitri und Yefim Gordon: *Antonov An-12: The Soviet Hercules*. Hinkley: Midland Publishing, 2007.

Kommisarov, Dmitri und Yefim and Gordon: *Ilyushin-76: Russia's Versatile Airlifter*. Hinkley: Midland Publishing, 2001.

Lanning, Michael Lee: *Mercenaries*. New York: Presidio Press, 2005.

LeBor, Adam: *Milosevic*. London: Bloomsbury. 2003.

Litvinenko, Alexander (mit Yuri Felshtinsky): *Blowing Up Russia*. London: Gibson Square Books, 2007.

Meyer, Karl E.: *The Dust of Empire: The Race for Mastery in the Asian Heartland*. New York: PublicAffairs, 2004.

Naím, Moisés: *Illicit: How Smugglers, Traffickers and Copycats are Hijacking the Global Economy*, London: Arrow, 2007.

Parsons, Anthony: *From Cold War to Hot Peace: UN Interventions, 1947–94*. London: Penguin, 1995.

Polman, Linda: *War Games: The Story of Aid and War in Modern Times.* London: Viking, 2010.

Rashid, Ahmed: *Taliban.* London: IB Tauris & Co., 2000.

Robbins, Christopher: *Air America.* London: Corgi, 1988.

Robbins, Christopher: *Kazakhstan: The Land That Disappeared,* London: Profile, 2008.

Rogozin, Dmitry: *The Hawks of Peace.* Unveröffentlichtes Manuskript, 2010.

Schroeder, Matthew, Dan Smith und Rachel Stohl: *The Small Arms Trade.* Oxford: Oneworld, 2007.

Soldatov, Andrei und Irina Borogan: *The New Nobility: The Restoration of Russia's Security State and the Enduring Legacy of the KGB.* London: Public Affairs, 2010.

Stiglitz, Joseph: *Globalization and Its Discontents.* London: Penguin, 2003.

Stockholm International Peace Research Institute: *Armaments, Disarmament and International Security: SIPRI Yearbook 2009.* Stockholm: SIPRI, 2009.

Taylor, Brian D: *Politics and the Russian Army: Civil–Military Relations 1689–2000.* Cambridge: Cambridge University Press, 2003.

Transparency International: *Preventing Corruption in Humanitarian Operations: A Handbook.* Berlin: Transparency International, 2010.

Vaisman, Alexey und Pavel Fomenko: *Siberia's Black Gold: Harvest and Trade in Amur River Sturgeons in the Russian Federation.* Cambridge: TRAFFIC Europe, 2006.

Wilkinson, Adrian: *Activity Report of the Western Balkans Parliamentary Forum on Small Arms and Light Weapons.* Belgrade: SEESAC/ UNDP, 2006.

Wood, Brian und Johan Peleman: *The Arms Fixers.* Peace Research Institute Oslo, 1999.

Ausgewählte Reports

DRC: Arming the East. 2005. Amnesty International. www.amnesty.org/en/library/info/AFR62/006/2005.

Blood at the Crossroads: Making the case for a global Arms Trade Treaty. 2008. Amnesty International. www.amnesty.org/en/library/info/ ACT30/011/2008/en.

Illicit Brokering of SALW in Europe: Lacunae in Eastern European Arms Control and Verification Regimes. Danssaert, Peter und Brian Johnson-Thomas. 2009. (Disarmament Forum). www.ipisresearch.be und www.unidir.org/bdd/fiche-article.php?ref_article=2891.

Dead on Time: Arms Transportation, Brokering and the Threat to Human Rights. Finardi, Sergio (TA). 2006. Amnesty International. www.amnesty.org/en/library/info/ACT30/008/2006.

From Deceit to Discovery: The Strange Flight of 4L-AWA. 21. Dezember 2009. IPIS vzw. www.ipisresearch.be.

From Deceit to Discovery: An Update. Finardi, Sergio, Brian Johnson-Thomas und Peter Danssaert. 8. Februar 2010. IPIS vzw. www.ipis-research.be.

Mapping the Labyrinth: More on the Strange Weapons Flight of 4L-AWA. Finardi, Sergio, Brian Johnson-Thomas und Peter Danssaert. 3. Dezember 2010. Antwerp. IPIS vzw. www.ipisresearch.be.

Air Transfers and Destabilizing Commodity Flows. SIPRI Policy Paper no. 24. Griffiths, Hugh und Mark Bromley. Mai 2009. Stockholm. SIPRI. www.sipri.org.

Guns, Planes and Ships: Identification and Disruption of Clandestine Arms Transfers. Griffiths, Hugh und Adrian Wilkinson. 2007. Belgrade. UNDP/SEESAC. www.seesac.org und www.undp.hr/show.jsp?page=52042.

Stemming Destabilizing Arms Transfers: The Impact of European Union Air Safety Bans. Griffiths, Hugh und Mark Bromley. SIPRI/SEESAC. www.books.sipri.org/files/insight/SIPRI-Insight0803.pdf

Arms flows in Eastern DR Congo. 2004. Antwerp. IPIS vzw/All Party Parliamentary Group (UK) on the Great Lakes Region. www.ipisresearch.be/download.php?id=216.

Ras Al Khaimah: A Rogue State in the UAE? 2010. Washington, D. C. Mercury Public Affairs LLC, on behalf of its foreign principal His Highness Sheikh Khalid bin Saqr Al Qasimi. http://www.docstoc.com/docs/48560051/Ras-Al-Khaimah-A-Rogue-State-Within-The-UAE.

Ras Al Khaimah: Gateway to Trade with Iran. 2010. Washington, D. C. Mercury Public Affairs LLC, on behalf of its foreign principal His Highness Sheikh Khalid bin Saqr Al Qasimi.

United Nations Reports of the Group of Experts Submitted by the

Security Council Committee Established Pursuant to Resolution 1533 (UN, 2004) Concerning the Democratic Republic of the Congo. www.un.org/sc/committees.

United Nations Reports of the Monitoring Group and the Panel of Experts on Somalia and Submitted Through the Security Council Committee Established Pursuant to Resolutions 751 (UN, 1992) and 1907 (UN, 2009) Concerning Somalia. www.un.org/sc/committees.

United Nations Reports of the Security Council Committee Established Pursuant to Resolution 1267 (UN, 1999) Concerning Al-Qaida and the Taliban and Associated Individuals and Entities. www.un.org/sc/committees.

United Nations Reports of the Security Council Committee Established Pursuant to Resolution 1521 (UN, 2003) Concerning Liberia. www.un.org/sc/committees.

United Nations Reports of the Security Council Committee Established Pursuant to Resolution 1591 (UN, 2005) Concerning the Sudan. www.un.org/sc/committees.

United Nations Reports of the Security Council Committee Pursuant to Resolutions 751 (UN, 1992) and 1907 (UN, 2009) Concerning Somalia and Eritrea. www.un.org/sc/committees.

Analysis of National Legislation on Arms Exports and Transfers in the Western Balkans 2006. Belgrade, SEESAC/UNDP/Saferworld.

Zeitungen und Zeitschriften

Besonderen Dank schulde ich der serbischen *Vreme*, deren Untersuchung des Absturzes von Belgrad und seiner Bedeutung die Basis bildet für die meisten nachfolgenden Berichte, so auch für meinen. Außerdem *Syrjanskaja Schisn*, deren unermüdliche Suche (durch den Aktivisten und Reporter Ernest Mezak) nach den Ursachen und Motiven rund um die Abstürze russischer Piloten in Afrika und deren gesammelte Statements von offiziellen Stellen und Fliegern mein Verständnis ihrer Welt maßgeblich geformt haben. Ernest, danke für Ihre großzügige Hilfe. Ebenfalls Dank schulde ich der *New York Times* für die Qualität und den Weitblick der Interviews mit Damnjanović und But, und dem *Guardian* für seine Serie über Waffenhändler. Weiterer Dank an: *die Moscow Times, Prawda, Sowerschenno Sekretno, Take-Off, Current Digest of the Post-Soviet Press, Kommersant, Moskowski*

Komsomolez (Moskau), *St. Petersburg Times* (St. Petersburg), *Syrjan-skaja Schisn* (Komi), *Vreme, Politika, VIP* (Belgrad), den *Guardian,* die *Times,* den *Economist, International Who's Who* (UK), den *Independent,* den *Daily Monitor, New Vision, Eye* (Kampala), *Foreign Policy,* die *New York Times, Washington Monthly, An-Novosti/Antonov News* (aus dem Antonov Aeronautical Scientific/Technical Complex, Ukraine), *Afghan Daily* (Kabul), *Gulf News, Gulf Today*

Online-Quellen

Berichte von UNO-Expertengruppen:
  www.un.org/sc/committees
Ethical Cargo: www.ethicalcargo.org
International Peace Information Service:
  www.IPISresearch.be.
The South Eastern and Eastern Europe Clearinghouse for the Control of Small Arms and Light Weapons (SEESAC):
  www.seesac.org
Amnesty International: www.amnesty.org.
Stockholm International Peace Research Institute:
  www.sipri.org
Datenbank der Flight Safety Foundation:
  www.aviation-safety.net
The Professional Pilots' Rumour Network: www.pprune.org
Englische Nachrichten für Zentralasien: www.registan.net
Afghanische Nachrichtenagentur: www.pajhwok.com

Einige der Menschen in diesem Buch

Wiktor But: www.victorbout.com
Air Cess: www.aircess.com
Richard Chichakli: www.chichakli.com
Mark Galeottis ausgezeichneter Blog:
  www.inmoscowsshadows.wordpress.com
Andrej Soldatows Index des russischen Geheimstaates:
  www.agentura.ru
Arthur Kents Dokumentationen/Nachrichten-Kanal:
  www.skyreporter.com
Botschafter Dmitri Rogosin: www.rogozin.ru

Doug McKinlay: www.dougmckinlay.com
Adam Curtis: adamcurtisfilms.blogspot.com
Jewgeni Sacharows Soviet Air Charter:
   www.sovietaircharter.com
The Yorkshire Ranter: www.yorkshire-ranter.blogspot.com

Sonstiges
Alle Reiseführer von Bradt und Lonely Planet.

BILDNACHWEIS

1 © picturealliance/dpa – Lystseva Marina
2 NATO
3 © picturealliance/dpa – Horst Pfeiffer
4 Doug McKinlay
5 DEA
6 NATO
7 ullsteinbild – SIPA
8 Matt Potter – privat
9 © picturealliance/dpa – Manjunath Kiran
10 NATO
11 DEA
12 Matt Potter – privat
13 Doug McKinlay
14 REUTERS/Stringer Russia
15 Matt Potter – privat

ÜBER DEN AUTOR

Matt Potter ist Journalist, Redakteur und Nachrichtenmoderator. Er hat für die BBC aus Osteuropa, Afghanistan und Südostasien berichtet und Beiträge für die preisgekrönten Reiseprogramme der BBC verfasst. Seine Nase für das Ungewöhnliche hat zur Veröffentlichung seiner Artikel in so unterschiedlichen Publikationen wie *Daily Telegraph*, *Golf Monthly*, *Sunday Telegraph*, *Jack*, *Maxim* und im *Irish Examiner* geführt, und seine Berichte über den Kokainschmuggel in Lateinamerika erschienen auf Russisch, Deutsch und Englisch. Als Journalist in Belgrad brachte er die Story des NATO-»Spitzels«, der im Internet Geheimnisse an die serbischen Streitkräfte verriet. Er spricht eine Handvoll Sprachen unterschiedlich gut, versucht aber, mindestens 20 weitere zu sprechen.

Mehr über Tödliche Fracht und Matt Potter unter:
www.mattpotterbooks.com